KB233576

북한의 텔레비전 방송

텔레비전 정치와 인민의 갈등

북한의 텔레비전 방송

텔레비전 정치와 인민의 갈등

이주철 지음

한국학술정보[주]

 책을 내면서

북한정치사를 전공으로 학위를 받고, 이곳저곳에서 강의를 했다. 그러다가 현재의 일터에서 북한연구를 하게 되면서 2000년부터 조선중앙TV를 보기 시작했다. 조선중앙TV가 일상의 하나가 되었는데, 마침 법적으로도 제약이 없어진 것이 도움이 되었다. 그동안 보기 어려웠던 조선중앙TV의 동영상은 매우 흥미로운 자료들이었다. 1990년대 중후반에 '특별한 기관'에서 특정 전문가들에게 대단한 것인 양 보여 주었던 것들이 사실은 조선중앙TV에서 방영된 흔하디흔한 물건이었으니까, 조선중앙TV를 보는 재미가 적지 않았다.

본래 텔레비전이란 것이 제법 재미가 있는 것이라, 텔레비전은 안 보는 것이 어렵고, 너무 많은 시간을 뺏기는 것을 걱정하는 것이 남한의 생활이다. 하지만 북한TV방송은 시청할수록 인내심을 요구하는 매체이다. 한 해 두 해 시청을 반복하다 보니 기본적으로 틀에 박힌 정치적 선전에 방송의 목적을 둔 조선중앙TV를 재미로 보는 것은 어려운 일이었다. 매일매일 반복되는 정치적 선전에 재방송까지 있으면, 재미로 방송을 보는 것은 가능한 일이 아니다.

결국 10년이 넘게 조선중앙TV를 보면서, 이것은 결국 공부의 대상이 되어 버렸다. 하나는 북한을 이해하는 통로의 의미가 있었고, 또 하나는 북한방송 자체가 공부의 대상이 되었다. 처음에는 북한 체제를 이해하는 데 조선중앙TV가 주는 시각적 효과가 매우 컸다. 우리가 받아들이는 정보의 가장 많은 양이 눈을 통해서 수집되듯이, 조선중앙TV가 준 정보는 매우 컸다. 글이나 단편적 사진에서 얻던 정보와는 달리, 조선중앙TV가 '보여 주고 싶어서 보여 주는 자료'와 '보여 주고 싶지 않지만 숨길 수 없는 화면'을 함께 방송한 것들이 많이 있었다.

만일 2000년대 남북관계의 진전에 따라 인적 교류가 확대되지 않았다면, 조선중앙TV가 보여 주는 자료는 정말 '희한한' 가치가 있었을 수도 있다. 2000년대 남북관계의 진전은 조선중앙TV의 '희한함' 대신, 북한을 방문하여 방송 속의 장소를 직접 확인하는 특별한 경험을 주었다. 또 남북방송교류의 진전에 따라 남북한의 방송인들이 접촉을 하는 기회도 여러 차례 있었고, 그중에서 흥미로웠던 것의 하나는 '북한 연예인'들을 만나 볼 수 있었던 것을 들 수 있다.

드라마 "사육신"이 조선중앙TV에서 제작되던 시기에 촬영 현장에서 드라마에서만 봤던 북한의 영화 예술인들을 볼 수 있었던 것은 또 다른 즐거움이었다. 그들은 우리와 체제가 많이 다른 '폐쇄된 나라'의 사람들이었지만, 한눈에 봐도 평범한 사람들과는 차이가 느껴졌다.

그나마 조선중앙TV를 보는 즐거움은 역시 드라마와 영화에서 찾을 수 있었다. 조선중앙TV에도 명작이 있다. 비록 정치적 선전을 담고 있지만, 아니 오히려 정치적 선전을 담고 있음에도 불구하고, 잘 만든 명작들이 있다. 이런 프로그램이 그나마 조선중앙TV를 보는 데 위안이 되었다. 또 영화도 볼만한 것들이 제법 있다. 물론 남한처럼 전 세계의 최신영화가 오픈된 상황과 비교할 수는 없지만, 잔잔한 재미가 있는, 때로는 사람 사는 소박한 모습을 보는 재미가 있는 영화도 있다.

이런저런 관심과 재미 속에서 10년간 조선중앙TV를 보아왔고, 조선중앙TV를 소개하는 글을 써야겠다는 생각을 오랫동안 해왔다. 그러던 중에 몇 차례 북한방송에 대한 작은 글들을 써오다가 북한대학원에서 거의 10년이 꽉 차서야 "조선중앙TV연구"라는 제목으로 논문을 썼다. 그리고 북한방송 관련 개관과 필자가 관심을 가졌던 부분을 정리한 글들을 보완하여 이 책을 만들었다.

이 책은 북한방송의 골간인 조선중앙TV를 개괄적으로 설명하고, 그 핵심이 되는 프로그램들을 통해 조선중앙TV를 설명하고 있다. 그리고 필자가 관심을 가지고 있는 조선중앙TV에 대한 북한주민들의 생각과 북한주민들의 의식을 정리하고 있다.

앞으로 북한방송에 대한 보다 많은 연구들이 이루어지는 데 작은 도움이 되기를 바라면서, 이 책을 '북한의 텔레비전 방송'이라는 이름으로 발간한다.

세상살이란 것이 크고 작은 도움을 주고받는 것이라는 생각이 든다. 공부하고 일하면서 많은 좋은 분들을 만났는데, 도움만 받은 것 같아 마음에 빚이 많다. 북한공부를 업으로 할 수 있게 해주신 강만길 선생님께 늘 존경과 감사의 마음을 가지고 있다.

북한대학원 최완규 선생님께도 감사를 드린다. 논문 쓰기를 내내 망설였는데, 최 교수님 도움으로 논문도 쓰고 책도 내게 된 셈이다.

2012년! 김정일위원장이 갑작스럽게 사망하고, 북한에 젊은 권력자가 새로 등장하였다. 김정일시스템에 사람만이 바뀐 것이지만, 김정은은 원하든 원치 않든 국내외의 변화에 직면하게 될 것이다. 현재의 구조를 보면 김정은 체제의 빠른 변화를 예측하기는 어렵지만, 한반도의 평화와 공영이라는 역사의 발전에 도움이 되기를 기대해본다. 결국 통일의 역사는 한반도와 주변의 인민이 함께 만들게 되지 않을까 생각해본다.

2012. 4. 19.

이주철

 차 례

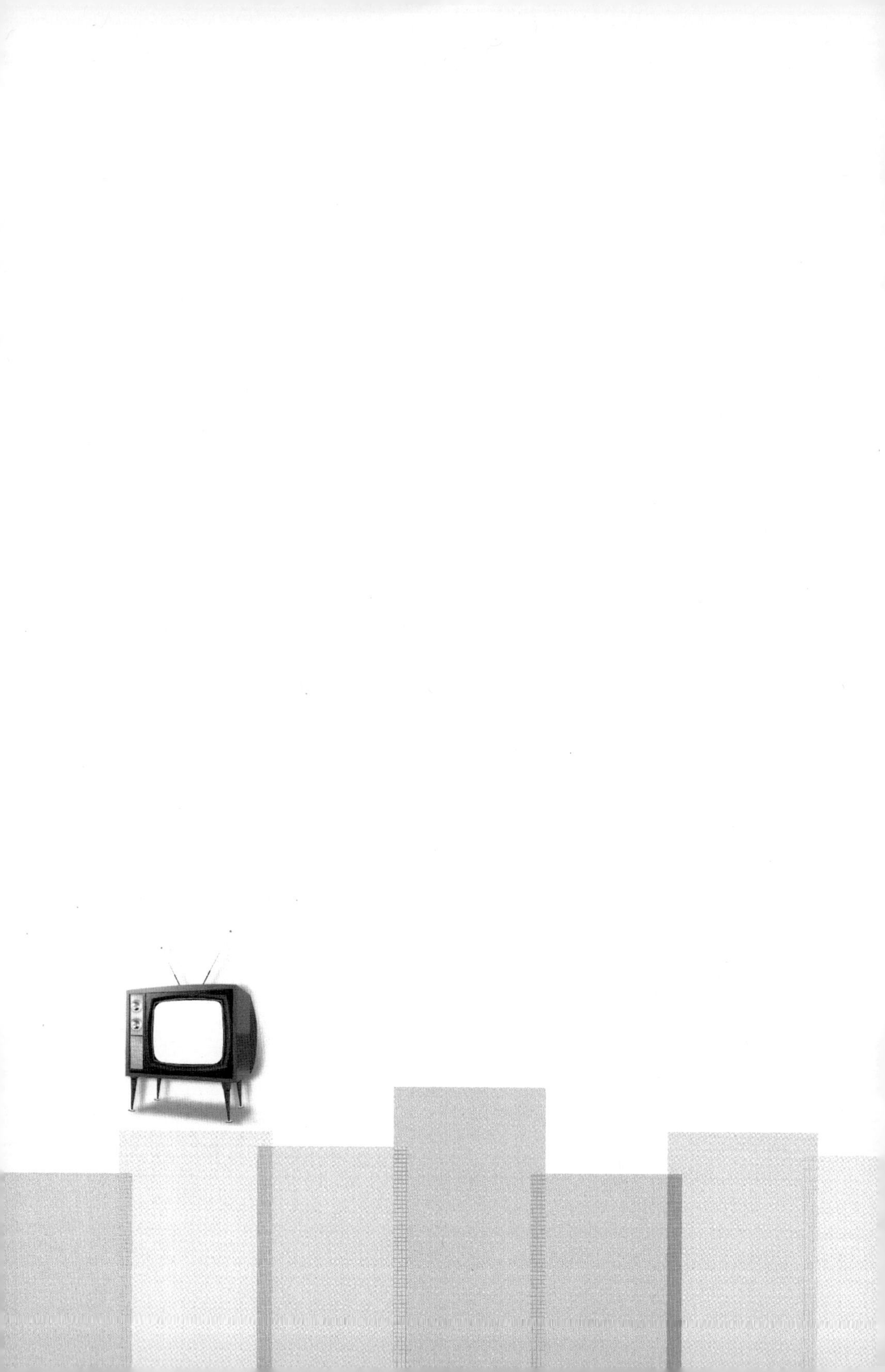

북한의 텔레비전 방송 현황

조선중앙TV는 북한을 대표하는 TV방송으로서 북한 국내와 국외에서 모두 수신이 가능하고, 북한의 표면과 이면을 함께 볼 수 있는 매우 중요한 연구 자료이다. 조선중앙TV가 연구 소재로 개방된 것은 10년이 넘었지만, 아직 연구자들의 관심이 높은 분야는 아니다. 주된 이유로는 조선중앙TV가 아직도 접근성이 좋지 않고 조선중앙TV가 북한 정권의 관영 선전매체이기 때문에 북한사회의 실체를 이해하는 데 적합하지 않다는 점, 북한 문화에 대한 연구자가 많지 않다는 점 등을 들 수 있다. 특히 관영 선전매체가 갖는 특성이 연구자의 관심을 제약하는 중요한 원인이 되고 있고, 북한의 방송영상문화가 경제적 요인과 체제적 요인으로 인해 크게 발전하지 못했다는 점도 연구자의 큰 관심을 끌지 못하는 요인의 하나로 보인다.

조선중앙TV는 북한 주민들의 문화적 욕구를 충족시키기도 하지만, 그 핵심적 기능은 체제선전이고, 그중에서도 최고권력자에 대한 선전을 가장 중요한 기능으로 한다. 이처럼 조선중앙TV는 언론 방송이라기보다 정치기관에 가까운 성격이 있다. 조선중앙TV는 김일성 생존 시에도 '유일사상 10대 원칙'에 따라 김일성과 김정일에 대한 선전에 치중했고, 김정은 등장 후에도 강력한 권력에 장악되어 선전매체로 기능하고 있다.

분명히 2000년대 이후 북한의 대내외 정세에 변화가 있었다. 국제적인 냉전구조의 해체와 북한경제의 구조적 위기를 바탕으로 6·15 남북정상회담이 진행되었고, 북한 정권은 사회 전반에서 크고 작은 변화를 모색하였다. 하지만 2002년 말에 재발한 북한의 핵문제가 2차에 걸친 핵실험으로 연결되면서 미국을 비롯한 국제 사회의 북한 정권에 대한 제재가 강화되었고 2008년 이후 남북관계도 경색되어 있다. 이런 환경 하에서도 북한 정권의 생존을 위한 출로 찾기는 계속되고 있고, 김정일의 사망이 돌발하면서 김정은체제 구축이 진행되는 매우 중요한 변화의 시기를 겪고 있다.

지금 벌어지고 있는 북한의 변화는 경제위기라는 구조적인 문제에 바탕을 두고 있고, 사회 저변의 변화에 의해 추동되었다는 점에서 앞으로도 지속적인 변화가 불가피할 것이다. 그리고 이러한 변화의 흐름 속에서 북한 정권은 안정적으로 체제를 유지하고, 또 체제유지와 후계계승을 위해 경제성장을 이루어야 하는 어려운 과제에 봉착해 있다. 이 과정에서 북한의 대표 방송인 조선중앙TV는 이러한 북한 정권의 과제를 달성하기 위한 중요한 수단으로서의 역할을 하지 않을 수 없다.

특히 '사회주의 국가'로서의 체제유지를 위한 물질적인 배급체제가 붕괴된 상황에서, 북한 정권은 인민들의 경제적 어려움과 불만을 사상적 선전을 통해 무마해야 할 필요가 있다. 따라서 선전선동에 이용되는 방송매체의 역할이 그 어느 때보다도 크다고 할 수 있다. 지금의 북한체제는 김일성이라는 '정신적 지주'가 사라지고, 경제위기가 지속되면서 주민들의 동요가 만만치 않은 상황이다. 김정일 정권이 선군정치를 내세우며 인민들의 동요를 억제하였지만, 무력적 통제와 더불어 언론방송의 역할이 북한 정권의 생존에 필수적이다. 그러나 외부의 방송이 북한 주민들의 관심을 끌고, 남한의 드라마나 영화들이 유통돼 북한 주민들의 조선중앙TV에 대한 관심이 감소하는 상황이 전개되고 있다.

제1절 북한방송의 특징과 체계

1. 북한방송의 특징

공산주의 언론의 이념이나 제도는 마르크스(Karl Marx)와 엥겔스 (Friedrich Engels)에 의해 창안된 프롤레타리아 독재 이론으로부터 파생된 것이다. 특히 레닌(Nikolai Lenin)은 대중에게 당의 정책을 설명하고 대중을 설득하기 위한 수단으로서 선전 선동을 중요시하 였는데, 공산주의체제는 언론을 선전 선동을 위한 수단으로 활용한 다. 따라서 공산주의체제는 뉴스를 일종의 '사회적 과정'으로 규정 하고 공산당의 기본방향이나 정책, 노선과의 관계에 따라 뉴스의 가치가 결정된다. 이러한 이유로 자유주의 언론이 중요시하는 시의 성과 근접성, 인간적 흥미성 등은 뉴스 가치를 결정하는 데 중요한 의미를 갖지 못한다.

공산주의 언론에서는 객관성과 공정성 개념은 성립하지 않으며, 오직 공산당의 정책과 노선과의 관계가 가장 중요한 판단의 기준이 된다. 따라서 공산주의 언론은 모든 사건을 공산당의 관점에서 보도, 해설, 편집한다. 북한의 모든 방송수단도 조선로동당과 내각에 의해 이원적으로 통제되고 있다. 표면상으로는 내각 직속의 조선중앙방송위원회에 의해 관리되고 있으나, 실질적으로는 조선로동당 선전선동부가 통제하고 있으며, 북한정권의 체제유지를 위한 선전선동 기능을 수행하고 있다.

특히 북한의 방송과 언론의 역할은 '김일성의 혁명사상' 선전, 로동당과 정부의 입장 대변[1]이 핵심적 역할이다. 이를 위해 중요 시간대에 정치선전물을 위주로 하여 편성을 하도록 하였다.[2] 김정일의 지시는 김일성의 혁명사상에 대한 선전이 제1차적 임무로 반복되고 있고, 그다음으로 당의 노선과 정책 관철을 위한 선전을 지시하고 있다. 또 정치선전은 경제선동과 함께 진행되어야 하고, 방송이 혁명교양과 계급교양을 강화할 것을 요구하고 있다.[3]

이러한 김정일의 방송에 관한 지시를 김일성이 사망한 현재 시점에서 본다면, 김정일에 대한 선전에 우선적인 역할을 두고, 당의 정책을 관철하기 위한 선전이 진행되는 조선중앙TV의 방송 현실과 일치한다고 할 수 있다. 2000년대의 조선중앙TV는 기본적으로 김정일 우상화에 중점을 두고, 이를 위해 김일성에 대한 선전을 병행하는 것으로 볼 수 있다. 그리고 더불어 당 정책과 노선을 선전하고, 경제건설을 위한 선동과 계급교양에 초점을 두고 있다. 2011년 12

---

1) 김정일, "조선중앙통신사의 기본임무 – 조선중앙통신사 일군들과 한 담화 1964년 6월 12일", 『김정일선집 1』, 1992, 8쪽.

2) 김정일, "방송사업에서 제기되는 몇 가지 문제에 대하여 – 조선중앙방송위원회 위원장과 한 담화 1967년 7월 30일", 『김정일선집 1』, 1992, 288쪽.

3) 김정일, "중앙방송위원회 사업을 개선할 데 대하여 – 조선중앙방송위원회 위원장과 한 담화 1971년 6월 14일", 『김정일선집 2』, 1993, 269–270쪽.

월 김정일의 사망 이후에는 김정은에 대한 우상화 선전을 시작하였으며, 김일성에 대한 선전을 통해 김정은의 이미지를 만들어 가고 있다.[4]

또 각 방송 매체의 특성에 따라 역할에 차이가 있었는데 평양방송의 경우에는 '김일성의 위대성' 선전에 집중하고, 북한체제와 사회주의 제도의 우월성에 대한 선전을 잘하도록 하였다.[5] 이러한 북한방송의 특징은 당중앙위원회 제4기 제15차 전원회의 이후 당의 유일사상체계를 철저히 세우기 위한 투쟁이 중앙방송위원회 내부에서도 진행됨으로써 더욱 확고해졌다고 한다.[6]

---

4) 조선중앙TV는 김정은의 생일로 알려진 2012년 1월 8일에 김정은 우상화 편집물인 "〈조선기록영화〉 백두의 선군혁명위업을 계승하시여"를 방영하였다.

5) 김정일, "방송사업에서 제기되는 몇 가지 문제에 대하여 – 조선중앙방송위원회 위원장과 한 담화 1967년 7월 30일", 『김정일선집 1』, 1992, 292-293쪽.

6) 김정일, "중앙방송위원회 사업을 개선할 데 대하여 – 조선중앙방송위원회 위원장과 한 담화 1971년 6월 14일", 『김정일선집 2』, 1993, 266-267쪽.

국방위원회
위원장: 김정은(제1위원장)
부위원장: 리용무, 김영춘, 오극렬, 장성택
위원: 박도춘, 김정각, 주규창, 백세봉, 최룡해,
김원홍, 리명수
국가안전보위부
인민무력부
인민보안부
최고인민위원회
의장: 최태복
대의원: 687명
선거
선거
최고인민회의 상임위원회
위원장: 김영남
조직·인사권
선거
내각
총리: 최영림, 부총리(9명)
40개 부서(5위원회 31성 1원 1은행 2국)
외무성
기계공업성
경공업성
국가건설감독성
노동성
중앙은행
국가계획위원회
전자공업성
식료일용공업성
상업성
보건성
중앙통계국
전력공업성
건설건재공업성
무역성
수매양정성
국가검열성
내각사무국
석탄공업성
철도성
임업성
교육위원회
국가과학원
합영투자위원회
채취공업성
육해운성
수산성
체신성
국가과학기술위원회
국가자원개발성
원유공업성
농업성
도시경영성
문화성
체육성
국가가격제정위원회
금속공업성
화학공업성
국토환경보호성
재정성
선거
임명
최고재판소
소장: 김병률
최고검찰소
소장: 장병규
도(직할시·특별시) 인민위원회
평양시
나선시
남포시
평안남도
평안북도
자강도
양강도
황해남도
황해북도
함경남도
함경북도
강원도
※ 자료: 통일부, "북한권력기구도"(2011. 1) 수정.(2012. 4. 15)

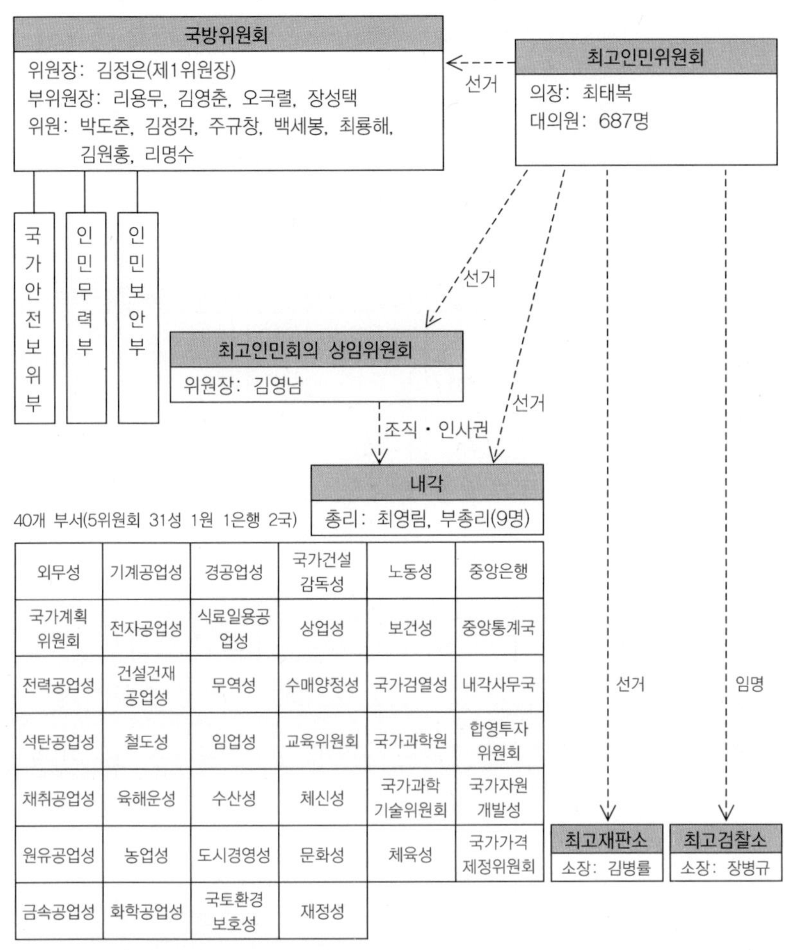

<북한의 국가기구도>

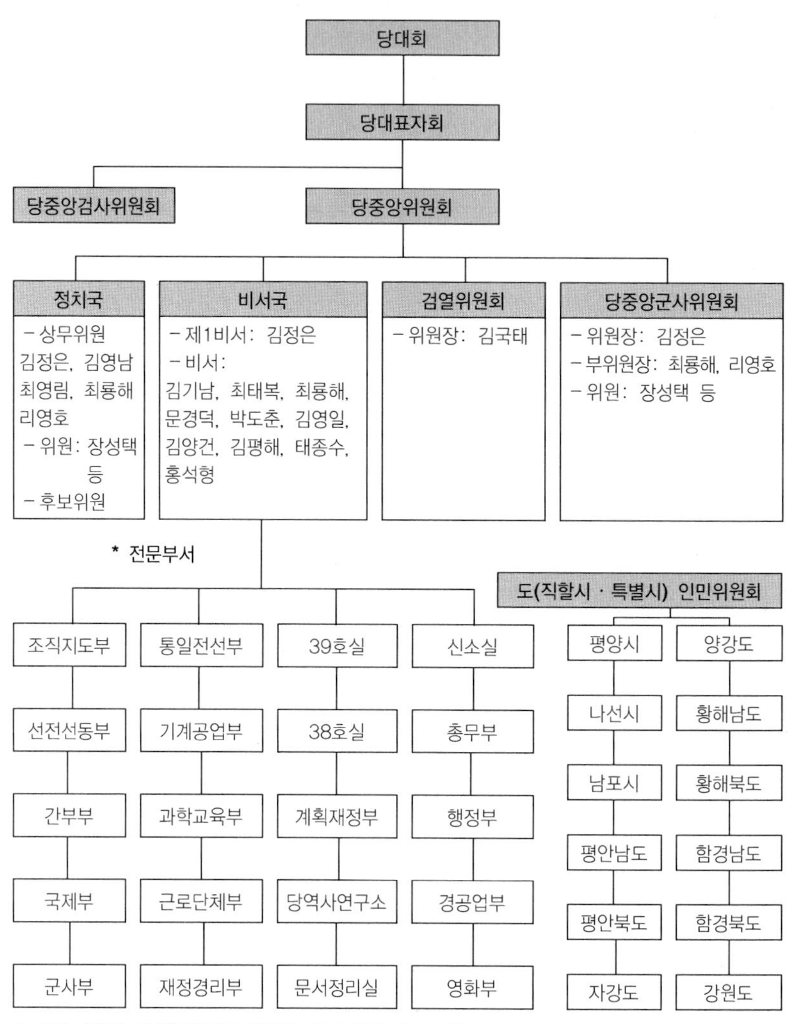

※ 자료: 통일부, "북한권력기구도"(2011. 1) 수정.(2012. 4. 15)

<조선로동당 기구>

2. 북한의 방송체계

북한체제가 조선로동당의 영도를 받고 있는 것처럼, 북한의 방송
도 조선로동당에 의해 장악되어 있다. 조선로동당의 선전선동부와
조직지도부가 중심이 되어 북한의 방송을 지휘 통제하고 있으며,
통일전선부는 대남방송을 중심으로 관여하고 있다. 선전선동부와
조직지도부가 방송의 편성과 방송 내용 및 인사권을 장악하고 있
고, 내각의 문화성이 하부기관인 조선중앙방송위원회를 통해 방송
정책을 집행한다.[7] 1971년에 인원이 증가하고 사업범위가 넓어지
면서 중앙방송위원회의 기구를 개편하였다.

하지만 방송의 특성상 매일 방송을 통해 김정일의 직접적인 관
찰대상이 될 수밖에 없다는 점에서 북한의 방송은 실질적으로 김
정일의 직접적인 지휘 관할하에 있다고 할 수 있다. 특히 김정일이
후계자로 등장하는 과정에서 직접 선전선동부를 관할한 경험이 있
기 때문에 선전선동부와 조선중앙방송위원회는 김정일의 구체적
지휘를 받는 기관이라고 할 수 있다.

북한의 방송은 조선중앙방송위원회에서 주관하는데, 조선중앙방
송위원회는 라디오총국, 텔레비전총국, 문예총국, 지방지도총국과
같은 총국과 직속국(종합국, 화술형상국, 진행국, 기술국, FM국, 지
방지도국, 후방국)으로 구성되어 있다. 그리고 북한방송은 주민들에
대한 방송체계(조선중앙방송 라디오와 TV, 제3방송), 대남 방송체계
(평양방송, 구국의 소리 방송), 국제방송체계(외국어 방송)로 구성되

---

7) 방송국의 시설과 기재 관리는 체신성에서 담당한다.

어 있다. 그런데 조선중앙TV가 위성중계를 하게 됨에 따라 조선중앙TV는 대내, 대외용으로 모두 활용되고 있다.

이 중에서 조선중앙TV는 북한의 대표 TV방송이다. 조선중앙TV는 1963년에 평양TV방송국으로 출발했다가 1970년에 현재의 이름으로 바꾸었다. 1963년에 개국을 추진하였지만 실패하고, 1966년 이후 소련의 원조가 재개되면서 1969년에 완공되어 방송을 시작하였다.[8] 1974년부터 컬러 방송을 시작했다. 조선중앙TV는 대개 평일에는 오후 5시부터 11시까지, 일요일이나 공휴일에는 오전 10시부터 오후 1시, 오후 3~11시 30분까지 방송한다. 그 외의 TV방송으로는 오락적 요소가 많이 가미된 만수대TV가 있다. 만수대TV는 평양지역에서만 수신이 가능하고, 주말에만 방영한다. 그런데 당 중앙위 선전선동부가 아닌 조직지도부 산하에 있는 만수대TV의 더 중요한 기능은 남한을 비롯한 자본주의 국가와 중국·러시아 등의 TV를 청취하고 최고권력자에게 관련 녹화자료 등을 올리는 임무이다. 이 자료들을 통해서 최고권력자는 외부세계를 인식하는 데 도움을 얻는다.[9]

이 외에도 교육문화TV가 있어서 교육, 문화, 체육 관련 방송을 하고 있다.

북한의 라디오방송은 조선중앙방송위원회 라디오총국에서 맡고 있는데, 라디오총국에는 중앙방송편집국, 평양방송편집국, 제3방송, 대외방송 편집국 등이 있어 각기 조선중앙방송, 평양방송, 제3방송, 평양FM방송을 담당한다. 하지만 보도물은 라디오총국 보도국에서

---

8) 극동문제연구소, 『북한전서-중권』, 1974, 257쪽.
9) 장해성, "북한의 언론 및 방송의 개혁개방 방안", 『북한조사연구』, 1999. 3, 통일정책연구소, 67쪽.

단일 체계로 방송별 특성에 맞게 제작하여 각 방송에 제공한다.[10]

라디오방송은 조선중앙방송이 대표적이며, 평양방송, 평양FM 방송, 구국의 소리방송[11] 등이 있다.[12] 조선중앙방송[13]은 주민들을 대상으로 하는 대내용과 외국으로 보내는 대외방송이 있고, 평양방송[14]은 노동당 대남사업부가 관장하고 있는 대남 전문방송이다. 평양FM방송[15]은 서양 클래식 방송이나 가곡을 소개하기도 한다. 이 외에 중요한 방송으로는 제3방송이라고 불리는 유선(스피커)방송이 있는데, 1970년대 중반에 북한 전역에 걸쳐 방송망을 구축하였다.

---

10) 장해성, "북한 언론의 대표적인 나팔수 조선중앙방송", 남북방송통신포럼 2010년 5월 발표.

11) 1970년 '통일혁명당 목소리방송'으로 시작하여 1985년에 '구국의 소리방송'으로 명칭을 변경했다. 프로그램 제작은 조선로동당 비서국 통일전선부에서 관장하며, 제작은 평양시 흥부동 '칠보산 연락소', 송신은 해주, 평양, 원산의 송신소를 이용했다. 이들 송신소에서 중파 1개, 단파 6개 채널을 통해 하루 총 91시간 방송 프로그램을 송출했다. 구국의 소리(한국민족민주전선)방송은 대남비방방송을 중지하고, 2003년 8월 1일부터 조선중앙방송을 중계했다. 북한의 구국의 소리 방송 중단은 남한의 대북방송중지를 유도하고자 하는 목적이 있었다.

12) 김일성방송대학·맑스레닌주의방송대학은 대학에 진학하지 않은 청소년이나 일반인을 대상으로 하며, 평양방송을 방송매체로 사용한다.

13) 조선중앙방송은 북한을 대표하는 방송으로 총 12개 채널(중파 77개파, 단파 5개파)이 있으며 북한 주민을 대상으로 하는 대내방송과 외국 청취자를 대상으로 하는 대외방송을 진행한다.

14) 평양방송은 북한의 제2방송에 해당하는 라디오방송으로 대남 및 대외 전문방송이다. 총 9개 채널(중파 9개파, 단파 4개파)로 남한과 재일동포들이 주된 대상이다.

15) 평양FM방송은 중파 2개파의 주파수를 가지고 있고, 음악을 주로 송출한다. 평양과 개성에서 송출되고 있는데, 해주와 개성에 대남중계소가 설치되어 남한의 중부권까지가 가청권이다.

조선중앙TV와 유선방송은 일정한 보완관계의 기능도 가지고 있
는데, 북한 정권이 외부에 발표할 수 없는 내용이나 당 방침을 주
민들에게 알리는 데 사용되는 체제 수호의 기능이 유선방송에 있
다. 즉 유선방송은 외부에서 잘 인지되지 않기 때문에, 남한 주민과
대통령에 관련된 보도나 북핵문제 등 대외적으로 공개하기 곤란한
문제에 대해 북한 정권의 입에 맞게 왜곡하여 선전하는 기능을 한
다.16)

---

16) 예를 들면 2000년 10월 올브라이트 미 국무장관의 방북에 대해 유선방송은 "미국이 김정일에게 항복
하여 미국 국무부장관이 북조선을 방북했다"고 보도했다. 도·시·군에서 제작되는 유선방송은 기업
과 간부들의 사회적 일탈을 폭로하기도 한다.(김승철, "북한의 제3방송의 기능과 역할", 2008년 12월
5일 발표)

제2절 조선중앙TV 현황

북한 정권은 해방 직후부터 일제가 설립한 라디오 방송을 장악하고 방송을 재개하였고, 6·25 전쟁 후에는 기존의 방송국을 개건하기 위해 노력하였다. 그러나 방송시설은 일제에 의해 많은 부분이 파괴되어 있었고, 방송을 운영할 인적·물적 자원의 부족으로 인해 많은 어려움을 겪었다. 전쟁 전에 복구된 방송시설은 6·25전쟁으로 인해 다시 파괴되었고, 전후 복구과정에서 김일성은 방송이 전후 경제건설노선을 인민들에게 광범히 선전할 것과 남한 인민들에 대한 선전을 강화할 것을 지시하였다. 이를 위해 방송일군의 역량을 강화하고 정치사상적으로 철저히 준비시킬 것을 요구하기도 했다.[17]

정전협정이 이루어진 후, 조선로동당 중앙위원회 6차 전원회의에서 기존의 방송국을 개건하고,[18] 방송국 건설공사를 기한 내에

---

17) "당면한 방송선전사업방향에 대하여―문화선전상에게 준 지시", 1953년 8월 2일, 『김일성전집 16』, 2-3쪽

18) 1953년에 청진의 5KW 중파방송기를 10KW 중파방송기로 바꿀 것과 개성에 2KW 이상의 출력을 가진 방송국을 신설할 것을 결정했다. 또 1954년까지 평양에 150KW 중파방송기를 설치하도록 했다.

끝내기 위해 내각 부수상을 책임자로 하고 해당 성의 상들로 위원회를 구성하도록 했다.[19)

1960년대에는 전국적인 유선망 구축을 추진하여 1964년에는 전체 '리'의 98%가, 1965년에는 전체의 99.4%가 유선방송을 청취할 수 있게 되어 실질적으로 전국의 유선방송이 이루어졌다.[20)] 하지만 1969년까지도 개별 세대에 고성기(스피커)가 보급되지는 못했고[21)] 1970년에 실내확성기 80만여 대, 유선방송기 600만여 대가 설치되었다.[22)]

1967년 12월 조선중앙방송은 '제1중앙방송', '제2중앙방송'으로 분리되어 '제1중앙방송'은 대내 방송, '제2중앙방송'은 대외 및 대남 방송을 담당하게 되었다.[23)] 유선방송이라고도 불리는 제3방송은 대내 선전 및 경보수단 전파용으로 사용되었는데, 유선방송은 채널이 하나뿐이고 외부에서는 방송내용을 알기가 어렵다. 유선방송은 조선중앙방송을 중계하는 것을 기본으로 하고, 내부적으로 특별히 강조하는 당의 방침이나 지방소식도 방송하였다.

북한의 텔레비전방송은 조선중앙TV 방송 외에도 만수대텔레비전방송, 교육문화텔레비전방송, 조선중앙위성텔레비전방송 등이 있다. 1983년 12월에 개국한 만수대텔레비전방송은 평양과 평안남도 지역을 가시청권으로 하며, 토·일요일과 명절에 방송을 한다. 주

---

19) "인민군대를 강화하고 방송국 건설을 추진할 데 대하여-조선로동당 중앙위원회 정치위원회에서 한 결론", 1953년 10월 10일, 『김일성전집 16』, 119쪽

20) 강현두, "북한의 방송", 『북한의 언론』(서울: 을유문화사, 1989), 158쪽.

21) "출판혁명과 온 나라의 텔레비죤화, 유선방송화를 다그칠 데 대하여-조선로동당 중앙위원회 정치위원회에서 한 연설", 1969년 3월 18일, 『김일성전집 43』, 67쪽

22) 강현두 앞의 글, 159쪽.

23) 1972년에 조선중앙 제1방송을 조선중앙방송으로, 제2방송을 평양방송으로 개칭하였다.

로 예술공연과 영화, 스포츠 등을 방영하는 문화프로그램 전문방송으로, 소련·중국·동유럽 등 구 사회주의권 외국영화를 많이 방영했다. 이를 통해 평양 인근의 북한 주민들은 외부세계의 영상과 문물을 제한적이나마 경험하기도 했다.[24] 또 만수대텔레비전방송은 인공위성중계소를 통해 세계 각국의 방송을 수신하고, 이것을 종합하여 최고권력자에게 보고하는 임무를 가지고 있다.[25]

교육문화텔레비전방송은 1997년 2월 16일부터 사회주의 교육문화분야의 프로그램을 전문적으로 방송하고 있으며, 평양과 인근 지역, 개성 일대가 가시청권이다.[26]

조선중앙위성텔레비전방송은 1999년 10월부터 태국의 시나와트 새틀라이트사의 타이콤 3위성을 통해 방송되고 있다. 프로그램은 별도로 제작되지 않고 조선중앙텔레비전 프로그램을 송출하고 있는데, 북한 내부의 난시청 해소와 대외선전을 목적으로 한다.

이 외에도 개성텔레비전방송[27]과 텔레비전방송대학[28]이 있다.

---

24) 이러한 만수대텔레비전의 기능 때문에 북한 주민들은 시장에서 외화를 암거래하다 걸린 경우, "평양 만수대통로에서 방영된 것이라고 해서 샀습니다"라는 대답을 한다고 한다. 장세율, "북한일상에서 방송통신 활용 실태", 남북방송통신포럼 발표, 2010년.

25) 탈북자 정남순(유럽 북한 대사관 근무) 인터뷰, 2010년 5월 11일.

26) 평일에는 3시간, 휴일과 명절에는 10시간 방송을 했다.

27) 개성텔레비전방송은 1971년 4월 15일 개국한 대남전용 TV방송국으로 북한의 TV송출방식인 PAL방식이 아니라, 한국과 같은 NTSC방식으로 전파를 송출했다. 1997년 2월 16일 이후 대남·대내 방송으로 분리되어 대남TV방송은 조선중앙TV방송 프로그램을 100% NTSC방식으로 바꾸어서 송출했으며, 대내방송은 조선교육문화TV를 신설하였다.

28) 텔레비전방송대학은 북한의 통신대 학생들을 대상으로 하며, 주 3회 조선중앙텔레비전방송을 통해 방송을 했다.

1. 조선중앙TV 조직 현황

1) 인력 조직

조선중앙TV를 관할하는 조선중앙방송위원회는 평양시 모란봉구역 우의동과 대동강구역 문흥2동에 위치한다. 조선중앙TV를 관할하는 조선중앙방송위원회의 구성원은 방송원, 기자, 편성원, 편집원, 송출원, 진행원 등 2400~2600명 정도이다(기자 약 800명, 방송원 약 120명).[29] 조선중앙방송위원회는 총국으로는 라디오총국, 텔레비전총국, 문예총국, 지방지도총국이 있고, 직속국으로는 종합국, 화술형상국, 진행국, 기술국, FM국, 지방지도국, 후방국이 있다. 직속처로는 9호 문헌편집처, 자료조사처, 룡남무역상사 등이 있다.

텔레비전총국은 1000여 명으로 구성되어 있고, 정치선전처(정치선전부, 촬영부, 조명부), 경제선전처, 음악처, 경기운영처, 군사체육부, 사회문화처, 방송진행처, 화술형상처, 기술처, 중계처, 동력처 등으로 구성되어 있다.[30]

조선중앙TV의 기자나 편집자들은 김일성종합대학 출신자들이 선발되고,[31] 방송을 제작하는 인력들은 평양연극영화대학에서 양성하고 있다.[32] 김일성종합대학과 평양연극영화대학 출신으로 조

---

29) 탈북자 장해성 씨 인터뷰. 1996년 탈북 즈음의 상황이지만 현재도 크게 변하지 않은 것으로 추정했다.

30) 장해성, "북한 언론의 대표적인 나팔수 조선중앙방송", 남북방송통신포럼 2010년 5월 발표.

31) 기술직은 김책공업대학이나 김일성종합대학 자연과학부 출신이다.

32) 촬영가 등 창작 부문 인력을 양성하는 영화창작학부, 배우·방송원을 양성하는 영화배우학부, 기술인력을 양성하는 영화기술학부가 있다. 이들 학부에는 영화문학창작과, 영화연출과, TV연출과, 영화촬영과, 영화배우과, 영화이론과, 영화녹음과, 필름현상과 등 영화예술 관련 학과와 영화기술 관련 학과 등이 있다. 최근 화상기교학과, 영화음향학과, 영상가공학과 등을 신설해 특수촬영 전문가를 육성하고 있

선중앙TV에서 일하는 사람들은 기본적으로 성분과 당성이 중요한 선발의 기준이다.

방송종사자들은 타 분야에 비해 좋은 대우를 받는 것으로 알려지고 있지만, 이들도 1990년대 후반 이후의 열악한 경제상황으로부터 벗어나지 못하고 있다. 방송종사자들은 각자의 직능에 따라 다양한 부업을 하기도 하고, 방송 대상이 된 기관·기업소 등으로부터 지원을 받아 방송과 개인의 필요를 해결하기도 한다. 방송원들의 경우 피복연구소에서 생산된 다양한 의상들을 먼저 입게 되고, 식료품과 공산품을 공급받는 혜택도 있다.[33] 2010년 11월에 조선중앙TV는 김정일과 김정은이 새로 지은 아파트에 입주한 예술인 가정을 방문한 모습을 방영하였는데,[34] 이러한 모습을 통해 선전 선동과 관련된 부문에 대한 김정일 일가의 특별한 관심을 볼 수 있다.

2) 검열 시스템

북한은 공식적으로 남한 방송을 비롯하여 일체 외국의 소식을 통제한다. 1990년대까지 오직 조선중앙통신사에서만 해외 소식을 받고 번역하여 각 관련 보도기관에 배포하였다.[35] 최근에는 인터넷

다고 한다. 화상기교학과에서는 공중촬영, 모형합성촬영, 사진회화합성촬영 등 특수효과와 합성촬영기법을 교육하고, 영화음향학과에서는 영화녹음에 대한 기초이론과 실기를 가르친다. 영상가공학과에서는 현대적 영상기록매체, 디지털비디오매체를 비롯한 다양한 매체들의 가공처리를 가르친다.(『연합뉴스』, 2008년 9월 25일 보도.)

33) "북한 중앙텔레비전 인기 아나운서들 다 모였네", 『노컷뉴스』, 2007년 4월 11일.

34) "김정일 동지 새로 건설된 국립연극극장과 갓 입사한 예술인 가정 방문"(11월 7·8·11·12·13·14·15일, 10회 방영).

35) 장해성, "북한의 언론 및 방송의 개혁개방 방안", 『북한조사연구』, 2,2(1999), 65쪽. 김정일과 로동신문, 중앙통신, 중앙방송 책임일꾼 등 극히 제한된 인원들에게는 세계의 각종 자료들이 제공된다('백지통신'). '8호통신'은 국내외의 거의 모든 자료가 수록되지만, 요약되어 실린다는 차이가 있고 당중앙위

등 다양한 통신매체의 발달과 다양한 자본주의 국가들과의 국제관계 증가로 인하여 외무성 등 주요 기관에서도 외부 매체에 대한 접근이 이루어지고 있는 것으로 알려지고 있다.

하지만 조선중앙TV 편집물의 제작과정에서 진행되는 검열사업은 2000년대 이전과 크게 달라진 것이 없을 것으로 추정된다. 2000년대 이전의 조선중앙TV 검열과정을 보면 제작편집과정의 검열(결제), 내부검열, 국가출판검열국을 기본으로 한다.

검열과정을 보면 제작편집과정에서 기사와 편집물이 완성되기 전에 부장, 부국장, 부위원장으로 이어지는 3단계의 결재를 받는다. 여기에서는 편집계획이 김정일의 지시를 정확하게 관철하였는가를 중심으로 결재를 받는다. 이어서 조선중앙TV는 상설적으로 배치한 40~50명의 인원으로 사고의 원인이 될 수 있는 요소들을 방송 전에 검열한다. 그리고 마지막으로 당중앙위 선전선동부 직속 기관인 국가출판검열국에서 수 명에서 수십 명으로 구성된 인원을 파견하여 모든 편집물을 검열한다. 출판검열국의 비준 없이는 방송될 수 없으며, 검열과정에 제기된 자료들은 검열주보로 김정일에게 올라간다. 검열과정에 걸린 기자나 편집원, 담당자는 엄중한 문책을 당한다.[36)

최근 탈북한 도 방송위원회 기자의 증언은 검열과정을 장해성의 증언을 좀 더 구체적으로 보여 준다. 이 탈북자의 증언에 따르면 방송사 기자들은 글을 작성한 후 총 7번 이상의 검열을 거친다. 원

부장, 비서 등에게 제공된다. 당중앙위 과장, 도당 책임비서 등에게 제공되는 '자료통신', '참고통신' 등이 있다.

36) 자세한 내용은 장해성, 위의 글, 70쪽에서 요약하였다.

칙적으로 옆 동료들에게 우선적으로 검열을 받아야 하고, 첫 번째 검열은 소속 부서장이다. 두 번째는 부서장의 결재를 받으면 종합편집원이 각 부서의 글을 확인하고 수정사항을 지적하면 기자 본인이 수정하고 확인했다는 사인을 한다. 세 번째는 초급당 비서, 네 번째는 방송위원회 위원장을 거친다. 다음은 각도의 출판검열국, 여섯 번째는 선전선동부 출판보도과의 검열을 통과하면 보도과장이 선전선동부 부장에게 결재를 받는다. 이 과정을 통하여 사전 제작된 방송을 방송위원회 위원장이 확인을 해야 끝이 난다.[37]

이상과 같은 검열과정을 통해 조선중앙TV는 철저하게 정치권력의 수족 기능을 수행한다.

2. 조선중앙TV의 설비 및 재정 현황

조선중앙텔레비전방송은 북한의 관영 텔레비전방송국으로 1963년에 개국한 것으로 발표되었지만 소련의 원조중단과 기술원조 부진으로 1963년 완공 목표가 늦어졌고, 본격적인 방송은 1960년대 후반에 이루어졌다.[38] 하지만 경험이 부족하고 텔레비전 방송설비를 자체적으로 만드는 어려운 조건으로 인해서 화면과 음성의 질

---

37) "7번 이상의 검열 거쳐야 하는 북 언론 검열체계", 열린북한방송, 2009년 9월 2일, 지방 방송위원회 출신 탈북자 인터뷰.

38) 강현두, 『북한의 언론』(서울: 을유문화사, 1989), 159쪽. 조선중앙TV는 1963년에 개국되었는데, 이 과정에서 북한은 외국에 텔레비전 방송설비를 요청하였으나 거부당하고, 설계만을 달라는 요청도 돈을 요구받는 등 어려움을 겪었다고 한다. 이를 극복하기 위해 북한 당국은 방송일꾼들을 중심으로 텔레비전 방송설비제작집단을 구성하여 2년 남짓 준비를 거쳐 방송을 개시하였다.[김정일, "방송사업에서 제기되는 몇 가지 문제에 대하여─조선중앙방송위원회 위원장과 한 담화 1967년 7월 30일", 『김정일선집』 제1권(평양: 조선로동당출판사, 1992), 296쪽]

도 좋지 못하였다.[39) 김일성의 발언에 따르면 1969년 초까지는 평양시와 평안남도, 평안북도, 황해남도, 황해북도가 TV를 시청할 수 있는 지역이었다.[40)

1970년대 초에도 화면이 선명하지 못하고 불안정하며 음향이 고르지 못한 결함들이 계속되었는데,[41) 이 같은 결함은 일꾼들의 기술기능 수준의 문제도 있었지만, 방송설비의 현대화를 통해 해결해야 할 문제들이었다.[42) 또 1970년대 초까지 TV시청이 불가능한 지역도 많이 있어서 김일성은 제5차 당대회에서 "온 나라의 텔레비전화"를 적극 추진하도록 하였다. 1974년 4월 15일부터 컬러TV를 방영하기 시작했고,[43) 1971년과 1976년 사이에 텔레비전 방송출력이 4배로 증가하였으며, 출력과 수상기 보급의 확대로 TV전파 청취가능 지역이 전국화되었다.[44)

1970년대와 1980년대를 거치는 시기에 북한은 전자공업의 성장이 만족스럽게 이루어지지 못했다. 또 중요한 방송설비는 남한에서조차 대부분 고가의 일제 장비가 장악하는 상황이었기 때문에 외화 사정이 열악한 조선중앙TV의 방송설비가 개선될 수 없는 조건이었을 가능성이 매우 높다. 따라서 북한의 방송설비는 1989년 평

---

39) 김정일, "텔레비죤방송의 사상예술적 수준을 높일 데 대하여—조선로동당 중앙위원회 선전선동부 및 텔레비죤방송 부문 일군들과 한 담화 1972년 8월 22일", 『김정일선집』 제2권(평양: 조선로동당출판사, 1993), 419–420쪽.

40) 김일성, "출판혁명과 온나라의 텔레비죤화, 유선방송화를 다그칠 데 대하여—조선로동당 중앙위원회 정치위원회에서 한 연설", 1969년 3월 18일, 『김일성전집』 제43권(평양: 조선로동당출판사, 2002), 66쪽.

41) 위의 글, 429쪽.

42) 위의 글, 430쪽.

43) 북한 TV방송은 주사선 방식이 PAL–D 방식으로 남한의 NTSC 방식과 다르기 때문에 북한 주민들은 남한 방송을 수신할 수 없다.

44) 강현두, 앞의 글, 159–160쪽. 1971년 64%, 1975년 95%로 증가했다.

양 세계청년학생축전 당시의 설비가 현재 방송시설의 기본이라고 볼 수 있다.

그 이후 1997년 5월 5일 조선중앙TV를 현지지도한 김정일이 최신식 촬영설비들과 중계차를 직접 전달했다고 하지만, 방송설비는 대부분 큰 발전을 하지 못했다. 조선중앙TV는 위성중계실과 부조, 편집실, 음악물녹화장, 대중경연녹화장, 드라마녹화장, 보도녹화장 등의 시설을 가지고 있는데, 건물규모나 방송설비는 한국 지상파방송사의 지방방송사 정도로 설명된다. 조선중앙TV는 조명, 동시녹음, 발전차, 카메라 등 제작인프라가 부족하고, 조명장비의 절대부족으로 남한 방송과는 수준차이가 많이 났다. 또 발전차 용량과 기름공급 부족으로 전력공급에 제약을 받고, 야외제작에 어려움이 있으며, 디지털카메라가 드라마에 배정되어 있지 않고, 동시녹음장비 운용 및 기술이 부족한 상황이었다. 2000년대 초에 조선중앙TV에는 몇 대의 중계차가 있었지만 디지털화가 되어 있지 않았다.

남북한의 방송교류가 진행되면서 남한의 방송위원회가 디지털방송 편집과 송출장비를 지원하였고, 2005년에는 디지털방송 중계차량도 지원하였다.[45] 2000년대 후반에 남북방송교류사업이 진행되면서 ENG카메라와 발전차, 각종 비디오·오디오 믹서, 동시녹음장비 등이 지원되었다.[46] 이 과정 등을 통해 조선중앙TV는 최신 설비를 갖추게 되었지만, 실질적으로 방송에 사용하기에는 부족한

---

45) SD급 디지털 중계차량(5톤 중형, 225마력), 포터블카메라 4대, 캠코더 1대, 녹화기, 자막기, 모니터, 오디오장비 등이 탑재되었다.[방송위원회, 『2005 남북방송교류자료집』(서울: 방송위원회, 2006), 236쪽]

46) MIC, MIC ADAPTOR, AUDIO MIXER, ENG CAM, VIDEO MONITOR, 눈효과기, VCR, VCR EDITOR, VIDEO MIXER, VCR RECODER, VCR PLAYER, STANDARD CONVERTER, CAMERA CRANE 등.

상황이다.

1990년대부터 악화된 국제정세의 변화와 북한의 경제위기 등으로 인해 조선중앙TV의 재정상황도 심각하게 악화된 것은 명약관화한 일이다. 기본적으로 2000년대 조선중앙TV의 재정상황도 매우 열악한 것으로 보인다. 조선중앙TV의 위상에도 불구하고 '독립채산제'의 영향을 받고 있는 것으로 보이며, 일부 관련된 대외사업 '수입'도 기본적으로는 현물물자 등 방송 장비만이 분배되는 상황이다.

제3절 북한 주민의 방송 수신기 보유 실태

1. 컬러TV의 보급 확대

1969년에 북한지역 4,000개 리 중에서 TV시청이 가능한 평안도와 황해도 지역에 TV가 보급되었다는 김일성의 발언으로 보면,[47] 이 시기 TV의 보급은 약 2,000대 내외인 것으로 추정된다. 1970년대 중반까지 흑백TV는 상류층의 전유물이었고, 1970년대 후반 북한의 흑백TV 보급은 약 10만 대였다.[48] 이들 흑백TV는 1970년대 말에서 1980년대에 수입되어 핵심계층에 보급되었고, 컬러TV는 특권층이나 평양 등 대도시에 편중되었다. 1989년 세계청년학생축전 이후에는 일반주민들에게도 컬러TV가 부분적으로 판매되었는데, 1991년에 차승수 조선중앙방송위원회 부위원장은 약 200만 대의 TV가 보급되었다고 주장하였다<표 1>.[49] 그리고 미국의 CIA

---

47) "출판혁명과 온 나라의 텔레비죤화, 유선방송화를 다그칠 데 대하여—조선로동당 중앙위원회 정치위원회에서 한 연설", 1969년 3월 18일, 『김일성전집』 제43권(평양: 조선로동당출판사, 2002), 65쪽. 김일성은 TV 보급을 '개별 작업반' → '개별 부락' → '개별 세대' 순서로 보급할 계획을 세웠다.

48) 『조선중앙연감 1978』(평양: 조선중앙통신사, 1978).

World Factbook(Countries of the World-16 YEARS OF WORLD FACTS) 자료는 1990년대 말에 120~200만 대의 TV가 보급된 것으로 추정하고 있다(<표 2>). 이처럼 북한의 TV·라디오 수신기 보급 실태에 대해서는 검증을 거친 정확한 자료가 없는 것으로 보인다.

<표 1> 북한의 TV·라디오 수신기 보급 (1)

	1978년	1991년	1994년	1998년
TV	10만 대	200만 대	200만 대	200만 대
라디오			250만 대	470만 대
자료출처	『조선중앙연감』 (1978)	조선중앙방송위원회 차승수	WRTH (1995)	WRTH (1998)

출처: 박우용, 『북한방송총람』(서울: 커뮤니케이션북스, 2004), 312쪽에서 인용 작성.

<표 2> 북한의 TV·라디오 수신기 보급 (2)

	1989년	1997년	1999년
TV	35만 대	120만 대	200만 대
라디오	350만 대	336만 대	336만 대
자료 소재 위치	1996년	2000~2003년	1999년

출처: CIA World Factbook 인터넷 자료[50]

북한 주민들은 TV를 얻기 위해 많은 노력을 하고 있는데,[51] 1990년대 이후 북한 경제의 위기가 20년째 계속되고 있는 점 등을 감안하면 1990년 이전에 보급되었다고 언급된 약 200만 대의 TV

---

49) 200만 대 보급이면(1991년 인구 2180만 명) 2.7가구당 1대 보유로 여러 가지 자료나 증언과 어울리지 않는다.

50) http://www.theodora.com/wfb/abc_world_fact_book.html(검색: 2011년 6월 30일).

51) 북한 주민들이 선망하는 '5장 6기' 중에서 TV는 대표적인 물건이라고 한다. 5장은 이불장, 양복장, 식장(찬장), 책장, 신발장이고, 6기는 TV, 냉장고, 세탁기, 재봉기, 선풍기, 사진기나 녹음기이다. 2004년 11월에 게재된 이 자료는 평양에서도 고급 당간부나 일부 북송교포 등 약 10%만이 이른바 5장 6기의 가재도구를 갖추고 산다고 한다.(탈북자동지회 홈페이지 - 자료실-북한자료).

(다수가 흑백TV)는 현재 실질적으로 무용지물 상태에 있을 가능성
이 높다. KOTRA 북한실 2002년도 기준 자료에 따르면 북한에서
생활수준이 가장 좋은 평양시민들도 4가구당 1가구만이 TV를 가
지고 있고 컬러TV 보급률은 전체 TV의 10%라고 한다.[52] 이런 점
을 감안하여 추정하면 현재 북한 주민들이 가지고 있는 컬러TV는
대부분 2000년 전후 시점 이후에 수입된 것으로 보인다.

〈표 3〉 북한의 대중국 전자기기 · 음향 · 영상설비 수입(단위, 천 달러)[53]

		2005년	2006년	2007년	2008년	2009년
수출		499,000	467,720	581,521	754,046	793,048
수입	총액	1,081,000	1,231,890	1,392,453	2,033,233	1,887,686
	전자기기 · 음향 · 영상설비	56,597	97,577	69,286	100,646	131,820
수출입		1,580,000	1,699,600	1,973,974	2,787,279	2,680,734
무역수지		−582,000	−764,170	−810,932	−1,279,187	−1,096,638

출처: 무역협회 무역진흥본부 남북교역팀, "2004 북한−중국 간 무역동향과 시사점", 2005. 1. 중국해관
무역통계 정리; 한국무역협회, "2006년 북중무역 동향 및 평가", 2007. 3; KOTRA, "2009 북한
의 대외무역 동향".

중국 측 세관 통계로 작성된 <표 3>은 북한이 중국으로부터 많
은 양의 전자기기 · 음향 · 영상설비를 수입하였음을 보여 주는데,
여기에 컬러TV가 포함된다.

---

52) 이원희, "남북경제 비교: 텔레비전", 자유아시아방송 홈페이지, 2006년 4월 21일. 2002년 '아리랑'
공연 참가자들에게 14인치 중국산 흑백TV가 지급되었다고 한다. "아리랑 참가자, 김정일 선물에 관
심", The Daily NK 홈페이지, 2005년 10월 13일. 2007년 '아리랑' 공연 참가자 중에서 주연급 출
연진, 지도원, 간부급 학생 등에게 5천∼1만 대의 21인치 컬러TV를 공급했다고 한다.("김일성 · 김정
일 부자 선물 줄게 충성 다오", 『조선일보』, 2007년 11월 3일).

53) 북한이 중국에서 수입하는 주요품목 순위는 2003년엔 원유, 돼지고기, 원유조제품, 쌀, 컬러TV 순서였
고, 2004년엔 컬러TV가 4위가 되고 경질유 및 조제품이 5위가 되었다.(무역협회 무역진흥본부 남북교
역팀, "2004 북한−중국 간 무역동향과 시사점", 2005년 1월.)

<표 4> 중국에서 수입한 TV금액과 대수(금액단위, 만 달러)

	1999년	2000년	2001년	2002년	2003년	2004년	2005년	2006년
컬러·흑백 TV 합계	267	590	900	1081	1928	1987 (1~11월)		
컬러 금액	100	297	531	646	1530	1,739	1,584	1,566
컬러 대수	11,500	34,000	60,000	70,000	175,000	210,000	181,000	179,000
흑백TV 금액	166	293	368	435	398	444 (1~11월)		

출처: 1999~2003년 자료: "북, 중국산 TV 수입 늘어", 연합뉴스, 2005. 1. 12, 한국무역협회가 입수한 중국해관총서 통계 보도.
- 2004~2006년 자료: 한국무역협회 통계자료.
- 1999~2001년, 2005~2006년 수입대수는 2002~2004년 수입대수를 근거로 추정한 것임(컬러TV는 대당 87 불로 계산. 2003년 수입액 1,530만 불을 175,000대로 계산하면 대당 87.4불임).[54]
- 중국 측 세관통계를 이용한 자료에는 중국으로부터 컬러TV가 2002년에 7만 대, 2003년에 17만 5000대, 2004년에 21만 대 수입된 것으로 나타난다.[55] 다른 자료에서는 북한이 2003년 중형 컬러TV 17만 대를 수입.[56] 여러 자료에서 2003년 수입액과 수입대수가 일치함.
- 2001년부터 2003년 사이 흑백TV는 11,919,000불 분량이 수입됨(2001년 3,659,000불, 2002년 4,285,000불, 2003년 3,975,000불임).[57]

<표 4>를 이용해 북한의 TV수입 실태를 추정해보면 1999년부터 2004년 11월까지 TV(흑백, 컬러 포함) 수입금액이 6,753만 달러가 된다. 컬러TV 수입금액만 계산하면 1999년부터 2006년까지 7,993만 달러이다. 그리고 흑백TV만 보면 1999년부터 2004년 11월 사이에 2,270만 달러 분량이 수입되었다.[58] 중국으로부터 컬러TV가 2003년에 17만 5000대 수입된 것을 가지고 추산해보면[59] 1999~

---

54) 『매일경제』, 2004년 6월 11일, YTN 2004년 5월 18일에는 2003년 컬러TV 15,000대가량을 수입했다고 보도했는데, 이 경우 TV 대당가격이 1000달러에 달한다. 따라서 이 보도는 잘못된 것으로 보인다.

55) 남성욱, "'경제혈맹' 중국자본, 북한점령 가속화", 『신동아』, 12월호(2005). 중국해관 통계를 인용한 KOTRA 자료에 따르면 2003년에는 15,226,000달러 분량이 수입되었다(KOTRA 북한팀 김광일, "2003 북중교역 동향", 3쪽). 2004년 상반기에 6,036,000달러 분량이 수입되었다(KOTRA 북한팀 김광일, "2004년 상반기 북중교역 동향", 6쪽).

56) "북, 작년 대중무역 10억$ 돌파", 『매일경제』, 2004년 2월 15일(『도쿄신문』 인용보도).

57) KOTRA 북한팀 김광일, 『2003 북중교역 동향』, 3쪽.

58) 1999~2003년 자료: "북, 중국산 TV 수입 늘어", 『연합뉴스』, 2005년 1월 12일, 한국무역협회가 입수한 중국해관총서 통계보도; 2004~2006년 자료: 한국무역협회 통계자료.

2006년간 컬러TV 수입량은 약 920,000대가 되고,[60] 흑백TV 수입 대수도 상당할 것이다. 특히 1999년에는 흑백TV의 수입금액이 컸던 반면, 2000년부터는 컬러TV 수입비용이 커지고, 2004년에는 3.92배로 증가한 점이 북한 주민들의 TV 구매성향이 변하는 특징적 모습이라고 할 수 있다.[61] 주로 가격이 낮은 신품 TV와 중고품 TV가 북한으로 수입된 것으로 보인다.

<표 3>을 보면 2007년부터 2009년까지 북한의 대중 수입이 지속적으로 증가하였고,[62] 전자기기·음향·영상설비 등의 수입도 2007년을 제외하고 지속적으로 증가하였다.[63] 따라서 2007년부터 2010년까지 4년간 2006년과 같은 양의 컬러TV가 북한에 수입되었다고만 추정해도 2000년대에 약 1,636,000대의 컬러TV가 중국에서 북한에 수입된 것으로 볼 수 있다.

수입품 외에 2002년 중국의 TV 제조기업 난징 슈마오(熊猫)전자가 북한에 공장을 설립해 17인치 흑백TV와 21인치 컬러TV를 생산하였다. 그리고 북한의 대동강텔레비전수상기공장에서 2005년부터 디지털 컬러TV를 양산할 수 있는 조립공정을 완성했다고 한다.[64]

---

59) 남성욱, "'경제혈맹' 중국자본, 북한점령 가속화", 『신동아』, 12월호(2005). 다른 자료에 따르면 북한은 2003년 중형 컬러TV 17만 대를 수입했다. "북, 작년 대중무역 10억불 돌파", 『매일경제』, 2004년 2월 15일(『도쿄신문』 인용보도).

60) 1999~2001년, 2005~2006년 수입대수는 2002~2004년 수입대수를 근거로 추정하였다(컬러 TV는 대당 87불로 계산. 2003년 수입액 1,530만 불을 수입대수 175,000대로 나누면 대당 87.4불임).

61) 중국 단동에서 직접 조사한 결과에 따르면 2007년 9월 500위안 정도 가격(약 68불)에 중국제 PAL 방식 중고 컬러TV 상등품이 북한으로 수출되었다(중국 단동 북한시장 상점주인 인터뷰, 2007년 9월 15일). 2007년 12월 환율로 중국 돈 500위안은 약 68불이다.

62) 2006년 대비, 2007년 113%, 2008년 165%, 2009년 153%.

63) 2005년 56,597천 달러, 2006년 97,577천 달러, 2007년 69,286천 달러, 2008년 100,646천 달러, 2009년 131,820천 달러(2006년 대비 2007년 71%, 2008년 103%, 2009년 135%). KOTRA, "2006 북한의 대외무역 동향"; "2007 북한의 대외무역 동향"; "2008 북한의 대외무역 동향"; "2009 북한의 대외무역 동향" 참조.

64) 『조선신보』 인터넷판; "북, 디지털 TV 수상기 양산체제 갖춰", The Daily NK 홈페이지, 2005년 10

이상의 결과를 종합하여 중국으로부터의 수입과 북한 내부 생산, 세관을 거치지 않은 각종 거래를 포함하면 북한에는 1999년 이후 2010년까지 컬러TV만 약 200만 대가 보급되었을 것으로 추정된다. KOTRA(대한무역투자진흥공사) 북한실 2002년도 기준 자료에서는 북한에서 생활수준이 가장 좋은 평양시민들도 4가구당 1가구만이 TV를 가지고 있고, 컬러TV 보급률은 전체 TV의 10%라고 했는데,[65] 2010년 시점에서 약 200만 대의 컬러TV가 보급되었을 경우로 추정하면 약 3세대당(세대당 4명 계산) 컬러TV 1대에 해당된다.[66]

TV 보유 실태에 관한 증언에 따르면, 2002년 7 · 1경제관리개선조치 이후 전화기, 텔레비전, 냉장고, 라디오 같은 가전제품이 급속도로 보급되고 있다. 북한 경제는 여전히 어렵지만 도시지역과 중산층을 중심으로 컬러TV에 대한 선호가 빠른 속도로 증가하고 있는데, 북한의 고급소비자는 해외에 친척을 두고 있는 사람, 부수입이 가능한 정부관료, 해외 무역일꾼, 가이드와 같이 해외와 관련된 업무를 하는 사람, 해외 장기 주재원, 식당 · 의류생산 등 상업종사자 등을 들 수 있다. 또 개성공단의 근로자들도 비교적 안정적인 수입을 얻고 있는데, 이들은 2007년에 150달러인 중국산 컬러TV를 구입하고 있다[67](<표 5>. 참조)

월 21일.

65) 이원희, 앞의 글.

66) 한 탈북자는 "지금은 가만히 보면 함북도, 신의주, 양강도 여기는 텔레비전 없는 집이 없다. 이제는 생활수준이 색텔레비전을 요구한다. 이제는 중국제가 많이 나간다"고 설명한다.[오유석 · 이주철, "도시주민의 행위양식과 사회적 의식변화", 최완규 엮음, 『북한 '도시정치'의 발전과 체제 변화』(파주: 한울아카데미, 2007), 295-296쪽]

67) "자본의 힘, 현대판 송상이 뜬다", 『헤럴드경제』, 2007년 8월 3일.

〈표 5〉 북한의 TV가격 사례

- 2005년 리모컨이 없는 21인치 컬러TV 북한 돈 20만 원,[68] 시장환율로 볼 때 가치는 중국 국내와 북한이 비슷했지만 실제 팔리는 가격은 중국보다 훨씬 비싼 가격임.
- 2005년 10월 함북 무산에서 흑백TV 중고는 4만 원, 일제 컬러TV 중고는 30~50만 원에 거래.[69] 12월 신의주에서 흑백TV는 5~6만원, 중국제 컬러TV는 20만 원에 거래.[70]
- 2006년 1월 함북 무산, 온성, 회령, 나선, 청진지역에서 흑백TV는 5~6만 원(20달러), 컬러TV는 20만 원(74달러)에 거래.[71] 3월 일본산 소니 중고TV는 680위안(88달러), 중국산 중고TV는 350위안(45달러)에 거래[72](환율은 2006년 1월 함북 시세임).
- 2006년 중국에서 800위안에 판매되는 컬러TV가 북한에서 1000~1100위안에 판매.[73]
- 2007년 북한에서는 21인치 컬러TV가 생산지에 따라 60만 원선에 거래.[74]

2000년대에 북한 경제가 매우 어려웠음에도 불구하고 북한 주민들은 특히 컬러TV 구매에 매우 적극적이었음을 알 수 있으며, 또 북한 경제가 어려움 속에서도 일정한 성장을 경험했음을 추정할 수 있다. 북한 주민들이 전력난 등으로 충분히 TV 시청을 할 수 없는 환경이라고 하지만, 약 200만 대의 컬러TV 보급은 조선중앙TV의 영향력이 적지 않을 것임을 이해할 수 있게 한다.

---

68) KOTRA 손윤수 차장, "중국이 보는 북한(1)—소비시장", 2005년.

69) "올겨울 북 식량—물가사정 무척 궁금하다", The Daily NK 홈페이지, 2005년 12월 13일. 환율 북한 돈 250~300원:1위안.

70) "12월 신의주 쌀값 안정세, 집값은 상승", The Daily NK 홈페이지, 2005년 12월 13일.

71) "1월 북 물가조사 지금 북한은 한 달 월급이 1달러입니다", The Daily NK 홈페이지, 2006년 1월 17일. 환율 북한돈 350원:1위안, 2715원:1달러.

72) "5월 쌀값 1300원으로 폭등", The Daily NK 홈페이지, 2006년 5월 19일.

73) KOTRA 이준호 과장, "중국에서 바라본 북한의 잠재유망산업", 2006년 12월. 2,000~3,000위안에 중국산 컴퓨터가 판매되었다.

74) "김일성 김정일 부자 선물 줄게 충성 다오", 『조선일보』, 2007년 11월 3일.

2. 영상재생기 보급의 확대

TV와 더불어 중요한 역할을 하는 영상매체는 비디오와 DVD인데, 1990년대에 비디오가 상층을 중심으로 일부에게 보급되기 시작했다. 북한에 비디오 보급이 크게 진행된 것은 2003년부터 중국 북부지방에서 DVD가 인기를 끌면서 상인들이 중고 비디오플레이어를 수거해 북한에 팔면서부터이다.[75] 북한에 남한의 영상이 도입된 것은 이 시기에 비디오플레이어와 DVD 플레이어가 유입된 영향이 크다. 북한의 국경과 내륙지역 시장에서 DVD가 많이 팔리게된 것은 2004년부터인데,[76] 지금은 북한의 하나전자합영회사에서 중국산 부속을 가지고 DVD플레이어를 조립생산하여 내부에도 판매하고 있다.[77]

또 중국으로부터 중고컴퓨터와 저가의 DVD플레이어가 북한으로 유입되고 있는데, 2005년 평안북도 국경지역 같은 곳에서는 비디오플레이어, CD플레이어를 보유한 가구가 60%에 달한다.[78] 중국 측 세관통계를 통해서도 북한의 비디오 보급을 확인할 수 있는데, 비디오는 2003년부터 중국으로부터 수입이 급증하여 2003년 북한의 수입액이 41만 달러, 2004년에는 216만 달러에 달했다.[79] 2006년에도 비디오재생기 35만 대가 중국에서 북한으로 수출되었

---

75) "전자제품이 북한에 외부 정보 유입시켜", 『연합뉴스』, 2005년 3월 15일.

76) 탈북자 임철중, "탈북자가 전하는 북한의 한류 실상", 『뉴스메이커』 744호(2007).

77) 2007년 VCD플레이어 가격은 3만 원가량이었다.(탈북자 최영범 인터뷰, "북 유통 외국영화 CD 1백만 장 넘어", The Daily NK 홈페이지, 2007년 11월 1일.)

78) "북 주민, 남한드라마 맨발의 청춘 본다", The Daily NK 홈페이지, 2005년 11월 1일.

79) 남성욱, "경제혈맹' 중국자본, 북한 점령 가속화", 『신동아』, 12월호(2005).

다는 자료도 있다.[80)

　이처럼 매우 많은 양의 비디오플레이어와 DVD가 중국으로부터 유입되자, 2007년 9월 현재 북한 당국은 중국에서 DVD를 수입하는 것을 제한하고 있다. 펜티엄컴퓨터의 경우 중고품의 수입이 많은데, DVD의 확산을 막기 위해 DVD가 쓰기 기능을 가지지 않은 경우에만 수입을 허용하기도 했다. 2000년대 이후 북한에서 많은 컬러TV와 DVD, 비디오플레이어의 보급이 이루어졌다. 그리고 최근에는 컴퓨터나 DVD플레이어에서 모두 사용이 가능하면서 크기가 작은 USB의 보급이 크게 증가하였다.[81)

　그런데 이러한 보급 확대를 조선중앙TV만으로는 설명하기 어렵다. 특히 DVD 등 동영상재생기를 주목하면, 북한 주민들이 외부 동영상을 보기 위해 더 적극적으로 컬러TV를 구매했다는 해석도 가능하다. 그리고 이러한 컬러TV의 보급 확대가 역설적으로 조선중앙TV에 대한 관심 저하 상황을 만들었을 것이라는 추정도 가능하다.

---

80) CHRISTIAN CARYL, "북한도 빈부격차 커진다", 『뉴스위크』(한국어판), 2007년 12월 5일, 27쪽.
81) NK지식인연대 현인애 부대표 증언, '대북미디어의 현황과 과제' 세미나, 2011년 7월 5일.

제4절 정치권력의 조선중앙TV 통제

북한의 정치권력은 조선중앙TV의 성립과정부터 적극적이었다. 조선중앙TV는 1963년에 개국되었는데, 이 과정에서 북한은 외국에 텔레비전방송 설비를 요청하였으나 거부당하고, 설계만을 달라는 요청도 돈을 요구받는 등 어려움을 겪었다고 한다. 이를 극복하기 위해 북한당국은 방송일군들을 중심으로 텔레비전방송 설비제작집단을 구성하여 2년 남짓한 준비를 거쳐 방송을 개시하였다.[82] 하지만 경험이 부족하고 텔레비전 방송설비를 자체적으로 만드는 어려운 조건으로 인해서 화면과 음성의 질도 좋지 못하였다.[83]

1972년에도 조선중앙TV에 대해 시청자들이 방송이 다채롭지 못하고 재미없다는 의견이 적지 않게 제기되는 상황이었고[84] 화면이 선명하지 못하고 불안정하며 음향이 고르지 못한 결함들이 있었다.[85]

---

82) 김정일, "방송사업에서 제기되는 몇 가지 문제에 대하여-조선중앙방송위원회 위원장과 한 담화 1967년 7월 30일", 『김정일선집 1』, 1992, 296쪽

83) 김정일, "텔레비죤방송의 사상예술적 수준을 높일 데 대하여-조선로동당 중앙위원회 선전선동부 및 텔레비죤방송부문 일군들과 한 담화 1972년 8월 22일", 『김정일선집 2』, 1993, 419-420쪽

84) 김정일 위의 글, 426쪽

85) 김정일 위의 글, 429쪽

이 같은 결함은 일꾼들의 기술기능수준의 문제도 있었지만, 방송설비의 현대화를 통해 해결해야 할 문제들이었다.[86] 또 1970년대 초까지 TV 시청이 불가능한 지역도 많이 있어서 김일성은 5차 당대회에서 '온나라의 텔레비전화'를 적극 추진하도록 하였다. 이처럼 조선중앙TV는 출발과정에서부터 정치권력이 깊은 관심을 가지고 추진한 사업이었다.

1. 김정일의 조선중앙TV 지도

김정일은 1970년대 초반부터 조선중앙TV에 대해 적극적으로 관여하였다. 김정일은 청년기에 문화예술 부문에 관심이 매우 많았고, 이 과정에서 장남인 김정남의 어머니 성혜림을 만날 만큼 영화계에도 깊이 관여하고 있었다. 이러한 김정일의 문화예술에 대한 관심은 1960년대 후반부터 시작된 TV방송에도 매우 밀접하게 연결이 되었음을 추측할 수 있다. 특히 1970년대를 거치면서 북한에서도 TV방송이 전국화되고 TV의 선전선동매체로서의 중요성이 더욱 커져 갔기 때문에 조선중앙TV에 대한 김정일의 관여는 매우 밀접하게 이루어졌다.[87]

---

86) 김정일 위의 글, 430쪽

87) 김정일, "조선중앙통신사의 기본임무—조선중앙통신사 일군들과 한 담화 1964년 6월 12일", 『김정일선집』 제1권(평양: 조선로동당출판사, 1992); 김정일, "방송사업에서 제기되는 몇 가지 문제에 대하여—조선중앙방송위원회 위원장과 한 담화 1967년 7월 30일", 『김정일선집』 제1권(평양: 조선로동당출판사, 1992); 김정일, "중앙방송위원회 사업을 개선할 데 대하여—조선중앙방송위원회 위원장과 한 담화 1971년 6월 14일", 『김정일선집』 제2권(평양: 조선로동당출판사, 1993); 김정일, "텔레비죤방송의 사상예술적 수준을 높일 데 대하여—조선로동당 중앙위원회 선전선동부 및 텔레비죤방송 부문 일군들과 한 담화 1972년 8월 22일", 『김정일선집』 제2권(평양: 조선로동당출판사, 1993) 등을 통해

　　김정일의 문화예술 부문에 대한 관심은 『김정일선집』에 나타난 주요활동을 통해 파악할 수 있는데, 1964년부터 1971년까지 수록된 문건에서 알 수 있는 가장 기본적인 특징의 하나는 김정일의 1971년까지의 연설 대상이 영화와 문학 등 예술 부문에 한정되어 있었다는 점이다.

<표 6> 연도별 대상별 담화 · 연설 건수

연도	당중앙위원회	당중앙위 선전선동부 · 조직지도부	예술 부문
1964~1973	4	21	32
1974~1980	10	40	10
1981~1999	66	10	7
	80(40%)	71(35.5%)	49(24.5%)

* 당중앙위 과학교육부, 청년사업부, 경제부서 일꾼과의 담화는 생략.
출처: 이주철, "김정일선집 문헌의 변화 연구", 『김정일연구(Ⅱ): 분야별 사상과 정책』(서울: 통일연구원, 2002), 375-376쪽 자료를 수정 작성.

　　1973년부터는 김정일의 당중앙위 조직지도부와 선전선동부에 대한 지도활동이 큰 비중을 차지하는데, 지도범위가 정무원 위원회와 부, 도당 책임비서, 도 · 시 · 군당 조직비서와 조직부장에까지 확장되어 당 조직 장악과 후계구축에 치중한 것으로 보인다.

　　위의 <표 6>은 김정일의 지도활동 대상의 변화를 김정일의 후계자결정 시점, 후계자공식화 시점으로 시기구분한 것이다(<그림 1>은 시기구분 없이 그린 것이다). 하지만 당시의 자료를 구체적으로 살펴보면 1971년까지 김정일은 주로 예술 부문 일꾼들을 주 대상으로, 1973년부터 1980년까지는 당중앙위 조직지도부와 선전선동부 일꾼들을 주 대상으로 그리고 1982년 이후에는 당중앙위 일꾼들을

김정일이 조선중앙TV 등 방송에 관여하고 있었음을 알 수 있다.

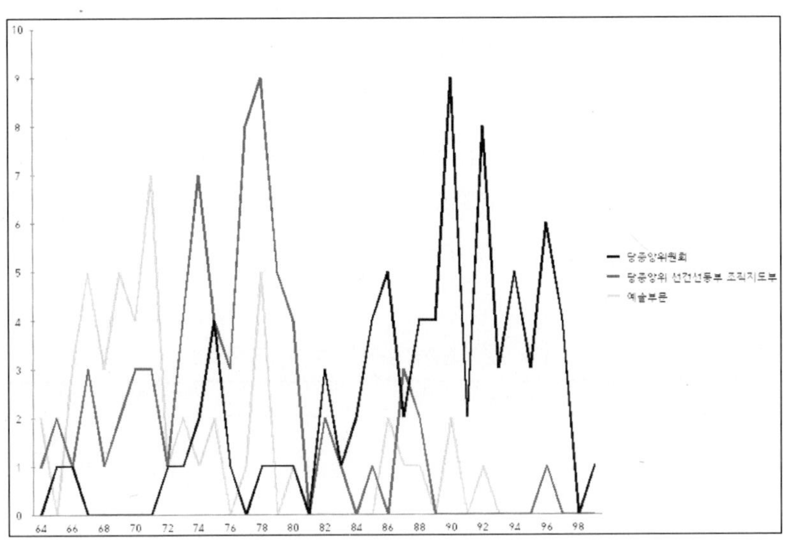

출처: 이주철, "김정일선집 문헌의 변화 연구", 『김정일연구(Ⅱ): 분야별 사상과 정책』(서울: 통일연구원, 2002), 375–376쪽 자료를 그림으로 작성.

〈그림 1〉 연도별 대상별 담화·연설 건수

주 대상으로 지도하였다.[88]

1980년 제6차 당대회에서 후계자로 공식 지명된 김정일은 당중앙위 조직지도부와 선전선동부에 대한 지도활동을 크게 줄이고, 그 대신 당중앙위에 대한 지도를 확대하였다.[89] 이상과 같은 김정일 지도영역의 변화를 보면 김정일의 조선중앙TV에 대한 직접적인 지도와 관심은 1980년대 이전에 마무리된 것으로 볼 수 있다.

---

88) 이주철, "김정일선집 문헌의 변화 연구", 『김정일연구(Ⅱ): 분야별 사상과 정책』(서울: 통일연구원, 2002), 375–376쪽.

89) 1990년대에 들어서면 김정일의 지도활동은 김일성과 동격으로 표현된다. 김정일의 지도는 1987년까지 '실무지도'라 표현되었고, 1988년과 1989에는 '현지실무지도'라는 표현을 거쳐 1990년부터는 김일성과 같은 표현인 '현지지도'로 표현되었다.

2. 김정일의 조선중앙TV 책임자 관리

김정일이 후계자로 등장하던 시점의 조선로동당 선전선동부와 조선중앙방송위원회의 책임자를 통해 조선중앙TV와 김정일의 관계를 살펴볼 수 있다(<표 7>).

〈표 7〉 조선중앙방송위원회 위원장90)

당중앙위원회 선전선동부 비서/부장	조선중앙방송위원회 위원장
김정일(부부장-1969)	
김정일(부장-1973.7/조직 및 선전담당 비서-1973.9)	김시학(1973~
김기남(부장-1985/비서-1992)	리용익(1982~1984) 주창준(1984~1987) 주현옥(1987~1990) 정하철(1990~2000)
정하철(부장-2000/비서-2001)	차승수(2000~

출처: 각 인물의 경력은 『북한의 주요인물 2009』(서울: 통일부, 2009); 『북한인명사전』(서울: 서울신문사, 1996) 등 인명 관련 자료집을 참고했다.

김정일은 직접 선전선동부에서 과장, 부부장, 부장, 비서직을 경험하면서 선전선동부의 업무를 누구보다 잘 알고 있었다. 그런 김정일이 김시학을 조선중앙방송위원회 위원장에 임명했는데, 김시학(1923년생)은 아버지가 항일유격대원이었다는 든든한 배경을 가지고 있는 인물이다.91) 김시학은 1971년 사로청 중앙위 위원장을 거쳐 조선중앙방송위원회 위원장이 되고, 이후 당중앙위 위원이 되었다.

---

90) 조선중앙방송위원회 위원장들에 대한 자료는 많지 않은 편이다.

91) 1956년 작가동맹 외국문학분과위원, 1970년 당중앙위 후보위원, 1971년 사로청 중앙위 위원장, 1980년 당중앙위 위원, 당중앙위 부장이 되었다. 김시학에 대한 경력은 탈북자 장해성의 증언을 참고하였다.

1982년부터 1984년까지 조선중앙방송위원회 위원장을 지낸 리용익은 1975년 기자동맹 위원장, 1980년 당중앙위 위원의 경력을 가지고 있다. 주창준(1922년생)은 1970년대 남북적십자회담 대표 등을 거쳐 1980년 유고슬라비아 대사가 된 경력이 있다. 이후 1984년에 당중앙위 위원이 되고, 조선중앙방송위원회 위원장(1984년에서 1987년)을 거쳐 1987년에 로동신문사 책임주필, 1988년 중국 대사가 되었다. 주현옥은 조선중앙방송위원회에서 일을 해왔으며, 1986년에 당중앙위 후보위원이 되고 1987년부터 1990년까지 조선중앙방송위원회 위원장을 맡았다.

정하철(1933년생)은 조선중앙방송위원회 텔레비전총국 부총국장을 거쳐 1990년에 조선중앙방송위원회 위원장이 되었다(2000년까지 재임). 1991년 당중앙위 후보위원이 되었고, 2000년과 2001년에 각각 당중앙위 선전선동부 부장과 선전선동담당 비서가 되었다. 2006년부터 활동이 확인되지 않고 있다. 차승수(1940년생)는 1980년 조선중앙방송위원회 텔레비전총국 부총국장, 1991년 조선중앙방송위원회 텔레비전총국 총국장을 거쳐 2000년에 조선중앙방송위원회 위원장이 되었다.

이상에 정리한 조선중앙방송위원회 위원장의 위상은 당중앙위 위원이나 후보위원의 경력을 가지고 있다. 그리고 정하철의 경우 조선중앙방송위원회 위원장을 거쳐 2001년에 당중앙위 선전선동담당 비서가 된 것에서 볼 수 있듯이 조선중앙방송위원회 위원장은 당의 선전선동 조직과 밀접한 관계임을 알 수 있다. 그리고 그만큼 김정일의 큰 신임을 받는 자리로 이해할 수 있다.

그 외에도 조선중앙방송위원회 위원장을 거치지는 않았지만, 김정일의 최측근에 해당하는 김기남을 보면 김정일의 선전선동 부문에 대한 관여와 관심을 잘 알 수 있다. 김기남(1926년생)은 1976년 로동신문사 책임주필, 1980년에 당중앙위 위원, 1985년에 당중앙위 선전선동부 부장, 1992년에 당중앙위 선전 담당 비서 등으로 활약하고, 2010년에도 김정일의 최측근으로 현지지도에 수행한 인물이다. 그는 1999년 6월 김정일 총비서 당사업 35주년 주석단 서열 13위에 오를 정도의 위상을 가지고 있는데, 최근까지 김정일의 조선중앙TV에 대한 관여가 이루어지는 통로의 하나로 추정할 수 있다. 그리고 김정일의 후계자로 3남인 김정은이 등장하면서 조선중앙TV에 대한 관여가 구체적으로 진행되고 있는데,[92] 이러한 연결고리의 하나가 김기남일 수 있다고 추정해 본다.[93]

1970년대부터 2010년까지 조선중앙TV 책임자의 변화를 보면 1970년대부터 1980년대까지는 김정일의 직접적인 관여가 두드러지는 시기이고, 1980년대 중반을 거치면서 김기남을 고리로 한 조선중앙TV 관리가 이루어진 것으로 보인다.

그리고 1990년대부터는 거의 10년씩 조선중앙방송위원회 위원장의 변화가 없을 만큼 변화보다는 철저히 안정을 위주로 하는 시스템적 운용이 정착한 것으로 판단된다. 1990년대 이후의 이러한 조선중앙TV의 운용은 기본적으로 국내외의 정세가 북한 정권으로 하여금 보수적인 안정을 최우선으로 하게끔 강요한 측면이 가장 큰

---

92) 2011년 3월 21일자 자유북한방송 기사("북한을 잠식하는 남한의 음주문화")는 김정은이 음력설 직후인 2월 5일 불시에 평양시 방송위원회를 찾았는데, 방송위원장 차승수가 지방출장 중이었고, 방송국 주요 간부들은 연락이 되지 않았다고 한다. 특히 간부들의 일부가 대낮에 폭탄주를 마시고 음주가무를 벌인 관계로 출당 또는 엄중경고 처벌을 받았다고 한다.

93) 2010년과 2011년 김정일의 현지지도에 김기남과 김정은이 밀착하여 동행하고 있는 모습을 여러 곳에서 볼 수 있는데, 김기남은 김정은이 조선중앙방송에 관여하는 통로의 하나가 되는 것으로 보인다.

원인으로 보인다.

조선중앙TV가 이러한 방향
으로 운영된 것은 조선중앙TV
방송제작 시스템으로도 설명이
가능하다. 조선중앙TV의 방송
계획은 김정일의 방침을 받은
노동당 선전선동부가 조선중앙
방송위원회에 내려보낸 "월 보

<2012-1-8>

도방향 제의서에 관한 비준서"에 따라 각처와 국에서 준비된다.[94]
이렇게 수립된 방송계획은 행정편집국에서 종합적으로 모아 부위
원장 회의에서 논의하고, 최종 종합제의서가 김정일에게 제출된다.
이렇게 보내진 제의서가 김정일의 결재를 받아 내려오면 그대로
집행되며, 김정일과 서기실의 결재 없이 방송을 하는 것은 원천적
으로 불가능하다. 이러한 방송시스템이 구축되어 있는 조선중앙TV
는 최고권력자의 의도를 북한 주민들에게 전달하는 기술적인 매개
체 역할을 해왔다.

특히 김정일의 관심이 정치군사적 영역 등 국정 전반으로 이동
한 이후에는 변화보다 기계적인 방송제작 시스템이 안정적으로 반
복된 것으로 이해할 수 있다. 그리고 이러한 습관적 관행은 방송제
작자들의 적극적인 신상보전 자세와 맞물려 변화를 회피하는 전통
으로 자리 잡은 것으로 보인다.

---

94) 예로 들어 보도의 방향이 김일성의 위대성 교양이라면 조선중앙방송의 보도국에서는 김일성의 생전 업
   적에 대한 보도를, 문예총국의 텔레비죤 문예처에서는 김일성의 위대성에 대한 영화 등을 방송하겠다
   고 계획하는 것이다.("북 언론매체의 획일적인 선전내용의 원인은?", 열린북한방송, 2009년 9월 2일.
   지방방송위원회 출신 40대와 60대 탈북자 2명의 증언이라고 열린북한방송은 보도하였다.)

2000년대에 북한 정권이 조선중앙TV에 요구한 가장 중요한 것은 체제수호 역할이다. 이러한 역할을 맡고 있는 조선중앙TV가 해야 할 일은 외부 정보의 유입과 북한 주민들의 의식변화에 대항하여 체제유지를 위한 선전을 강화하는 것이다. 이러한 방송 존립의 목적을 가지고 있는 조선중앙TV는 정치권력의 강력한 통제구조하에 있고, 변화를 모색하기 어려운 정치적 환경하에 있다.

지난 10년간의 남북방송교류사업 등을 통해 접촉해 본 경험으로 보면 조선중앙TV 내부구성원의 의식은 일정한 변화의 상태에 있는 것으로 추정되지만, 북한 사회 전체를 강력하게 통제하고 있는 김정일 절대권력과 정치군사적 구조는 아직도 강력하게 유지되고 있다.[95] 비록 2011년 전후에도 군대의 식량이 부족할 정도로 경제가 어려운 상황이지만, 군사력을 강화시키기 위한 예산이 우선적으로 확보되고 있고 선군정치를 내세우는 강력한 독재권력이 유지되고 있다.[96]

비록 강력한 정치적 통제를 유지하는 기구인 인민무력부, 국가안전보위부, 인민보안부도 조직 하부에서 기강 해이가 나타나고 있지만, 전체 조직상으로는 오히려 부정과 뇌물을 연결고리로 하여 작동을 계속하고 있다. 심지어는 이러한 강력한 통제기구도 당 조직의 감시를 받는 등, 이중 삼중의 상호 감시 시스템도 작동시키고 있다. 따라서 아무런 경제적·무력적 기반이 없는 조선중앙TV가

---

95) 남북방송교류사업 과정에서 조선중앙TV 관계자를 접촉해 본 사람들은 접촉과정을 관리하는 통일전선부 사람들과 조선중앙TV 관계자의 이해관계에 차이가 있음을 직감적으로 느끼고 있다.

96) 최근 몇 해 동안 북한군인들의 식량사정이 어렵다는 보도나 탈북자 증언이 많이 있었다. 2011년에는 "북, 군의 새로운 휴가제도"(자유북한방송, 2월 22일), "1군단 사단들, 한 끼 150그램 미만", "일반사병들의 하루 정량, 어떻게 변해왔나?", "철원군 군인들, 추위는 견딜 수 있어도 배고픔은 못 견디겠다"(좋은벗들, 2월 23일), "중앙당 간부, 식량난 실태 인터뷰"(좋은벗들, 3월 16일), "군량미 60% 달성?"(좋은벗들, 3월 23일) 등 북한군대의 식량사정과 관련된 보도가 계속되고 있다.

이러한 통제로부터 변화를 선택하는 것은 불가능한 구조에 있다.

3. 김정은의 조선중앙TV 관여와 개선 필요성 인식

북한 정권은 조선중앙TV를 통해 김정일과 체제에 대한 선전에 총력을 기울이고 있다. 하지만 1990년대 중반 이래 계속된 식량난과 경제적 어려움은 주민들의 체제에 대한 의식변화로 이어지고 있고, 현실과 괴리가 큰 체제선전을 계속해온 조선중앙TV에 대한 신뢰와 관심이 적어지는 상황이 전개되고 있다. 따라서 북한 정권은 조선중앙TV가 가진 선전능력을 재정비하고, 나아가서 확대 강화하기 위한 다양한 방법을 모색하지 않을 수 없는 상황에 처해 있다.

또 지난 10년간 유입된 외부의 정보와 외부 영상물 등에 대한 북한 주민들의 관심이 높아진 상황에서, 북한 정권과 조선중앙TV는 북한 주민들을 TV 앞으로 끌어들이기 위해 더욱 노력해야 하는 상황이 되었다. 즉 북한 주민들을 조선중앙TV 앞으로 끌어내지 못하면 체제선전 방송으로서의 존재의미가 약화될 가능성을 우려할 단계가 되었다. 이에 대응하는 방법은 우선적으로 시청률 제고로 시작되겠지만, 점차 정보공개의 확대와 같은 방향을 받아들이지 않을 수 없을 것으로 보인다.

조선중앙TV의 변화의 모색은 김정은의 등장과 맥을 같이하는 것으로 추정할 수 있다. 2010년 제3차 당대표자회의와 2010년 9월

조선로동당 중앙위원회 전원회의를 통해 당중앙군사위원회 부위원장으로 임명됨으로써 공식적인 후계자로 등장한 김정은은 그 이전 2009년 1월 8일 후계자로 결정된 것으로 알려졌다.[97] 김정일이 1월 8일쯤 조선로동당 조직지도부에 김정은을 후계자로 결정했음을 통보하고, 리제강 조직지도부 제1부부장이 과장급 이상 간부들과 각 도당까지 김정일의 결정사항을 하달했다고 한다. 당시에는 구체적인 사항이 공식적으로 확인되지 않았지만, 2010년 9월 이후의 상황 전개는 2009년과 2010년에 북한 내부에서 나왔던 김정은 관련 소식이 사실에 가깝다는 판단을 가능하게 한다.

열린북한방송 보도를 보면, 2009년 1월 말에 김정은이 3월로 예정된 최고인민회의 대의원선거 때 후계자로 추대된다는 소문이 있었고,[98] 2월에는 총정치국에 북한의 석탄수출권이 배정된 것과 연관하여 김정은이 총정치국의 실세로 임명되었을 가능성이 제기되었다.[99] 이후 김정은을 '친애하는 김 장군'으로 칭하라는 지침이 내려오고,[100] 후계자 확립을 위한 실무팀이 정치, 경제, 문화, 군사

---

97) 『연합뉴스』는 2009년 1월 15일 "김정일 위원장이 최근, 자신의 후계자로 셋째아들 김정운을 선택했다"는 보도를 내보냈다.

98) "'북 후계자 추대, 3월 최고인민회의 대의원선거 시기에", 열린북한방송, 2009년 2월 2일.

99) "총정치국 최고실세는 김정운?", 열린북한방송, 2009년 2월 23일. 2008년 북한의 석탄 수출액은 2억 불이 넘는데, 이 자금과 김정은의 이동이 상관관계가 있다는 주장이다. "김정운 총정치국에 근무하면서 북한군 고위간부 장악", 열린북한방송, 2009년 6월 8일.

100) "김정일 아들 호칭 '수령급'으로 격상", 열린북한방송, 2009년 3월 23일.

등 사회 전반의 최고 실력자들로 구성되었다[101]고 한다.

2009년 6월에는 북한의 공장, 기업소 등에 김정은 후계가 공식 통보되고 특별 강연회가 실시되었으며,[102] 당 선전선동부 부장으로 재발탁된 최익규가 김정은 우상화작전을 체계적으로 진행하고 있는 것으로[103] 알려졌다. 하반기가 되면서 군부의 인사권을 장악한 김정은이 장성택을 견제할 정도로 보안기관에 대한 영향력도 확대하였고,[104] 당의 과장급 이하 간부의 인사권도 장악하였다고 한다.[105]

결과적으로 2010년 말의 후계자 등장과정을 보면, 2009년 열린 북한방송의 정보가 상당히 사실성이 높았던 것으로 평가할 수 있다.[106] 그리고 이러한 과정이 모두 매우 체계적으로 김정은 후계체제에 대한 선전과 연결되어 있음도 이해할 수 있다.

2010년 5월 조선중앙TV가 방영한 프로그램의 한 장면은 노동당 선전선동부에 북한의 후계체제가 등장하는 모습과 관련이 있을 수 있다. 5월 2일에 방영된 "세계 여러 나라 동물들" 프로그램 중에서 '금빛원숭이의 가족생활'은 조선중앙TV 내부의 권력변화를 보여 주는 한 장면으로 이해할 수도 있다.[107] 이 프로그램은 금빛원숭이의 무리생활(번식, 사계절 생활, 우두머리 다툼)을 보여 주는데, 흥미로운 장면은 원숭이 무리의 권력다툼이다.

---

101) "김정운 후계 전수위한 실무팀 조직되어 활동 중", 열린북한방송, 2009년 6월 8일.

102) "북 노동당, 북한 전역의 공장과 기업소에 김정운 후계 공식 통보", 열린북한방송, 2009년 6월 22일.

103) "총당과 군 중심으로 김정운 우상화 작전 돌입", 열린북한방송, 2009년 7월 6일. 최익규는 김정일이 후계자로 부상하던 1960년대부터 북한의 선전 부문과 영화창작 분야에서 김정일의 측근으로 활동했다.

104) "김정운, 장성택 견제 시작", 열린북한방송, 2009년 7월 17일.

105) "김정운 지위 강화, 당 과장급 이하 인사권 장악", 열린북한방송, 2009년 9월 14일.

106) 열린북한방송은 2009년 10월 12일 보도("북, 2010년 당회의 통해 후계문제 공식화")를 통해 2010년 당대회 또는 당대표자회의를 통해 김정은 후계가 공식화될 것이라고 보도했다.

107) 2010년 5월 2일, 약 9분 방영.

<2012-1-8>　　　　　　　　　<2010-5-2>

이 부분을 조선중앙TV는 "가장 원숭이와 젊은 수컷 원숭이의 싸움에서 가장 원숭이는 젊고 혈기왕성한 원숭이에게 가장 자리를 내놓고 무리를 떠나고 만다"고 해설한다. 매우 위험스러운 이런 해설이 가능한 이유를 북한의 검열시스템을 감안해서 본다면, 적어도 조선중앙TV 안에서는 최고 권력의 교체가 이루어진 것으로 추정할 수 있다. 즉 2010년 중반기부터는 조선중앙TV에 대한 김정은의 관여가 체계적으로 진행되었다는 해석이 가능하다.

이상에서 서술해온 바와 같이 김정일과 조선로동당은 조선중앙TV에 대한 인사권과 재정적 권한 등 모든 권한을 실질적으로 장악하고 있다. 철저하게 북한 정권의 신임과 통제하에서만 조직이 가동되는 상황이기 때문에 상부 권력구조의 변화가 없는 현재 상황에서 조선중앙TV의 변화를 기대하기는 어렵다.

이처럼 조선중앙TV의 변화를 논하기 위해 조선로동당에 의해 완결적으로 지배되는 조선중앙TV의 제작 시스템이나 검열구조를 검토할 필요조차 없는 것이 현 실정이다. 따라서 조선중앙TV의 제작 시스템과 검열구조는 설령 김정일 정권에 변화가 온다 해도 상

당기간 유지될 가능성이 높고, 김정은이 장악한 조선중앙TV는 김
정은의 시각에서 맞추는 변화를 진행해 나갈 것으로 보인다. 그리
고 이 변화는 정치권력 측면에서는 강한 폐쇄성을 유지하고, 그 외
의 사소한 의상 등 외양적 부분이나 스포츠 등 문화적인 부분에서
는 개방성을 나타낼 것으로 예상된다.[108]

---

108) 김정은이 유년시절에 경험한 유럽 문화와 프로농구를 비롯한 프로스포츠 등 부문에서 개방적인 태도
가 나타날 가능성이 높다. 후지모토 겐지의 『북한의 후계자 왜 김정은인가』(서울: 맥스미디어,
2010)에는 김정은 성장과정 등에 관한 상당한 내용이 실려 있다.

조선중앙TV 프로그램 분석

서술에 활용한 기본 자료는 2000·2001년, 2004년, 2010년의 조선중앙TV 프로그램과 10년간의 프로그램 편성표이다. 10년간의 변화를 보기 위해서는 매년 방영된 프로그램을 모두 분석하는 것이 바람직하지만, 일부의 프로그램만을 검토할 수밖에 없었던 것은 다년간의 프로그램을 모두 분석해야 하는 시간적인 어려움이 큰 것이 일차적인 원인이다. 하지만 조선중앙TV의 변화가 매우 더디다는 점을 2000년 이후 프로그램 편성표와 시청한 동영상 자료에서 확인할 수 있었고, 2001·2004·2010년 등 3년간의 프로그램 분석만으로도 조선중앙TV 프로그램 변화의 경향을 파악하는 것은 충분하지는 않지만 큰 문제가 없다는 판단이다.[109]

2000·2001년, 2004년, 2010년을 자료로 선택한 이유는 다음과 같다.

---

109) 조선중앙TV 편성표는 통일부 북한자료센터 홈페이지에서 볼 수 있다. 북한소식-최근북한동향-일일 북한TV프로그램 편성표로 들어가면, 몇몇 부분이 빠져 있지만 2004년 이후 자료가 비교적 잘 정리되어 있다. 2000년부터 2003년까지의 편성표는 녹화된 동영상을 통해 직접 확인해야 한다.

2000·2001년은 북한 정권이 점진적 개방을 통한 국가생존 전략을 추진한 시기로, 남북관계가 안정적으로 진행되는 등 북한 체제의 변화가 시작된 시기이다.[110] 이 시기부터 남한의 북한 연구기관을 중심으로 조선중앙TV 시청이 활성화되었고, 자료의 축적도 가능해졌다.

2004년은 북한의 개방정책이 2002년 7·1경제관리개선조치와 신의주특별행정구·금강산관광지구·개성공업지구 등으로 구체화되고, 2003년에 개성공단 착공과 금강산 육로관광의 확대가 이루어지는 등 일정한 성과가 나타난 시점이다. 반면에 2004년은 2002년 말에 재발한 북핵문제가 2003년에 NPT 탈퇴로 이어지는 등 북한을 둘러싼 국제정세가 변동성이 커진 해이다. 이처럼 2004년은 북한 체제 변화의 성과와 체제경직성이 교차하는 시점이라는 점에서 조선중앙TV의 변화를 분석하기에 적절한 시점이었다.

2010년은 2000년 이후 10년이라는 상당한 시간이 흘렀다는 점에서 분석대상이 되기에 충분한 조건을 갖추었다. 또 2007년까지 일정한 개선 분위기를 유지하던 남북관계가 긴장상태로 변화하고, 2008년 김정일의 뇌졸중 이후 김정은 후계체제가 가동되는 등 북한의 대내외 정세가 모두 변화한 시점이다. 또 남한 입국 탈북자가 2만 명을 넘어서고, 개성공단 근로자가 4만 명이 초과하고, 중국의 상품이 북한 소비시장의 70~80%를 장악하는 등 시장이 확대 변화하고, 북한 주민 수십만 명이 휴대전화를 사용하고, 북한 주민 다수가 남한의 드라마나 영화 같은 동영상을 경험한 시점이라는 특징을 가지고 있다.

---

110) 1999년에 남한에서 조선중앙TV 시청이 허용되었다.

지난 10년간 김정일 권력의 지속과 후계계승 준비, 남북관계의 개선과 정체, 국제정세의 완화와 긴장, 북한 경제의 개선과 악화, 북한 내부 사회문화의 변화 등 다양한 변화와 갈등이 있었다. 2000·2001년, 2004년, 2010년의 조선중앙TV 프로그램 자료만으로 지난 10년을 설명하는 것은 여러 면에서 부족하다. 하지만 직접 분석에 활용하지는 않았지만 더 많은 여러 해의 동영상 자료에 대해서도 일정한 검토가 있었기 때문에 2000·2001년, 2004년, 2010년의 자료활용만으로도 전체상을 이해하는 데 큰 문제가 없음을 밝힌다.

사회문화적 환경을 이해하기 위해서 활용한 자료는 탈북자들의 증언, 북한 내부에 연결된 NGO 매체들의 북한실태 보도, 탈북자들에 대한 설문조사 결과 등이 있다. 탈북자 증언 또는 북한 내부 소식통과 연결된 NGO 매체의 보도에 대해서는 편향성의 우려가 제기되고 있기 때문에 관련 자료를 비교적 다수의 탈북자 증언이나 여러 단체의 보도와 비교 검토하여 주의 깊게 활용하고자 노력하였다.[111] 특히 열린북한방송과 같은 매체들은 북한 정권에 대한 비판적 성향이 매우 뚜렷한 특징을 가지고 있다. 따라서 대북 NGO 매체들의 보도는 다수 매체에서 반복적으로 보도하고 탈북자 증언과도 일치하는 내용들을 자료로 활용하였다.

---

111) 탈북자 증언에 대한 기존의 편향성 우려는 이제 좀 더 긍정적인 시각으로 바뀔 필요도 있다. 남한의 여론조사가 대개 1,000명에 대한 설문조사를 통해 과학적 결론을 도출해내는 상황이며, 국내 거주 탈북자가 이미 2만 명을 넘었기 때문이다. 따라서 개인의 경험이란 차원에서는 탈북자의 증언에 신중을 기할 필요가 있지만, 집단적 경험에 해당하는 부분은 적극적으로 수용하는 것이 더 바람직한 연구 결과를 만들 수 있다.

제1절 조선중앙TV 편성

1. 김정일의 TV프로그램 편성지침

대부분의 사회주의 국가에서 방송이 체제와 정권의 유지를 위한 선전수단이었던 것과 마찬가지로 조선중앙TV도 '김일성의 혁명사상' 선전, 조선로동당과 정부의 입장 대변이라는 핵심적 역할을 수행하였다.[112] 김일성 생존 시에는 김일성의 '위대한 혁명사상 영도의 현명성, 고매한 덕성을 선전'하는 것이 조선중앙TV의 선차적 과업이었고,[113] 김일성이 사망한 1990년대 후반 이후에는 김일성을 점차로 대체하면서 김정일에 대한 우상화 선전을 하는 것이 방송의 가장 중요한 목적이 되었다.

김정일은 TV방송의 편성목적이 전체 당 조직과 북한 사회에 유

---

112) 김정일, "조선중앙통신사의 기본임무―조선중앙통신사 일군들과 한 담화 1964년 6월 12일", 『김정일선집』 제1권(평양: 조선로동당출판사, 1992), 8쪽.

113) 김정일, "텔레비죤방송의 사상예술적 수준을 높일 데 대하여―조선로동당 중앙위원회 선전선동부 및 텔레비죤방송 부문 일군들과 한 담화 1972년 8월 22일", 『김정일선집』 제2권(평양: 조선로동당출판사, 1993), 421쪽.

일사상 체계를 세우는 데 있다고 지침을 주었다. 이를 위해 편성에서 사람들이 많이 듣는 아침시간, 점심시간, 저녁시간에는 정치선전물을 위주로 편성하도록 하였다.[114] 또 당의 전략적 필요에 따라서는 열 번, 스무 번이라도 보도하도록 지시하였는데, 핵심적 지침은 방송사업에서도 다른 나라의 영향을 받지 말고 주체를 세우라는 요구였다.[115] 1960년대 후반에 있었던 김정일의 이 같은 지시는 김일성의 유일적 지배체제를 강화하는 과정에서 이루어졌으며, 지금까지도 편성의 원칙으로 유지되고 있다.

김정일은 TV 편성에 대해 정치사상성, 예술성, 문화성을 보장하는 것을 바탕으로 인민들을 사상문화적으로 교양하는 사명을 요구하였다.[116] 정치사상적 역할을 위해 김정일은 모든 방송프로그램이 조선로동당의 노선과 정책에 기초하고 인민들을 혁명적으로 교양하는 것을 목적으로 할 것을 지시하였다. 우선적으로 김일성의 현지지도와 대외활동, 김일성이 참여한 행사 기록영화와 녹화물을 많이 내보내도록 했다. 이렇게 함으로써 인민들이 김일성의 노고를 이해하고, 세계 사람들의 김일성에 대한 존경을 이해하게 된다고 김정일은 주장하였다.

김정일은 사상성과 더불어 TV방송이 문화교양 수단이므로 편집물들을 예술적으로 형상화하는 것의 중요성도 강조하고 있으며, 구체적으로 화면의 구성까지 지적하였다.[117] 또 인민들의 인기를 끌

---

114) 김정일, "방송사업에서 제기되는 몇 가지 문제에 대하여-조선중앙방송위원회 위원장과 한 담화 1967년 7월 30일", 『김정일선집』 제1권(평양: 조선로동당출판사, 1992), 288쪽.

115) 위의 글, 288쪽.

116) 김정일, "텔레비죤방송의 사상예술적 수준을 높일 데 대하여-조선로동당 중앙위원회 선전선동부 및 텔레비죤방송부문 일군들과 한 담화 1972년 8월 22일", 『김정일선집』 제2권(평양: 조선로동당출판사, 1993), 420쪽.

기 위해 흥미 본위적인 것을 내보내서도 안 되며, 웃기고 심심풀이
나 하는 무사상적인 프로그램을 내보내도 안 된다고 지시하기도
했다.[118] 이 지침은 1972년에 주어진 것이지만, 그 내용이 매우 구
체적이어서 최근까지도 조선중앙TV의 희극이나 오락프로그램 편
성에 결정적인 영향을 주는 것으로 이해할 수 있다.

방송편성에서는 문예편집물의 비중을 높여 인민들의 관심을 끌
고, 문학예술작품을 많이 내보내도록 했다. 특히 김일성의 항일무
장투쟁과 관련된 혁명가극과 예술영화, 김일성을 찬양하는 송가,
혁명가요, 서정가요 등의 노래도 많이 방송하도록 지시했다. 이 외
에도 김정일 강조한 프로그램은 체육경기, 과학기술 소식, 위생상
식, 국내외 명승고적 등이 있다.[119]

이상과 같은 김정일의 지시에 따라 유지되던 조선중앙TV의 편
성지침은 '유일사상체계 확립의 10대 원칙'이 제시되면서 일상적
이고 더욱 구체적으로 조선중앙TV에 적용되었다.[120] 북한 방송기
관에 종사했던 탈북자들의 증언 등을 통해 봐도 가장 직접적으로
방송편성과 프로그램 제작에 영향을 미치는 기준은 '유일사상 10
대 원칙'이라고 할 수 있다.

1974년에 공식적으로 제시된 '유일사상 10대 원칙'은 북한의 정
책과 제도, 조직생활과 개인생활의 기준이자 규칙이 되었다. 따라
서 조선중앙TV 프로그램 편성도 '유일사상 10대 원칙'의 규제하에

---

117) 위의 글, 423쪽.

118) 위의 글, 420–421쪽.

119) 위의 글, 428쪽.

120) '유일사상 10대 원칙'은 김정일이 조선로동당 조직비서로서 작성을 주도했으며, 1974년 2월에 공표
되었다. '유일사상 10대 원칙'은 북한 주민들의 생활과 행동을 규범으로 정해 놓았다.

있게 되었다.

특히 다음 <표 8>에 있는 '유일사상 10대 원칙' 항목들이 방송 편성과 프로그램 제작에 구체적인 영향을 주고 있는 것으로 보인다. 이 조항들은 프로그램 편성에 직접적인 기준이 되어 '김일성에서 김정일로 이어지는 권력계승'의 정당성을 강조하는 프로그램, 김일성(김정일)의 위대성을 선전하는 프로그램, 김일성과 김정일 교시 인용, 김일성 혁명사적 관련 프로그램 편성으로 연결되는 것으로 이해할 수 있다. 또 '유일사상 10대 원칙'은 모든 프로그램 제작에 관철되어 개별 프로그램에서 김일성과 김정일의 위대성을 선전하고 충성을 선동하는 메시지를 전달하고 있다.[121] 김정일은 '유일사상 10대 원칙'을 이용하여 김일성에 대한 우상화를 확고히 함으로써 김일성의 결정에 의해 후계자가 된 자신에 대한 논란의 여지를 봉쇄하는 성과도 거둔 셈이다.

그리고 1994년 김일성이 사망한 이후에는 김일성에 대한 우상화가 김정일에 대한 우상화로 중심이 옮겨지고 있으며, 2000년대 김일성에 대한 선전은 김정일 우상화를 지원하는 성격을 띠고 있다. 2000년대에 북한 사회가 하부구조에서는 커다란 변화를 겪고 있지만, 정치 영역에서는 아직도 기존의 체제유지 논리를 지속하고 있는 면이 강하다고 할 수 있다.[122]

---

121) 탈북자 장해성 씨는 기사를 쓸 때 가장 주의하는 것이 '유일사상 10대 원칙'이고, 다른 것은 크게 신경을 쓰지 않았다고 한다.

122) 1996년의 조사에서 조선중앙TV를 경험한 사람들은 편파성과 비신속성, 비실용성, 반복성을 주요특징으로 지적했고, 27.7%는 수신상태가 열악하다고 답변하였다.[『북한주민의 문화향수실태 연구』(서울: 한국문화정책개발원, 1996), 38쪽]

〈표 8〉 '유일사상 10대 원칙' 중 TV 편성에 중요한 영향을 주는 내용

- 제1조 1항 당의 유일사상 체계를 세우는 사업을 끊임없이 심화시키며 대를 이어 계속해 나가야 한다.
- 제2조 위대한 수령 김일성 동지를 충성으로 높이 우러러 모셔야 한다.
- 제3조 2항 경애하는 수령 김일성 동지의 위대성을 내외에 널리 선전하여야 한다.
- 제3조 7항 경애하는 수령 김일성 동지의…… 혁명전적지와 혁명사적지, 당의 유일사상교양의 거점인 '김일성동지혁명사적관'과 '김일성동지혁명사상연구실'을…… 잘 관리하며 철저히 보위하여야 한다.
- 제4조 7항 보고, 토론, 강연을 하거나 출판물에 실릴 글을 쓸 때 언제나 수령님의 교시를 정중히 인용하고 그에 기초하여 내용을 전개하며 그와 어긋나게 말하거나 글을 쓰는 일이 없어야 한다.
- 제4조 10항 위대한 수령 김일성 동지의 혁명사상과 어긋나는 자본주의 사상, 봉건유교사상, 수정주의, 교조주의, 사대주의를 비롯한 온갖 반당적, 반혁명적, 사상조류를 반대하며 날카롭게 투쟁하며 수령님의 혁명사상, 주체사상의 순결성을 철저히 고수하여야 한다.
- 제9조 2항 모든 사업을 수령님의 유일적 영도체계에 의거하여 조직진행하며, 정책적 문제들은 수령님의 교시와 당 중앙의 결론에 의해서만 처리하는 강한 혁명적 질서와 규율을 세워야 한다.
- 제10조 3항 당중앙의 유일적 지도체제와 어긋나는 사소한 현상과 요소에 대해서도 묵과하지 말고 비타협적으로 투쟁하여야 한다.
- 제10조 4항 자신뿐 아니라 온 가족과 후대들도 위대한 수령님을 우러러 모시고 수령님께 충성 다하며 당중앙의 유일적 지도에 끝없이 사수하여야 한다.

하지만 김정일과 김정은은 조선중앙TV보다 남한 TV방송이 더 재미있고, 북한 영화보다 중국 영화나 미국 영화 등 외부의 영화가 더 재미있다는 것을 누구보다 더 잘 안다. 김정일 일가는 지금도 21세기 세계적 수준의 영상문화를 경험하고 살면서 인민들에게는 '1950년대 천리마정신'으로 살 것을 요구하고 있는데, 2000년대 조선중앙TV 프로그램 편성은 이러한 김정일과 김정은의 생존을 위한 고민의 산물이다.

2. 프로그램 순서의 변화

조선중앙TV는 평일(월~토)에 5시에서 10시 반 즈음까지 약 5시간

30분, 일요일에는 9시부터 저녁 10시 반 즈음까지 약 13시간 30분으로 일주일에 약 46.5시간 정도 방송을 한다. 조선중앙TV의 전체 방송시간이 지난 10년간 특별히 변화가 없는 가장 큰 원인은 열악한 경제적 환경에 있는 것으로 추정된다. 지난 10년간 주민생활은 크게 개선되지 않았고, 북한의 방송환경과 전력난 등의 여건이 지속된 측면이 있다.

그리고 1996년의 조사결과를 보면 북한 주민들은 43.9%가 평일에 1~2시간 미만, 18.8%가 2~3시간 미만 TV를 시청한다(보지 않는 사람 18.5%).[123] 오래된 조사결과라는 점에서 2000년대의 상황을 정확하게 반영하지 못할 것으로 판단되지만, 조선중앙TV 프로그램 편성의 특징이나 북한의 경제사정과 전력사정을 감안하면 현재 상황을 이해하는 데 도움을 준다.

매일매일의 프로그램은 전날 프로그램이 방영되기 전에 소개되는데, 다음날 순서에 약간 변화가 있는 경우도 있다.[124] 하지만 조선중앙TV는 거의 생방송을 하지 않기 때문에 김정일의 현지지도와 같은 보도가 나가는 경우를 제외하고는 전날의 예고와 다른 경우가 드물다. 이처럼 2000년 이후 10년이 지난 현재도 거의 모든 프로그램을 철저하게 녹화방송만 할 만큼 조선중앙TV 편성에 대한 정책적 변화는 크지 않다.

---

123) 주말에는 2~3시간 미만이 44.6%, 3~4시간 미만이 19.1%, 1~2시간 미만이 15.3%이다. 『북한 주민의 문화향수실태 연구』(서울: 한국문화정책개발원, 1996). 35쪽. 이 연구는 북한에서 1년 이상 거주경험이 있는 조선족 252명과 귀순자 62명을 대상으로 조사한 결과이다.

124) 2001년 3월 10일 프로그램 순서 중에는 21시 28분에 "수기: 서예가로서의 한생을 돌이켜 보며 - 송화미술원 미술가 공훈예술가 부교수 학사 최원삼"이 있었는데, 당일 프로그램 소개와 달리 "수기: 불멸의 화폭에 비낀 충정의 세계 - 사진사 한성걸"로 바뀐 사례가 있다. 녹화프로그램임에도 불구하고 편성과정에서 잘못이 있었던 것으로 보인다.

<표 9> 2001년 10월 15일/2010년 10월 15일 프로그램

시간	2001년 10월 15일	시간	2010년 10월 15일
17:00	김일성 장군의 노래 김정일 장군의 노래 오늘의 순서	17:00	김일성 장군의 노래 김정일 장군의 노래 오늘의 순서
17:10	보도	17:08	보도
17:20	오늘의 중앙신문 개관 (노래 1곡)	17:18	오늘의 중앙신문 개관 (노래 "남해가의 붉은꽃")
17:32	아동영화-영리한 너구리 (노래 1곡)	17:30	아동방송시간 소개편집물-조중친선의 정 넘치는 교정: 황계광중학교
17:48	과학영화-좋은 나무를 많이 심자(1) (노래 1곡)	17:39	소개편집물-발전소 건설도 자체의 힘으로: 성진제강련합기업소에서 (노래 1곡)
18:03	소개편집물-명산에 위인을 모셨던 역사의 그날에(왕재산경음악단 음악, "언제나 그리운 장군님", "우리는 따르렵니다")	17:52	서서시-당은 어머니(1)
18:29	연속기행-압록강을 따라 2천리 제6회 대를 이어 중강 땅에 새겨진 불멸의 자욱(노래 "영원히 한길을 가리라")	18:01	조선기록영화-당중앙위 정치국 상무위원회 위원이시며 당중앙위 비서이신 김정일 동지의 중국 방문 (노래 "조중친선의 노래")(노래 1곡 반주)
18:49	방송모임-최전연 초소에 새겨진 선군혁명령도의 빛나는 자욱 (노래 "말해주리 병사의 사랑을")		
20:00	보도/일기예보/김정일 동지의 명언(노래 "전선 길에 대한 추억")	20:00	보도/일기예보/김정일 동지의 명언(노래 "우리 집은 군인가정")
20:39	텔레비죤 예술영화-"별은 멀리 있어도" 7부 -아카시아나무심기운동 캠페인	20:20	병사의 고향소식-푸른 숲 설레이는 병사들의 고향, 정평군 산림경영소의 후방 가족들
21:38	수기-백두산 호위장군의 영원한 모습, 항일혁명투사 리종산(노래 "장군님만 건강하시면", "어머니 우리 당이 바란다면")	20:30	중국 텔레비죤 련속극-잠복(제5, 6부)
22:00	장시-오성산은 번개 친다	21:54	소개편집물-여기처럼 나라의 표본 본보기가 되라-3월 5일 청년광산(3) (노래 1곡)
22:12	오늘의 보도 중에서 (노래 "어디에 계십니까 그리운 장군님") 내일의 순서	22:13	오늘의 보도 중에서 (노래 "내 조국의 밝은 달아") 내일의 순서

* 밑줄 친 프로그램이 일주일 동안 고정된 형식임.

일주일 동안 짜인 프로그램 순서의 기본은 오후 5시 "보도"와 "오늘의 중앙신문 개관", 아동방송시간(편집물이나 만화영화)으로 시작된다. 5시 보도프로그램은 "8시 보도"와 방송마감 직전에 방영되는 "오늘의 방송 중에서"와 함께 조선중앙TV의 핵심 장르이다.[125] 특히 보도는 김정일 선전을 직접적으로 수행하는 역할을 가지고 있기 때문에 조선중앙TV의 골간 프로그램이라고 할 수 있다.

6시부터 8시까지 김정일 선전과 관련된 여러 가지 형식의 프로그램이 방영되고, 8시에 메인 뉴스인 '보도'에 이어 8시 30분을 전후해서 드라마나 영화가 방영된다. 드라마나 영화가 끝나는 9시 30분을 전후해서 다시 여러 가지 형식의 프로그램을 통해 김정일 선전이나 증산선전 프로그램이 방영되고, 10시 30분쯤 마지막 보도인 "오늘의 보도 중에서"로 방송이 종료된다(<표 9>에서 밑줄 친 부분).

이처럼 평일에 조선중앙TV 프로그램 순서의 줄기가 되는 형식은 보도와 김정일 선전, 증산선전 프로그램 그리고 드라마(영화)로 크게 나누어 정리할 수 있다.

---

125) 일요일에는 3시경에 아동방송시간이 시작된다.

<표 10> 2010년 10월 24일(일요일) 오전 9시~오후 5시 이전 프로그램 순서

시간	프로그램
09:12	〈조선기록영화〉 한평생 인민들 속에서(6)
10:13	〈참관기〉 전화의 불길 속에서 다져진 조중 친선–조국해방전쟁승리기념관을 찾아서
10:34	〈텔레비죤 잡지〉 국제생활
10:40	〈세계 여러 나라 동물들〉 치따와 표범의 차이
10:47	아랍의 모험가들
10:50	〈과학영화〉 민족음식 썩장과 담북장
11:19	〈조선예술영화〉 상감령
13:12	요청무대
13:38	〈소개편집물〉 전쟁로병들의 친혈육이 되어–룡성구역 상업관리소 종업원들
13:46	〈아동방송시간〉 소개편집물: 조중 친선의 정 넘치는 교정–황계광중학교
13:56	〈록화실황〉 제23차 전국중학교 학생들의 알아맞히기 경연 – 결승
14:49	〈연극〉 네온등 밑의 초병

일요일에는 9시 10분경에 김정일 관련 보도나 기록영화가 방영
되고, 10시경에 "텔레비죤 잡지"와 "세계 여러 나라 동물들", 11시
경에 영화, 오후 1시경에 "요청무대", 3시경에 아동방송시간이 고정
된 프로그램이다.[126] 9시부터 오후 5시까지 앞에 서술된 고정된 프로
그램 시간 사이에 여러 가지 형식의 프로그램이 방영된다<표 10>.
일요일 프로그램도 제일 먼저 김정일 선전프로그램을 방영함으로
써 조선중앙TV의 본래 목적을 우선적으로 수행한다. 하지만 일주
일간 지친 시청자들을 위한 배려가 "텔레비죤 잡지"와 "세계 여러
나라 동물들" 형식으로 방영되고, 영화가 비교적 긴 시간 동안 방
영되어 일요일의 휴식을 돕는 편성의 특징을 가지고 있다.

평일과 일요일을 가리지 않는 중요한 고정 형식은 프로그램과

---

126) "요청무대"는 시청자들이 요청한 음악 등을 방영하는 형식인데, 주로 체제선전 성격이 강한 노래들이
주로 방영된다.

프로그램 사이의 '노래'인데, 이 노래들은 대부분 김정일(또는 김일성이나 체제) 찬양 내용이다. 또 일요일에는 프로그램과 프로그램 사이에 더 많은 노래가 배치되는 편인데, 계몽기 가요 등 상대적으로 서정적인 노래들이 많아 휴일에 TV를 시청하는 시청자들의 휴식을 배려하는 부분으로 읽을 수 있다.

전체적으로 볼 때, 조선중앙TV 프로그램 순서의 구체적인 예인 <표 9>와 <표 10>에서 보듯이 지난 10년간 순서의 기본은 크게 달라진 것이 없다.[127] 이처럼 조선중앙TV 편성순서에 큰 변화가 주어지지 않은 것은 정치권력의 압도적 영향하에 있는 조선중앙TV의 정치적 환경에 큰 변화가 없었던 것과 일치한다. 그리고 프로그램 순서의 변화를 통해 조선중앙TV가 본질적으로 변화보다 지속적 성격이 더 강함을 단적으로 확인할 수 있다.

---

127) 　　　　〈표〉 2001년과 2004년 하루의 조선중앙TV 편성순서

2001년 12월 4일	2004년 11월 30일
- 17:10 보도	- 17:10 김정일 최고사령관, 군부대 시찰
- 17:20 오늘호 중앙신문개관	- 17:19 오늘호 중앙신문개관
- 17:39 아동영화	- 17:30 아동영화
- 18:03 라남의 봉화따라 총진군 앞으로-방문기	- 17:44 텔레비전상식
- 18:12 태양의 위업 만대에 빛나리-연속기행	- 17:48 추억에 남는 영화-숲은 설레인다
- 18:35 라남의 봉화 따라 총진군 앞으로	- 19:14 소개편집물-주체적 무용예술발전의 불멸의 대강
- 18:48 라남의 봉화를 추켜든 우리인민의 신념의 노래	- 19:40 소개편집물-소년궁전무대에서 꽃피는 재능
- 19:00 선군의 기치 아래 영광의 70년-군인 방송모임	- 20:00 보도
- 20:00 보도	- 20:33 중국TV 연속극 "꼬마전사 장갈"
- 20:38 TV연속극 "젊은 시절"	- 21:23 조선기록영화 - 평양 땅의 위대한 전변을 마련하시어
- 21:35 축하방송-올해 인민경제 계획을 넘쳐 달성한 라남의 노동계급	- 21:56 4대 명작 무용에 깃든 불멸의 이야기
- 21:51 태양의 위업 만대에 빛나리-소개편집물	- 22:21 TV상식-고혈압 치료에 좋은 감자
- 22:12 외국인이 지은 시	- 22:24 김정일 최고사령관, 군부대 시찰
- 22:14 오늘의 보도 중에서	

오늘의 순서

17시 9분
보 도

17시 19분
중앙산문개관

17시 36분
아동방송시간
제23차 전국중학교학생들의
알아맞추기경연

18시 4분
현지방송
최첨단돌파전의 열풍속에
비약하는 유색금속생산기지
- 단천제련소에서 -

18시 14분
중국인민지원군
조선전선참전 60돐
조선에 술영화
형길우에 피는 꽃

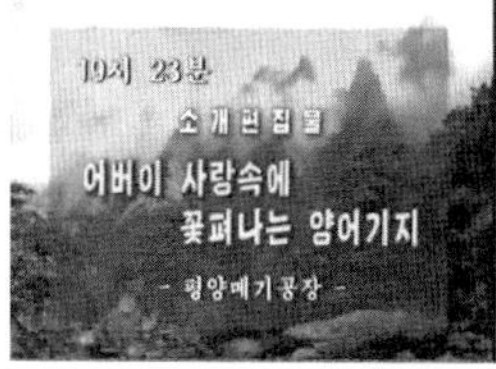

19시 23분
소개편집물
어버이 사랑속에
꽃펴나는 양어기지
- 평양메기공장 -

19시 37분
전통적인 진선, 고귀한 진선, 불멸의 진선
잡 감 기
전화의 불길속에 다져진 조중친선
(3)

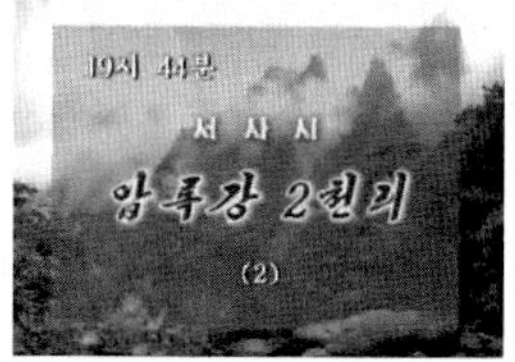

19시 44분
서사시
압록강 2천리
(2)

20 시
보 도

20시 21분
중국인민지원군 조선전선참전 60돐
중국텔레비죤련속극
항 복
제 19, 20 부

21시 45분
체육경기소식
2010년 아시아 19살미만
축구선수권대회중에서
- 조선 - 중국 -

22시 37분
오늘의 보도중에서

<2010-10-22 순서>

3. 편성의 변화

1990년대 이전 조선중앙TV의 프로그램 편성을 분석한 연구는 찾아보기 어렵고, 북한연구소에서 『북한총람』에 간략히 소개된 것을 확인할 수 있는 정도이다. 『북한총람』에 따르면 1969년 개국 이후 1974년까지 전체 프로그램의 50%가 김일성 우상화를 위한 선전영화였고, 보도·평론해설이 10%, 과학·기록영화가 10%, 어린이·여성프로그램이 30% 정도 방영되었다.[128] 『북한총람』의 분석은 편성의 특징을 이해하는 데는 큰 무리가 없는 것으로 판단되지만, 장르별 구분이 명확하지 않기 때문에 구체적인 비교를 위한 자료로는 활용하기 어렵다.

1998년 3월 일주일분의 조선중앙TV 프로그램을 시간별로 차세하게 정리한 이우승의 연구는 남한의 방송위원회에서 사용하는 분류유목을 활용하여 조선중앙TV 프로그램의 편성을 분석하였다. 이우승은 조선중앙TV의 프로그램을 뉴스, 다큐멘터리, 대담, 드라마, 만화, 문화예술, 버라이어티, 생활정보, 스포츠, 영화, 코미디 등 11개는 남한 방송위원회의 분류방식에 맞추고, 그 외에 조선중앙TV의 독특한 장르로 방송야회, (중간)노래, 시낭독, 캠페인을 분류하였다.[129]

1998년 3월 9~15일의 조선중앙TV 방송 일주일 분량을 시간비율로 분석한 이우승 연구에 따르면[130] 오락 형식(드라마, 만화, 문화

---

128) 『북한총람』(서울; 북한연구소, 1994), 1181쪽.

129) 이우승, 『북한방송프로그램 분석』(텔레비전 모니터 보고서 98-1)(서울: 한국방송개발원, 1998), 16-19쪽.

예술, 버라이어티, 스포츠, 영화, 코미디)이 41.15%, 정보(뉴스, 대담, 생활정보)가 23.12%, 교양·선동(노래, 다큐멘터리, 방송야회, 시낭독, 캠페인)이 35.73%였다.[131]

'각주 129'의 <표>에 따르면 프로그램 사이에 편성된 노래는 시간비중으로 12.3%를 차지하였다. 뉴스가 43회 편성에 시간비중 17%, 다큐멘터리가 26회 편성에 시간비중 19.7%, 생활정보가 14회 편성에 시간비중 5%를 차지하였다. 영화와 드라마는 각 5회 편성에 시간비중이 15%와 7.5%였으며, 문화예술·스포츠·코미디는 각 6회·5회·6회 편성에 시간비중은 각 5%·4.3%·3.8%를 차지하였다.

조선중앙TV는 남한의 TV방송과 비교할 때 대체적으로 순수하게 오락적인 프로그램이 적고, 대부분 교양 내지 선전 위주의 내용으로 구성되어 있다. 또 하나 조선중앙TV의 중요한 특징은 재방송 비율이 높다는 점이다. 이것은 방송제작비와 관련이 있기도 하지만,

<표> 조선중앙TV 프로그램 장르 구분

장르	내용	빈도	시간비율(%)
다큐멘터리	조선기록영화, 참관기, 방문기, 수기 등	26	19.7
뉴스	5시, 8시 보도, 10시 오늘의 보도 중에서, 시사해설 등	43	17.0
영화	예술영화	5	14.6
드라마	텔레비죤 련속소설, 텔레비죤 연속극, 텔레비죤 예술영화 등	5	7.5
문화예술	음악회, 가극, 교예 등	6	5.0
생활정보	과학영화, 텔레비죤 상식 등	14	4.5
스포츠	체육 관련 행사, 경기 등	5	4.3
코미디	촌극, 재담 등	6	3.8
버라이어티	노래와 춤 등이 포함된 오락 성격의 프로그램	2	3.4
어린이 프로	만화, 어린이 유치원 등	5	2.6
대담	시사대담 프로그램	2	1.6
방송야회	건설현장 인터뷰와 중간에 가수가 출연하는 형식	1	1.6
노래	프로그램 사이에 편성(주로 김일성과 김정일 찬양)	108	12.3
선전 프로그램	시, 캠페인	12	2.1

130) 이우승, "북한방송프로그램 분석"(텔레비전 모니터보고서 98-1)(서울: 한국방송개발원. 1998).
131) 위의 글, 20쪽.

캠페인·노래·뉴스·다큐멘터리 순서로 재방영 비율이 높다는 점에서 선전선동과 관련된 프로그램이 편성에서 중요시되고 있다는 것으로 이해할 수 있다. 특히 김정일 우상화 관련 프로그램이 높은 재방영 비율을 보여 주는 것은 편성의 중점이 어디에 있는가를 뚜렷하게 나타낸다.[132]

또 하나, 북한 체제의 특징을 보여 주는 점으로 프로그램별 출연자의 신분을 주목해볼 수 있다. 조선중앙TV 프로그램에서 김정일 일가와 관련된 출연자를 제외하고는, 해당 분야 전문가(21.7%), 군인(20.8%), 예술종사자(19.6%), 일반주민(10.8%) 순서로 등장한다. 여기에서 가장 주목할 점은 군인 출연자인데, 출연 비율은 두 번째 순서이지만 실질적으로는 북한 체제의 특징과 조선중앙TV의 특징을 가장 잘 보여 주는 신분이라고 할 수 있다.

이 절에서는 최근 10년간 조선중앙TV 프로그램의 편성을 비교하기 위해 2001년 3월과 2010년 3월의 일주일간 프로그램을 비교한다.

1) 2001년 조선중앙TV 프로그램 편성

조선중앙TV 프로그램 구분을 다양하게 할 수 있지만, 프로그램의 구체적인 내용을 고려하지 않고 단순하게 장르에 중심을 두고 분류할 경우 조선중앙TV의 특성을 제대로 이해할 수 없다. 이런 이유 때문에 이 글에서는 조선중앙TV의 목적과 프로그램 장르의 특성이

---

132) 프로그램 빈도로 볼 때 54.6%가 김정일 일가에 대한 찬양 및 충성이 주제이다. 증산 관련 주제가 그다음으로 14.6%의 빈도를 나타낸다(위의 글, 35쪽).

라는 두 가지 관점에서 구분하였다. 프로그램 제작과정에서 여러 가지 형식을 사용하지만, 방송의 목적이 김정일 선전(김일성 선전과 체제선전 포함)에 뚜렷하고 직접적인 목적을 둔 경우는 김정일 선전(김일성 선전과 체제선전)으로 묶고, 일반적인 방송의 장르와 목적과 내용, 형식의 비교가 용이한 프로그램(보도, 드라마, 영화, 경제 소식, 사회 소식, 과학/상식, 만화/어린이, 공연/음악, 스포츠, 노래)은 장르별 구분의 형식을 선택하였다. 이 중에서 김정일 선전과 관련된 프로그램들을(기록영화를 제외하고) 남한의 TV방송 프로그램을 분석하듯이 장르를 중심으로 구분하는 것은 부적절하다.

　김정일 선전(김일성 선전과 체제선전) 프로그램은 기본적으로 기록영화, 소개편집물, 방문기, 수기, 수필 등 여러 가지 형식을 띠고 있지만, 기본적인 목적과 구성은 크게 다르지 않다. <표 11>에서 김정일 선전에 포함시키지 않았지만 보도에서도 일정한 시간이 김정일 선전(김일성 선전)에 할당되고 있고, 노래의 경우 대부분이 노골적으로 김정일 찬양에 매달리고 있다. 그뿐만이 아니라 드라마와 사회소식 편집물도 김정일 선전(김일성 선전)을 포함하고 있기 때문에 김정일 선전프로그램의 시간비중은 <표 11>에 나타난 것보다 훨씬 크다.

〈표 11〉 2001년 조선중앙TV 프로그램의 편성(3월 5～11일)

	월		화		수		목		금		토		일	
	빈도	시간	빈도	시간	빈도	시간	빈도	시간	빈도	시간	빈도	시간	빈도	시간
김정일 선전	1	20	2	47			4	56	2	35	1	12	1	20
김일성 선전	1	13			2	37					3	90	3	117
체제선전	2	33	1	15	1	22					1	10	3	58
보도	5	69	5	71	5	79	4	66	4	65	4	60	4	72
드라마	1	45	1	40	1	60	1	60	2	110	1	47	2	90
영화	1	64	1	32									2	200
경제소식 소개물	1	18												
사회소식 소개편집물					1	16	3	37	1	15				
과학/상식	1	12	1	12	1	10	1	7	1	10	1	7	3	34
어린이만화	1	30	1	25	1	20	1	35	2	41	1	25	2	69
공연/음악	1	18	1	13	2	25	2	35	1	35	1	15	2	45
노래	5	17	8	34	7	28	8	47	6	20	7	31	14	50
체육			1	10							1	5	2	52

프로그램 구분(프로그램 형식)	평균방영 시간(분)	빈도		시간	
		횟수	%	분	%
김정일 선전(기록영화, 소개편집물, 방문기, 수기, 수필)	17.3	11	6.7	190	7.0
김일성 선전(기록영화, 련속기행, 참관기, 음악수필)	28.6	9	5.5	257	9.5
체제 선전(기록영화, 음악편집물, 소개편집물, 수필, 음악수필)	17.3	8	4.8	138	5.1
보도(보도, 중앙신문 개관, 시사해설)	15.6	31	18.8	482	17.7
드라마(텔레비죤련속소설, 텔레비죤예술영화)	50.2	9	5.5	452	16.6
영화	74.0	4	2.4	296	10.9
경제 소식(소개편집물)	18.0	1	0.6	18	0.7
사회 소식(소개편집물)	13.6	5	3.0	68	2.5
과학/상식(과학영화, 상식)	10.2	9	5.5	92	3.4
만화/어린이(만화영화)	27.2	9	5.5	245	9.0
공연/음악(방문기, 록화실황)	18.6	10	6.1	186	6.8
프로그램 사이 노래	4.1	55	33.3	227	8.4
체육(경기, 노인율동)	16.8	4	2.4	67	2.5
합계		161	97.7	2,651	97.6

* 일요일 '프로그램 사이 노래' 빈도와 시간은 주중 평균치로 추정.
* 프로그램의 시간은 1분 내외의 오차가 있을 수 있음.
* 3～4분 정도의 캠페인(2회)과 시(1회) 프로그램은 편의상 표시하지 않았음.

<표 11>(<그림 2>, <그림 3>)을 보면 2001년 3월에 조선중앙TV가 가장 많은 빈도로 편성한 프로그램은 보도(프로그램 사이의 노래 제외) 프로그램으로 18.8%이다. 그다음으로는 김정일 선전(김일성 선전 포함) 프로그램으로 12.2%이다. 김정일 선전(김일성 선전 포함) 프로그램은 시간비중으로 16.5%이고, 그다음으로 시간비중이 많은 프로그램은 보도(17.7%), 드라마(16.6%), 영화(10.9%), 만화/어린이(9.0%), 프로그램 사이 노래(8.4%) 순이다. 노골적으로 김정일을 찬양하는 내용이 대부분인 프로그램 사이 노래를 포함하면 김정일 선전(김일성 선전 포함) 프로그램의 시간비중은 약 25%에 달한다. 2001년 3월에는 김일성 선전이 김정일 선전에 비해 더 많다는 점도 특징일 수 있는데, 이것은 김일성 사망 이후 지속된 경제위기와 김정일에 대한 북한 주민들의 지지도가 높지 않았던 점을 반영한다.[133] 또 경제 관련 소개편집물이 거의 없다는 점도 매우 특징적인데, 경제 관련 소개편집물이 매우 적었던 것은 성과를 자랑할 만한 것이 거의 없었던 북한의 경제현실을 반영한 것으로 볼 수 있다.

프로그램 형식별 평균 방송시간을 보면 영화와 드라마가 각각 74.0분, 50.2분으로 가장 긴 장르에 해당되며, 어린이/만화영화가 주로 방영된 프로그램도 27.2분으로 평균 방영시간이 길다. 그다음으로 긴 것은 김일성 선전프로그램 형식이 28.6분으로 길었고, 나머지 프로그램들은 대부분 10분대로 편성되었다. 김정일 선전프로그램도 평균 17분대로 제작되었으며, "8시 보도"를 제외한 대부분

---

133) 빈도는 김정일 선전이 11회로 9회의 김일성 선전보다 많지만, 시간비중은 7.9%:9.5%로 김일성 선전이 높았다.

의 보도프로그램도 10분대가 기본이다. 따라서 조선중앙TV 프로그램의 가장 일반적인 평균 방송시간은 10분대임을 알 수 있는데, 이것은 프로그램의 선전효과를 주목하기 때문에 나타난 현상으로 이해된다. 즉 프로그램의 흥미도가 높지 않기 때문에 긴 시간의 편성보다 짧게 방영하고, 선전목적이 강한 김정일 관련 프로그램은 재방영 비율을 높인 것으로 볼 수 있다.

요일별로 보면 김정일 선전(김일성 선전), 보도, 드라마, 어린이/만화, 공연/음악프로그램이 거의 매일 편성되는 특징을 가지고 있다. 조선중앙TV의 오락적 기능은 드라마/영화와 어린이/만화, 공연프로그램이 중요한 역할을 한 것으로 볼 수 있다. 특히 체육 관련 프로그램이 대단히 적은 점도 주목할 만하다. 2001년 3월에 방영된 조선중앙TV의 프로그램 사이 노래 중에는 "안해의 노래" 정도를 정치성이 가장 덜한 노래로 분류할 수 있다.

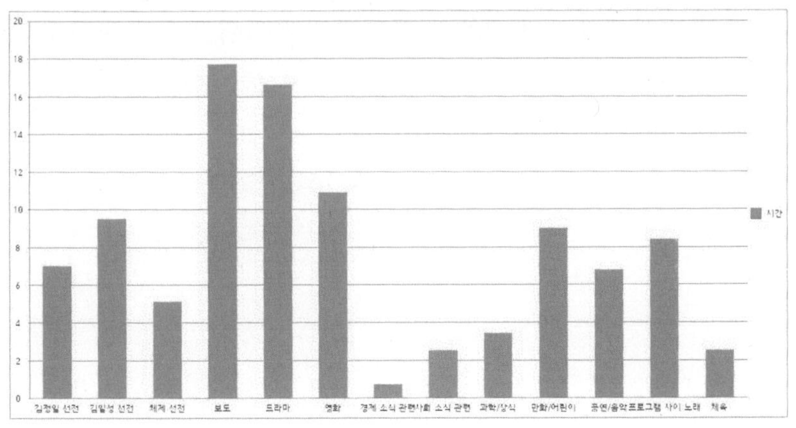

* 그래프 순서: 김정일 선전–김일성 선전–체제선전 - 보도 - 드라마 - 영화 - 경제 소식 - 사회 소식 - 과학/상식 - 만화/어린이–공연/음악–프로그램 사이 노래–체육.

〈그림 2〉 2001년 조선중앙TV 프로그램 편성시간 비율(3월 5~11일)

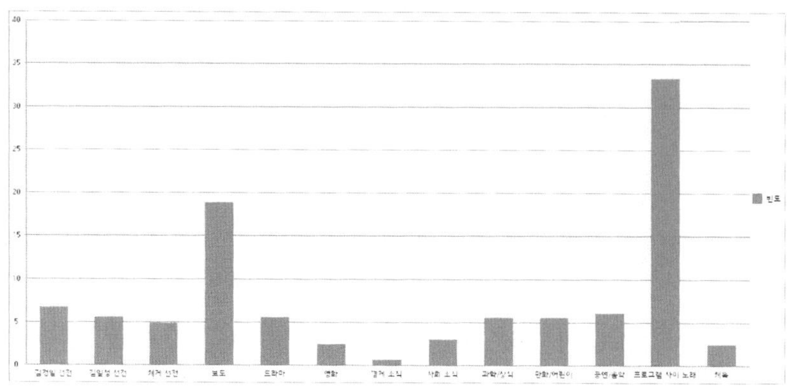

* 그래프 순서: 김정일 선전–김일성 선전–체제선전 - 보도 - 드라마 - 영화 - 경제 소식 - 사회 소식 - 과학/상식 - 만화
/어린이–공연/음악–프로그램 사이 노래–체육.

〈그림 3〉 2001년 조선중앙TV의 프로그램 편성빈도 비율(3월 5~11일)

2) 2010년 조선중앙TV 프로그램 편성

2010년 조선중앙TV의 프로그램 편성(3월 8~14일)을 정리하면
<표 12>와 같다. <표 12>(<그림 4>, <그림 5>)를 보면 2010
년 3월 조선중앙TV가 가장 많은 빈도로 편성한 프로그램은 김정일
선전(김일성 선전 포함)으로 14.0%이다(프로그램 사이 노래 제외).
그다음은 보도 프로그램으로 11.5%이다.

<표 12> 2010년 조선중앙TV의 프로그램 편성(3월 8~14일)

	월		화		수		목		금		토		일	
	빈도	시간	빈도	시간	빈도	시간	빈도	시간	빈도	시간	빈도	시간	빈도	시간
김정일 선전	4	111	3	31			2	30	4	31	3	42	6	74
김일성 선전			1	57	1	57			1	57	1	57	2	126
체제선전	2	27	1	29	1	19	1	40	1	46	1	17		
보도	4	70	4	68	4	67	2	49	2	54	3	54	4	74
드라마			1	60	1	64	1	47	1	50			1	51
영화							1	79					2	101
경제소식	2	19	2	12	3	30	1	6	2	14	3	37	4	38
사회소식			1	14	2	22							3	68
과학/상식	1	9	1	3	1	4	2	8	1	3			3	24
어린이만화	1	18	1	10	1	25			1	16	1	8	1	30
공연/음악	1	47											3	111
노래	8	39	11	42	9	37	7	30	10	42	10	30	14	50
체육							1	63					1	38
시			1	5	1	2	1	4	1	6	1	5	1	5
캠페인	3		2		5		5							

프로그램 구분(프로그램 형식)	평균방영 시간(분)	빈도		시간	
		횟수	%	분	%
김정일 선전(현지지도 보도, 기록영화, 소개편집물, 방문기, 수기, 수필)	14.5	22	11.0	319	11.8
김일성 선전(기록영화)	59.0	6	3.0	354	13.0
체제선전(기록영화, 소개편집물)	25.4	7	3.5	178	6.6
보도(보도, 중앙신문 개관, 각도 특파기자실 보도)	19.0	23	11.5	436	16.1
드라마(텔레비죤련속소설)	54.4	5	2.5	272	10.0
영화	60.0	3	1.5	180	6.6
경제 소식(소개편집물, 방문기, 현지방송, 축하방송)	9.2	17	8.5	156	5.8
사회 소식(소개편집물, 좌담회)	17.3	6	3.0	104	3.8
과학/상식(과학영화, 과학기술상식, 세계상식, 건강상식, 텔레비죤잡지)	5.7	9	4.5	51	1.9
만화/어린이(만화)	17.8	6	3.0	107	3.9
공연/음악(텔레비죤예술무대, 명랑한 텔레비죤무대, 요청무대)	39.5	4	2.0	158	5.8
프로그램 사이 노래	3.9	69	34.5	270	10.0
체육(체육경기 소식)	50.5	2	1.0	101	3.7
시	4.5	6	3.0	27	1.0
캠페인		15	7.5		
합 계		185	92.5	2,713	100

* 일요일 '프로그램 사이 노래' 빈도와 시간은 주중 평균치로 추정.
* 3월 11일 9~17시까지 프로그램은 2001년과의 비교를 위해 분류에 포함하지 않음.
* 프로그램 시간은 1분 내외의 오차가 있을 수 있음.
* 1~2분 정도의 캠페인(약 15회)은 편의상 시간을 표시하지 않음.

김정일 선전(김일성 선전 포함)은 시간비중으로 24.8%이고, 시간 비중이 많은 프로그램은 보도(16.1%), 드라마(10.0%), 프로그램 사이 노래(10.0%), 영화(6.6%), 체제선전(6.6%), 경제 소식(5.8%), 공연/음악(5.8%), 만화/어린이(3.9%) 순이다. 노골적으로 김정일을 찬양하는 내용이 대부분인 프로그램 사이 노래를 포함하면, 김정일 선전(김일성 선전 포함) 프로그램의 시간비중은 약 35%에 달한다. 2010년 3월에는 시간비중으로 김일성 선전이 김정일 선전에 비해

약간 많지만, 김정일 선전의 빈도가 3.5배 이상 많다는 점도 특징
이다.[134] 또 경제 관련 프로그램의 빈도가 17회로 김정일 선전(김
일성 선전 포함), 보도 다음 순서로 많다는 점도 매우 특징적이다.
경제 관련 프로그램이 크게 증가한 것은 경제회복을 위한 증산 선
전선동에 전력을 다하는 북한 정권의 정책적 의지를 보여 준다.

　프로그램 형식별 평균 방송시간을 보면, 영화와 드라마가 각각
60.0분, 54.4분으로 대표적으로 긴 장르에 해당되며, 기록영화 형식
을 중심으로 방영된 김일성을 선전하는 프로그램 형식이 59.0분으
로 길었다. 그다음으로 긴 프로그램은 체육경기 소식과 공연/음악
프로그램이었는데, 각각 50.5분과 39.5분이었다. 나머지 프로그램
은 대부분이 10분대로 편성되었는데, 김정일 선전프로그램도 평균
14.5분대로 제작되었으며, "8시 보도"를 제외한 보도프로그램도 평
균적으로 보면 10분대가 기본이 되었다.

　영화의 평균 방영시간이 감소한 것은 2010년에 드라마 방영을
줄이고 영화가 더 많이 편성되면서 나타난 현상이고, 어린이/만화
영화도 시간이 짧아진 점이 특징적이다. 김일성 선전이 기록영화
중심으로 바뀌면서 프로그램 평균시간이 크게 증가하였지만, 김정
일에 대한 선전은 여전히 15분 정도로 짧게 방영하고, 재방영하고
있다.

　요일별로 보면, 김정일 선전(김일성 선전), 보도, 드라마, 경제 소
식, 노래가 거의 매일 편성되는 특징을 가지고 있다. 조선중앙TV의
오락적 기능은 드라마/영화와 공연프로그램이 중요한 역할을 한 것

---

134) 빈도는 김정일 선전이 22회로 6회의 김일성 선전보다 많지만, 시간비중은 11.8%:13.0%로 김일성
　　선전이 높았다. 김정일 선전은 현지지도 등 짧은 보도 형식이 많았고, 김일성 선전은 기록영화로 1회
　　분이 1시간에 달한다.

으로 볼 수 있다. 체육 관련 프로그램이 비중이 적은 점도 주목할 만하지만, 2010년에는 일요일 "8시 보도" 시간에 국제체육 소식을 전하는 점이 특징적인 변화이다. 이 시간에 보도하는 국제체육 소식은 세계 여러 나라에서 열린 다양한 종목의 체육경기를 편집화면과 함께 보여 주는 흥미로운 구성이 눈을 끈다.

특히 유럽 프로축구 경기를 골득점 장면 중심으로 보여 주는 부분은 짧은 시간임에도 불구하고 매우 흥미롭다. 이처럼 유럽 프로축구에 대한 방영이 이루어진 것은 북한의 월드컵 본선 참가 등 축구에 대한 열기가 높았던 데도 영향이 있고, 유년시절에 유럽 프로축구를 경험했던 김정은의 조선중앙TV 관여와 밀접한 관련이 있는 것으로 볼 수 있다.

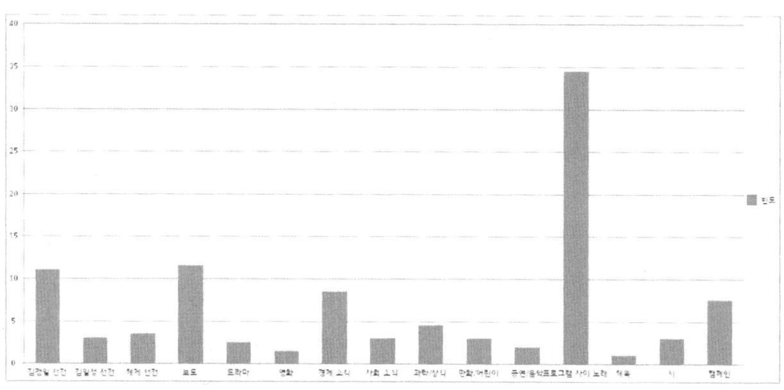

* 그래프 순서: 김정일 선전 - 김일성 선전 - 체제선전 - 보도 - 드라마 - 영화 - 경제 소식 - 사회 소식 - 과학/상식 -
  만화/어린이 - 공연/음악-프로그램 사이 노래 - 체육 - 시-캠페인

〈그림 4〉 2010년 조선중앙TV의 프로그램 편성빈도 비율(3월 8～14일)

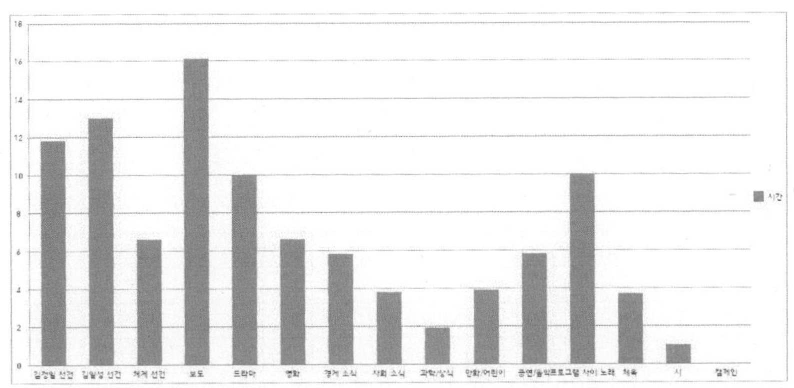

* 그래프 순서: 김정일 선전 - 김일성 선전 - 체제선전 - 보도 - 드라마 - 영화 - 경제 소식 - 사회 소식 - 과학/상식 - 만화/어린이 - 공연/음악–프로그램 사이 노래 - 체육 - 시–캠페인

〈그림 5〉 2010년 조선중앙TV의 프로그램 편성시간 비율(3월 8〜14일)

3) 2000년대 프로그램 편성의 변화

<표 13>과 <그림 6>은 2001년과 2010년 프로그램 장르별 빈도비율을 표와 그림으로 정리한 것이다.

<표 13> 2001년과 2010년 프로그램 장르별 빈도비율

프로그램 구분	2001 빈도(%)	2010 빈도(%)
김정일 선전	6.7	11.0
김일성 선전	5.5	3.0
체제 선전	4.8	3.5
보도	18.8	11.5
드라마	5.5	2.5
영화	2.4	1.5
경제 소식	0.6	8.5
사회 소식	3.0	3.0
과학/상식	5.5	4.5
만화/어린이	5.5	3.0
공연/음악	6.1	2.0
프로그램 사이 노래	33.3	34.5
체육	2.4	1.0
시	0	3.0
캠페인	0	7.5

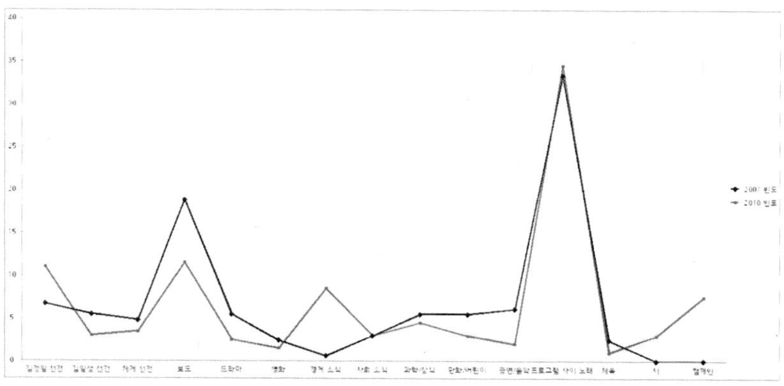

* 그래프 순서: 김정일 선전 - 김일성 선전 - 체제선전 - 보도 - 드라마 - 영화 - 경제 소식 - 사회 소식 - 과학/상식 -
만화/어린이 - 공연/음악-프로그램 사이 노래 - 체육 - 시-캠페인

<그림 6> 2001년과 2010년 프로그램 장르별 빈도비율

　2010년과 2001년을 프로그램 목적과 장르 측면에서 비교를 하면 새로운 부분은 별로 없다(<표 13>, <그림 6>). 2000년 남북 정상회담 이후 남한과 중국 등 외부의 정보가 유입되고 특히 다양한 영상물이 유입되고 있음에도 불구하고, 조선중앙TV 프로그램에서 주목할 만한 장르적 변화가 없다는 것은 정치적 선전수단에 목적을 둔 조선중앙TV가 대단히 느리게 변화할 것임을 예상하게 한다.

　김일성 선전 부분에서 2001년에는 다양한 형식의 프로그램이 있었지만, 2010년에는 기록영화 중심으로 단순화된 특징이 있다. 김일성 선전의 다양한 형식이 주로 회고와 증언의 형식을 갖추었던 것이었는데, 김일성 사후 시간이 많이 흐름에 따라 회고와 증언의 형식을 줄이고 김일성의 업적을 중심으로 화면을 구성하는 기록영화가 중심이 되면서 프로그램의 평균 방영시간은 증가하였다. 이러한 변화는 소소하게 김일성의 업적이나 성품을 소개하던 형식보다 김일성의 '위대성'을 보여 주는 잘 짜인 기록영화를 통해 선전을 하려는 의도를 보여 주며, 김일성 사망 후 시간이 흐름에 따라 북한 주민들과 김일성 사이에 기억의 거리감이 커졌음을 반영하는 것이다.135) 인구의 20% 이상이 김일성 생존 시에 대한 기억을 갖지 못하는 북한 체제에서 조선중앙TV의 김일성에 대한 선전방법에 변화가 필요했던 것으로 이해된다.

　김정일 선전의 경우 2010년에는 현지지도 소식을 하루에도 수차례 반복적으로 보도하면서 노출빈도를 높이고 있고, 이 영향으로 보도시간이 대체되는 경우가 많이 나타났다. 특히 2001년(6.7%)에 비

---

135) 1990년대생부터는 살아있는 김일성에 대한 기억을 가진 사람이 거의 없다. 2008년 북한의 유소년 인구비율은 23.8%로 남한의 유소년 인구비율 19.1%보다 높다.

해 2010년(11.0%)에는 김정일 선전빈도가 크게 증가한 것이 눈에 띄며, 김일성과 김정일을 합한 프로그램 빈도도 2001년에 비해 높아졌다. 이것은 조선중앙TV가 체제선전에 적극적으로 봉사하는 기능을 더욱 강화하였음을 보여 준다.

2001년에는 거의 없었던 경제 소식 관련 프로그램이 2010년에는 소개편집물, 방문기, 현지방송, 축하방송 등 다양한 형식으로 방영되고 있는 점이 2001년과 크게 다른 점이라고 할 수 있다. 경제 소식의 빈도는 비율적으로 보면 가장 많이 높아졌는데, 이것은 2000년대에 북한 정권이 처해 있는 체제위기를 극복하기 위한 정책적 목표가 조선중앙TV에 반영된 것으로 이해할 수 있다.

〈표 14〉 2001년과 2010년 프로그램 장르별 시간비율

프로그램 구분	2001년 시간(%)	2010년 시간(%)
김정일 선전	7.0	11.8
김일성 선전	9.5	13.0
체제 선전	5.1	6.6
보도	17.7	16.1
드라마	16.6	10.0
영화	10.9	6.6
경제 소식	0.7	5.8
사회 소식	2.5	3.8
과학/상식	3.4	1.9
만화/어린이	9.0	3.9
공연/음악	6.8	5.8
프로그램 사이 노래	8.4	10.0
체육	2.5	3.7
시	0	1.0
캠페인	0	0

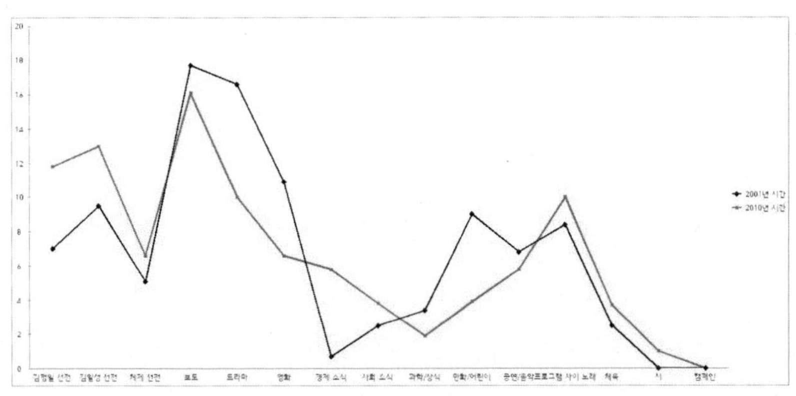

* 그래프 순서: 김정일 선전 - 김일성 선전 - 체제선전 - 보도 - 드라마 - 영화 - 경제 소식 - 사회 소식 - 과학/상식 -
만화/어린이 - 공연/음악–프로그램 사이 노래 - 체육 - 시–캠페인

〈그림 7〉 2001년과 2010년 프로그램 장르별 시간비율

2010년과 2001년 조선중앙TV의 프로그램 편성을 빈도 면에서 정리하면 김정일 선전 증가, 보도 감소, 경제 소식 증가, 만화/어린이 프로그램 감소가 특징적이다.

프로그램의 빈도보다 더 중요한 의미를 갖는 것은 방송시간이라고 할 수 있다. <표 14>(<그림 7>)를 보면 김정일 선전이 2001년 7.0%에서 2010년 11.8%로, 김일성 선전이 2001년 9.5%에서 2010년 11.8%로 증가하였다. 김일성 선전도 김정일 선전을 지원하는 성격이 본질적이므로, 두 프로그램의 비중은 2001년 16.5%에서 2010년 24.8%로 증가했음을 알 수 있다. 이처럼 김정일(김일성) 선전이 크게 증가한 것은 북한 정권의 조선중앙TV 선전을 통한 체제 유지 노력이 더욱 강화될 필요성이 커졌음을 보여 준다. 여기에 체제선전 프로그램까지 합하면 2010년 조선중앙TV의 김정일(김일성) 선전 프로그램 비율은 31.4%로 2001년의 21.6%에서 약 1.5배 수준이 되었음을 알 수 있다.

프로그램 시간이 증가한 대표적인 항목은 경제 소식 부분인데, 2001년 0.7%에서 2010년 5.8%로 대폭 증가했음을 알 수 있다. 이 항목은 빈도와 시간비율이 가장 크게 증가한 부분으로, 북한 정권과 조선중앙TV가 증산을 통해 경제를 살려내기 위한 선전선동에 많은 노력을 기울이고 있음을 알 수 있게 한다. 경제 소식의 증가는 2000년대 중반부터 증가된 이후 주목할 수준의 큰 변화는 <표 15>에서 보듯이 2009년에 이루어진 것으로 보인다.[136]

〈표 15〉 2001~2010년 경제 소식(프로그램) 빈도와 내용(3월 초순 1주간)[137]

연도	빈도	내 용
2001	1	농지개조
2002	3	대홍단감자가공공장, 개천태성호 물길건설, 토끼 기르기
2003	2	함흥기초식품공장, 물길공사 기록영화
2004	4	화장품공장, 전차운전수, 토지정리, 임산사업소
2005	5	편직공장, 탄광, 발전소, 유리공장 건설장, 탄광연합기업소
2006	4	갱목생산사업소, 협동농장, 수지일용품공장, 광산
2007	3	협동농장, 뜨락또르공장, 속도전청년돌격대
2008	1	발전소건설장
2009	9	제사공장, 발전소, 뜨락또르공장, 축산농장, 협동농장, 고려약공장, 군 농업현장, 인민경제계획 수행 근로자 축하방송
2010	17	제사공장, 화장품공장, 마그네샤공장, 화력발전련합기업소, 화강석광산, 탄광, 제철련합기업소, 구두공장, 제강련합기업소, 물길굴건설, 일반식료공장 등

---

136) 조선중앙TV의 경제 소식 비중의 변화를 한기범이 주장하는 북한 경제정책 변화의 시기구분(개혁착근 : 2000~2003, 개혁확대 : 2004, 개혁후퇴 : 2005~2009)과 비교하면 조선중앙TV의 변화가 매우 완만하고 느리게 이루어지고 있다는 설명도 가능하다[한기범, "북한 정책결정과정의 조직행태와 관료정치-경제개혁 확대 및 후퇴를 중심으로(2000-09)", (마산: 경남대 대학원 박사학위논문, 2009. 12)].

137) 3월 초순 자료의 부족으로 2002년은 3월 하순(20~26일), 2003년은 3월 중순(10~16일) 자료를 사용하였다.

이처럼 2010년의 경제 소식 대폭 증가는 경제문제 해결을 위해 인민들을 증산에 동원하고자 하는 정권의 의지와 경제상황 개선을 선전함으로써 정권에 대한 비판을 모면하려는 의도가 함께 있는 것으로 보인다. 또한 사회 소식 부문도 2001년 2.5%에서 2010년 3.8%로 증가해서 조선중앙TV가 북한 주민들에게 북한 체제에 대한 긍정적인 정보제공을 확대하고 있음을 보여 준다.

반면에 드라마와 만화/어린이 프로그램의 비중은 2001년 16.6%, 9.0%에서 2010년 10.0%, 3.9%로 감소해서 가장 큰 폭의 감소비율을 보여 준다. 드라마와 어린이/만화의 감소는 제작비 부족이 가장 중요한 원인으로 보인다. 그리고 조선중앙TV 프로그램에서 북한의 식량난, 물자부족과 같은 다양한 사회문제를 볼 수 있는 프로그램은 드라마와 영화에 한정된다고 할 수 있기 때문에 드라마의 감소는 북한 사회가 가진 문제점의 유일한 배출구를 축소하는 의미도 있다. 그리고 김정일 선전 등 북한 체제에 대한 간접적인 방식의 선전보다 직접적인 선전에 주력하는 선전방식의 변화도 방영비중 감소의 한 원인으로 이해된다.

이처럼 2010년에 김정일 선전(김일성 선전 포함)이 증가하고 있다는 사실을 조선중앙TV의 본질적 역할이 더 강조되고 있으며, 정권의 통제가 더욱 강력히 유지되고 있음을 보여 준다. 또 드라마와 노래 등 대부분의 프로그램에서 김정일 선전을 포함하고 있다는 점을 감안하면, 조선중앙TV 프로그램 편성에서 김정일 선전이 차지하는 부분은 거의 절대적이다.[138]

전체적으로 볼 때 김정일에 대한 충성과 증산을 위한 인민동원에

---

138) 김일성 선전이나 체제선전도 그 목적의 근본은 김정일 체제 선전에 있다.

목적을 둔 조선중앙TV의 편성목적은 2010년에도 2001년과 크게 달라진 것이 없고, 오히려 양적으로 강화된 상태이다. 이처럼 조선중앙TV가 변화보다는 체제고수적인 모습을 단적으로 보여 주는 대표적인 프로그램이 드라마 "석개울의 새봄"이다. 1990년대에 제작된 "석개울의 새봄"은 1950년 6·25전쟁 후 북한 정권이 북한의 농촌경제 부분을 사회주의 체제로 전환한 농업협동화 추진과정을 다룬 23부작 드라마인데, 제작 이후 2010년까지 매년 3월이면 재방영되고 있다. 이 드라마의 지속적인 재방영은 북한 정권이 체제안정을 위해 농업 부문에서 사회주의 경제체제의 구조적 기반을 지속하겠다는 메시지를 대내외 시청자들에게 선포하는 의미가 있다. 즉 현재의 조선중앙TV 편성은 북한 정권이 북한 사회주의 체제의 골간을 변화하지 않겠다는 정책적 입장을 지속하고 있음을 보여 준다.

제2절 체제선전 프로그램

1. 김정일 관련 프로그램의 강화

북한 방송의 역할은 '김일성의 혁명사상' 선전, 조선로동당과 정부의 입장 대변이 핵심적 역할이다.[139] 당연히 김일성이 사망한 지금은 조선중앙TV의 가장 중요한 역할이 김정일에 대한 선전과 조선로동당의 정책 대변에 있다고 정리할 수 있다. 이러한 조선중앙TV의 목적은 크게 보면 두 가지로 나타난다. 하나는 체제유지를 위한 것으로 주로 김정일(김일성) 우상화를 위한 내용이고, 또 하나는 생산증가를 위한 다양한 선전활동을 하는 것이다. 대부분의 프로그램은 이러한 두 가지 목적을 모두 담고 있는데, 두 가지 목적이 때로는 각각, 때로는 병행하여 프로그램에 담겨 있다. 하지만 모든 프로그램에서 김정일에 대한 선전이 최우선시되는 것은 불변의 원칙이다. 단적인 예를 들면 조선중앙TV의 중심 뉴스시간인 저녁

---

139) 김정일, "조선중앙통신사의 기본임무—조선중앙통신사 일군들과 한 담화 1964년 6월 12일", 『김정일선집』, 제1권(평양: 조선로동당출판사, 1992), 8쪽.

8시에 조선중앙TV는 뉴스를 보도하지 않고, 김정일의 중국방문 때 중국 측이 마련한 공연녹화 프로그램을 대신 방영할 만큼 조선중앙TV에서 김정일은 무조건적인 최우선 순위에 놓여 있다.[140] 김정일의 국내 현지지도도 일반적인 뉴스에 우선한다.

즉 이상의 두 가지 목적 중에서 우선순위를 따진다면 김정일의 우상화가 앞에 놓여 있다. 따라서 조선중앙TV 프로그램에서 김정일의 동정에 대한 보도를 분석하는 것은 북한 체제의 성격과 조선중앙TV의 특징을 명료하게 이해하는 데 도움을 준다.

김정일과 관련된 프로그램은 거의 모든 방송시간에 반복적으로 나타난다. 방송이 시작되면 김정일 장군의 노래가 이어지고, 보도(뉴스) 시간에는 언제나 김정일과 관련된 내용이 맨 앞부분에서 집중적으로 나열된다. 특히 김정일이 군부대나 산업시설 등을 현지지도한 경우 저녁 5시나 밤 마감뉴스에서는 이 부분이 보도를 대체하는 경우가 많다.

이 절에서는 김정일의 동정과 관련된 보도를 2001년과 2004년, 2010년으로 나누어 비교하고자 한다. 2001년은 남북 정상회담 이후 북한의 변화가 적극적으로 모색되던 시점이고, 2004년은 이러한 변화가 일정하게 추세적으로 진행되었던 시점이었다.[141] 그리고 2010년은 2000년대 후반에 북한의 대외적 유연정책이 대립국면으로 회귀하고 대내적으로도 개혁정책이 후퇴한 후, 대내외적 정책이 다시 절충적인 변화를 모색하는 단계라는 특징을 가지고 있다. 이러한 특징을 가진 3시기를 비교함으로써 조선중앙TV의 변화와 특

---

140) 2004년 5월 6일 저녁 8시 조선중앙TV 프로그램 등.

141) 한기범은 2004년을 북한에서 시장개혁이 확대된 시점이라고 설명한다(한기범, 앞의 논문).

징을 설명하고자 한다.

1) 김정일 동정 보도 – 2001년과 2004년, 2010년의 비교

김정일의 동정 보도는 동정 완료 후, 주로 저녁 5시 보도시간을 대신하여 방영된다. 따라서 김정일의 동정은 보통 10분 정도 진행되는데, 주로 동영상이 아닌 사진화면을 내보내면서 여자아나운서가 강단 있는 목소리로 내용을 읽어 나간다. 이 보도가 10분 정도 진행됨에 따라 김정일의 활동내용을 대체로 알 수 있지만 김정일의 목소리가 직접 방영되는 일은 거의 없다. 그리고 이 보도는 며칠간 평균 하루 2~3회 정도 방송시간에 분산배치되어 반복된다.

〈표 16〉 2001년 김정일의 현지지도 관련 프로그램

2001년	1월		2월		3월		4월		5월		6월		합계	
	방영	방문	방영	방문	방영	방문	방영	방문	방영	방문	방영	방문	방영	방문
군부대 방문	10	1	9	1			21	5	44	9	35	4	119	20
산업 방문	11	1	10	1			15	2	23	3	4	2	63	9
공연 관람	2	1			3	1	2	1					7	3
해외 방문 외빈 면담	11	1					2	1					13	2
계	34		19		3		40		67		39		202	34

* 2001년 1월에는 김정일 중국 방문으로 해외방문 프로그램이 많았음.

<표 17> 2004년 김정일 현지지도 관련 프로그램

2004년	1월		2월		3월		4월		5월		6월		합계	
	방영	방문	방영	방문	방영	방문	방영	방문	방영	방문	방영	방문	방영	방문
군부대 방문	18	5	49	5	38	5	60	8	23	2	30	4	218	29
산업 방문	11	2			8	1			10	1	21	3	50	7
공연 관람			2	1	3	1			2	1	4	2	11	5
해외 방문 외빈 면담	2	1			2	1	17	1	6	1	3	1	30	5
계	31		51		51		77		41		58		309	46

* 2004년 4월에는 김정일 중국방문으로 해외방문 프로그램이 많았음.

<표 18> 2010년 김정일 현지지도 관련 프로그램

2010년	1월		2월		3월		4월		5월		6월		합계	
	방영	방문	방영	방문	방영	방문	방영	방문	방영	방문	방영	방문	방영	방문
군부대 방문		4		3		2		4				3		16
산업 방문		15		3		5		3		10		5		40
공연 관람		2		3		1		6		2				14
해외 방문 외빈 면담				1		1		1	21	1				4
계	103		60		54		70		77		52		313	75

* 2010년 5월에는 김정일 중국 방문으로 해외방문 프로그램이 많았음.
* 군부대 예술공연은 군부대 방문으로 계산. 1월 중앙재판소 방문, 3월 군중대회 참석은 계산 안 함.

2001년과 2004년, 2010년 1~6월 사이 김정일의 동정 보도는 기본적으로 내용이나 보도형식 등에서 큰 차이가 없다(<표 16>, <표 17>, <표 18>). 하지만 양적으로 보면 2001년에 비해 2004년에는 약 152% 정도 증가되었고, 2010년에는 2001년에 비해 155%로 증가하였다. 전체 방영된 횟수가 2001년에 비해 2004년과 2010년에는 약 1.5배이며, 개별 동정당 방영횟수는 2001년 5.9회에서 2004년에는 6.7회로 증가하였다. 반면에 김정일의 현지지도가

2004년보다 1.63배나 많은 2010년에는 개별 동정당 4.2회 방영으로 평균 방영횟수는 감소하였다. 2004년과 2010년에는 2001년에 비해 김정일의 동정횟수도 증가하였고, 전체 방영횟수도 크게 증가하였다. 이상의 사실만 놓고 본다면 김정일에 대한 선전방송은 2001년 이후 더욱 확대되었다고 볼 수 있다.

2001년과 2004년을 비교하면 주요 특징으로 군대 방문 동정에 대한 반복방송의 비율이 다른 동정에 비해 많고, 회당 방영횟수가 2001년 6회에서 7.5회로 많이 증가한 사실을 들 수 있다. 이것은 2001년 이후 김정일의 군사 부문에 대한 강조가 증가한 것으로 이해할 수 있다. 더불어 2001년 1~6월간은 김정일의 산업 관련 방문이 9회에 달한 데 비해, 2004년에는 7회에 그쳐 2001년 이후 북한의 경제활동이 크게 나아지지 못했거나, 오히려 경제활동의 정체와 관련이 있는 것으로 해석할 수 있다.[142] 반면 2010년에는 김정일의 산업 관련 방문이 2001년 9회, 2004년 7회에 비해 크게 증가한 40회에 달하고, 이에 비례하여 방영도 크게 증가하였다. 이러한 조선중앙TV의 김정일 현지지도 방영행태는 경제위기 국면에서 경제를 살리는 '국가지도자' 이미지를 김정일에게 남겨주고, 경제위기에 대한 김정일의 책임을 벗겨 주려는 이미지 메이킹이라고 할 수 있다.

142)

<표> 김정일 산업시설, 외국 방문 관련 동정

○ 2001년 1~6월	○ 2004년 1~6월
– 평안북도 신의주 시내 경공업공장 현지지도(1월)	– 황해남도 계남목장 현지지도(1월)
– 중화인민공화국 비공식 방문(1월)	– 군부대 건설 식료가공공장 시찰(1월)
– 구성공작기계공장과 태천발전소 현지지도(2월)	– 군부대 오리공장, 양어장 시찰(3월)
– 함흥 시내 공장, 기업소 현지지도(4월)	– 군부대 소목장 시찰(4월)
– 양어사업소 현지지도(4월)	– 중화인민공화국 비공식방문(4월)
– 강령군 내동협동농장, 배천군 수원협동농장 현지지도(5월)	– 낙원기계연합기업소 현지지도(5월)
– 함흥시 청년염소목장 현지지도(5월)	– 구성공작기계공장 현지지도(6월)
– 함남 신흥지구 현지지도(5월)	– 청천강기계공장 현지지도(6월)
– 군부대 메기공장 시찰(6월)	– 민족음식을 발전시키기 위한 사업 현지지도(6월)

　해외 방문의 경우 김정일이 주로 중국과 러시아만을 직접 상대하는 관계로 해외 동정에서 특별히 주목할 부분은 별로 없는데,[143] 2001년, 2004년, 2010년은 모두 김정일이 상반기에 중국을 방문한 특징을 가지고 있다.[144] 2001년 방문을 조선중앙TV가 11회 보도한 데 비해 2004년에는 17회, 2010년에는 21회 보도로 방영횟수가 증가하였다. 이러한 조선중앙TV의 보도행태는 2004년을 거치면서 북중관계가 더욱 긴밀해지고, 2010년에는 김정일이 두 차례나 중국을 방문할 만큼 관계가 강화되는 모습과 연관성이 높다. 특히 2010년 조선중앙TV의 김정일 방중보도는 김정은의 후계체제 구축과 관련하여 중국과의 "대를 이어" 조중 친선을 강화, 발전시키는 모습을 북한 주민들에게 전달하고자 한 의도로 보인다.

---

143) 2004년의 한 가지 다른 점은 배상과 수교문제로 인해 일본이 등장한 부분을 지적할 수 있다.

144) 2000년 이후 김정일의 중국 방문은 2000년 5월, 2001년 1월, 2004년 4월, 2006년 1월, 2010년 5월과 8월, 2011년 5월에 있었다.

2) 2010년 김정일 동정 보도의 목표

(1) '경제지도자' 이미지 전파

〈표 19〉 2010년 1월 김정일 동정 관련 프로그램

○ 김정일 동정(1월) - 신년경축음악회 공연, 희천발전소건설장, 재령광산, 류경수제105탱크사단관하 구분대, 례성강 청년2호발전소건설장, 강동약전기구공장, 돼지공장, 육해공군합동훈련, 조선인민군 제324대 련합부대 예술선전대 공연, 흥남제련소와 수산기업소, 국립민족예술단 공연, 중앙재판소 청사, 평양밀가루 가공공장과 룡성식료공장, 북중기계련합기업소와 락원기계련합기업소, 9월제철종 합기업소와 덕현광산, 평안북도 도로, 향산호텔, 조선인민군청년기동선전대 공연
○ 김정일 현지지도 · 2009년 관련 기록영화(1월) - 2009년 김정일 현지지도, 2009년 1~2월 김정일 현지지도(사진과 내레이션 구성), 일심단 결의 위력을 과시한 2009년, 선군청년 전위들, 선군문화예술의 위력이 과시된 2009년, 자랑 찬 체육경기 성과로 선군조선의 명예를 빛낸 2009년.

<표 19>에 나타난 김정일의 동정을 2010년 1월 한 달 동안 조선중앙TV는 103회 보도하였다. 이것은 매일 평균 3회 이상에 해당되는데, 보도시간은 5~10분 정도이다. 평균 10분 보도로 보면 약 17시간에 가까운 분량으로, 조선중앙TV가 평일에 평균적으로 5시간 30분 방송하는 것으로 보면 한 달에 약 3일, 즉 전체 방송시간의 10% 정도가 현지지도 등 김정일의 동정에 할애되고 있음을 알 수 있다.

그리고 저녁 종합뉴스 시간인 "8시 보도"에서도 김정일의 현지지도 소식을 반복하고 있기 때문에 평균적으로 하루에 40~50분 이상의 시간을 김정일의 현지지도 소식 보도에 할딩하고 있다. 여기에 김정일의 2009년 현지지도를 편집한 기록영화가 김정일 선전프로그램에 추가되면, 김정일 선전프로그램은 하루에 약 1시간 가

까운 분량이 된다. 또 김일성 관련 선전프로그램도 결국 김정일에
대한 선전프로그램 역할을 한다는 점을 감안하면 그 비중은 더욱
커진다.[145]

신년 1월에 김정일이 현지지도를 한 대상을 보면 크게 군부대(4
회)와 산업시설(15회)로 나눌 수 있다. 그중에서 절대적으로 비중이
많은 것은 산업시설인데, '희천발전소건설장, 재령광산, 례성강청년
2호발전소건설장, 강동약전기구공장, 돼지공장, 흥남제련소, 수산
기업소, 평양밀가루 가공공장, 룡성식료공장, 북중기계련합기업소,
락원기계련합기업소, 9월제철종합기업소, 덕현광산, 평안북도 도로,
향산호텔'과 같은 다양한 지역을 현지지도하는 모습을 통해 조선중
앙TV는 김정일을 '실력 있는 경제지도자'로 이미지 메이킹하고 있
다. 이러한 보도는 2000년대 초의 보도에 비해 '경제지도자' 이미
지가 크게 강조되고 있는 모습이다.

특히 조선중앙TV는 기록영화를 통해 김정일 선전에 매우 치중
하였는데, 기록영화 "위대한 헌신-변이 난 해 2009년"은 2009년 북
한의 주요 사건과 김정일의 현지지도를 중심으로 내용을 구성하여
김정일의 지도자적 활동을 찬양하고 있다.[146] 북한 주민들의 거의
모든 관심이 경제적 문제에 집중되어 있고, 북한 정권도 경제문제

---

145) 조선중앙TV 2010년 1월 방영, "어버이 수령님 농업근로자들과 함께 계시여"(1일), "한평생 인민들
   속에서"(7일), "평안북도 '김일성동지혁명사적관'을 찾아서"(7일, 8일, 11일, 29일), "조국광복을 위
   하여"(15일, 22일). 김일성 관련 프로그램은 예전에 비해 비중이 줄었지만 다양한 편집물과 기록영화
   를 통해 지속적으로 선전하고 있다.

146) 기록영화 "위대한 헌신-변이 난 해 2009년" 주요 내용: 김정일의 군사훈련 참관, 희천발전소건설장,
   '인공위성' 발사, 제2차 핵실험, 국방위원장 추대, 150일 전투, 원산청년발전소, 대안중기계련합기업
   소, 성진제강 '주체철' 생산, 대흥청년광산, 함주군 동봉협동농장, 대계도간석지, 원산제염소, 만수대
   거리 신축아파트, 김일성대 수영장, 김정숙 평양제사공장, 삼일포특산물공장, 락원기계련합기업소 산
   소분리기 생산, 컴퓨터제어기술(CNC) 첨단선반기계 개발, 불꽃놀이(4월 14일, 5월 1일, 10월 9일),
   클린턴 전 미국대통령과 중국 원자바오 총리의 김정일 면담, 체육과 음악미술 성과.

의 해결을 중대한 정책과제로 제시하고 있기 때문에 김정일에 대한 '경제지도자' 이미지 만들기는 조선중앙TV의 가장 중요한 과업의 하나가 되어 있음을 알 수 있다.

(2) 전 인민이 충성하는 지도자 이미지 구축

〈표 20〉 김정일 생일 관련 행사

○ 김정일 생일 관련(2월) – 2・16 경축 백두산밀영 결의대회(13일, 16일), 민족최대의 경사스러운 명절 2・16경축 중앙보고대회(16일), 2・16경축 수중발레 모범출연(16일), 제14차 김정일화 축전(16〜19일, 1〜4부), 제19차 백두산상 국제휘겨축전(17〜18일, 1〜2부), 2・16경축 성・중앙기관 예술소조 종합공연 중에서(18일, 19일), 인민보안성 협주단의 2・16경축 공연 중에서(23일, 25일), 2・16경축 재일조선인예술단 음악무용 종합공연(24일)
○ 기록영화(2월) – 위대한 령도자 김정일 동지께서 여러 부문 사업을 현지지도(1일, 24일, 25일, 26일, 27일, 28일), 위대한 년대(4일), 누리에 만발하는 김정일화(5일), 천하제일봉(8일), 빛나는 삶의 품(9일, 24부), 위대한 헌신–변이 난 해 2009년(13일, 14일, 15일, 16일, 18일, 19일), 누리에 빛나는 선군태양(15일–1부, 17일–2부, 19일–3부), 위대한 령도의 빛나는 력사(16일)

김정일 생일이 있는 2010년 2월 조선중앙TV의 프로그램을 보면 조선중앙TV의 특성이 더욱 뚜렷하게 나타난다. 2월에는 1월에 비하여 김정일의 현지지도 등 김정일 동정 보도는 1월 매일 평균 3회 수준에서 2월에는 매일 평균 2회 수준으로 감소하였다. 방영시간은 평균적으로 5〜10분으로 비슷하였으나, 방송의 감소는 1월에 비해 2월의 김정일의 현지지도 활동이 크게 감소하였던 데 원인이 있다. 반면에 김정일 생일을 경축하는 공연 등을 포함하여 다양한 형식을 통해 김정일에 대한 선전이 진행뇌었음을 알 수 있다.

1월과 마찬가지로 2월에도 저녁 종합뉴스 시간인 "8시 보도"에서도 김정일의 현지지도 소식을 반복하였고, <표 20>에서 보듯이 대규모의 김정일 생일 관련 행사 보도와 기록영화를 통해 집중적으로 김정일에 대한 선전을 진행하였다. 이 과정에서 조선중앙TV가 수행하는 가장 중요한 역할은 북한의 전주민이 일치단결하여 완전하게 김정일을 지지하는 것으로 화면을 만들어냄으로써 북한 내부에 존재하는 정권에 대한 불만을 감추고, 국내외에 '김정일 정권의 공고함'을 선전하는 것이다. 전 인민의 지지를 받는 절대적 지도자 이미지를 만들어내는 것은 2000년대 내내 조선중앙TV가 지속한 김정일 선전의 핵심목표라고 할 수 있다.

(3) 탁월한 군사전략가 이미지의 전파

4월에는 김정일 활동건수가 3월의 9회에 비해 15회로 증가하였고, 이에 맞추어 보도도 증가되었다. 4월의 경우 김정일의 주요 활동은 '김일성 생일 관련 공연'과 '군부대 공연' 관람이 가장 많이 보도되었고(8회), 산업 관련은 희천발전소 건설장 하나에 불과하였다.

4월의 김정일 동정 보도[147] 중에서는 '조선인민군 제567대련합부대 종합훈련 관람', '조선인민군 제115군부대 군인들의 훈련 관람', '조선인민군 제586군부대 지휘부 방문'(인민무력부 산하 정찰총국임) 등 군부대 방문이 주목을 받았다.[148] 특히 김정일 동정 중

---

147) 2010년 4월 김정일 동정 보도: 만수대예술단 공연 관람(3일, 4일, 5일), 조중 친선연회 진행(4일, 5일), 김일성종합대학 새로 건설된 '전자도서관' 현지 지도(13일, 14일, 15일, 16일), 조선인민군 제567대련합부대 종합훈련 관람(14일, 15일, 16일, 17일, 18일), 태양절 음악회 관람(15일, 16일), 조선인민내무군협주단 소품공연 관람(17일, 18일), 희천발전소 건설장 현지지도(18일, 19일, 20일, 21일), 조선인민군 제10215군부대예술선전대 공연 관람(18일, 19일), 제2차 4월의 봄 인민예술축전 군중예술부문 종합공연 관람(19일, 20일), 개건된 개선청년공원 시찰(23일, 24일, 25일), 조선인민군 제115군부대 군인들의 훈련 관람(25일, 26일), 조선인민군 제586군부대 지휘부 방문(26일, 27일, 28일, 29일), 공훈국가합창단의 건군절 경축음악회 관람(26일, 27일, 28일), 경희극 "산울림" 관람(27일, 28일), 러시아 "21세기 관현악단" 공연 관람(29일).

에서 4월에 상대적으로 많이 반복 보도된 것은 '조선인민군 제567 대련합부대 종합훈련 관람', '김일성종합대학에 새로 건설된 전자도서관 현지지도', '희천발전소 건설장 현지지도', '조선인민군 제586군부대 지휘부 방문'이었다.

조선중앙TV는 남한에서 천안함 도발의 책임기관으로 지목한 인민무력부 산하 정찰총국인 조선인민군 제586군부대 지휘부를 김정일이 방문한 것을 4일간 반복적으로 방송했다. 이것은 조선중앙TV가 김정일 '군사적 리더십'을 부각하려는 선전과 상관관계가 있는 것으로 추정해볼 수 있다. 그리고 이러한 '군사전략가' 이미지 선전은 김정일이 내세우는 '선군정치'와 맞물려 2000년대 내내 지속된 것으로 평가할 수 있다.

(4) 중국(외국)의 지지를 받는 국제적으로 위대한 지도자의 이미지 전파

2010년은 5월과 8월 두 차례에 걸쳐 김정일의 중국 방문이 있었던 특별한 해였다. 김정일은 2000년, 2001년, 2004년, 2006년에 한 차례씩 중국을 방문한 바 있는데, 5월에는 김정일의 방중에 맞추어 동정 보도가 이루어졌고, 김정일 방중을 2개의 기록영화로 제작하여 4일간 집중적으로 방영하였다.[149] 8월 말에 이루어진 김정일의 중국 비공식 방문은 방문 직후인 31일에 보도되었다. 9월에 김정일의 중국 방문 동정이 상세하게 보도되었고,[150] 기록영화("위대한

---

148) 김정일의 군부대 방문이 특히 남한의 주목을 받은 이유 중 하나는 3월에 발생한 '천안함 사건'과의 연관관계 때문이다.

149) 김정일 중화인민공화국 동북지역 비공식 방문 5월 3~7일(13, 14, 15, 16일 방영); 김정일 중화인민공화국 동북지역 비공식 방문 5월 5~6일(13, 14, 15, 16일 방영).

령도자 김정일 동지께서 중국의 호금도 총서기와 상봉", 2010년 8
월 27일; "위대한 령도자 김정일 동지께서 중화인민공화국을 비공
식 방문", 2010년 8월 26~30일)로도 제작되어 방영되었다.[151] 이
두 편의 기록영화는 9월 4~8일까지 각각 5일간 방영되었다.

그리고 10월에는 김정일이 후계자로 공식 등장한 이후인 1983년
부터 2010년까지의 중국 방문을 기록영화로 제작하여 집중적으로
편성하였다.[152] 이렇게 조선중앙TV가 김정일의 중국 방문을 대대
적으로 선전하는 것은 북한의 엘리트들과 일반주민 모두가 중국의
정치경제적 역할에 북한 체제의 생존이 달려 있다고 인식할 만큼
중국이 가지고 있는 북한 체제의 안정판 역할이 중대하기 때문이다.

이러한 방송편성을 통해 조선중앙TV가 김정일의 중국 방문을
'김정일의 위대성'으로 선전하고, 중국 정부가 김정일 정권을 적극
옹호하는 것으로 선전하여 체제안정 효과를 높이는 선전 역할을 수
행하고 있음을 잘 볼 수 있다. 특히 2010년에 조선중앙TV가 선전하
는 김정일의 '중국의 지지를 받는 국제적으로 위대한 지도자 이미
지'는 2000년대 초에 비해 크게 강화된 것인데, 이것은 김정일 정권

---

150) 김정일 중국 방문: 호금도(후진타오) 연설, 김정일 연설 등(9월 1, 2, 3일 방영).

151) "위대한 령도자 김정일 동지께서 중국의 호금도 총서기와 상봉", 2010년 8월 27일(9월 4, 5, 6, 7,
8일 방영); "위대한 령도자 김정일 동지께서 중화인민공화국을 비공식 방문", 2010년 8월 26~30
일(9월 4, 5, 6, 7, 8일 방영).

152) ○ 2010년 방영 김정일 중국 방문 기록영화
   - "당중앙위 상무위원·비서인 김정일 동지의 중국 방문 1983년"(15일)
   - "김정일 중국 비공식 방문 2000년 5월"(16일)
   - "김정일 중국 비공식 방문 2004년 4월"(17일)
   - "김정일 중국 비공식 방문 2006년 1월 10~18일"(19일)
   - "김정일 중국 비공식 방문 2006년 1월 11~15일"(19일)
   - "김정일 중국 중부와 남부지역 비공식 방문 2006년 1월 10~18일"(19일)
   - "김정일 중국 동부지역 비공식 방문 2010년 5월 3~7일"(20일)
   - "김정일 중국 비공식 방문 2010년 5월 5~6일"(20일)
   - ""김정일 중국 호금도 총서기 상봉 2010년 8월 27일"(25일)
   - "김정일 중국 비공식 방문 2010년 8월 26~30일"(25일)

의 지지기반을 강화하려는 선전임과 동시에 후계계승과 관련하여 내부의 반발심을 무력화시키고자 하는 의도가 있다.

(5) 김정은의 후계계승 기정사실화 선전

10월에는 9월 28일에 진행된 조선로동당 제3차 대표자회, 당 창건 65돌 행사, 중국군의 6·25 참전 60돌 기념행사와 연관된 김정일의 동정 보도가 많았다.[153) 김정일의 10월 행보와 이에 대한 조선중앙TV 보도가 보여준 대표적인 두 가지 동정 중에서 하나는 당 창건 65돌 경축행사(열병식과 대경축야회 "번영하라 노동당시대") 참석이고, 또 하나는 '중국인민지원군'의 6·25 참전기념과 관련된 것이었다.

이상의 두 가지 행보는 모두 체제안정을 목적으로 하는 것으로 볼 수 있는데, 특히 중국인민지원군 관련 행사에 대한 특별한 행보는 김정일이 중국과의 협력관계를 발전시키기 위해 매우 공을 들이고 있음을 내외에 직설적으로 보여 준다. 이러한 김정일의 모습을 통해 조선중앙TV는 대외적으로는 중국에 대한 우호적 메시지를 전달하고, 동시에 국내적으로는 중국과의 우호적 관계를 과시함으로써 정권의 안정감을 선전하는 역할을 하고 있다.

---

153) 조선중앙TV 10월 김정일 동정 보도: 녹화실황 "조선로동당 대표자회" 진행(1일), 조선로동당 중앙지도기관 성원들, 당대표자회의 참가자들과 기념촬영(1일), 조선인민군 제10215군부대 예술선전대 공연관람(3·4일), 조선인민군 제851군부대 협동훈련 시찰(5·6·7·8·9일), "은하수 10월 음악회" 관람(7·8일), 새로 건설된 국립연극극장 및 갓 입사한 예술인 가정 방문(9·10·11·12일), 금수산기념궁전 방문(10일), 당 창건 65돐 경축 열병식(김정은 참석)(10·11일), 당 창건 65돐 대경축야회 "번영하라 노동당시대"(김정은 참석)(10·11일), 중국공산당 대표단 접견(12일), 조선로동당 창건 65돐 경축 열병식에 참가한 지휘성원들과 기념촬영(12일), 옥류관 료리전문식당 현지지도(18·19·20·21일), 가극 "량산백과 축영대" 관람(19·20일), 중국인민지원군 조선전선참전 60돐 기념 군중대회 참석(26일), 중국 고위군사대표단 접견(26·27일), 조선인민군 제 10215군부대 지휘부 시찰(26·27·29일), 회창군 중국인민지원군 렬사묘와 사령부 방문(27·28일).

김정일과 더불어 새로운 후계자로 등장한 김정은을 선전하는 것도 조선중앙TV의 중요한 역할로 등장하였다. 조선중앙TV는 김정은이 참석한 녹화실황 "조선로동당 대표자회", 당 창건 65돌 경축 열병식, 당 창건 65돌 대경축야회 "번영하라 노동당시대"를 방영하였다. 이 프로그램들은 김정은을 적절하게 화면의 중심으로 배치하는 등 김정은에 대한 지도자적 화면을 구성하고 있고, 이를 통해 김정은의 후계체제를 기정사실화하는 역할을 수행하고 있다.

11월에는 23일 연평도 포격사건이 발생하여 남북 간에 긴장이 고조되었지만, 김정일 동정보도는 특별한 부분이 없었다. 반면에 특징적인 것으로는 7일 동안이나 기록영화로 방영된 "김정일 동지 새로 건설된 국립연극극장과 갓 입사한 예술인 가정 방문"이 있었는데, 이것은 김정일보다 김정은에 초점을 맞춰 이해하는 것이 바람직하다는 판단이다.[154)]

지난 10년간과 마찬가지로 2010년 1년 동안 김정일 동정과 관련된 보도 프로그램은 김정일의 현지지도 등 외부 활동을 중심으로 전달되었는데, 주로 10분 정도의 시간을 활용하여 동영상보다 사진을 내보내며 리춘히 방송원과 같은 쇳소리가 나는 여성의 낭독 형식으로 보도했다.[155)] 김정일의 동정 보도는 중요성이나 활동의 다

---

154) "김정일 동지 새로 건설된 국립연극극장과 갓 입사한 예술인 가정 방문"(약 15분) 주요 내용: 후계자로 등장한 김정은과 함께 국립연극극장을 방문. 국립연극극장에 이어 새로 건설된 예술인들의 살림집을 방문. 잘 지어진 중대형 규모의 고층아파트는 사상전선의 첨병인 예술인들에 대한 특별대우를 보여 준다. 김정은에게 자주 카메라가 맞추어짐으로써 선전선동 부문에 대한 김정은의 역할 확대를 의도함을 알 수 있다. 김정일과 마찬가지로 김정은도 예술인들에 둘러싸여 앉아 사진을 찍는 모습을 보여 주는 등 김정은의 여유 있는 모습을 보여 주었다. 이 프로그램은 김정일 중심의 선전에서 김정은에 대한 선전으로 이어지는 과도기적인 모습을 보여 주는 것으로 보인다.

155) 리춘히는 1943년생으로 김정일 동정보도를 전문적으로 하는 방송원이다. 그는 북한 당국으로부터 매우 특별한 대우를 받고 있다. 최근에는 연령상의 이유인지 리춘히보다 젊은 여성방송원이 비슷한 목소리로 등장하여 김정일 동정보도를 하는 경우도 있다.

소에 따라 2~5일 정도 반복되었는데, 보통 하루 세 차례 정도의 재방영과 보도시간의 반복을 포함하면 하루 5차례 정도 방영되기도 한다. 또한 중요한 동정은 동영상을 포함하는 기록영화로 만들어져 김정일의 활동을 반복적으로 전달했는데, 전체적으로 보아 김정일의 동정보도는 다른 해에 비해서도 적지 않게 이루어졌다.

조선중앙TV는 김정일의 선전을 위해 '경제지도자 이미지의 전파', '전 인민이 충성하는 지도자 이미지의 구축', '탁월한 군사전략가 이미지의 전파', '중국(외국)의 지지를 받는 국제적으로 위대한 지도자 이미지의 전파'라는 기본적인 선전구도를 가지고 있다. 이러한 선전목표 중에서 2010년에는 특히 '경제지도자 이미지의 전파', '중국의 지지를 받는 국제적으로 위대한 지도자 이미지의 전파', '김정은의 후계계승 기정사실화 선전'을 중요한 선전목표로 삼고 있다. 이러한 목표를 바탕으로 조선중앙TV는 김정일을 각 시점의 정치적 상황에 맞추어 강조점을 달리하고 있다. 그리고 2010년에는 새로 등장한 김정은에 대한 후계자 이미지 구축을 위해 신중하고 계획적인 선전을 진행하고 있다. 이처럼 조선중앙TV의 최고 권력자에 대한 보도행태는 그에 대한 선전에 초점을 맞추고, 동시에 최고권력자에 대한 '아첨'과 충성 메시지를 전달함으로써 정권의 안정성을 확보하는 데 치중하고 있음을 알 수 있다.

2. 보도프로그램의 지속과 변화

조선로동당은 조선중앙TV를 운영함에 있어 마르크스-레닌주의의 언론 이론을 근간으로 하여 북한 정권의 정치적 조건에 맞추어 적용하고 있다. 그래서 북한의 방송은 '계급투쟁의 사상적 무기'로 규정되고 있지만, 체제가 안정되고 김일성에서 김정일로 권력이 이양되면서 최고권력자에 대한 우상화 선전과 김정일(김일성)의 정책적 의지를 관철하는 수단화되어 있다.[156] 북한 정권은 조선중앙TV를 완전하게 장악하고 통제하여 인민에 대한 선전·선동과 동원에 활용하는데, 이 과정을 수행하는 기본 프로그램이 보도 프로그램이다.

이러한 목적을 가지고 있는 조선중앙TV의 보도는 속보성 경쟁을 하지 않고, 모범적 사례를 선전하는 데 치중하고 사건사고를 보도하지 않는 특성을 가지고 있다. 따라서 조선중앙TV는 북한 정권이 대중적인 선전을 필요로 하는 정치경제적 과제를 보도하는 데 치중한다. 이를 위해 조선중앙TV는 시사성을 갖고 있는 사안을 조성된 환경과 조건에 맞게 보도하거나, 시사성과 시기성을 갖는 사안을 일정한 계기를 정해 체계적으로 보도 전달한다.

조선중앙TV의 보도는 오후 5시부터 10시 반까지의 정규방송 시간 중에서 5시, 8시, 10시대(시간변동이 많음) 등 세 차례 방송된다.

---

156) 북한방송의 보도 이념은 '계급성', '당성', '인민성', '대중성', '진실성'과 '전투성'을 들 수 있다. 계급성이란 노동계급의 이익을 대변해야 한다는 것이며, 당성이란 당에 대한 충실성을 말한다. 인민성이란 노동계급인 인민대중의 이익을 옹호하여 그 내용과 형식을 인민대중의 요구와 수준에 적합하게 통속적으로 만들어야 한다는 것을 뜻한다. 대중성이란 노동계급을 방송제작 과정 일반에 참여시킴으로써 방송이 계급적 실천에 구체적으로 결합될 수 있도록 하는 것을 말한다. 진실성이란 조선로동당 정책의 우월성과 마르크스-레닌주의 정책의 승리 그 자체를 말하는 것으로서 자본주의체제의 소멸과 사회주의체제의 승리를 뜻한다. 그리고 전투성이란 이른바 '부르주아 계급', '제국주의 세력'과의 비타협적인 투쟁을 말하며 현대 수정주의를 폭로하고 '마르크스-레닌주의의 순결성'을 고수하는 것이다.

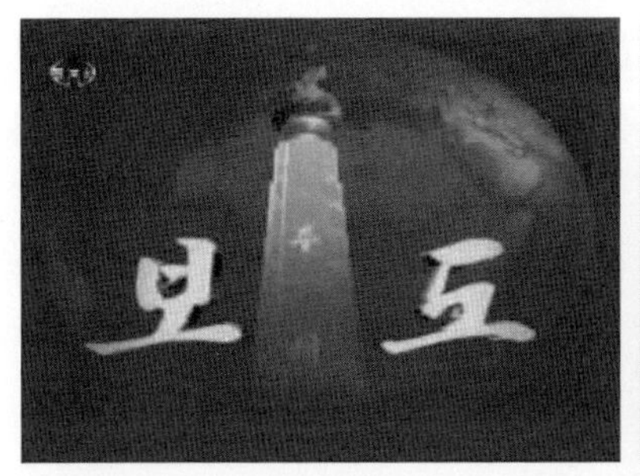

5시 보도의 방송시간은 약 10분이다(이어서 '오늘의 중앙신문 개
관'이 10분간 이어짐). 남한의 종합뉴스에 해당하는 8시 보도는 약
30분 내외 정도 방송된다. 10시 보도의 경우 제목이 "오늘의 보도
중에서"라는 것에서도 알 수 있듯이 "8시 보도"의 내용을 간추려
10분 정도 방송하는데, 주로 10시 20분에서 30분경에 방송된다.

5시 보도는 대체로 8~10꼭지가 3개 단락으로 나뉘어 전달되는
데, 외신에 보도된 김정일(김일성) 찬양 내용, 국내 뉴스, 외신을 한
두 꼭지로 보도한다. 종합뉴스 시간인 8시 보도는 대체로 김정일
관련 소식, 나라 안 소식, 해외소식 순서로 진행된다. "8시 보도"는
국내외의 크고 작은 김정일·김일성 관련 행사 등을 보도하면서
우상화 선전에 이용하고 있으며, 남한 소식은 남한의 일부 진보 성

향의 신문을 주로 인용하는 경향이 있다. 하지만 남한에서 있었다
는 김일성·김정일 찬양소식의 경우는 출처를 확인할 수 없는 내
용이 많다.

1) 2001년과 2004년 비교

2000년대 초반 조선중앙TV의 중심뉴스 시간인 저녁 "8시 보도"
는 약 30분 동안 진행되는데, 뉴스순서는 김정일 관련 소식, 국내
뉴스, 국외 뉴스로 구분할 수 있고, 양적으로 보면 국내 뉴스가 가
장 많고 국외 뉴스의 비중은 크지 않다.

김정일 관련 뉴스의 꼭지 수는 평균 3~4개 정도인데, 김정일의
특별한 동정이 없을 때는 주로 국내외의 각종 기념행사, 토론회 등
을 보도했다. 국내 행사는 김정일의 외교적 활동, 국내 정치이력과
관련한 기념일, 저작과 관련된 기념일을 챙기는 내용이 중심이고,
해외 소식은 김정일·김일성과 관련된 해외 행사나 언론 보도, 주
체사상연구모임 소식 등이 대부분이었다. 그리고 남한 주민들이 김
정일을 칭송한다는 소식도 주기적으로 등장했다.

남북 정상회담이 있었던 2000년 6월의 보도내용을 놓고 2001년
과 2004년을 비교하면 김정일과 관련된 부분에서 두드러진 특징이
있다. 2004년 보도에서는 "김정일에 대한 남녘 겨레의 사랑과 칭
송"이 높아진다는 식의 보도나 국내외에서 "김정일의 영도 업적"
을 칭송한다는 보도가 증가했다. 이러한 보도태도는 2001년에 비
해 2004년에는 식량문제와 같은 기초적인 문제가 개선된 북한 국

내의 상황에 따른 변화일 것으로 추정된다. 동시에 남북관계가 2000년 이후 상당히 안정적으로 개선된 것을 바탕으로 북한 주민들에게 남한에서조차 김정일을 존경한다는 식의 선전을 강화한 것으로 볼 수 있다.

국내 뉴스의 중심은 주요 행사와 사상교양(우상화와 반미교양), 중요 생산성과와 건설사업에 대한 보도에 두고 있다. 2001년 국내 보도에서는 이상과 같은 내용과 더불어 이따금 남한 인사의 북한 방문이 소개되고 있다. 2004년에도 "8시 보도"의 국내 소식은 2001년의 형식과 내용에서 커다란 차이를 발견하기 어렵다.

국외 뉴스는 기본적으로 대단히 소략하다. "8시 보도"는 매번 국외나 남한 소식을 전하고 있는데, 2001년의 국외 소식 보도는 주로 미국에 대한 남한 내 시위나 비판, 외국의 미국 비난을 중점적으로 소개하고 있다. 더불어 남한 내 '통일운동' 단체들의 활동에 대해 중점적으로 보도하고 있으며, 6·15 남북 공동선언과 관련된 각국의 보도, 6·25와 관련된 미국 비판도 비교적 많이 소개되었다. 2004년 국외 소식 보도는 악화된 북미관계를 반영하여 미국에 대한 비난과 남한의 반미활동에 대한 보도가 증가하였다. 더불어 일본과의 관계정상화 문제가 진행됨에 따라 일본 관련 소식도 증가하였다.

전체적으로 볼 때 조선중앙TV의 국외 소식 보도는 2004년까지 큰 변화가 있다고 할 수 없으며, 북한 주민들이 얻을 수 있는 해외 정보의 양과 다양성도 증가했다고 보기는 곤란하다. 특히 조선중앙TV의 보도가 해외의 경제 뉴스를 거의 보도하지 않는 것은 북한 체제가 여전히 경제위기를 면치 못하고 있는 것과 관련이 있으며, 경제적 개혁이 진행되지 않았음을 반증한다고 할 수 있다.

<표 21> 2001년과 2004년 12월 "8시 보도" 내용

2001년 12월 3일(월요일) 8시 보도	2004년 12월 6일(월요일)의 8시 보도
□ 김정일 관련 소식 － 남녘 인민들이 과학기술에 천재적 지식을 가진 김정일을 흠모함(~1:50)(X) － 이란 신문, 우간다 신문이 나남의 봉화에 따라 혁명적 진군을 하고 있다는 소식을 전함(~2:55)(X) － 김정일의 혁명사적 표식비 제막식이 평양온실농장에서 진행됨(~4:30)	□ 김정일 관련 소식 － 여러 나라에서 김정일을 '세계의 정치원로'라 부르며 경모하는 것이 추세로 되고 있음(~1:42)(X) － 김정일의 '주체철학은 독창적인 혁명철학이다' 연구토론회가 멕시코 주체사상연구회에서 진행됨(~2:31)(X) － 김정일의 '무용예술론' 발표(1990) 이후 조선이 혁명적 무용예술의 고향이 되었다는 조선중앙통신의 내용을 러시아 이타르타스 통신이 보도(~4:16)(X) － 김일성의 '혁명사적표식비'(1971현지지도)가 강남군 협동농장에 건립(~5;21) － '김정숙동지혁명사적관 창립30돌 기념 보고회'가 현지에서 진행(~6:30)
□ 대내소식 － 북창화력발전연합기업소 노동계급 궐기 모임이 진행됨(~5:56) － 개천태성호 물길 시작점인 대각언제 건설공사장에서 보고회가 진행됨(~9:35) － 연합기업소 설계사업소 일꾼들이 새로운 기계를 설계제작함(~12:15) － 미림블로끄 공장 노동자들이 부재생산 정상화 노력을 떨쳐나감(~15:13) － 평양조명기구공장의 노동계급이 부흥강국건설의 혁신을 일으킴(~17:04) － 강계견방직공장 노동자들이 혁신적인 성과를 이루고 있음(~18:54) － 과일군 당원과 군인, 일꾼들이 토지정리사업에서 성과를 거둠(~28:28) － 전국각지의 체육선수단들이 겨울철 체육훈련을 힘 있게 진행 중임(~23:15) － 신천에서 '미제에 죽임'을 당한 유골들이 발굴됨(~26:45) － 신천에서 '미제에 죽임'을 당한 유골들이 발굴되었다는 소식에 만경대의 공장노동자들이 분노를 참지 못함(~20:45) － 총련에 대한 일본당국의 탄압을 비난하는 해외동포들의 모임이 평양고려호텔에서 진행됨(~28:27) － 김일성사회주의청년동맹중앙위원회가 일본당국의 총련에 대한 탄압을 규탄하는 성명을 발표함(~32:05)(X)	□ 대내소식 － '대안친선유리공장 평안남도 청년건설여단과 돌격대가 건설과업에서 혁신을 일으키고 있음(~7:55) － 만경대공작기계공장 일꾼들이 기술 개건, 기술혁신 사업에 힘쓰고 있음(~8:40) － 증산군 농기계작업소에서 자체로 설비와 기계 부속품의 기술을 개발하고 농기계 수리사업을 잘하고 있음(~9:35) － 영광군 동중리에서 '사회주의 선경'으로 가꾸기 위한 마을정비사업(~11:00) － 조선작가동맹 중앙위원회에서 혁명적인 문학작품 창작활동을 활발히 벌이고 있음(~14:14) － '피바다가극단'에서 창작가·예술인들이 선군시대에 맞는 우리식 서정가요 창작에 힘씀(~15:38) － 개성시 역전동에서 예술선전대가 공장, 협동농장, 가두 인민반 등에서 활발히 활동함(~16:25) － 평양동문중학교에서 학생들에 대한 사회주의 도덕교양, 준법교양을 잘 진행하고 있음(~19:05)

□ 대외소식	□ 대외소식
– 남북공동선언실천연대, 미군철수국민운동본부 등이 서울 용산 미군기지 앞에서 미국의 대북적대시정책을 비난하는 성명을 발표함(~34:01)(X) – 여러 나라 신문과 통신이 미국의 대북적대정책에 대한 외무성 대변인의 대답을 보도함(~35:30)(X)	– 범민련 임시공동의장단회의가 12월 5일 남북해외 사이에 모사전송 방법으로 진행(~20:32)(X) – '세계 인민들과의 연대성 조선위원회' 대변인 담화(IAEA가 남한의 핵물질실험 문제를 덮어버린 데 대해 비난(~23:21)(X) – 어느 나라의 해안에 많은 이점을 가진 '새형의 조수력발전소'가 건설(사진에 설명 자막 표시)(~24:45)
	□ 생활정보 – 집짐승 먹이로 좋은 생물먹이와 균찌끼먹이 설명(~25:55)(X) – 건강에 좋은 마늘과 생강 성분과 효능 설명(~27:45)(X)

* (X) 표시는 인터뷰나 현장 화면이 없는 꼭지임.

<표 21>에 제시된 2001년과 2004년 12월 첫 번째 월요일의 뉴스 내용을 구체적으로 비교해보면 조선중앙TV의 보도가 이 기간 동안 큰 차이가 없었음을 확인할 수 있다. 2000년의 뉴스와 마찬가지로 김정일(김일성) 찬양에 우선적인 순서와 시간을 할애하고 있고, 해외와 남한에서도 이들을 존경하고 있다는 식의 보도가 계속되고 있다. 경제 뉴스에서도 2002년에 발표된 '경제관리개선조치'에 관련된 변화를 보여 주는 내용보다 기존과 같은 토지정리, 물길공사, 중소형 발전소, 공장의 생산 등을 중점적으로 보여 주고 있다. 남한 관련 보도는 2000년 이후 비판적 내용이 많이 사라졌는데,[157] 2004년에는 주로 미국 관련 부분에 대한 비판적인 내용의 보도가 지속되고 있다.

달라진 부분으로는 해외의 새로운 기술에 대한 보도가 내용은 간단하지만 소개되는 빈도가 다소 높아졌고, 생활과 관련된 정보도

---

157) 이창현 외, 『북한 텔레비전 뉴스프로그램 연구』(서울: KBS통일방송연구, 2001. 4), 20쪽.

약간 증가된 점을 차이점으로 들 수 있다. 김정일과 관련된 해외 소식이나 대외 소식을 제외하고는 보도 화면을 많이 활용하는 변화도 있다. 대체로 2000년 남북 정상회담 이후 조선중앙TV의 뉴스는 실용적인 시각이 더 커졌다는 느낌을 주고 있지만, 보도 자체에서 의미를 부여할 만한 변화가 있었다고 평가하기는 곤란하다.

2) 2001년과 2010년 비교

<표 22> 2001년 "8시 보도"

2001년 6월		3(일)	4(월)	6(수)	7(목)	8(금)	9(토)	12(화)	합계
김정일 선전	동정							1	1
	선전	2	4	8	5	4	4	2	29
대내 소식	경제	4	4	3	2	1	4	4	22
	기타	7	5	4	7	8	5	6	42
대외 소식		2	4	1			1	2	10
대남 소식				1	4	2	1	1	9

* 6월 첫째주 자료 중에서 5일(화) 자료 부족으로 12일(화) 자료로 대체.
* 김정일 선전에 김일성 관련 선전 6건 포함(김형직 사망일인 5일 자료누락으로 감소).

<표 23> 2010년 "8시 보도"

2010년 6월		3(목)	4(금)	5(토)	6(일)	7(월)	8(화)	9(수)	합계
김정일 선전	동정	1	1	1	2	2			7
	선전	1	3	6	5	2	2	3	22
대내 소식	경제	7	9		3	10	7	10	46
	기타	7	9		2	2	6	5	31
대외 소식		13				1	2	2	18
대남 소식		3	5	1	1		3	1	14

* 5일은 김형직 사망일로 김형직 관련 뉴스가 4건임(김일성 선전 3건과 함께 김정일 선전에 포함).
* 6일 국제 뉴스에서는 국제 체육소식을 자세히 전함.

<표 22>를 보면 2001년 6월 한 주 동안의 조선중앙TV "8시 보도"에서 가장 많은 비중을 차지한 것은 매일 평균 6건을 보도한 북한 대내 소식 중에서 경제를 제외한 기타 부분이었다. 그다음으로 많은 것이 하루 평균 약 4건을 보도한 김정일 관련 선전인데, 여기에는 김정일 외에서도 김일성과 관련된 부분이 포함되어 있다.[158] 북한 경제와 관련된 부분이 하루에 약 3건으로 다음 비중을 차지하고, 그 외에 대외 소식과 대남 소식은 합해서 하루에 약 3건 정도이다.

<표 21>을 보면 2010년 6월 한 주 동안 조선중앙TV "8시 보도"에서 가장 많은 비중을 차지한 것은 하루 평균 6.6건을 보도한 북한 대내 소식 중에서 경제 부분이었다. 그다음으로 많은 것이 하루 평균 약 4.4건을 보도한 한 대내 소식 중에서 경제를 제외한 기타 부분이었다. 김정일 관련 선전은 김정일 동정보도가 하루 평균 1건이었고, 김정일 선전은 하루 평균 약 3건에 달했다(여기에는 김정일 외에 김일성 관련 부분이 포함). 하지만 건수로 보면 김정일 관련 보도보다 북한 대내 소식이 많지만, 김정일의 '오문연이 사업하는 기계공장 현지지도'(6월 4일), '남흥청년화학련합기업소 가스화공정 현지지도'(6월 5일, 6일), '대동강과수종합농장 현지지도'(6월 6일, 7일), '최고인민회의 제12기 제3차 회의'(6월 7일)가 포함되어 김정일 동정보도가 실질적으로는 시간비중이 크다.

내용적 측면에서 2001년과 2010년의 일주일간을 비교해보면 김정일 동정과 관련된 보도 부분에서 큰 차이가 있다. 하지만 이것은 2001년 이 시점에 김정일의 현지지도와 같은 동정이 없었던 데서

---

158) 김일성 관련 보도는 살아있는 김정일을 지원하는 의미가 있다.

차이가 온 것일 뿐이고, 2001년의 "8시 보도"에서 크게 다른 점은 없다.[159] 하지만 조그만 차이가 나타나고 있는데, 전체적으로 김일성 관련 선전이 감소하고, 우간다나 가이아나에서 김정일과 관련된 '연구토론회'를 했다는 식의 보도나 '주체사상연구회' 관련 보도가 크게 감소하였다.[160] 이러한 변화는 북한이 아프리카 등에서 진행하던 선전사업이 축소된 것을 반영함과 동시에 아프리카 일부 국가를 끌어들인 선전성 보도가 큰 효과가 없다는 조선로동당의 판단이 조선중앙TV의 보도에 변화를 만든 것으로 보인다.

북한 내부 소식에서는 북한 경제와 관련된 보도가 2010년에 크게 증가하였는데, 2001년에 비해 2010년의 북한 경제가 개선된 상황을 반영하는 것으로 보인다. 이 경우 현대화된 공장시설이나 중요한 건설장에 초점을 두어 보도하는 점이 특징적이다. 반면에 경제를 제외한 내부 소식들은 2001년보다 감소하여 조선중앙TV가 경제에 더 집중적인 관심을 나타내고 있음을 알 수 있다.

<표 24>를 보면 대외 소식은 2001년에는 미국 비난 보도가 중심을 이루는데, 대부분 미국의 대북 '적대시정책', '미군주둔지의 기름 유출', '6 · 25전쟁 당시 민간인 학살'과 관련이 있다.[161] 2010년에도 중국의 환구시보나 쿠바를 인용해 미국에 대해 비난하는 보도가 중요한 부분이지만, 2001년과 달라진 점은 국제 소식 단신이 증가하고, 국제스포츠 소식이 증가한 점을 들 수 있다. 특히 외

---

159) 예를 들어 2001년 1월 21일 "8시 보도"를 보면, 2010년과 같은 형식으로 김정일의 중국 방문을 보도하고 있다.

160) 2010년의 남북관계를 반영한 듯 남한에서 김정일을 칭송한다는 식의 보도도 2001년과 달리 거의 보도하지 않고 있다.

161) 6월 3일, 6월 4일, 6월 8일, 6월 12일.

국의 신기술 관련 보도는 김정일의 '개방' 필요성 인식과 과학기술에 대한 관심을 보여 주는 새로운 현상이고, 세계 각지의 홍수와 같은 자연재해를 반복적으로 보도하는 것은 체제안정성을 의도하는 보수적인 태도로 이해할 수 있다. 신기술에 대한 관심과 같은 변화는 북한의 신세대가 권력에 접근하면서 나타난 현상의 하나로 추측할 수도 있다.

<표 24> 2001년과 2010년의 대외 소식 보도

2001년 6월	2010년 6월
– 5월 29일 부다페스트에서 진행된 나토 외무 상이사회에서 미국의 미사일 계획을 거부함. – 러시아 국제위원회, 5월 28일 미국의 대조선 적대시 정책을 강력히 비난함(6.3). – 5월 31일 미 국방성 고위관리는 조선 동해에 언제든 이지스함을 배치할 수 있다고 발언함. – 프랑스 수상, 유럽동맹(연합)은 공동의 방위노력과 미국의 미사일 문제에 있어 일치된 입장이 필요하다고 강조함. – 5월 25일 일본 외무상, 미국의 국가 미사일 방위에 의문을 표시함. – 5월 31일 독일은 나치시절 강제노동시킨 공장들에 배상금을 지급하기로 결정. 이에 대해 국민들과 기업주들이 찬성함(6.4). – 나이지리아의 방송은 "조선의 확실한 통일은 연방제이다"라고 보도함(6.6). – 쿠바 아바나에서 비식민지화 토론회가 진행됨(6.9). – 캐나다의 오타와에서 한 신문은 미국이 1950년 사람의 뼈를 구해 핵실험을 했다고 보도함. – 6일, 그린피스는 부시의 극단적인 환경정책에 반대하는 반미운동을 할 것을 공표함. – 인디아, 무더위와 큰물 피해를 입음. – 콜롬비아는 산사태로 피해를 입음(6.11).	– 중국 환구시보가 '조선의 북남전쟁에서 미국이 이득을 본다'는 글을 게재하였음. – 일본 수상이 사임 의향을 표하였음. ○ 최근 국제소식(단신) – 이란, 뛰르끼에(터키), 브라질 간에 핵연료교환합의문이 조인되었음/ 아프가니스탄에서 항쟁세력의 공격으로 미군의 사망이 늘어나고 있음/ 영국의 한 환경운동가가 에베레스트의 빙하호수에서 최초로 수영을 하였음/ 지구온난화에 의한 기후변화의 영향으로 칠레사막지대에 눈비가 내렸음/ 러시아의 볼가강 다리가 원인을 모르게 심하게 흔들리는 일이 발생하였음/ 최근 유럽의 여러 지역들에서 무더기비(호우)에 의한 큰물 피해를 입었음(6.3). ○ 국제 체육 소식 – 제50차 세계탁구 국제선수권대회 소식(싱가포르:도이췰란드, 중국:일본)/ 유럽 남자 송구(핸드볼)선수권보유자련맹전 소식/ 국제친선축구경기 대회 모습 및 경기 결과 소개(빠라과이:꼬뜨디봐르, 에스빠냐:사우디아라비아)/ 세계컵자동차 여러날 경기대회(랠리) 경기 방법 및 평가 방법 소개, 경기 장면 (6.6) – 가극 "홍루몽"이 중국 복건성에서 절찬리에 공연되었음(6.7) – 꾸바 피델 가스뜨로가 미국을 비난하는 글을 발표하였음(6.9)

3) 2010년 '보도'의 중요 특징과 의미

(1) 김정일 선전 중심의 보도

2010년 조선중앙TV의 "8시 보도"의 중요한 특징 중 하나는 김정일의 현지지도를 첫 부분에서 상당히 길게 보도하는 것을 들 수 있다. <표 25>에서 보듯이 "8시 보도" 약 38분 중에서 김정일의 현지지도 소식을 약 28분간 방영하는 것은 조선중앙TV '보도'의 특징을 잘 보여 준다. 이처럼 김정일의 현지지도와 관련된 보도나

〈표 25〉 2010년 12월 6일(월요일) "8시 보도"

☐ 김정일 관련 소식
  - 김정일이 김책제철련합기업소와 라남탄광기계연합기업소를 현지지도 하였음(사진)(~18:40)
  - 김정일 찬양 노래(~23:10)
  - 김정일이 함경북도 예술단 공연을 관람하였음(~28:20)(X)
  - 김정일의 현지지도 소식을 라오스와 이란에서 보도(~29:20)(X)
  - 김일성, 김정일을 그린 모자이크벽화가 사리원시 대룡협동농장에 건립되었음(벽화의 모습, 건립식 모습)(~29:40)
  - 현지지도 기념일을 맞은 청류관 일군들의 모습(지배인 인터뷰, 화려한 청류관 내부 모습, 현지지도 기념 자료들의 모습)(~31:10)

☐ 대내소식
  - 천리마제강련합기업소 압연직장에서 압연롤의 공형을 개선해서 생산은 높이고 실수율은 낮추고 있음(롤의 모습과 철강재 생산 작업 모습)(~32:30)
  - 단천광산기계공장에 용접봉생산기지가 새로 꾸려졌음(생산 작업 모습)(~33:00)
  - 김만유병원 뇌신경외과에서 새로운 인공경뇌막을 도입하여 성과를 거두고 있음(장점과 원리를 설명하는 의사의 인터뷰)(~34:10)
  - 북한 교예 '비행가들'이 프랑스에서 열린 9차 그레노블국제교예축전에서 금상을 쟁취하였음. 축전 개요와 출전국들 소개(~35:20)(X)
  - 한미 연합해상훈련 소식을 접한 김종태전기기관차련합기업소 일군들의 반항(남한정부와 연합훈련을 비난하는 노동자들의 인터뷰)(~36:50)

☐ 대남소식
  - 남한 시민단체가 남한 정부의 군사비 증강 책동을 규탄(~37:30)(X)

☐ 일기예보(~43:00)

---

* (X) 표시는 인터뷰나 현장화면이 없는 꼭지임.
* ( ) 안은 방송진행시간임.

기록영화로 "8시 보도" 시간을 대체하는 경우도 있다.

(2) "8시 보도" 시간의 축소

보도가 갖는 중요성은 2010년 9월 이후부터 축소되는 것으로 추정할 수 있다. 2000년대 내내 조선중앙TV의 "8시 보도" 시간은 평균 30분 이상 방영되었으나, 2010년 9월부터는 축소된 날들이 많이 있어 뉴스시간 편성에 일정한 변화가 나타난 것으로 볼 수 있다.

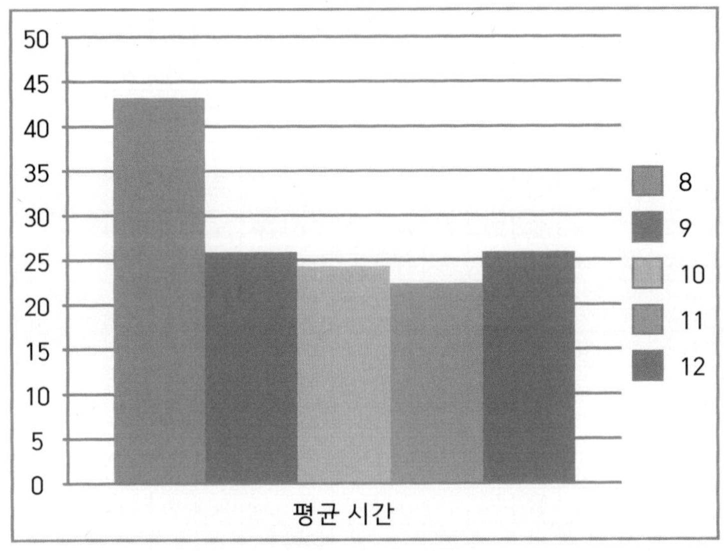

〈그림 8〉 조선중앙TV의 "8시 보도" 시간 변화(2010년 8~12월 하루 평균 시간)

<표 26>에 정리된 뉴스시간을 계산해보면 8월에는 1,339분(하루 평균 43.2분), 9월에는 750분(하루 평균 25.9분), 10월에는 753분(하루 평균 23.4분), 11월에는 673분(하루 평균 22.4분), 12월에는

804분(하루 평균 25.9분)으로 변화가 뚜렷하다. 대체적으로 제3차 당대표자회가 있었던 9월부터 감소가 뚜렷하다는 점에서, 이런 변화가 나타난 원인을 조선중앙TV 편성에 관여하는 권력의 변화로 추정할 수 있다. 이러한 편성의 변화는 최고권력 수준에서의 결정이 필요한 사항이라고 볼 수 있고, 이것은 김정은의 조선중앙TV에 대한 관여 확대와 연관 지어 해석하는 것도 가능한 것으로 보인다.

〈표 26〉 조선중앙TV의 "8시 보도" 시간 변화(2010년 8~12월)

날짜	8/1	2	3	4	5	6	7	8	9	10	11	12	13	14	15	
시간	37	38	48	48	45	41	35	39	37	41	42	43	42	37	37	
날짜	16	17	18	19	20	21	22	23	24	25	26	27	28	29	30	31
시간	38	38	48	39	52	35	35	47	35	50	48	43	54	60	70	37
날짜	9/1	2	3	4	5	6	7	8	9	10	11	12	13	14	15	
시간	53	57	65	38	12	14	21	33	26	26	29	21	24	18	18	
날짜	16	17	18	19	20	21	22	23	24	25	26	27	28	29	30	31
시간	12	19	17	25	21	22	27	20	23	21	23	20	28	17	*	
날짜	10/1	2	3	4	5	6	7	8	9	10	11	12	13	14	15	
시간	25	21	18	22	28	30	31	23	43	48	19	20	21	17	19	
날짜	16	17	18	19	20	21	22	23	24	25	26	27	28	29	30	31
시간	22	27	28	15	17	16	20	15	21	61	26	32	17	16	16	19
날짜	11/1	2	3	4	5	6	7	8	9	10	11	12	13	14	15	
시간	18	16	17	22	22	12	39	17	16	24	20	19	24	26	13	
날짜	16	17	18	19	20	21	22	23	24	25	26	27	28	29	30	31
시간	14	18	29	19	16	22	40	18	37	29	39	18	27	27	15	
날짜	12/1	2	3	4	5	6	7	8	9	10	11	12	13	14	15	
시간	23	39	34	51	39	39	16	19	17	23	52	43	23	15	19	
날짜	16	17	18	19	20	21	22	23	24	25	26	27	28	29	30	31
시간	35	20	17	21	16	19	45	17	18	23	34	12	12	16	16	31

* 9월 30일은 "〈록화실황〉 조선로동당 대표자회" 진행

<표 27> 2010년 8월과 12월 "8시 보도"의 부문별 보도 건수

2010년 8월		2(월)	3(화)	4(수)	5(목)	6(금)	7(토)	8(일)	합계
김정일 선전	동정		1	2	1				4
	선전	4	3	2	3	3	4	4	23
대내 소식	경제	5	7	6	7	5	10	6	46
	기타	3	4	3	7	5		2	24
대외 소식		4		7	7	7	1	1	27
대남 소식			1		1	1	4		7
상식		4					2		6

2010년 12월		6(월)	7(화)	8(수)	9(목)	10(금)	11(토)	12(일)	합계
김정일 선전	동정	2			1	1	2	1	7
	선전	3	3	3	3	2	2	2	18
대내소식	경제	2	2	2	2	2	1	3	14
	기타	3	2	2	2	3	3	2	17
대외소식				5	4	2			11
대남소식		1	2	1	2	2	2	3	13
상식									

* 8월 8일 대외 소식은 국제체육 소식을 자세히 전함.

이처럼 2010년 9월에 "8시 보도" 시간이 축소된 관계로 8월과 12월의 뉴스에는 일정한 차이가 있다. 2010년 8월과 12월의 일주일 동안의 보도내용을 보면 다음 <표 27>과 같은 차이가 있다.

8월과 12월의 한 주 동안 김정일 선전 중에서 김정일 동정과 관련된 부분은 김정일의 활동빈도에 영향을 받을 뿐, 보도에 큰 차이가 없었다. 김정일 선전과 관련된 부분은 대부분이 김일성·김정일의 모습을 담은 모자이크 벽화 건립(8월 3건, 12월 2건)과 영도업적 교양(8월 1건, 12월 3건)을 기본으로 하면서 현지지도와 관련된 기념행사 등이 보도되었다. 또 외국에서 김정일의 현지지도를 보도하였다는 뉴스가 매일 평균 1건 이상 나갔는데, 뉴스는 대부분 중국과 러시아를 인용하고 있다. 외국의 김정일 관련 보도는 단신 형식으로 짧게 나가지만, 김정일의 현지지도 동정 바로 뒤에 이어진다는 점에서 북한 당국이 평가하는 비중은 작지 않다. 즉 조선중앙TV는 이렇게 천편일률적으로 반복되는 뉴스를 '김정일의 세계적인 위대성'을 선전하는 자료로서 활용하고 있다.

<표 24>에서 보는 것과 같이 8월과 12월의 한 주 동안 김정일 관련 선전은 27건과 25건으로 큰 차이가 없다. 그러나 경제 관련 대내 소식은 46건에서 14건으로 감소하였고, 경제를 제외한 소식도 24건에서 17건으로 소폭 감소하였다. 대외 소식도 27건에서 11건으로 절반 이하로 줄었고, 상식은 8월 6건에서 12월에는 1건도 보도되지 않았다. 반면에 대남 소식은 7건에서 13건으로 증가하였는데, 이것은 12월 초에 11월 말의 연평도 포격으로 인해 한미연합 군사훈련 등이 진행된 데 원인이 있다.

전체적으로 볼 때 9월 이후에 "8시 보도" 시간이 축소된 것이 북한 대내 소식에서 경제 부문 보도를 감소시키는 결과를 가져왔다고 볼 수 있다. "8시 보도"가 시간이 줄었음에도 불구하고, 김정일 관련 보도는 전혀 감소하지 않았다(12월 2일에는 뉴스 약 40분 중에서 김정일의 현지지도를 약 28분간 방송, 10일에는 약 30분의 시간 중에서 약 20분을 김정일 현지지도에 사용, 11일에는 약 52분 중에서 약 40분 사용).[162]

경제 부문에 대한 보도의 감소는 북한 경제 각 부문의 상황이 좋지 않음을 반영하는 것으로 추정할 수 있지만, 경제 보도의 대부분

---

162) "8시 보도" 시간 중에서 일기예보 시간은 제외했고, 김정일 동정보도에 이어지는 찬양 노래시간을 포함했다.

이 현대적인 자동화시설 등을 중심으로 화면이 구성된다는 점을 2000년대 초와 달라진 변화로 주목할 수 있다. 즉 조선중앙TV의 경제 부문 보도가 주로 최신 자동화시설을 주로 내보내며 북한 경제의 발전상으로 선전에 활용되고 있는 것을 알 수 있다.

(3) 대외 소식 축소

조선중앙TV "8시 보도"의 대외 소식은 뉴스건수에 비하여 시간 비중은 매우 작다. 대부분이 짧은 동영상을 바탕으로 단신 처리를 하기 때문인데, 단신 한 건당 약 20~30초를 할애한다. 12월 한 주 동안의 대외 소식은 8월 한 주 동안에 비하여 북한 관련 소식을 외국에서 보도했다는 내용이 감소하였고, 외국 소식 자체도 감소하였다. 조선중앙TV의 외국소식 보도는 그 틀이 거의 고정적이다. 국제 정세를 유리하게 설명하는 데 등장하는 국가는 아프리카와 쿠바, 이란 정도가 대표적이고, 그 외 자주 비난의 대상으로 등장하는 것은 이스라엘과 미국, 일본 등이다.

대부분의 해외 소식은 외국의 자연재해(홍수, 가뭄, 지진 등)가 중심이 된다. 2010년 8월에는 해외의 과학기술에 관한 소식을 전달하여 과학에 대한 관심을 높이고자 하는 의도를 나타냈지만, 새로운 기술이 개발된 나라 등의 구체적 정보를 전달하지는 않았다. 이것은 과학기술이 발전된 나라에 대한 정보를 차단하려는 데 목적이 있는 것으로 보인다<표 28>. 2010년 12월의 경우 8월과 비교하여 외국 뉴스가 감소하면서 '외국의 신기술이나 과학 뉴스'가 거의 사라졌다<표 28>.[163]

---

163) 어느 한 나라에서 최신 로봇 전시회가 진행되었음/ 어느 한 나라 과학자들이 피부를 통해 왁찐을 주입할 수 있는 극소형 바늘 반창고를 개발하였음/ 오스트랄리아에서 풍력발전에 의한 도시전기보장 계획을 설계하고 있음/ 어느 한 나라에서 새로운 심장병 진단기술을 개발하였음.

〈표 28〉 2010년 8월과 12월 한 주의 대외 소식 보도

○ 2010년 8월

8월 2일
- 조선민주주의인민공화국 국방위원회 대변인 성명을 여러 나라 출판보도물이 보도하였음.
- 조선민주주의인민공화국 외무성 대변인이 조선중앙통신사의 질문에 한 대답을 여러 나라 통신, 방송, 신문이 보도하였음.
- 중국 군사전문가가 한미합동군사연습이 지역정세를 더욱 긴장시킬 것이라고 주장하였음.
- '동북 아시아에 비핵·평화의 확립을, 일조국교정상화를 요구하는 연락회' 전국 총회 및 집회가 도쿄에서 진행되었음.

8월 4일
- 아프리카 동맹 국가 및 정부수뇌자 회의가 얼마 전 진행되었음.
- 피델 가스뜨로가 꾸바 혁명의 날을 기념하는 경축행사에 참여하였음.
- 팔레스티나인들에 대한 이스라엘군의 탄압 만행이 계속되고 있음.
- 어느 한 나라의 천문학자들이 태양보다 300배 더 큰 별을 발견하였음.
- 중국에서 무더기비에 의한 피해가 계속됨.
- 뻬루에서 강추위 때문에 피해를 입었음.
- 러시아에서 무더위 피해가 확대되고 있음.

8월 5일
- 이스라엘군이 가자지대에 대한 공습만행을 계속하고 있음.
- 미국에서 이주민 차별정책 반대 시위가 벌어짐.
- 어느 한 나라에서 최신 로봇 전시회가 진행되었음.
- 오스트레일리아 환경보호자들이 수지병으로 만든 배로 태평양을 원정하였음.
- 어느 한 나라 과학자들이 피부를 통해 왁찐을 주입할 수 있는 극소형 바늘 반창고를 개발하였음.
- 파키스탄에서 무더기비로 인해 큰물피해가 발생하였음.

8월 6일
- 조선인민군 전선 서부지구사령부 통고를 여러 나라 통신, 방송 신문이 보도하였음.
- 까스뜨로가 미국의 고문 만행을 규탄하였음.
- 오스트랄리아에서 풍력발전에 의한 도시전기보장 계획을 설계하고 있음.
- 어느 한 나라에서 새로운 심장병 진단기술을 개발하였음.
- 영국의 붉은 청서(청설모)들이 멸종위기에 처해 있음.
- 미국에서 산불이 일어났음.
- 이란에서 지진피해가 발생하였음.

8월 7일
- 국제사회계가 한국과 미국의 합동 침략전쟁연습을 규탄하였음.

8월 8일
- 국제체육 소식
: 2010년 국제지상호케이(하키)련맹전(독일:영국, 오스트랄리아:뉴질랜드, 네데를란드:에스빠냐), 경기 모습, 결과 소개
: 국제롱구경기대회(슬로베니아:이란, 오스트랄리아:슬로베니아), 경기 모습, 결과 소개
: 2010년 바르셀로나 육상선수권대회(남자100m 달리기, 여자 100m 달리기, 남자 200m 달리기, 여자 400m 달리기, 남자 10,000m 달리기, 여자 10,000 달리기, 남자 50km 걷기, 여자 20km 걷기), 경기 모습, 결과 소개
: 브라질 1부류(1부리그) 축구경기대회(싼또스:비또리아), 경기 모습, 경기 결과 소개

12월 8일
- 이란 대통령이 미국의 암살행위를 규탄하였음, 연설 모습
- 일본 나끼나와현지사가 미군기지 철폐를 주장하였음.
- 팔레스타인인에 대한 이스라엘군의 만행
- 알바니아에서 큰물 피해가 났음, 피해 현장 모습
- 베네수엘라에서 무더기비 피해가 났음, 피해 현장 모습

12월 9일
- 이베로-아메리카 수뇌자 회의가 아르헨티나에서 진행되었음.
- 타이에서 새로운 종의 악어화석이 발굴되었음.
- 미국 여러 지역에서 회오리바람으로 피해가 났음.
- 이스라엘에서 산불 피해가 발생하였음.

12월 10일
- 이란 외무상이 중동지역에 대한 외국무력주둔을 반대하는 입장을 천명하였음.
- 알바니아에서 무더기비 피해가 발생하였음.

이것은 2000년대 중반에 조선중앙TV가 외국의 과학기술을 소개하며 북한의 과학에 자극을 주려 하던 방침에 변화가 나타난 것으로 볼 수 있다. 즉 외국의 신기술과 과학의 발전이 북한의 현재를 더 후진적으로 비교하게 만드는 것을 피하고자 하는 결정이 있었을 가능성이 높다.

2010년 하반기 조선중앙TV 보도의 중요한 특징은 위에 정리한 바와 같이 '김정일 선전 중심의 보도', '8시 보도시간의 축소', 대외소식 축소 등으로 축약할 수 있다. '김정일 선전 중심의 보도'는 지난 10년간 지속되던 조선중앙TV의 본질적인 영역이며, "8시 보도"의 축소는 의미 있는 변화로 추정된다. 이 변화의 의미를 정확하게 읽어내기는 어렵지만, 일단 이러한 변화의 결정에 김정은 후계권력이 개입한 것이라는 추정은 가능하다.

이들은 조선중앙TV의 보도가 갖는 본질적 영역인 김정일 선전은 놔둔 채 천편일률적으로 진행되는 경제뉴스 등에 시간 축소로

대응한 것으로 보인다. 더불어 대외 소식도 축소되었는데, 조선중앙TV는 해외의 자연재해 소식은 계속 보도하면서도 외국의 신기술 개발 등에 대한 보도를 축소하는 폐쇄적인 태도를 나타내고 있다.

3. 기록영화의 확대 재생산

기록영화는 김정일(김일성) 선전에 이용되는 대표적인 프로그램 형식이다. 이 프로그램의 형식은 보도 형식의 김정일 동정 선전보다 김일성과 김정일의 업적을 체계적으로 선전하는 특징을 가지고 있다. 이러한 기록영화는 김정일의 중국 방문, 김정일의 현지지도 종합,[164] 최근 연간의 북한 체제 성과의 선전 등을 주된 내용으로 하면서 김정일의 업적을 찬양했다.[165] 김정일 관련 기록영화 외에도 김일성 관련 기록영화를 통해 김정일을 선전하는 것도 일반적이다.[166] 김정일은 김일성의 업적을 잇는 인물로 김일성 선전에 함께 등장하면서 김일성의 후광효과를 선전에 활용한다. 기록영화 중에 김일성을 주연으로 내세운 경우도 있지만, 더 중요한 목적은 김

---

164) "2009년 김정일 현지지도", "위대한 령도자 김정일동지께서 여러부문 사업을 현지에서 지도" 등이 있다.

165) "일심단결의 위력이 과시된 2009년", "위대한 헌신—변이 난 해 2009년" 등이 있다. "위대한 헌신—변이 난 해 2009년"의 주요 내용은 2009년 북한의 주요 사건과 김정일의 현지지도를 중심으로 구성하여 김정일의 활동을 찬양하는 내용이다. '가장 긍지 높은 변혁의 해'라고 평가하고 있다. 주요 장면은 김정일의 군사훈련 참관, 희천발전소 건설장, '인공위성' 발사, 2차 핵실험, 국방위원장 추대, 150일 전투, 원산청년발전소, 대안중기계련합기업소, 성진제강 '주체철' 생산, 대흥청년광산, 함주군 동봉협동농장, 대계도간석지, 원산제염소, 만수대거리 신축아파트, 김일성대 수영장, 김정숙 평양제사공장, 삼일포특산물공장, 락원기계련합기업소 산소분리기 생산, 컴퓨터제어기술(CNC) 첨단 선반기계 개발, 불꽃놀이(4월 14일, 5월 1일, 10월 9일), 클린턴 전 미국대통령과 중국 원자바오 총리의 김정일 면담, 체육과 음악미술 성과 등이다.

166) "한평생 인민들 속에서."

정일에 대한 선전을 지원하는 데 목적이 있다.

특히 군인들을 대상으로 하는 선전 프로그램도 특징적인데, '병사들의 친어버이'는 김정일이 주연이 되어 군부대를 현지방문하여 병사들을 격려하고 지원과 배려를 하는 내용이다.[167] 하지만 프로그램 시작에서 김정일을 칭찬하는 '김일성 동지의 교시'를 붙여 김정일에 대한 선전에 활용한다는 점에서 김일성의 후광이 아직도 필요하다는 것을 보여 주며, 김정일의 지도자로서 이미지가 자기 완결성에 부족함이 있음을 알 수 있다.

1) 2001년과 2004년의 기록영화 비교-김정일 · 김일성 관련 중심으로

조선중앙TV는 최근 김정일의 동정에 대해서는 앞에 서술한 것처럼 보도시간에 보도하기도 하지만, 김정일의 지나간 활동을 정리하는 기록영화를 방영하기도 한다.

2001년에 내보낸 김정일 관련 기록영화는 1999년과 2000년의 현지지도를 40분 정도의 프로그램으로 만들어 방영하였고, 2001년 1월의 중국 방문도 수차례 반복 방영하였다. 2004년에는 2002년의 현지지도와 2003년의 현지지도 기록영화를 내보냈는데, 주로 2003년의 현지지도를 중심으로 반복 방영하였다. 해외 방문으로는 2004년 4월의 중국 방문 기록영화를 여러 차례 방영하였다.

---

167) "병사들의 친어버이 1 · 2"(2010년 10월 27 · 28일 약 50분 방영). 김정일의 군대에 대한 배려를 보여 주지만, 각 부대가 자력으로 부업을 통해 농식물을 보급하는 것을 지시 · 선동하는 등 군대의 식량문제를 노출하기도 한다. 군대에 대한 김정일의 관심으로 "병사의 고향소식"이란 프로그램이 편성되었다고 한다.

2004년에 방영된 현지지도 기록영화는 2001년에 비해 감소한 모습을 보이는데, 이것은 김정일의 현지지도 활동이 2001년에 비해 감소한 것과도 관련이 있다(<표 29>와 <표 30>). 그리고 2004년에는 2001년보다 김일성에 대한 프로그램이 감소하고, 김정일 관련 기록영화의 방영이 증가된 것도 변화의 하나라고 할 수 있다.

2004년에 김정일은 김일성을 통해 자신을 우상화하는 대신 중국 등에서 자신이 대접받는 모습을 통해 인민들에게 자신의 '위대성'을 보여 주려 하였다. 이러한 목적으로 조선중앙TV는 2004년 5월 6일부터 23일까지 무려 18일 동안 김정일의 중국 방문 때 중국 측이 마련한 예술공연프로그램(약 100분)을 반복 방영하기도 했다.

<표 29> 2001년 김정일 현지지도 관련 프로그램

	1	2	3	4	5	6	합계
현지지도	5	10	5	0	1	0	21
외국 방문 외빈 면담	9	0	0	0	3	1	13
합계	14	10	5	0	4	1	34

* 2001년 1월 김정일의 중국 방문.

<표 30> 2004년 김정일 현지지도 관련 프로그램

	1	2	3	4	5	6	합계
현지지도		1	3	6	2		11
외국방문 외빈면담		2	1	1	7	1	12
합계	1	3	4	7	9	1	23

* 2004년 4월 김정일의 중국 방문.

김일성과 관련된 선전프로그램은 대체로 회고, 참관기, 기록영화, 예술영화 형식으로 이루어져 있다. 김일성 관련 기록영화를 시기상으로 구분하면 해방 전후로 나눌 수 있는데, 2004년에 방영된 기록영화에서는 김일성의 해방 이전 활동에 관한 내용은 크게 감소하지 않은 반면, 해방 후의 활동에 대한 프로그램의 방영은 절반 정도 감소하였다. <표 32>, <표 33>을 통해 볼 때 김일성 관련 프로그램은 그의 생일달인 4월에 집중되어 있는데, 2004년에는 2001년에 비해 김일성 생일이 있는 4월에 방영된 프로그램의 수가 크게 감소한 변화가 있다.

〈표 31〉 2001년과 2004년 4월의 김정일 현지지도 관련 프로그램 수

	2001년 4월	2004년 4월
현지지도	0	6
외국방문, 외빈면담	0	1
합계	0	7

〈표 32〉 2001년 김일성 관련 프로그램

	1월	2월	3월	4월	5월	6월	합계
항일투쟁	2		1	11	7	2	23
해방 후		5	3	12	2	3	25

* 4월의 '김일성화(花)' 관련 프로그램 수 비포함.

〈표 33〉 2004년 김일성 관련 프로그램

	1월	2월	3월	4월	5월	6월	합계
항일투쟁	1	2	7	3	1	7	21
해방 후		1		9	2	1	13

* 4월의 '김일성화(花)' 관련 프로그램 수 비포함.

여기에서 감소한 프로그램은 주로 김정일 관련 프로그램으로 대체되었다고 할 수 있다. <표 31>을 보면 2001년 4월에는 김정일 관련 기록영화가 방영되지 않은 반면, 2004년에는 7개나 방영되었다. 이미 2001년은 김일성 사망 7주기가 되는 해인 만큼 김일성 관련 프로그램이 크게 감소하였고, 사망 10주기가 되는 2004년에는 김정일 관련 프로그램이 김일성 관련 프로그램을 크게 대체했음을 알 수 있다.

2001년의 프로그램을 보면 김정일이 '위대한 태양'으로 지칭되고, 군대를 포함하여 각 부문에서 김정일을 프로그램의 중심에 놓고 있다. 김일성은 군사 부문에서도 김정일로 이어주는 역할을 하고 있으며, 김정일의 생일 2월 16일은 "민족 최대의 명절 2월 16일"이라는 제목의 기록영화로 방영되었다. 2004년의 방송에서 김일성은 주로 해방 전 항일투쟁을 통해 그려지고 있고, 해방 후의 활동은 '외국의 수반 및 저명인사들과의 상봉'을 통해 설명되고 있다. 김일성의 생일이 있는 4월의 프로그램에서도 김정일의 활동이 중심에 있고, 심지어 김일성의 생일 전날인 4월 14일 9시에는 "민족 최대의 명절 2월 16일"이라는 기록영화를 방영하기도 했다.

전체적으로 2004년에 김일성은 조선중앙TV에서도 후면으로 물러났고, 김정일의 위상은 방송에서도 확고부동한 절대권력자의 모습을 보이고 있다.

2) 2010년(1~11월)의 기록영화

(1) 김정일·김일성 관련

김정일의 현지지도를 소재로 만든 기록영화가 11개월 동안 55회 방영되었는데,[168] 그중에서 김정일의 2009년 현지지도를 정리해 제작한 "위대한 헌신-변이 난 해 2009년"은 현지지도의 총정리판이다.[169] 프로그램의 목적은 2009년 북한의 주요 사건과 김정일의 현지지도를 중심으로 구성하여 김정일의 활동을 찬양하는 내용인데, 2009년을 '가장 긍지 높은 변혁의 해'로 평가하고 있다.

또 김정일 현지지도의 해외판이라고 할 수 있는 김정일의 중국 방문을 소재로 한 기록영화가 2010년에는 21회 방영되었다.[170] 5월에 김정일의 중국 방문 이후 방영되기 시작한 중국 방문 기록영화는 10월에는 김정일이 1983년 당중앙위 상무위원이고 비서이던 시절에 중국을 방문하였던 기록영화까지 방영되었다.[171] 이처럼 김

---

168) 2009년 김정일 현지지도 등.

169) 2월 13일, 14일, 15일, 16일, 18일, 19일 방영. 주요 내용: 김정일의 군사훈련 참관, 희천발전소 건설장, '인공위성' 발사, 2차 핵실험, 국방위원장 추대, 150일 전투, 원산청년발전소, 대안중기계련합기업소, 성진제강 '주체철' 생산, 대흥청년광산, 함주군 동봉협동농장, 대계도간석지, 원산제염소, 만수대거리 신축아파트, 김일성대 수영장, 김정숙 평양제사공장, 삼일포특산물공장, 락원기계련합기업소 산소분리기 생산, 컴퓨터제어기술(CNC) 첨단 선반기계 개발, 불꽃놀이(4월 14일, 5월 1일, 10월 9일), 클린턴 전 미국대통령과 중국 원자바오 총리의 김정일 면담, 체육과 음악미술 성과.

170) "위대한 령도자 김정일 동지께서 중국의 호금도 총서기와 상봉 2005년 10월"(1일), "당중앙위 상무위원·비서인 김정일 동지의 중국 방문"(15일), "김정일 중국 비공식 방문 2000년 5월"(16일), "김정일 중국 비공식 방문 2004년 4월"(17일), "김정일 중국 비공식 방문 2006년 1월 10~18일"(19일), "김정일 중국 비공식 방문 2006년 1월 11~15일"(19일), "김정일 중국 중부와 남부지역 비공식 방문 2006년 1월 10~18일"(19일), "김정일 중국 동부지역 비공식 방문 2010년 5월 3~7일"(20일), "김정일 중국 비공식 방문 2010년 5월 5~6일"(20일), "김정일 중국 호금도 총서기 상봉 2010년 8월 27일"(25일), "김정일 중국 비공식 방문 2010년 8월 26~30일"(25일).

171) "'대한 령도자 김정일 동지께서 중국의 호금도 총서기와 상봉 2010년 8월 27일"(9월 4~8일 약 10분 방영). 호금도 총서기와 장춘에서 회담. 각국의 상황을 설명하고 완전한 견해일치를 보였다고 보도. 환영연회, 호금도 연설, 김정일 연설. 중국 예술공연을 호금도와 김정일이 함께 관람. 연설에서 김정일은 중국의 동북진흥전략에 대한 지지를 표명. 마지막에 김정일과 호금도 총비서가 작별 포옹하

정일의 대외활동, 특히 중국과의 관계를 강조하는 기록영화가 대대적으로 발굴방영되는 상황은 북중관계의 강화를 조선중앙TV가 김정일 체제 안정성의 강화로 연결하고자 하는 것에 목적이 있다.

그 외에도 김정일이 주연이 되는 기록영화는 "누리에 빛나는 선군태양"(9회 방영), "우리 장군님과 자강도"(8회 방영), "우리식 첨단돌파를 위한 위대한 령도"(7회 방영),[172] "병사의 친어버이"(5회 방영), "현지지도의 길우에 꽃핀 사랑의 전설"(4회 방영), "주체철에 깃든 믿음과 사랑의 전설"(2회 방영), "평북 땅의 위대한 전변을 마련하시여"(2회 방영), "조선 최대의 명절 2월 16일-주체 99"(2회 방영), "김정일 동지께서 김대중 대통령 상봉 2000년 6월 15일"[173] 등 매우 많다. 여기에 나열된 기록영화만 계산해도 116회에 달해서 평균 약 3일이면 한 번은 김정일 관련 기록영화가 방영되었음을 알 수 있다.

김정일뿐만 아니라 김일성 관련 기록영화도 2010년에 계속 방영되었다. 김일성 기록영화의 대표작인 "조국광복을 위하여"가 21회 방영되었고, "한평생 인민들 속에서"(22회 방영), "어버이 수령님

는 장면에서 김정일이 큰 만족과 감사를 나타내는 것을 느낄 수 있다. 이번 북중 정상회담이 김정일에게 매우 유익한 계기가 된 것으로 보인다.

"위대한 령도자 김정일 동지께서 중화인민공화국을 비공식 방문 2010년 8월 26~30일"(9월 4~8일 약 30분 방영). 김일성이 다녔던 육문중학 방문과 환영행사, 길림성 길림화학섬유그룹 참관, 길림시 가톨릭교회당 건물 방문(건축형식과 규모에 관심을 보임), 길림성 장춘시에서 성과 시 지도자의 영접을 받음, 장춘시 장춘농업박람원, 궤도객차공사(철도차량) 시찰, 객차 내부 참관, 중국공산당 길림성당 주최 연회, 흑룡강성 하얼빈시 희강식품공사, 하얼빈전기그룹(수력·화력발전설비 생산) 참관, 중국공산당 흑룡강성당 주최 연회, 하얼빈 야경 참관, 길림, 장춘, 하얼빈 등 중국 동북지방의 발전을 김정일이 높이 평가. 중국 동북지방 개발과 북한 협력에 중요한 계기가 될 것으로 보인다.

172) "우리식 첨단 돌파를 위한 위대한 령도"의 주요 내용. 최근에 제작된 기록영화로 김정일의 과학기술에 대한 지도력을 선전하는 기록영화. 컴퓨터 수치제어(CNC) 기술의 발전과정을 보여줌. 1994년 김일성 사망 이후 국가적 경제위기 상황에서 김정일의 지원을 받아 현재 첨단 수준의 CNC 기술을 개발했다고 주장. 이를 바탕으로 각종 공작기계, 자동화설비를 생산하고 있다고 함. 향후 북한의 경공업 설비와 기계공업 발전에 중요한 기술적 토대가 될 것으로 설명. 북한의 현대식 기계설비를 보여 주는 영상자료이다.

173) 6월 15일 방영.

농업근로자들과 함께 계시여"(4회 방영), "민족대단결의 위대한 구성"(5회 방영),[174) "위대한 조국해방전쟁을 승리에로 이끄시여"(1회 방영), "위대한 생애의 1994년"[175) 등의 기록영화도 방영되었다. 주요한 방영만 계산해도 53회가 넘고, 김일성을 의미하는 '수령'을 제목에 포함하는 기록영화가 16차례, 김정일의 어머니인 김정숙과 관련된 기록영화도 두 차례 방영되었다.[176)

2010년 김정일과 김일성 관련 기록영화는 적어도 격일 간격으로 조선중앙TV를 통해 방영되었음을 알 수 있다. 이처럼 조선중앙TV의 기록영화는 김정일에 대한 선전에 압도적인 초점이 맞추어져 있고, 김일성에 대한 선전이 보완적으로 활용되었음을 알 수 있다. "조선 최대의 명절 2월 16일-주체 99"는 이처럼 김정일이 주인공이 되어 있는 북한 체제의 분위기를 단적으로 보여 주는 제목이라고 할 수 있다. 김정일 관련 프로그램으로는 "조선로동당 대표자회",[177) "위대한 령도자 김정일 동지를 모시고 당 창건 65돐을 성대히 경축"이 방영되었고,[178) 김정은이 당 선전선동부의 권한을 장악한 것을 암시하는 "김정일 동지 새로 건설된 국립연극극장과 갓 입사한 예술인 가정 방문"도 방영되었다.[179)

---

174) "민족대단결의 위대한 구성"(7월 4일): 1948년 남북연석회의(김구, 김규식, 허헌, 홍명희) 화면, 여운형 자녀 면담, 1980년 제6차 당대회, 조총련 한덕수 · 재일교포 상공인 · 역도산(김신락) 딸 · 최홍희 · 윤이상 · 문익환 · 임수경 등의 김일성 면담모습을 볼 수 있다.

175) 7월 8일 방영: 김일성이 사망한 1994년의 활동을 보여 줌. 신년사 연설방송, 전국농업대회, 최고인민회의 9기 7차 회의, 해외동포 · 항일투사 유자녀 · 조총련 한덕수 면담, 카터 전 미국대통령 면담, 경제부문책임일꾼협의회(7월 5~6일: "경공업 · 농업 · 무역제일주의" 지시), 7월 8일 사망을 보여 준다.

176) "어머니의 혁명업적이 빛나는 두만강 지구"(9월 21일), "어머님의 총소리 영원하리라"(9월 22일).

177) 11월 10 · 11 · 12 · 13 · 14 · 16일 방영.

178) 11월 15 · 17 · 18 · 19 · 21 · 23일 방영.

179) 11월 7 · 8 · 11 · 12 · 13 · 14 · 15일 방영. 주요 내용: 김정일이 국립연극극장을 김정은과 함께

(2) 체제선전과 소개편집물

김정일이나 김일성과 관련된 기록영화 외에도 '선군'을 제목에
포함한 프로그램이 19회 방영되었고,[180) 1950년대[181)와 1970년대
를 배경으로 경제선동을 하는 기록영화 각각 3회,[182) 반미를 선동
하는 "미제 무장간첩선 프에블로호의 말로"(2회 방영)와 "잊지 말
자 신천 땅의 피의 원한을"(1회 방영), 반일을 선전하는 "지울 수
없는 일본의 죄악"과 "20세기 반인류 특대형 범죄"[183) 등이 방영되
었다. 그 외에도 "강성대국 건설을 승리에로 이끄시는 위대한 령도
– 정치사상강국",[184) "순결한 량심을 조국에 바친 지식인들"(2회

방문함. 4개월 만에 구 건물을 없애고, 군인들이 새로 건설했다고 함. 국립연극극장에 이어 새로 건설
된 예술인들의 살림집을 방문함. 잘 지어진 중대형 규모의 고층 아파트는 사상전선의 첨병들인 예술인
들에 대한 특별한 대우를 보여 줌. 김정일의 왼손이 불편한 모습을 확연히 볼 수 있다. 김정은에게 자
주 카메라가 맞추어짐으로써 선전선동부문에 대한 김정은의 역할 확대를 의도함을 알 수 있다. 김정일
과 마찬가지로 김정은도 예술인들에 둘러싸여 앉아 사진을 찍는 모습을 보여 주는 등, 김정은의 여유
있는 모습을 보여 줌. 이 프로그램은 김정일 중심의 선전에서 김정은에 대한 선전으로 이어지는 과도
기의 모습을 보여 준다. 15분 분량 중에서 대부분을 예술인 가정 방문으로 편집했다.

180) "선군청년전위들"(1월 17일), "선군문화예술의 위력이 과시된 2009년"(1월 20일), "자랑찬 체육경
기 성과로 선군조선의 명예를 빛내인 2009년"(1월 27일), "선군혁명영도로 위대한 전환을 마련하시
여"(3월 17일), "선군시대가 안아온 자강도의 새전변"(4월 1일), "미래를 키워가는 선군시대 교육자
들"(4월 1일), "선군혁명총진군의 앞장에 선 3대혁명기수들"(11월 23일) 등.

181) "50년대 천리마 대고조 시기의 투지와 본때로"(1월 5일), "불굴의 50년대는 우리를 부른다"(3월 9
일), "필승의 신념"(1월 14일). "필승의 신념"은 6·25전쟁 이후 북한의 경제건설상을 보여 주는 프
로그램이다.

182) "위대한 전환의 1970년대"(2월 22일).

183) 2007년 조선기록과학촬영소 제작. 약 30여 분 방영. 1920년대부터 제2차 세계대전 종전까지 일본
정부와 일본군이 조선여성에게 자행한 만행을 고발하는 프로그램. "일본군 성노예 피해자"의 증언,
당시 일본군인의 증언 등을 통해 일제의 만행을 고발. 1920년대부터 한반도와 중국 등에 설치운영된
위안소 실태, 위안소 운영 및 여성 강제동원 등에 관련된 문서와 사진 등을 보여 주고, 2000년 여성
국제전범법정, 미 하원의 일본군위안부 관련 결의안 채택 등도 소개하고 있다.

184) "강성대국 건설을 승리에로 이끄시는 위대한 령도–정치사상강국"(9월 9일 약 50분 방영): 1990년
대 동유럽 사회주의 국가의 붕괴와 자연재해(홍수), 식량난, 김일성 사망은 매우 큰 시련이었음.
1995년 1월 김정일은 자신에게 "어떤 변화도 바라지 말라"고 발언했고, 〈사회주의는 과학이다〉를
통해 북한의 지향점을 제시했다고 선전함. 주요 화면: 김일성의 백두산 혁명사적지, 김정일의 길영조
부대 방문, 백두산 구호나무를 화재에서 구하고 죽은 17명의 인민군 군인, 불길에 싸인 비행기에서
탈출을 하지 않고 혁명사적지를 지켜낸 비행사, 김일성과 김정일의 초상화를 화재에서 구하기 위해
목숨을 바친 병사, 50여 일간 배가 고장 나 일본에 표류하였지만 일본의 망명 회유를 거부하고 돌아
온 선원들, 연변청년발전소 건설현장, 자강도 건설성과, 고난의 행군기 건설현장, 고난의 행군기 혁명

방영), "영원한 조국수호의 노래 전시가요"185) 등 주로 체제수호를 강조하는 기록영화가 방영되었다.

기록영화 외에도 김정일 선전에 활용되는 프로그램은 '소개편집물'이라는 형식의 다양한 내용이 있다. 항일투쟁에 참여했던 원로나 군인, 각 분야에서 활동하는 예술인 등이 등장하여 김일성과 김정일의 은덕을 회고하는 것이 가장 기본적인 프로그램 형식이다. 소개편집물 형식으로 외국인을 소재로 삼아 선전에 활용하는 프로그램도 있다. 예를 들면 "숭고한 의리는 세월의 언덕을 넘어-중국 항일혁명투쟁 연고자 주보중의 딸 주위"라는 프로그램은 김일성의 항일무장투쟁 시기에 함께 투쟁했던 중국인 혁명가 주보중의 딸을 김정일이 만나는 내용이다.186) 이 프로그램은 김일성의 항일투쟁을 선전하고 이 항일투쟁의 동지 가족에 대한 김정일의 관심을 보여주면서, 이를 통해 김정일을 대를 잇는 의리 있는 지도자로 묘사한다. 이처럼 소개편집물 형식의 회고 프로그램은 기록영화가 보여주지 못하는 김정일의 사적 관계나 인연을 통해 김정일의 덕성을

적 낙관주의를 가진 군인가족공연, 마라톤 선수 정성옥, 비전향 장기수 송환, 인공지구위성 발사, 광명성 제염소 건설, 농지 정리, 김정일의 인덕정치, 부모 없는 아이들을 돌보는 가정.

185) 7월 25일 방영. "조국보위의 노래", "해안포병의 노래", "얼룩소야 어서 가자", "샘물터에서의 노래", "자동차 운전수의 노래", "결전의 길로", "조국결사수호의 노래" 등 소개. 전시가요의 내용, 노래를 만든 사람 등을 소개. 1950년대 북한 농촌의 모습과 군대에서 악기 제작하는 모습, 군인들의 공연 모습, 미군포로 모습 등을 볼 수 있다.

186) 2010년 10월 18일 방영: 2006년 촬영된 프로그램 재방영임. 중국 항일투쟁에서 김일성과 특별한 관계에 있었던 중국인 주보중과의 관계를 김일성을 중심으로 설명하고, 그의 딸과 가족에 대한 배려와 의리를 강조하는 프로그램이다(10월 16일 로동신문은 6면에 "조중친선의 년대기에 수놓아진 숭고한 의리와 사랑의 서사시"라는 기사를 실어 김일성과 주보중의 관계를 설명한다. 기사 안에는 1946년 봄에 김일성이 중국공산당에 10만여 정의 무기를 보내주었다고 서술하고 있다).
○ 주보중(1932년 중국공산당 만주성위 군사위원회 서기, 1964년 사망); 1942년 소련영 하바로프스끄 남·북야영에 있는 항일연군을 확충정리하여 동북항일연군교도려(東北抗日聯軍敎導旅)를 편성함. 1942년 8월 항일연군부대와 아시아계 소수민족출신의 소련군인을 포함시켜 제88특별저격여단을 편성했을 때, 여장은 주보중이었고, 제1로군을 기초로 하여 편성된 제1교도영 영장은 김일성이었음. 각 영은 2개 연으로 구성되어 제1련은 항일연군 병사로 구성되고, 제2련은 소련군의 소수민족출신 병사로 구성되었음. 항일연군은 실질적으로 소련 측의 지휘 통제하에 들어갔다.

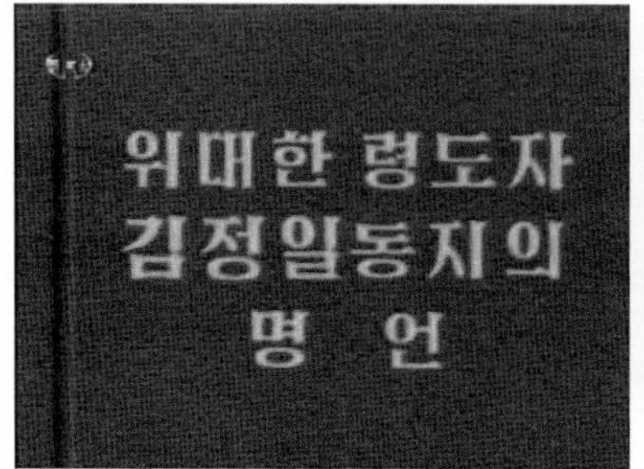

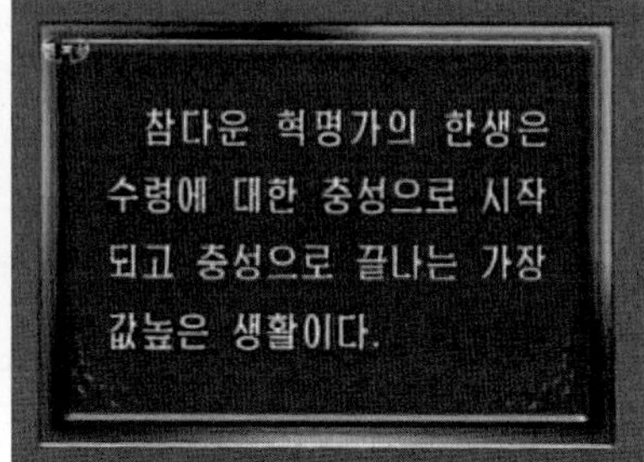

중심으로 위대성을 선전하는 데 기여하는 것을 목적으로 한다.

이런 형식의 프로그램 외에도 김정일의 선전은 거의 모든 프로그램에서 볼 수 있다. 드라마와 영화에서도 주제가 김정일 우상화인 경우도 있고, 증산을 주제로 한 주제의 진행과정에서 김정일 우상화를 '액자식'으로 삽입한 경우도 있다. 여러 종류의 대담 형식 프로그램은 주로 회고나 인터뷰 형식을 통해 김정일(김일성)에 대한 선전에 사용되고 있고, 문화예술 프로그램의 중심에도 김정일 우상화가 놓여 있으며, 특히 프로그램과 프로그램 사이에 배치된 노래는 대부분 김정일에 대한 찬양과 충성을 주제로 해서 김정일 선전에 치중한다. 김정일 찬양은 아동 프로그램에서도 볼 수 있는데, 수년째 계속되는 대표적인 프로그램은 "위대한 령도자 김정일 원수님의 어린시절 이야기"를 들 수 있다. 2010년 12월의 경우 두 차례 방영된 바 있는 이런 형식의 아동시간 찬양 프로그램은 반복 횟수는 많지 않지만 지속적으로 방영되는 특징을 가지고 있다.

조선중앙TV는 이처럼 모든 형식의 프로그램을 통해 북한 주민들에게 김정일을 신과 같은 결정적인 문제해결자·인생행로의 향도로 선전하고, 김정일과의 만남을 최대의 행운으로 인식하도록 주

입한다. 이러한 조선중앙TV의 선전은 현실과의 괴리로 인해 주민
들에게 효과적으로 수용되지는 않지만, 압도적인 선전공세로 인해
주민들의 저항의지를 약화시키는 데 기여하는 것으로 보인다.

4. 선전용 음악 프로그램 강화

조선중앙TV는 프로그램과 프로그램 사이에 노래를 편성한다.[187]
이 노래는 김정일(김일성)을 찬양하는 노래, 북한 체제에 대한 선전
노래, 서정적인 노래 등이 포함되는데, 대개 1∼2곡 정도가 프로그
램 사이에 방송되었다.[188] 프로그램 사이에 배치된 음악은 김정일
의 음악에 대한 정치적 관심과 깊은 연관이 있다. 김정일은 영화와
예술을 선전선동에 동원하면서 음악 예술이 "인민들을 혁명적으로
교양하고 혁명과 건설을 위한 투쟁에로 고무추동하는 위력한 무기
로 되어야 하며 혁명에 이바지"해야 한다며, 당의 투쟁역사와 북한
역사를 잘 반영하는 노래를 창작할 것을 지시하였다.[189] 또 김정일
은 텔레비전을 가장 대중화된 선전수단으로 지목하고 방송이 사회
에 혁명적 분위기를 세우도록 지시한 바 있다.[190]

---

187) 프로그램과 프로그램 사이에 들어가는 프로그램으로는 캠페인 형식도 있다. 로동당의 정책을 전달하
　　는 캠페인들은 당의 정책을 1∼2회 외치는 방식이 기본이다. 김정일은 선전하는 시낭독 프로그램은
　　대개 김정일 일가를 찬양하는 내용들이 대부분이다. 북한 시인의 장편 서사시가 방송되기도 하고, 외
　　국인이 지은 김정일 찬양 시가 소개되기도 한다.
188) 보천보음악단의 음악이 많이 나오는 경향이 있다.
189) "인민이 사랑하고 즐겨 부르는 혁명적인 음악작품을 창작하자 - 음악예술부문 책임일군들과 한 담화
　　1990년 2월 25일", 『김정일선집』 제10권(평양: 조선로동당출판사, 1997), 66―67쪽.
190) "음악창작과 보급사업을 개선 강화할 데 대하여 - 음악예술 부문 창작가, 예술인들과 한 담화 1990
　　년 12월 8일", 『김정일선집』, 제10권(평양: 조선로동당출판사, 1997), 469쪽.

이런 김정일의 지시에 따라 조선중앙TV는 각 프로그램에서 음악을 중요하게 활용하고 있고, 노래를 프로그램과 프로그램 사이에 배치하여 "김정일의 음악정치"를 진행하고 있다. 2001년과 2004년, 2010년의 12월 첫째 월요일에 방송된 노래를 정리하면 다음 <표 34>와 같다.

<표 34> 2001 · 2004 · 2010년 12월 첫째주 월요일에 방송된 노래

2001년	2004년	2010년
– 사향가	– 은혜로운 조국의 품이여	– 승리의 길(3회)
– 우리의 신념은 하나	– 김정일 동지께 드리는 노래	– 내 나라 제일로 좋아
– 못 잊을 삼일포의 메아리	– 내 나라의 푸른 하늘	– 추억의 두만강
– 2월은 봄입니다	– 관현악 '아리랑'	– 선군승리 옹헤야
– 동지애의 노래	– 사랑의 시간	– 동지애의 노래
– 들꽃 세송이	– 사회주의는 우리 꺼야	– 봄빛입니다 해빛입니다
– 잊지 못할 열두 달입니다	– 어머님은 붉은 기와 함께 계시네	– 승리의 길
– 위대한 심장의 노래	– 나는 생각해	– 기다렸습니다
– 강성부흥 아리랑		– 승리의 길
– 당의 기치 따라		
– 신심 높이 가리라		
– 우리의 붉은 기 영원히 날려가리(2회)		
– 장군님은 위대한 수호자		
– 어디에 계십니까 그리운 장군님		

김정일은 특히 1990년대 이후 극심한 경제적 위기로 인해 인민의 지지와 정당성 측면에서 상당한 취약점을 가지고 있기 때문에 다양한 방법으로 인민들의 감성을 자극하여 정권을 유지하는 데 이용하고 있다. 이러한 감성에 호소하는 대표적인 방법의 하나가 노래를 이용하는 것인데, 주로 조국에 대한 사랑, 사회주의 혁명에 대한 신념과 의리, 김정일(김일성)에 대한 신임, 인간적 의리 등에 초점을 맞추고 있다. 더불어 김정일에 대한 신뢰를 불어넣기 위해 많은 노력을 하고 있는데, 김정일이 헌신적으로 일을 하고 있는 것

으로 묘사하고 그를 '결사옹위'할 것을 선전하는 데 치중하고 있다.

<표 34>에 있는 2001년과 2004년, 2010년에 방송된 하루분의 노래는 2001년과 2004년, 2010년을 대표하거나 일반화시킬 수 있는 것은 아니다. 매일매일 방송되는 노래가 양적으로, 내용적으로 차이가 있기 때문이다. 하지만 <표 38>의 내용을 통한 비교로 일정한 시사점을 얻을 수 있다. 2001년에 방송된 노래에는 김일성과 관련된 가사가 많고("사향가", "들꽃 세 송이", "위대한 심장의 노래", "당의 기치 따라"), "고난의 행군기"의 어려움을 당과 혁명에 대한 신념으로 극복하자는 호소도 많다("우리의 신념은 하나", "동지애의 노래", "신심 높이 가리라", "우리의 붉은 기 영원히 날려가리"). 김정일에 대한 선전 노래는 상대적으로는 적고, 은유적 표현이 많은 편이다("2월은 봄입니다", "잊지 못할 열두 달입니다", "장군님은 위대한 수호자"). "어디에 계십니까 그리운 장군님"은 본래 김일성을 대상으로 한 노래였는데, 차츰 김정일과 김일성을 동시에 상징하는 곡으로 사용되고, 이제는 김정일을 대상으로 하는 곡으로 변했다고 할 수 있다.

2004년에 방송된 노래는 김일성에 대한 노래의 비중이 작아지고, 김정일에 대한 비중이 커졌다고 볼 수 있다. "김정일 동지께 드리는 노래", "내 나라의 푸른 하늘", "사랑의 시간", "나는 생각해"와 같은 노래는 김정일을 찬양하는 노래들이다. <표 38>만을 가지고 본다면 2004년에 방송된 노래에서는 김정일에 대한 선전이 중심을 이루고 있는 것이 2001년과의 차이라고 정리할 수 있다. 그리고 이러한 김정일을 선전하는 노래들은 국내외 정세 등에 맞추어 시시때때로 다양하게 방영된다. 그중에서 "혁명의 수뇌부 결사

옹위하리라"는 매우 자주 방영되는 곡인데, 현재의 김정일 체제의 안정성과 결속성을 믿어 줄 것을 대내외에 호소하는 역할을 수행하는 대표적인 노래이다.

2010년의 프로그램 사이 노래들도 김정일에 대한 찬양이 가장 기본적인 주제이다<표 38>. 구체적으로 2010년 12월 첫째 월요일인 6일에 방영된 노래는 "승리의 길"(3회), "내 나라 제일로 좋아", "추억의 두만강", "선군승리 옹헤야", "동지애의 노래", "봄빛입니다 해빛입니다", "기다렸습니다"이다. 이 중에서 세 차례가 방영된 "승리의 길"은 김정일의 현지지도 소식에 이어 방영되었는데, '수령님 따라서 시작한 이 혁명 기어이 장군님 따라 승리 떨치리'라며 김일성과 김정일을 연결하여 대를 이어 계속되는 충성을 선동하고 요구하고 있다.

북한 체제를 찬양하는 "내 나라 제일로 좋아"와 체제유지를 위한 결속을 요구하는 "동지애의 노래"를 제외하면 모두 김정일 찬양가이다. "추억의 두만강"은 김일성-김정일 부자로 이어지는 선전하고 있고, "선군승리 옹헤야"는 선군정치를 내세우는 김정일에 대한 찬양을 노래하고 있다. "봄빛입니다 해빛입니다"와 "기다렸습니다"는 김정일을 자애로운 어버이로 형상하는 역할을 하고 있다.[191]

<표 35>에서 보듯이 프로그램 사이에 방영되는 노래는 김정일에 대한 선전과 더불어 체제의 분위기를 반영하는 노래가 많이 방영되기도 했다. 남북관계가 긴장되었던 2010년 3월에는 '총대'를 내세우며 군사적 긴장을 고조시키는 노래가 대대적으로 방영되며, 남한과 미국에 대한 북한 사회 내부의 적개심을 고조 시키는 데 이용되었다.

---

101) "기다렸습니다"는 '오늘은 오실가 우리 어버이, 래일은 오실가 김정일 동지'로 시작한다.

9일	10일	11일
− 기다렸습니다	− 수령님은 밝은 미소 보내시네	− 장군님은 새 세기를 창도하신다
− 선군의 기치 따라 계속혁명 한 길로(2)	− 봄노래	(2)
− 김일성 대원수님은 우리와 함께 계신다	− 돌파하라 최첨단을	− 진군 또 진군
− 우리의 친근한 동지	− 우리는 총창을 더욱 굳게 잡으리	− 어머니 조국을 사랑 다해 받들렵니다
− 번개치라 희천 속도로	− 단숨에	− 총대로 받들리 우리의 강성대국
− 우리의 총대는 용서치 않으리	− 병사여 총창 높이 앞으로	− 용감하라
− 전선에서 만나자	− 죽음을 미제 침략자들에게	− 장군님 꽃펴주신 내 조국이라오
− 우리의 총창우에 평화가 있다	− 장군님 꽃펴주신 내 조국이라오	− 당의 기치 따라
− 번영하여라 노동당 시대	− 천리마 달린다	− 10월입니다
− 내 마음 즐거워라	− 청춘들아 받들자 우리 당을	− 너를 보며 생각하네
− 나는 생각해		

조선로동당 창건기념일이 있는 10월 18일에 방영된 노래에는 "우리의 김정일 동지"[192], "하늘처럼 믿고 삽니다"[193]와 같이 직접적인 찬양곡도 있고, "장군님 식솔"[194]처럼 노골적으로 김정일(김일성)과 인민 간의 관계를 혈연적 한 가정이라며 일체감을 강조하는 곡과 "우리는 빈터에서 시작하였네"[195]처럼 경제위기를 극복할

---

192) **"우리의 김정일 동지"**
아 그이는 우리의 김정일 동지/행복한 내 나라 한 지붕 아래/화목한 대가정을 꾸려주셨네/인민을 친형제로 키워주신 분/그이는 우리의 김정일 동지/아 우리의 김정일 동지/언제나 슬기론 인민이라고/소박한 그 생각도 정책에 담네/인민을 선생으로 부르시는 분/그 선생의 스승은 김정일 동지/아/인민을 열렬히 사랑하시며/한평생 인민위해 복무하시네/인민을 하늘처럼 믿으시는 분/그 하늘의 태양은 김정일 동지/아 김정일 동지/그 하늘의 태양은 김정일 동지.

193) **"하늘처럼 믿고 삽니다"**
품고 있는 생각도 모두다 말을 하고/움터나는 희망도 터놓습니다/하늘처럼 믿고 삽니다 장군님을 믿고 삽니다/천년세월 흐른대도 김정일 장군님만을/어려울 땐 그 품에 더 먼저 안겨들고/힘겨울 땐 그 손길 꼭 잡습니다/하늘처럼 믿고 삽니다 장군님을 믿고 삽니다/천년세월 흐른대도 김정일 장군님만을/온 나라가 운명을 맡기고 삽니다/온 세상이 미래를 의탁합니다/하늘처럼 믿고 삽니다 장군님을 믿고 삽니다/천년세월 흐른대도 김정일 장군님만을/하늘처럼 믿고 삽니다 김정일 장군님만을.

194) **"장군님 식솔"**(예술영화 민족과 운명 중에서)
고향은 다르지만 뜻이 같아 뜻에 살고/떠난 곳 어디여도 정에 끌려 정에 사네/흘러서 흘러 모여서 모여 형제 같은 너와 나는/아 한집안 식솔 장군님 식솔/품은 정 식지 않게 걸음걸음 덥혀 주고/지닌 뜻 변치 않게 깨우치면 볼살 피네/내리는 사랑 눈물로 안고 참된 도리 다해가는/아 장군님 식솔 장군님 민족/반만년 오랜 세월 살아오던 우리 민족/수령님 품에 안겨 한 식솔이 되었어라/인덕의 해님 밝은 빛 아래 한피줄로 이어받은/아 장군님 민족 김일성 민족 장군님 식솔.

수 있다는 메시지를 전하는 노래도 있다. 조선중앙TV는 프로그램 사이를 이렇게 김정일을 찬양하는 노래를 배치하고, 김정일화를 화면으로 방영하는 등 청각과 시각을 모두 김정일 선전에 동원하는 선전을 2000년대 내내 계속하고 있다.

195) **"우리는 빈터에서 시작하였네"**
불빛도 아름다운 락원의 밤이여/꽃물결 흘러가는 조국의 거리여/이 행복 주시려고 우리의 수령님/빈터우에 건국의 첫 삽을 뜨셨네/포화에 불타버린 페허우에서/우리는 맨손으로 시작하였네/수령님 우리들과 함께 계시며/천리마의 억센 나래 펼쳐 주셨네/우리는 제 힘으로 우리의 식대로/이 땅에 주체조국 높이 세웠네/오늘도 래일도 언제나 한마음/수령님과 당을 믿고 우리는 살리라.

5. 남한 관련 정보통제의 지속

1970년대 초에 남북한의 정권은 7·4남북공동성명을 통해 남북한의 평화적 공존을 선언하였지만, 남북한의 체제경쟁은 지속되었다. 정권 수립 이후부터 남한에 대한 비난을 그치지 않았던 북한 정권은 1970년대에도 신문과 잡지, 방송 등을 통해 남한 체제에 대한 비난을 지속해 왔다. 북한 정권이 비난한 가장 기본적인 대상은 남한 사회의 빈곤문제였고, 이와 더불어 발생하는 각종 비참한 사회적 사건을 중심으로 북한 주민에게 선전을 진행하였다.

빈곤문제 외에도 북한 정권은 노동 탄압, 열악한 주거환경, 빈곤층의 질병문제, 유아 해외입양, 매춘문제 등 남한의 사회문제를 지속적으로 비난하였다. 하지만 1970년대 이후 남한 경제가 성장하면서 북한의 남한 체제 비난은 점차 절대 빈곤문제에서 빈부 차이와 같은 사회적 갈등을 주목해 선전에 활용하는 변화를 나타냈다.[196] 1990년대에도 조선중앙TV는 기본적으로 남한 체제의 사회적 모순을 북한 주민들에게 전달하는 역할을 수행하는 데 초점을 맞춘 것으로 알려지고 있지만, 그 구체적인 내용은 확인하기 어렵다.

이 절에서는 2000년대 초와 2010년에 조선중앙TV가 남한을 어떻게 보도하였는지를 통계적으로 정리하고, 일정한 경향으로부터 벗어난 대표적인 두 가지 남한 관련 사건인 2000년 남북정상회담과 2010년 천안함 사건의 보도의 특징을 서술한다.

---

196) 이주철, "북한 잡지의 남한 사회문제 보도", 『현대북한연구』 13권 2호(2010).

1) 2001년과 2010년 남한 관련 보도

〈표 36〉 2001년 3월 조선중앙TV "8시 보도"의 남한 소식

2001년 3월 12~17일, 19~24일
– 서울의 연합뉴스에 의하면 "평화네트워크"를 비롯한 시민단체들은 남조선에 전투기를 판매하려는 미제를 규탄하는 성명을 발표함.
– 서울의 문화방송의 "이제는 말할 수 있다"에서 미제가 전쟁 시 경산 코발트광산에서 양민을 대량 학살한 사실을 밝힘(3. 14).
– 남조선의 한겨레신문 보도에 의하면, 경남 진주 등지에 김정일 위원장을 흠모하는 삐라가 뿌려졌다고 함(3. 15).
– 서울의 문화방송 보도에 의하면, 남조선과 미제의 불평등한 행정협정을 반대하는 반미단체에서 13일 미 대사관 앞에서 반미시위를 진행했다고 함.
– 15일, 한겨레신문은 "미국강경파에게 고함"이라는 사설을 통해 미국에게 한반도의 화해분위기를 해치지 말라고 경고함.
– 서울의 연합뉴스에 의하면, 노근리 양민 학살사건을 미국이 무성의하게 대하는 데 대해 희생자 가족들이 분노하고 있다고 함(3. 17).
– 서울의 연합뉴스에 의하면, 16일 기독교 교회협의회가 "미국의 냉전적 사고가 한반도를 긴장시킨다"는 성명 발표(3. 20).
– 남조선의 자주통일 민족회의는 미국의 정책이 조선평화와 안전에 위협적이라고 비난하는 성명을 발표함(3. 21).
– 한겨레신문에 소성혜가 미제의 야수성을 비난하는 글을 실음(3. 24).

<표 36>에서 보듯이 2001년 조선중앙TV의 남한에 대한 보도 내용에서 가장 핵심적인 내용은 남한 사회 내의 '반미' 소식이다. 반미 소식에 이어 큰 비중을 차지하는 것이 반일 소식인데,[197] 그 다음으로 많은 것은 남한에서 김정일을 흠모한다는 유의 보도였다.[198] 그 외에 남한의 반북 성향의 언론을 비난하는 뉴스와[199] 북

---

[197] 서울의 연합통신 보도에 의하면 남조선의 여러 단체 등이 일본의 역사왜곡에 대해 항의하는 집회를 가졌음(3. 4); 서울의 연합뉴스에 따르면 통일시대 민족문화재단이 1일 결성되어 친일행위를 한 '친일인명사전'을 5년 동안 편찬할 계획이라고 밝힘; 남조선 제1라디오에 의하면 교원단체 등이 종묘공원에 모여 일제교과서 왜곡에 대한 규탄 집회를 가짐(3. 5); 서울의 연합뉴스에 의하면 민화협이 2월 28일 성명을 발표, 일본의 새 교과서 왜곡에 북조선민족연합회와 공동대응하기로 함; 연합통신에 의하면 2차 대전 당시 조선인 학도병 강제소집 문서 발견(3. 6); 서울의 연합뉴스에 따르면 유엔인권위원회에 일본이 제출한 보고서는 여전히 왜곡되어 있다고 폭로함(3. 8).

[198] 남조선의 ○○노조지부장은 "노동자천국을 이끌어 가는 김정일을 흠모한다"고 했음; ○○노조도

한에 입국한 남한 인사들의 입출국 등 기본적인 동정보도가 있었다. 이처럼 조선중앙TV의 보도는 남한 내부와 관련된 소식을 북한 주민들에게 전달하지 않았고, 남북회담의 결과에 대해서도 회의 진행과정과 합의 내용만을 간략하게 전달하는 데 그쳤다.[200] 이러한 조선중앙TV의 남한 관련 보도의 특징은 '반미와 반일'에 초점을 맞추어 '반제국주의'를 통해 북한 체제와의 연대 가능성만을 선전한 것으로 정리할 수 있다. 이처럼 조선중앙TV는 북한 주민들이 남한 사회를 이해할 수 있는 남한 소식을 철저하게 통제하고, 남한 사회 내의 김정일에 대한 긍정적 '찬양 소식'을 만들어 냄으로써 북한 정권의 안정성을 높이고자 노력하였다.

이러한 경향은 남북 방송교류에서도 나타났는데, 북한은 남한 방송사의 북한에서의 뉴스 제작을 허용하면서도 남한에서 뉴스를 제작하거나 방송한 일이 거의 없었다.[201] 또 남한 방송에서는 북한에서 각종 다큐멘터리나 시사프로그램을 제작했지만, 북한은 남한에서 프로그램을 제작하지 않았고, 남한 방송이 북한에서 제작한 프로그램을 방송하지도 않았다.[202] 심지어 북한이 제작을 추진하다가 남한과의 협력을 통해 완성한 드라마 "사육신"조차 북한에서는 방영하지 않았다.[203]

"노동자들이 인민의 대표가 되는 이북이 그립다"고 했음(3. 6).

199) 서울의 문화방송 보도에 의하면 5일 민노총, 전교조 등 "조선일보 반대" 지식인들이 선언문을 발표하고 조선일보사 앞에서 시위를 함.

200) 2001년 11월 9~14일에 열린 남북 장관급회담에 대해 간략히 보도(제6차 북남 상급회담이 금강산 여관에서 개최. 회담에는 북측 김영성과 남측 홍순영이 참가. 이 자리에서 김영성 북측대표는 남측이 6·15공동정신을 이행할 수 없는 정세를 조성하고 있다면서 남측이 합의사항 이행을 위해 노력해야 한다고 주장)(11. 9).

201) 2000년 10월 SBS 평양에서 뉴스 진행, 2001년에 KBS와 MBC도 평양에서 뉴스를 진행했다.

202) 예외가 되는 것은 2002년 남북 교향악단 평양 합동공연, MBC의 평양공연, 2003년 KBS의 평양노래자랑을 들 수 있다.

〈표 37〉 2010년 6월 조선중앙TV "8시 보도"의 남한 소식

통일 관련 정부비판	남한(한미)군사 훈련	남한의 북한 체제 찬양	남한 정치	천안함 관련 정부 비판	합계
8	4	2	1	12	27

* 한상렬 목사 방북 관련 기사와 부시의 남한 기도회 참석 기사 제외.

<표 37>에서 보듯이 2010년에도 6월 한 달 동안 조선중앙TV의 "8시 보도"가 남한 소식을 전한 것 중에서 가장 많은 것은 '천안함 관련 정부 비판' 소식이 가장 많았는데, 이것은 이 시점의 특별한 상황에 영향을 받은 것이다. 하지만 그다음으로 많은 통일문제와 관련된 남한정부 비판과 남한(한미) 군사훈련과 관련된 기사는 비교적 일상적인 성격을 가지고 있다. 남한의 정치 소식도 조선중앙TV는 잘 전하지 않는데, 2010년 6·2지방선거의 여당 참패 소식은 남한 내 반정부 여론을 전하고자 하는 의도에서 보도된 것이다.

이처럼 조선중앙TV의 남한에 대한 보도는 기본적으로 남한 내부의 반정부·반미 소식 정도만을 전달하는 것을 방향으로 하고 있으며, 남북관계와 관련해서도 남한의 대북 인도적 지원과 같은 문제도 보도하지 않고 있다. 이것은 조선중앙TV의 보도 목적인 북한 체제의 결속에 도움을 주는 소식만을 전달하는 것을 방향으로 하고 있음을 보여 준다. 즉 조선중앙TV의 남한 보도는 2000년대에도 여전히 북한 정권의 강력한 통제상태에 있으며, 남북관계의 진행상태로부터 약간의 영향을 받는 정도라고 정리할 수 있다.

북한 정권이 남한 사회의 문제점조차 조선중앙TV에 잘 노출시

---

203) 드라마 "사육신"은 본래 정권에 대한 충성을 선전하기 위해 제작을 추진하였으나, 드라마 완성시점에는 후계계승 문제가 정치적 관심이 되면서 북한에서 방영되지 못한 것으로 추정된다.

키지 않는 것은 남한에 관한 동영상 화면이 제공하는 위험성을 인식하고 있기 때문이다. 이러한 문제를 노출한 것은 조선중앙TV가 1989년 세계청년학생 축전에 참여한 임수경과 관련된 소식을 화면에 등장시킨 때라는 증언이 있다.[204] 또 임수경 구속 이후인 1990년 12월 서울을 방문한 북한 기자들이 임수경 가족의 생활을 보도했을 때 북한 주민들은 임수경 가족이 큰 탄압을 받지 않고 여유 있는 생활을 하면서 거주하고 있다는 사실에서 '북한 체제에서는 존재할 수 없는 사건'이라며 큰 충격을 받았다고 한다.[205]

전체적으로 보면 북한 정권이 남한에 대해 갖는 기본적 전략과 전술은 2000년 남북 정상회담을 계기로 큰 전환이 이루어졌다. 그리고 이러한 변화는 조선중앙TV 보도에도 영향을 주어서 남한 사회에 대한 비난을 감소시켰다. 조선중앙TV는 그들이 남한 사회에 대한 비난 보도를 함으로써, 남한 방송이 북한 체제를 비난하는 상황을 만들지 않고자 하는 의도를 가지고 있었다. 즉 북한 정권과 조선중앙TV는 남북한이 모두 '내정간섭' 성격의 비난을 하지 못하도록 하는 상황을 만들고자 하는 목적을 가지고 있었고, 대신 김정일에 대한 우상화 선전과 북한 정권의 안정성을 선전하는 데 남한 사회의 반미운동 등을 활용하였다.

---

204) 다수의 탈북자들은 임수경을 보면서 남한의 빈곤에 대한 그동안의 선전에 의심을 가진 사람들이 많아졌다고 증언한다.

205) "1990년대 초반 남북 총리급회담이 열리자 남측을 방문한 북한기자단이 불시에 임수경 집에 들이닥친 일이 있었다. 진짜 가족이 피해 없이 살고 있는지 보겠다는 것이었다. 그 장면도 TV로 방영됐다. 이 장면이 특히 충격이었다. 가족이 아무 문제없이 살고 있다는 것도 당연히 놀라운 일인데 그 '역적'의 집 안에 그 귀한 천연색 텔레비전(컬러TV), 소파, 냉장고 등 없는 게 없었다. 냉장고를 열었을 때 통조림이나 우유 등이 쏟아져 나오는 모습에 북한 주민들은 그만 눈이 돌아갔다." 주성하, "임수경이 북한에 뿌렸던 금단의 열매들", 북한RT-주성하의 북한 Real Talk, 검색: 2011년 4월 30일.

2) 특별한 남한 관련 보도 두 가지 사례

(1) 2000년 남북 정상회담

2000년 남북정상회담 당시 남한의 방송과 신문이 활발하게 남북 정상회담을 보도했던 것에 미치지는 못하지만, 북한 방송은 남북정 상회담을 이전과는 비교가 안 될 정도로 적극적으로 보도하였 다.[206] 조선중앙통신과 조선중앙방송, 평양방송이 모두 남북정상회 담을 보도했지만, 조선중앙TV는 동영상을 가지고 있다는 점에서 다른 매체의 영향력과는 매우 다른 의미가 있다.

6월 13일 김대중 대통령의 평양 도착을 조선중앙TV는 오후 7시, 8시, 10시, 10시 30분 4회에 걸쳐 각각 23분 동안 집중 방송하였 다.[207] 주요 내용은 남측 대표단 평양 도착 및 연도환영 소식, 김대 중 대통령의 김영남 상임위원장 방문, 김 대통령의 만수대예술극장 무용관람, 김 대통령의 김영남 위원장 주최 인민문화궁전 만찬 참 석 등이었다.

6월 14일에는 오후 5시 10분, 8시, 9시 3회에 걸쳐 김대중 대통 령 방북이 조선중앙TV로 보도되었는데, 주된 내용은 김 대통령과 김 상임위원장의 최고위급회담, 김 대통령의 만경대학생소년궁전 방문, 이희호 여사 관련 동정 등이었다.

6월 15일에 조선중앙TV는 오후 5시 10분부터 6월 14일에 있었 던 김 대통령과 김정일 위원장의 단독회담 관련 보도를 시작으로 남북 공동선언 서명, 공동선언 내용, 김 대통령 주최 만찬소식을 전

---

206) 조선중앙TV는 정상회담 전에 발표된 '4·10남북합의'를 4회에 걸쳐 보도한 바 있다.
207) 북한의 언론매체들은 김대중 대통령의 평양 도착을 6시간 후인 오후 5시에 첫 보도를 하였다.

했다. 오후 6시와 7시에 재방영되었고, 8시에는 앞의 내용과 함께 김 대통령 환송장면이 첫 방송되었고, 9시에 재방송되었다.

조선중앙TV의 남북 정상회담 보도는 전체적으로 김정일의 위대성을 부각하는 데 초점을 두었다. 남북 정상회담을 김정일이 민족의 통일운동을 주도하는 모습으로 설명하고, 이것을 김정일의 '인덕정치', '광폭정치'의 산물로 포장하였다.[208] 평양 비행장에 모인 군중들의 환성은 '경애하는 김정일 동지를 몸 가까이 뵙게 된 군중들의 크나큰 감격과 기쁨'으로 해설되었고, 연도에 모인 군중들의 환호성도 '어버이 수령님의 조국통일에 대한 숭고한 뜻과 염원을 실현하시기 위하여 온갖 심혈을 기울이시며 조국통일의 밝은 전망을 열어주신 장군님을 높이 모신 우리 인민의 크나큰 긍지와 반영'이었다.[209]

전체적으로 조선중앙TV의 남북정상회담 보도는 김정일의 위대성을 선전하는 데 있었다고 평가할 수 있는데, 이러한 프로그램 구성은 김정일의 우상화 선전과 김정일에 대해 충성을 다하는 주민들의 전형을 항구적이고 우선적으로 선전하는 조선중앙TV 편성계획에 일치하는 것이다.[210]

조선중앙TV는 남북 정상회담 이후에도 남북 정상회담 소식을 수차례 방영하였고,[211] 6월 25일에는 6·25전쟁과 관련된 행사보도나 대남 비방을 보도하는 대신 기록영화 "위대한 령도자 김정일

---

208) "2천년대에…… 우리 인민은 민족의 태양이신 위대한 김정일 동지의 령도 밑에 통일만세를 부를 그 날을 반드시 안아올 것입니다," 조선중앙TV 6월 13일, 남측 대표단 평양 도착 및 연도 환영 소식 보도.

209) 조선중앙TV 6월 13일 남측 대표단 평양 도착 및 연도 환영 소식 보도.

210) 장해성, "북한의 언론 및 방송의 개혁개방 방안", 『북한조사연구』 2,2(1999), 68쪽.

211) 6월 24일 보도.

동지께서 김대중 대통령과 상봉"을 방영하였다. 이처럼 조선중앙 TV의 2000년 남북 정상회담 보도는 김정일의 위대성 선전과 주민들의 김정일에 대한 충성을 보여 주는 데 우선을 두고 있는 프로그램 편성이었지만, 북한 정권의 대남정책이 전환되는 모습을 가장 실감나게 선전한 것으로, 향후 남북관계 개선이 비교적 빠르게 전환되는 것을 예시한 것이라고 평가할 수 있다. 이처럼 조선중앙TV의 보도는 북한 주민들에게 당의 정책을 가장 실감나게 보여 주는 영향력을 가지고 있으며, 북한 주민들에게 남북관계 변화를 설명하는 역할을 수행하였다.

(2) 2010년 천안함 사건

2010년에 방영된 중요한 남한 관련 프로그램은 2008년 이명박 정부 출범 이후 진행된 남북관계의 경색을 반영하여 남한에 대한 비난을 기조로 하였다. 2009년 상반기에 격렬한 비난이 진행된 후 남북 정상회담 논의 등 남북관계 변화가 모색되던 2009년 하반기 시점의 연장선에서 2010년 1월 북한은 남한의 '용산참사'를 비난하는 좌담프로그램을 방영하였다.[212] 이러한 남한 사회의 갈등에 대한 비난은 남북관계가 협력적으로 진행되던 시점에는 자주 방영되지 않았지만, 북한 정권이 남한 체제를 비난하는 오랜 소재이기 때문에 특별한 부분은 별로 없다. 2월에도 조선중앙TV는 남한의 '인권문제', '대북정책으로 인한 갈등', '반정부 투쟁'을 비난하는 대담프로그램을 방영하였다(<표 38>).

---

212) '용산참사'는 2009년 1월 20일 용산구 남일당 건물 옥상에서 점거농성을 벌이던 세입자와 전국철거민연합회(이하 전철연) 회원들, 경찰, 용역 직원들 간의 충돌이 벌어져, 철거민 5명과 경찰특공대 1명이 사망하고 23명이 부상을 입었다. 경찰의 과잉진압이 논란이 된 사건이다.

− 시사대담: 용산참사의 주범은 처형되어야 한다(1월 20일)
− 대담: 인권 불모지에서 '인권' 타령(2월 2~3일, 2~3부) − 대담: 당국의 반통일 책동을 반대하는 남조선 인민들의 투쟁(4일) − 대담: 민주주의와 생존권을 지키려는 남조선 인민들의 투쟁(5일) − 대담: 당국의 반인민적 악정을 반대하는 남조선 인민들의 투쟁(10일)
− 외무성 대변인: 키리졸브 연습 관련 중앙통신기자와 문답 회견 − 시사대담: 강성대국 건설의 이끄시는 선군 영장에 대한 남조선 각계의 칭송(1부 15일, 2부 16일), − 시사대담: 방어의 외피를 쓴 북침 선제공격 연습(18일)
− 시사대담: 북침 핵선제공격 기도 밑에 감행된 합동군사훈련(4월 2일) − 시사대담: 북침 전쟁연습을 반대하는 남조선 인민들의 투쟁(4일) − 시사대담: 4·19의 리념은 실현되여야 한다(19일)
− 시사좌담: 광주대학살 만행의 원흉은 미국 1, 2(5월 18, 19일) * 천안함 사건 관련 제외
− 좌담회: 가리울 수 없는 조선전쟁도발자의 정체(6월 24일) − 좌담회: 미제의 새 전쟁도발 책동은 파탄을 면치 못할 것이다(25일) − 시낭독 프로그램 '난파선 리명박호' * 천안함 사건 관련 제외
− 좌담회: 우리 민족끼리의 리념을 실현하도록 이끄시여(7월 4일)
− 미제는 조선전쟁 참패의 교훈을 잊지 말아야 한다(8월 7일) − 시사대담: 제2의 조선전쟁을 노린 불장난 소동(26일)

하지만 3월부터는 키리졸브 훈련을 비난하는 대담이 시작되었고, 5월부터 7월까지 3월 말에 발생한 '천안함 사건'과 관련된 대남 비난 프로그램이 자주 방영되었다(<표 39>).

<표 39> 조선중앙TV의 천안함 관련 보도와 프로그램

– 조선민주주의인민공화국 국방위원회 대변인 성명(5월 20, 21일)
– 5시 보도: 북 인민무력부장, 남한당국에 국방위원회 검열단 수용 통고(22일)
– 5시 보도: 북 외무성대변인, 미국의 천안함 침몰 조사결과 지지 비난 담화(22일)
– 5시 보도: 북 전선중부기구사령관, 남 역적패당에게 보내는 공개 경고장(24일)
– 5시 보도: 북 국방위 대변인, 이명박 대통령의 대국민담화 비난(25일)
– 5시 보도: 북 조국평화통일위원회 대변인, 이명박 대통령의 대국민담화 비난(26일)
– 군사론평원의 글 "역적패당이 조작한 어뢰공격설의 진상을 논한다"(26일)
– 5시 보도: 조선인민군 총참모부 '중대 통고문'(27일)
– 5시 보도: 북 외무성 대변인 담화: 천안함 사건 관련 미국 비난(29일)
– 5시 보도: 조국통일민주주의전선 중앙위원회에서 남조선인민들에게 보내는 공개편지(29일)
– 북 국방위원회, 천안호 침몰 조사발표 관련 5월 28일 기자회견(29일)
– 평양시 군중대회 녹화실황(30, 31일)
– 5시 보도: 조국평화통일위원회 서기국보도, 제955호: 서해상 대잠훈련에 대한 경고(30일)
– 좌담회: 반공화국 날조극에 숨겨진 비열한 속심(30, 31일)
– 좌담회: 역적패당은 경거망동 하지 말아야 한다(6월 6·7일)   : 군인 3명(신동산, 리상길, 김태규)이 출연하여 20분간 남한 정부와 미국을 비난
– 좌담회: 남조선 언론을 통하여 본 '북어뢰공격설'의 진상(7월 22일)

북한은 '천안함 사건'의 책임이 북한에 있다는 남한의 민군합동 조사단의 조사결과가 발표된 5월 20일 '조선민주주의인민공화국 국방위원회 대변인성명'을 발표하며 '천안함사건'과 관련하여 남한 정부를 비난하기 시작하였다. 이어서 조선중앙TV는 보도시간을 통해 "북 인민무력부장, 남한당국에 국방위원회 검열단 수용 통고"(22일), "북 외무성대변인, 미국의 천안함 침몰 조사결과 지지 비난 담화"(22일), "북 전선중부기구사령관, 남 역적패당에게 보내는 공개 경고장"(24일)으로 이어졌다. 남한 정부의 '5·24조치'가 발표된 이후에는 "북 국방위 대변인, 이명박 대통령의 대국민담화 비난"(25일), "북 조국평화통일위원회 대변인, 이명박 대통령의 대국민담화 비난"(26일)이 방영되었고, 군사논평원의 글 "역적패당이 조작한 어뢰공격설의 진상을 논한다"(26일),213) "북 국방위원회, 천

안호 침몰 조사발표 관련 5월 28일 기자회견"(29일),[214) 평양시 군
중대회 녹화실황(30, 31일), "좌담회: 반공화국 날조극에 숨겨진 비
렬한 속심"(30, 31일)[215) 등의 프로그램이 계속되었다. 7월에 조선
중앙TV는 <좌담회> 남조선언론을 통하여 본 '북어뢰 공격설'의
진상(7월 22일)이라는 프로그램을 통해 남한 정부의 조사결과를 비
난하였다.[216)

'천안함 사건'과 관련된 조선중앙TV의 방송은 남한 관련 보도와
프로그램으로서는 양적으로 많은 편이다. 이럴 만큼 북한 정권과 조
선중앙TV는 대외적으로, 대내적으로 '천안함 사건'에 대해 적극적
으로 대응해야 할 필요가 있었던 것으로 볼 수 있다. 대외적으로는

---

213) 군사론평원의 글, "력적패당이 조작한 어뢰공격설의 진상을 론한다"(26일), 주요 내용: 저녁 8시 50
분경에 긴급 편성함. 약 40분 동안 남녀 아나운서 3명이 번갈아 가면서 낭독함. "1. 북 어뢰 공격설
은 황당한 날조설이다. 2. 과연 과학적이고 객관적인 조사결과인가. 3. 북 어뢰 공격설은 북풍을 노린
위기탈출용이다. 4. 보복에는 보다 높은 보복으로, 응징에는 우리 식의 무차별적인 징벌로"라는 4개
의 소제목으로 구분하여 낭독하였다. 대체적인 내용은 그동안 남한 사회에서 조사과정과 결과발표 이
후 제기된 의문을 북한에 유리하게 총정리한 것이다.

214) 북 국방위원회, "천안호 침몰 조사발표 관련 5월 28일 기자회견"(29일): 저녁 8시 37분부터 28일
에 진행된 기자회견을 1시간 15분간 방영함. 일부 외국인들과 북한 기자들이 있었고, 군인들도 다수
둘러 앉아 있음. 국방위 정책국장인 박림수 소장과 리선권 대좌가 북한 측 주장을 설명함(박기용 대
좌가 사회를 봄). 마지막 부분에서 조선중앙통신사와 로동신문사, 조선인민군신문사, 민주조선사, 조선
중앙방송위원회, 조선신보 기자가 질문을 하고, 박림수 소장과 리선권 대좌가 답변을 함(잠수정 어뢰
공격 가능 여부, 남한의 '북한 검열단' 파견 거부 이유, 가스터빈실 비공개 이유, 북남관계 전망). 외
신에서는 러시아 기자가 질문을 함. 러시아 조사단이 관심을 가져야 할 것을 질문하자, 박림수 소장은
러시아 조사단이 가서 조사를 하는 것에 관심이 없으며, '공정하게 행동하라'고 훈계조로 요구함. 박
림수 소장은 '과학기술이 발달'한 북한의 검열단이 남한에 갔다면 '좋은 조언'을 주었을 것이라며 조
사단 파견의 정당성을 주장하면서도, 러시아의 조사단 파견에 대해서는 불쾌한 기색을 드러냄. 중국
신화신문 기자는 개성공단 전망을 질문했고, 이에 대해 박림수 소장은 개성공단이 김정일의 은전을
받은 매우 중요한 곳이라며, 남측이 6·15와 10·4선언을 준수하느냐에 전망이 달려 있다고 말했다.

215) "좌담회: 반공화국 날조극에 숨겨진 비렬한 속심"(30, 31일), 30일에 약 20분간 좌담을 방영함(31일
재방). 조국통일연구원 부원장 리금철, 민족경제협력련합회 서기장 조현주, 조국평화통일위원회 서기국
부장 황철이 좌담에 참여해 남한정부의 대북정책을 비난했다.

216) 천안함이 1989년에 건조된 노후한 함선이라는 주장으로 시작하여 약 17분간 좌담이 진행됨. 좌담에
서는 남한의 언론매체인 중앙일보, 경향신문, 시사저널, 오마이뉴스, 신동아와 '민중의 소리' 등에 실
린 '천안함 사건' 조사결과에 대한 여러 가지 문제 제기를 소개하며, 북한의 어뢰공격이라는 '천안함'
관련 조사결과를 남한 당국의 조작이라고 주장함. 북한 주민들에게 '천안함 사건'에 북한 정권이 관
련되어 있지 않다는 메시지를 전달할 필요성을 느끼고 있는 것으로 보인다(2010년 7월 22일 방영).

조선중앙TV가 위성으로 해외에서 수신되는 기능을 활용하여 북한 정권과 '천안함 사건'이 무관함을 선전해야 했다. 그리고 대내적으로도 북한 주민들에게 '천안함 사건'에 대해 설명해야 할 필요가 있었다고 볼 수 있다. 즉 남북관계 악화의 책임문제에 대해 북한 정권은 조선중앙TV를 통해 남한과 해외, 그리고 북한 주민 모두를 설득해야 할 필요성을 절감한 것으로 보이며, 그 유력한 수단으로 조선중앙TV를 활용하였다.

2000년 남북 정상회담과 천안함 사건에 대한 조선중앙TV의 보도태도는 김정일 선전과 체제안정이라는 목적을 둔 편성으로 정리할 수 있다.

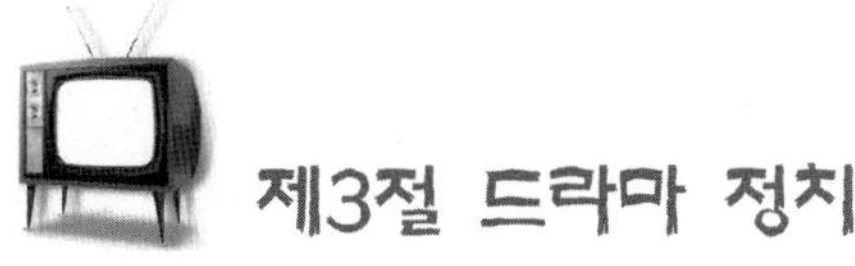

제3절 드라마 정치

영화와 TV드라마는 비슷한 점도 많지만 영화와 드라마 사이에는 일정한 차이점이 있다. 그 차이점에서 크게 주목되는 점의 하나는 드라마가 영화에 비해 일상생활을 반영하는 경향이 상대적으로 높다는 것이다. 우리의 방송 드라마에서도 나타나는 이러한 특징을 북한의 방송 드라마에서도 볼 수 있다. 이처럼 영화와 드라마의 차이가 나타나는 근본적인 이유의 하나는 방송 드라마가 훨씬 긴 방영 시간을 가지며, 매체의 특성상 현실적 관심에 민감하게 반응하여 제작된다는 점에서 찾을 수 있다. 부연하면 주로 90분 정도의 시간 안에 기승전결을 짓는 영화와는 달리 방송 드라마는 수십 시간까지 그 전개가 계속되기도 하며, 일년 내내 동일한 시청자를 대상으로 일상적인 이야기들을 통하여 '교양'을 해야 하는 데 주된 원인 있다고 할 수 있다.

따라서 일상생활에 대한 묘사가 많아질 수밖에 없으며, 일상의 모습을 보다 구체적으로 표현하는 것이 가능하다. 이러한 특징 때문에 '드라마 읽기'에는 북한 사회를 이해하는 방법의 하나로 사용되는 '소설 읽기'와는 또 다른 장점이 있다. 드라마는 소설작가가 보여 주기 어려운 부분, 즉 현재의 사회 현실을 시각적으로 보여 준다는 점에서 소설과는 다른 장점을 가지고 있다.

1. 조선중앙TV 드라마의 특징

1) 드라마 제작 원칙

북한은 국가가 방송 드라마와 영화 제작을 모두 관장하고 있고, 북한정권이 신문, 방송과 함께 영화를 당 정책 선전의 '효율적 무기'로 규정하고 있는 점은 북한 드라마를 볼 때 꼭 염두에 두어야 할 사항이다.[217] 북한의 방송과 영화는 모두 '인민들의 건전한 문화정서적 수요를 충족시키고 높은 문화예술 수준을 가진 사회주의 공산주의 건설자로 만들라'[218]는 헌법 정신에 맞는 역할을 수행하도록 방향 지어져 있다고 할 수 있다. 따라서 기본적으로 문화예술이 해야 하는 역할이 오락적 기능보다는 사상교양이라는 측면에 우위를 두는 것이 북한 문화예술의 특징이라고 할 수 있다. 그리고 이러한 사상교양을 오락 장르에 실려서 전달한다는 점에서 드라마나 영화는 최상의 선전도구라고 할 수 있다.

---

217) 강현두, 『북한 매스미디어론』, 나남, 1997, 35쪽.
218) 1998년에 개정된 북한 「헌법」 39조, 40조, 52조.

북한에서는 조선로동당 중앙위원회 선전선동부가 직접 방송을 운영하고[219] 국가 권력이 모든 제작기구를 장악하고 있기 때문에 조선로동당 조직이 방송 드라마의 모든 면에서 영향을 미친다.[220] 특히 텔레비전 방송은 초기부터 김정일의 유일적 지도하에 있었다[221]는 점에서 현재의 조선중앙TV의 보도와 드라마는 김정일과 조선로동당의 정책을 긴밀하게 반영하고 있다고 할 수 있다. 그리고 이러한 최고권력의 방송매체에 대한 장악은 우리가 생각하는 것보다 매우 세부적이고, 조직적으로 영향을 주고 있다고 생각된다.

북한의 영화가 철저한 당의 관리를 받으면서 그 역할과 내용에 대한 뚜렷한 이념적 규정하에 제작되어온 것처럼, 드라마도 조선로동당의 관리하에서 제작 방영되고 있다는 점에서 당성, 계급성, 인민성, 현대성이라는 제작 원칙[222]은 영화와 비슷하다고 할 수 있다.[223]

북한은 그들의 문학예술 건설 경험을 김일성이 제시한 주체적인 문예노선에 따라 김정일이 혁명적이고 인민적인 문학예술을 발전시키는 사업에 큰 의의를 부여하고, 주체적인 사회주의 문학예술을

---

219) 강현두, 앞의 책, 136쪽.

220) 현재의 조선중앙TV에 대한 조직관계를 보면 표면상으로는 내각 직속의 조선중앙방송위원회에 의해 관리되는 것으로 되어 있는데, 실제로는 조선로동당 비서국 선전선동부에 의해 통제되고 있다. 따라서 조선중앙TV의 편성과 제작, 보도는 모두 조선로동당의 정책과 직접적인 통제 안에 있다고 판단할 수 있다. 북한에서 제작 전시되는 모든 영화는 조선문학예술총동맹을 상급기관으로 하는 조선영화인동맹에 가입된 인원에 의해 제작되고 사전사후 철저한 사상 검토와 통제를 받고 있는 것으로 알려져 있다.

221) 강현두, 앞의 책, 149쪽.

222) 조선로동당 노선과 정책에 입각하여 작품의 소재를 선택하고 사회발전과 생활의 본질을 당정책과 관련해서 묘사해야 한다는 원칙인 당성, 계급적 이익을 옹호하는 수단으로서의 계급성, 인민의 생활과 관련된 사실들을 묘사해야 한다는 인민성, 현실적 모습을 그려야 한다는 현대성으로 정리된다.(김영훈, "북한 영화 어떻게 볼 것인가", 『탈분단 시대를 열며』, 삼인, 2000. 176쪽).

223) 조선중앙TV는 우리의 드라마 형식을 '텔레비전 예술영화'라 하기도 하는데, 이것은 영화와 텔레비전 드라마의 성격이 그만큼 유사한 것으로 인식하고 있음을 보여 주는 것이다.

개화발전시켰다고 정리하고 있다.[224] 조선로동당 문화예술부와 선전선동부를 거치며 김정일은 직접 문학과 예술에 대한 지도를 한 것으로 알려지고 있는데 1973년에는 『영화예술론』을 출간했고, 이 책은 영화 제작의 실무적인 지침서로 활용된 것으로 알려져 있다.[225]

김정일은 특히 광범한 대중을 교양하며 문학예술전반을 발전시키는 데 중요한 역할을 하는 영화예술에 힘을 집중하였고, 이 과정에서 영화문학의 중요성이 강조되어 영화문학작품이 많이 창작되고, '주체적인 연출체계'가 갖추어졌다고 한다.[226] 따라서 '북한 영화의 발전 과정'은 김정일이 영화에 대한 지도를 강화해가는 과정이었다고 정리할 수 있다.

이상과 같은 북한영화 제작의 기본 방향은 다음 여섯 가지로 집약된다. 첫째, 호소성이 높고 현실보다 앞서 나가는 영화의 제작, 둘째, '숨은 공로자'와 '숨은 영웅'을 소재로 한 작품 제작, 셋째, 사회주의애국주의정신 교양을 위한 영화제작, 넷째, 혁명교양, 계급교양에 이바지할 영화 제작·보급, 다섯째, 기록영화 제작, 여섯째, 영화에서 음악의 비중을 높이는 것이다.[227]

이 중에서 조선중앙TV 드라마 제작에 가장 중요한 영향을 끼친 것은 '호소성이 높고 현실보다 앞서나가는 제작'이라고 할 수 있다. 당과 수령에 대한 주민들의 충성심을 극대화시키고자 하는 목적을

---

224) 함덕일 편집, 『문학예술건설경험』, 사회과학출판사, 1984, 4쪽.
225) 북한에서는 "주체철학의 새로운 경지를 개척한 불후의 역사적 문헌"이라고 평가하고 있다.(강승춘, 『≪영화예술론≫에서 주체철학의 몇 가지 문제』, 사회과학출판사, 1992, 5쪽).
226) 함덕일, 위의 책, 72쪽.
227) 임순희, 『북한의 대중문화: 실태와 변화전망』, 통일연구원, 13쪽.

충족시키기 위해서는 호소성이 높고 현실보다 앞서 나가야 하는 드라마를 제작해야 하기 때문이다.

그리고 이들 드라마는 궁극적으로는 수령에 대한 충실성을 구현하고, 김정일 후계체제의 구축과 공고화를 목적으로 하는 '주체의 문예관'에 기초하도록 했다.[228] 이런 목적을 위하여 영화문학은 '사상이론가, 정치가, 통일 단결의 중심으로서의 수령의 위대성과 수령이 지닌 인간적 풍모의 위대성'을 수령·당·대중의 3위일체의 원칙에서 형상화하도록 했고 당연히 김정일의 형상도 수령형상 창조의 원칙대로 구현하도록 했다.[229]

2) 조선중앙TV 드라마의 방송 환경

2000년대 초까지 조선중앙TV는 상당한 양의 드라마를 제작했지만, 2000년대 후반에 들어서면서 드라마 제작이 크게 축소되었다. 지금까지 조선중앙TV 드라마가 처한 가장 큰 장애는 경제적 어려움이고, 그다음은 자유로운 창작이 불가능한 정치적 현실이라고 할 수 있다.

남한의 시각에서 북한의 드라마를 보면, 전체적으로 드라마의 소재가 단순하고, 긴박감이 떨어지며 '지루한 경향'이 있다. 또 각 회별 마지막 장면에서 극성이 부족하여 다음 회에 대한 기대감이 떨어지는 등 전체적으로 드라마의 긴장감과 재미가 부족하다. 북한의 드라마가 이러한 특징을 가지게 된 것은 북한의 방송환경과 체제

---

228) 임순희, 위의 책, 3쪽.
229) 임순희, 위의 책, 5~6쪽.

적 특성이 중요한 원인이라고 할 수 있다. 남한에서는 드라마가 상업방송을 대표하는 장르로서 다양한 소재와 자극적인 내용으로 치열한 시청률 경쟁을 하는 환경인 반면, 북한의 조선중앙TV 드라마는 경쟁이 존재하지 않는 근본적인 방송환경의 차이를 가지고 있다.

영상 측면에서 보면, 2000년대 초까지 조선중앙TV는 드라마 제작에 충분한 장비를 갖추지 못하고 있었다. 동시녹음 장비가 없어서 드라마 제작과정에서 동시녹음 대신 후시녹음을 했고, 발전차와 조명장비, 카메라 등의 제작 인프라가 부족하였다. 특히 조명환경이 열악하여 야간 촬영 장면에 특히 문제가 많았고, 남한에 비해 드라마 후반부 작업(음악과 음향, 색보정, 특수영상처리, 편집 등)도 부족했다.

반면에 드라마에 등장하는 배우들 중에는 내면 연기가 탁월한 연기자가 많이 있는 장점을 가지고 있지만, 느슨하고 설명적인 연출로 인해 남한의 시각에서는 전체적으로 지루하게 느껴지는 부분이 많다.

2. 조선중앙TV 드라마 분석

1) 드라마의 편성과 주제

여기에서 분석대상이 된 드라마는 2000년 11월부터 2001년 2월까지 방영된 드라마인데(21편 112회분), 편성시간을 살펴보면 대부분이 8시 뉴스가 끝난 후인 8시 30~40분에 시작되어 약 50분간 방영되었다. 대부분의 경우는 하루에 1회분이 방영되지만, 2회분이 연속으로 편성되는 경우도 가끔 있고, 몇 개월이 지나 재방송되는 경우도 있다.230) 요즘 남한의 드라마가 월화드라마, 수목드라마, 주말드라마, 일일드라마 형식으로 구분되는 경우가 많이 있는 데 비하여 북한의 드라마는 주로 일일드라마 형태로 방영된다. 그리고 조선중앙TV 드라마는 대체로 남한의 드라마보다 방영 횟수가 짧다는 특징을 가지고 있다.

드라마는 주요 뉴스인 저녁 "8시 보도"에 이어 가족들이 편안히 쉬는 시간에 방영된다는 점에서 김정일 관련 프로그램이 방영되는 7시 30분대 다음으로 좋은 시간대에 편성되어 있다고 볼 수 있다. 평일의 조선중앙TV 방송이 5시부터 시작해 대체로 10시 30분경에 끝나므로 드라마의 비중은 약 15%가량 된다. 그러나 프로그램 사이에 나가는 선전이나 찬양 노래 그리고 재방송 등을 제외하면 실질적인 비중은 20% 가까이 된다고 볼 수도 있다.

여기에 분석된 드라마는 단막극에서부터 길게는 10회가 넘어가는 경우도 있다.231) 하지만 대체로 1~2회 방영된 경우(6편)를 제외한 연속 드라마의 경우(3회 이상)는 평균 6.7회분 정도로 방영되었다. 구체적으로는 3회분이 4편, 4회분이 1편, 6회분이 2편, 7회분이 1편, 8회분이 3편, 10회분 이상이 4편 제작 방영되었다.

이 글에서는 2000년 11월부터 2001년 2월까지 방영된 드라마를 통해서 북한 사회의 현실과 조선로동당의 정책이 어떻게 반영되고

---

230) "붉은 소금"(11. 20~26)은 3월 하순에 재방영되었다.
231) 가장 길게 방영된 "석개울의 새봄"은 2~3월에 걸쳐 23회 방영되었다.

있는가를 살펴보았다. 즉 드라마의 소재, 주제, 주인공 그리고 배경 등을 분석해 조선로동당이 드라마를 통해 전하고자 하는 메시지를 정리하고자 한다.

드라마에 담긴 메시지를 정치, 경제, 사회, 문화로 나눈다면 50% 이상이 생산 독려(11편)에, 그리고 최고권력에 대한 충성심 고양과 체제 우월성 선전에 30% 이상(7편)의 비중이 주어져 있다. 물론 생산 독려의 경우도 단순하게 생산만을 고조시키려는 것은 아니다. 이 안에서도 최고권력자에 대한 우상화가 반복적으로 진행된다. 오히려 체제 자체의 우월성 선전보다 김정일 개인에 대한 우상화가 주로 진행된다는 점은 주의 깊게 살펴보아야 할 부분이다.

즉 북한 정권은 스스로 북한체제에 대한 선전에서 자신감을 상실하였다는 의미를 부여할 수도 있다. 일전에 김정일은 주변을 성토하며 자기 혼자 뛰고 있는 상황이라고 말한 바 있는데[232] 현재 김정일은 북한의 모든 사업이 사회전체의 노력에 따른 성과가 아니라 오직 자신에 대한 충성심에서 가능했던 것으로 주장하고 있는 셈이다. 즉 김정일은 자신이 없이는 북한의 산업생산 등 모든 것이 제대로 될 수 없다는 메시지를 강요하고 있으며, 실질적으로 국가재정을 혼자서 장악하고 자신의 결정에 따라 배분하고 있다.

그리고 이러한 메시지를 담은 드라마는 시청자의 눈을 끌기 위해서 청춘 남녀의 사랑을 소재로 첨가하여, 거의 모든 드라마가 남녀 간의 사랑을 드라마의 내용 전개에 사용한다.

드라마에서는 모든 주인공들을 김일성과 김정일에 대한 그리움

---

232) "1996년 12월 김일성종합대학 창립 50돌기념 김정일연설문", 『월간조선』 1997년 4월호, 308쪽, 316쪽.

과 충성심으로 가득 차 있는 것으로 그리고 있으며, 시대물에서는 김일성을 비교적 강조하여 그리고 있다. 눈을 끄는 것 중의 하나는 등장인물들이 모두 김정일에 대한 충성심을 절절하게 표현하고 있으며, 여성 주인공일수록 김정일에 대한 그리움과 숭모의 정을 뜨겁게 표현하고 있다는 점이다. 이를 통해 최고권력자에게 지배자로서의 만족감을 주는 것이 북한 드라마의 중요한 기능의 하나라고 추측할 수도 있다.

〈표 40〉 2000년 11〜12월 방영 드라마

제목	날짜	횟수	시간비율*	시대배경	주제	주인공의 직업
우리 료리사	11. 2	1	1.9%	현재	감자의 주식화	요리사
당겨진 시간	11. 4	1	1.9%	현재	생산량 초과달성	내화벽돌공장 지배인
배들은 바다로 나간다	11. 6〜8	3	5.8%	현재	조개 양식과 수산업 발전	수산사업소 지배인
인생의 절정	11. 9〜16	8	15.4%	현재 (80〜90년대)	과학자의 양심	과학연구사
가정의 재부	11.17〜18	2	3.8%	현재	당에 대한 충성	발전소 기사
탄부총각	11.19	1	1.9%	현재	결혼관	탄광 노동자
붉은 소금	11.20〜26	7	13.5%	현재	동해안 소금밭 건설	돌격대원
눈석이 전에	11.27〜30	3	5.8%	현재 (1990년대)	백두산 온천 건설과 충성심	돌격대 여단장
심장으로 보는 처녀	12. 1〜3	3	5.8%	현재	헌신적 노동자상	작업 선전대 처녀
분수령	12. 4〜9	6	11.5%	1960년대 초	대안의 사업체계 등장의 배경	대안전기공장 지배인
기관사	12.11〜20	8	15.4%	해방 직후	모범 노동자의 건국운동	기관사 김회일
오늘도 서있는 집	12.21〜29	8	15.4%	해방 직후	모범적 자본가의 건국운동 참여	양주공장 주인
축산반장의 교훈	12.30	1	1.9%	현재	토끼 사육	축산 반장

* 시간 비율은 2개월간의 총 드라마 방영 시간에서 차지하는 비율임.

<표 41> 2001년 1~2월 방영 드라마

제목	날짜	횟수	시간비율	시대배경	주제	주인공의 직업
구월산에 와보라	1. 1~2	3	5.0%	현재	구월산의 건설상과 청춘의 사랑	노동자
나의 소원	1. 4~7	4	6.7%	현재	국방과 충성심	군인
열망	1. 8~20	13	21.7%	현재	공장 재건	연합기업소 당 책임비서
대하는 흐른다	1.21~2. 2	12	20.0%	해방 직후	토지개혁	농민
새로 온 지배인	2. 3~8	6	10.0%	현재	탄광복구	제대군인 지배인
우리 이웃들	2.10~11	2	3.3%	현재	도시노동자 생활	전차 운전수
수평선	2.12~21	10	16.7%	1962년	수산업과 수령	제대 군인
석개울의 새봄	2.22~28	10 *1)	16.7%	한국전쟁 후	농업협동화	제대군인–당원

* 시간 비율은 2개월간의 총 드라마 방영 시간에서 차지하는 비율임.
* "석개울의 새봄"은 23회로 3월 10일까지 방영하였다. 하지만 본 도표에서는 2월분으로 한정하여 분석하는 관계로 분량은 10회로 계산하였다.

<표 42> 11~12, 1~2월 현대물과 시대물의 비중

	11~12월		1~2월	
	방영 편수	방영 일수	방영 편수	방영 일수
현대물	10(76.9%)	30(57.7%)	5(62.5%)	28(46.7%)
시대물	3(23.1%)	22(42.3%)	3(37.5%)	32(53.4%)

* 현재로부터 수년 사이에 있었던 일을 극화한 경우는 현대물로 분류.

드라마의 편수를 보면 현대물이 71.4% 정도로 시대물보다 많지만 방영되는 횟수 면에서는 현대물과 시대물이 51.8%:48.2%로 비슷하다<표 42>. 이를 통해 현대물들이 주로 짧은 시간 안에 메시지를 확실하게 전해주는 반면, 시대물들은 비교적 장편으로 길게 제작되는 경향이 있음을 알 수 있다. 특히 이런 시대물들은 오래전에 발표되어 이미 체제의 검열을 모두 마친 소설을 각색해 제작하는 것이 일반적이므로 제작진이 내용에 부담을 느낄 필요가 적다는 점도 작용한 것으로 볼 수 있다.

현대물들이 비교적 단편으로 제작되는 경향이 많은 이유를 정확히 알기는 어렵다. 하지만 사회 각 부문이 정상적으로 작동되지 못함으로 인하여, 각 부문에 대한 조선로동당의 선전이 다양한 소재의 드라마를 통해 제시되어야 하는 것이 단편을 주로 제작하는 배경으로 추측할 수 있다. 또 하나는 조선중앙TV의 제작 여건이 열악하다는 추측을 할 수도 있다. 이러한 어려운 제작 여건이 단편드라마의 양산으로 이어질 수도 있다는 생각이다. 또한 이것은 제작진들이 책임을 분산하는 효과를 가질 수 있는 장점도 있다.

북한의 드라마가 생산증대에 초점을 맞추고 있으므로 드라마에 등장하는 산업부문을 구별해 보는 것도 의미가 있다.

〈표 43〉 2000년 11월~2001년 2월 드라마의 배경 산업

	편수	방영 차수(비율)	드라마 제목
사회간접자본	4	13(16.7%)	가정의 재부, 탄부총각, 기관사, 우리 이웃들
중공업	4	23(29.5%)	당겨진 시간, 심장으로 보는 처녀, 분수령, 열망
경공업	1	7(9%)	붉은 소금
농업	2	22(28.2%)	대하는 흐른다, 석개울의 새봄
수산업	2	13(16.7)	배들은 바다로 나간다, 수평선
계	13	78(100%)	

* 사회간접자본에는 전력, 석탄, 철도, 버스 부문이 포함되며, 소금밭 간척지 건설은 경공업으로 분류하였고, 업종의 의미가 중요하지 않은 드라마는 분류에서 제외하였다.

위 <표 43>에 나타난 드라마의 배경 산업을 보면, 편수와 방영 횟수에서 가장 많은 것이 중공업이고, 방영 편수에서는 사회간접자본

이, 방영 횟수에서는 농업이 그다음으로 많다. 그러나 농업 분야는 모두 한국전쟁 전후의 토지개혁과 농업협동화를 다루고 있다는 점에서 중공업 다음으로 많은 비중을 두고 있는 것은 사회간접자본이라고 볼 수 있다.

경공업의 비중은 상당히 적지만 사회간접자본과 중공업, 농업, 수산업은 대체적인 산업비중에 따라 고르게 분포하고 있다고 할 수 있다. 이렇게 드라마의 배경으로 사회간접자본과 중공업이 중심에 놓인 것은 북한정권이 어디에 정책의 역점을 두고 있는가를 반영하고 있다. 드라마에 제시된 이러한 산업별 비율을 보면 드라마가 북한의 경제 현실과 비교적 일치하여 움직이고 있다는 설명이 가능하며, 북한정권이 시청자들의 경공업제품, 소비품에 대한 욕구를 억제하고 있다는 해석도 가능하다.

2) 드라마의 등장인물

주인공의 직업 비율은 2000년 11~12월의 경우 기업소 책임자가 단순 인원수 비율(30.8%)과 가중 비율(34.6%) 모두에서 가장 높았고, 다음으로는 노동자가 주인공으로 많이 등장하였다. 그리고 2000년 11~12월 드라마에서 특징적인 점은 당 고급간부가 주인공으로 등장한 점이다(가중 비율 19.3%)<표 44>. 이들이 모두 돌격대[233]의 책임자로 등장한 것도 흥미로운 일이다. 그리고 "인생의

___
233) 돌격대는 청년근로자들을 경제건설에 투입하기 위한 조직으로 지휘부, 연대, 대대, 중대 등의 군대식으로 편성된다. 1989년말 현재 22,000여 개의 청년돌격대에 180여 만 명이 편성되어 있다고 한다.(연합뉴스, 『북한용어 400선집』 158~159쪽). 2000년 10월에 완공된 평양-남포 간 고속도로도 이들 청년 돌격대에 의해 건설되었으며, 이름도 청년영웅도로로 이름 붙여졌다. 지금 북한의 중요 건설사업의 많은 부분이 이들에 의해 이루어지고 있다.

<표 44> 2000년 11월~2001년 2월 드라마의 주인공 직업

	현역군인-장교	당 간부	기업소 책임자	협동농장 책임자	노동자	농민	과학자
우리 료리사					*(1.9%)		
당겨진 시간			*(1.9%)				
배들은 바다로 나간다			*(5.8%)				
인생의 절정							*(15.4%)
가정의 재부					*(3.8%)		
탄부 총각					*(1.9%)		
붉은 소금		*(13.5%)					
눈석이 전에		*(5.8%)					
심장으로 보는 처녀					*(5.8%)		
분수령			*(11.5%)				
기관사					*(15.4%)		
오늘도 서 있는 집			*(15.4%)				
축산반장의 교훈						*(1.9%)	
인원 수(인원 수 비율)		2(15.4%)	4(30.8%)		4(30.8%)	1(7.7%)	2(15.4%)
인원에 방영 횟수 가중 비율		19.3%	34.6%		28.8%	1.9%	15.4%

	현역군인-장교	행정기관책임자	기업소 책임자	협동농장책임자	노동자	농민	과학자
구월산에 와보라					*(5%)		
나의 소원	*(6.7%)						
열망			*(21.7%)				
대하는 흐른다						*(20%)	
새로 온 지배인			*(10%)				
우리 이웃들					*(3.3%)		
수평선		*(16.7%)					
석개울의 새봄				*(16.7%)			
인원 수(인원 수 비율)	1(12.5%)	1(12.5%)	2(25%)	1(12.5%)	2(25%)	1(12.5%)	
인원에 방영 횟수 가중 비율	6.7%	16.7%	31.7%	16.7%	8.3%	20%	

* "심장으로 보는 처녀"의 선전대는 노동자로 분류하였으며, "오늘도 서 있는 집"의 주인공은 자본가인데 기업소 책임자로 분류하였다.
* %는 2개월 중 드라마 방영 횟수 비율을 나타냄.

절정"에서는 과학자를 주인공으로 내세워(가중 비율 15.4%) 북한 정권의 과학 분야에 대한 관심을 드러냈다.

북한의 돌격대는 청년근로자로 편성되어 군대식 조직으로 움직이는데, 이들을 주제로 한 드라마가 11~12월 드라마에서 약 20%의 방영 횟수 비율을 나타냈다. 그리고 2001년 1~2월 드라마에 비하면 11~12월 드라마에서는 지배인이나 노동자의 경우도 군인출신이라는 점이 크게 강조되지 않고 있다. 오히려 군인보다는 돌격대의 책임자로 나오는 당간부에 중요한 비중이 두어졌다. 따라서 11~12월 드라마에서는 군대와 유사한 조직 편제를 가진 돌격대가 군대를 대신하여 강조되었는데, 이는 조선로동당의 '사회 전반에 대한 강력한 군사문화의 착근 의도'를 표현했다고 볼 수 있다.

2001년 1~2월 드라마에서 주인공의 직업은 단순 비율로는 군인이 12.5%(가중 비율 6.7%), 산업(농, 공, 수산) 관련 행정기관과 기업소 책임자[234]가 50%(가중 비율 65.1%), 노동자 25%(가중 비율 8.3%), 농민 12.5%(가중 비율 20%)이다.

따라서 1~2월 북한 드라마의 주인공은 경제와 관련된 책임자의 비중이 가장 크다. 그런데 1~2월 드라마에서는 주인공의 직업에서 주목할 점이 보이는데, 바로 중요한 주인공들의 대부분이 제대군인이며, 특히 장성이나 장교 출신을 모델로 하였다는 점이다. 현역 군인의 비율은 가중 비율로 6.7%에 불과하지만, 제대군인을 포함한 군인의 비중은 단순 비율이 50%이고, 가중 비율도 50.1%이다. 그리고 이들 군인들은 모두 긍정적인 인물로 묘사되는 점도 의미가 있다.

---

234) "수평선"(2. 12~21)(1962년 북한의 수산업을 책임진 수산상) 포함.

〈표 45〉 주요 등장인물 직업(주인공 포함 6명 이내 선정)

	현역군인	당, 행정기관 간부	기업소 책임자	기업소 중간책임자	노동자	농민	사무원, 인텔리
우리 료리사					3		1
당겨진 시간			1	1	2		
배들은 바다로 나간다			2		2		
인생의 절정		1					3
가정의 재부					2		1
탄부 총각			1		2		
붉은 소금		1			3		
눈석이 전에		1					2
심장으로 보는 처녀					4		
분수령		1	1	1	1		1
기관사					3		1
오늘도 서 있는 집		1	1	1	1		2
축산반장의 교훈					1	2	1
구월산				2	2		2
나의 소원	4						
열망		1	2	2	2		2
대하는 흐른다			2			4	
새로 온 지배인			2		2		1
우리 이웃들					2		2
수평선		1		1	1		2
석개울의 새봄		2				4	
계	4(4.1%)	9(9.3%)	12(12.4%)	8(8.2%)	33(34%)	10(10.3%)	21(21.6%)

* 주요 등장인물이 여러 명인 경우는 분류에 약간의 차이가 있을 수 있음.
* 지배인, 부지배인은 책임자로 분류.

〈표 46〉 현대물 주요 인물 직업(주인공 포함 6명 이내 선정)

	현역군인	당, 행정기관 간부	기업소 책임자	기업소 중간책임자	노동자	농민	사무원, 인텔리
우리 료리사					3		1
당겨진 시간			1	1	2		
배들은 바다로 나간다			2		2		
인생의 절정		1					3
가정의 재부					2		1
탄부 총각			1		2		
붉은 소금		1			3		
눈석이 전에		1					2
심장으로 보는 처녀					4		
축산반장의 교훈					1	2	1
구월산				2	2		2
나의 소원	4						
열망		1	2	2	2		2
새로 온 지배인			2		2		1
우리 이웃들					2		2
계	4(6.2%)	4(6.2%)	8(12.3%)	5(7.7%)	27(41.5%)	2(3.1%)	15(23.1%)

기업소의 책임자가 '열망'의 경우를 제외하고는 대체로 군인 출신이라는 점을 보면 현재 북한 사회의 대표적 모범 모델은 군인이라고 할 수 있다.

드라마의 대부분이 산업 관련인 만큼 드라마에 등장하는 주요 등장인물의 54.6%가 기업소 관련 직업인 노동자(34%), 기업소 책임자(12.4%), 기업소 중간책임자(8.2%)이다(<표 45>). 그리고 이 비율은 기업소에서 일하는 사무원, 인텔리를 포함하면 더 높아지는데, 4개월간의 드라마 중에서 기업소를 배경으로 하는 경우가 21개 중에서 11개이므로 이 비율과 거의 일치한다고 할 수 있다.

드라마의 길이에 따라 나타나는 등장인물의 직업 특성을 보면, 6회 이상의 긴 드라마에서는 노동자들보다는 기업소 책임자나 중간 책임자가 주요 인물이 되는 경우가 더 많다는 사실을 지적할 수 있다. 이렇게 긴 드라마들에서 책임자의 역할을 더 많이 부각시키고 있다는 것은 북한의 기업소 실정이 노동자들보다 관리 책임자의 능력과 헌신에 의존하고 있음을 보여 준다.

현대물의 주요 등장인물 직업을 보면 노동자의 비율이 높아지고 농민의 비율이 낮아지는 것이 특징이라고 할 수 있다<표 46>. 농민의 비율이 낮은 것은 "대하는 흐른다"와 "석개울의 새봄"과 같은 농촌을 배경으로 한 드라마가 모두 한국전쟁 전후를 시대배경으로 하는 시대물이기 때문이다. 현재의 농촌을 다루는 드라마가 적은 것은 북한의 식량난이 문제가 되고, 농업이 그토록 심각한 문제가 있음에도 식량난을 해결할 수 있는 특별한 대책이 마련되지 못한 것과 관련이 있을 수도 있다. 그리고 농촌을 배경으로 하고 있는 두 편의 드라마가 모두 토지개혁과 농업협동화의 우월성을 다룬다는 점에서 조선로동당의 농업정책 변화를 예상하기 어렵다고 할 수 있다.

모든 드라마에서 부정적인 인물이 등장하는 것은 아니다. 대체로 두 편 중에서 1편 정도에 부정적인 인물이 등장하는데 부정적인 인물의 묘사는 법적인 제재의 대상에서부터 단순 교양대상까지 폭이 상당히 넓다. 그런데 대체로 부정적 인물로 묘사된 행정간부 그리고 무역이나 상행위에 종사하는 자는 법적 제재의 대상에 해당된다.

〈표 47〉 드라마별 주요 부정적 인물의 직책

	행정기관 책임자	기업소 책임자	기업소 중간책임자	노동자	농민	지주	사무원, 인텔리	부정적 요소
우리 료리사							음식 연구원	비현실적 사고
당겨진 시간			중간 간부					외부에 생산 의존
배들은 바다로 나간다			부지배인					눈앞의 문제만 책임회피식으로 해결하는 행태
인생의 절정							연구소 책임자	
가정의 재부							무역	금전 탐욕, 상행위
탄부총각								돈 많은 남자와 결혼하려는 세태
붉은 소금	농업위원회 부위원장						휴양소 사무원	자기 살길만 찾는 행태
분수령		지배인						독단적 기업소 운영
축산반장			축산반장					눈가림 행정
나의 소원								어려움 회피
열망	부총국장	기사장	직장장				연구사	부정타락, 독단, 무능, 패배주의
대하는 흐른다						지주		
새로 온 지배인			부기사장				무역 상사원	부정타락
수평선	부수상, 도 농수산 관리국장						예수교도	'종파'
석개울의 새봄				치안대 가담		지주		

* 부정적 인물이 뚜렷하지 않은 드라마는 제외.

　시대물에서의 부정적 인물의 성분은 지주나 치안대 가담자, '종파분자' 등 계급적 적대자로 제한되어 있다. 하지만 현대물에서는 중앙부서의 부총국장이나 도 수산관리국장 등과 같은 행정간부와 함께 지배인, 부지배인, 기사장, 부기사장, 직장장과 같은 기업소 간부, 그리고 연구사, 무역상사원 등이 부정적 인물로 등장한다 (<표 47>).

이들 부정적 인물의 중요한 특징은 간부로서의 책임감이 없거나 눈앞의 문제만을 해결하려 할 뿐 올바르게 일을 하려는 생각이 없는 사람, 돈에 유혹을 받아 타락한 인물로 대외무역과 관계된 사람, 그리고 북한의 과학기술에 대한 신념을 잃은 사람들이라는 점이다.

이들 부정적 인물들은 모두 사업을 열심히 추진하지 않고 자신의 책임을 임시방편적으로 모면하려 하거나 사업을 방해하기도 한다. 또 돈의 유혹에 빠져 대외무역과 관련된 부정한 이익을 나누고 있는 인물들로 묘사되고 있다. 이처럼 북한의 대외무역에 종사하는 사람들을 중심으로 여러 가지 부정적인 현상이 노출되고 있음을 드라마에서도 확인할 수 있다. 그리고 직장에서 무조건적으로 성과만 내려하거나 현실의 어려움을 이겨내려 하지 않고 자기만 살려고 하는 간부들이 부정적 인물로 등장한다는 점에서 북한체제가 대단히 심한 사회 분열현상을 가지고 있는 어려운 처지에 있음을 보여 준다.

3) 드라마의 분위기

<표 48>을 통해 보면 2001년 1~2월 드라마 8편은 대체로 밝은 분위기를 지향하고 있다. 특히 신년 1월 1일에 시작한 '구월산에 와보라'는 청춘 남녀의 사랑이야기를 구월산 관광을 통해 전개

한 매우 밝은 내용이다. 이 드라마에 이어진 "나의 소원"은 군인 생활이라는 다소 무거운 주제를 다루지만, 여성군인들의 명랑한 모습을 가지고 분위기를 밝게 유지하면서 어려움 속에서 시련을 견뎌내는 모습을 그리고 있다.

<표 48> 드라마의 분위기

		구월산에 와보라	나의 소원	열망	대하는 흐른다	새로 온 지배인	우리 이웃들	수평선	석개울의 새봄
분위기	밝음+	*							
	밝음		*_				*+		
	중간+				*			*	*
	중간−			*		*			
	무거움								
시기	현재	*	*	*		*	*		
	1960년대							*	
	1950년대								*
	1940년대				*				
선전대상	김정일	*	*	*		*	*	*	
	김일성				*			*	*
선전 강도	강	*	*					*	
	중			*		*	*		
	약				*				*

* 밝음+는 어두운 요소가 없는 경우
* 밝음은 어두운 요소(경제적 어려움)가 있지만, 전체적으로 밝은 경우
* 중간+는 어려운 경제 환경 등을 보여 주지만 희망적인 미래를 제시하고 있는 경우
* 중간은 어려운 경제 현실을 노골적으로 드러내 보여 주는 경우
* 선전 강도 강은 내용 자체가 선전용이거나, 내용에 억지로 찬양을 삽입한 경우
* 선전 강도 중은 드라마 내용 전개 중에 강조하여 찬양한 경우
* 선전 강도 약은 드라마 내용 전개 중에 찬양이 비교적 자연스럽게 들어간 경우

"구월산에 와보라" 다음으로 밝은 모습을 보여 주는 드라마는 "우리 이웃들"인데, 이들 두 편의 드라마가 가지는 밝은 분위기의 비율을 방영 횟수로 따진다면 약 10%가 되지 않는다. 대체로 북한

의 시청자들은 10일에 한 번 정도로 밝고 명랑한 분위기의 드라마를 봤다고 할 수 있다.

반면에 무거운 분위기를 가진 드라마는 '열망'과 '새로 온 지배인'인데, 이 드라마는 모두 현재 북한의 연합기업소와 광산을 무대로 한다는 점에서 북한경제의 어두운 현실을 반영하고 있다. 이 드라마 두 편이 차지하는 방영 횟수 비율은 약 30%가 넘으므로, 수산업의 어려움을 극복하는 '수평선'까지 포함하면 북한의 TV 시청자들은 어려운 경제를 이겨내자는 주제의 드라마를 이틀 걸러 하루씩 보고 있다고 할 수 있다.

드라마의 무대가 되는 시대배경은 5편이 현재물(방영 횟수 28회), 해방 후에서 60년대까지를 다룬 시대물이 3편(방영 횟수 32회)으로, 방영 횟수 면에서는 비슷하게 편성되었다. 이것은 북한이 현 체제의 선전을 위해서는 과거의 어려움을 끊임없이 들먹여야 하는 어려운 현실에 있음을 보여 준다.

반면에 선전의 대상은 김일성에서 김정일에게로 중심이 넘어 왔다고 할 수 있다. 김정일 선전은 드라마의 편수(6편)에서 75%, 시간 비율(38회/60회)에서 63%에 달한다. 그러나 "수평선"과 같은 드라마는 김일성과 김정일을 연결하여 선전하면서 김정일을 부각하고 있고, 아직도 김일성에 대한 선전이 절반 정도를 차지한다는 점에서 김정일의 독자적 이미지 구축은 아직도 미흡하다고 평가할 수 있다. 즉 김정일은 아직도 수령 김일성의 아들 김정일로서 존재하는 측면이 있다.

이러한 예는 방송 전반에서 찾을 수 있으며, 드라마의 여러 곳에서도 나타난다. 드라마 "나의 소원"에서는 드라마의 마지막에 김일성이 등장한다. 병사의 꿈속에 등장한 김일성은 김정일 최고사령관을 옹위할 것을 당부하고, 김정일 최고사령관이 있으므로 자신은 언제나 병사들과 함께 있다고 말한다. 드라마는 꿈속에 등장하는 김일성을 통하여 김일성의 후광을 전달하고 있다는 점에서 김정일은 상징조작이라는 측면에서 아직도 김일성에 기대고 있음을 보여준다. 이러한 사례는 조선중앙TV 프로그램의 전반에 걸쳐 나타나고 있다는 점에서 김정일은 우상화에서 아직 독립적인 위치에 있지 못함을 알 수 있다.

드라마에서의 최고권력자에 대한 선전의 강도는 다른 프로그램에 비하여 강하다고 할 수는 없다. 하지만 위 <표 48>의 강도에 대한 기준으로 본다면 강과 중간 그리고 약이 혼재되어 있다. 그런데 대체로 김정일에 대한 선전 부분은 억지로 찬양을 삽입한 경우가 많고, 김일성에 대한 부분은 찬양이 비교적 자연스럽게 삽입되었다는 점에서 크게 비교가 된다. 이 부분은 김정일의 업적이 축적이 되어야만 해결될 수 있기 때문에, 김정일에 대한 우상화가 드라마의 내용 전개에 계속해서 부담이 될 것으로 보인다.

3. 드라마를 통한 체제 선전

1) 최고권력자에 대한 충성 강요

드라마에 나타난 가장 중요한 선전 내용은 사회주의체제의 유지라고 하기보다는 김정일에 대한 충성과 자력갱생의 논리에 있다고 할 수 있다. 드라마는 뉴스나 체제 선전 프로그램과는 달리 김정일에 대한 체계적이고 논리적인 선전보다는 정서적이고 감정적인 호소에 중점을 둔다. 탈북자들에 대한 설문조사에서 나타난 결과에 의하면 북한에 거주 시 좋아했던 프로그램이 예술영화(29.5%)>텔레비전 연속물(13.9%)>체육경기(11.5%)>노래자랑(10.7%) 순이었고235) 김일성 부자 선전방송과 같은 정치적 프로그램에 대해서는 선호도가 매우 낮았다.

김정일에 대한 찬양과 선전은 드라마의 곳곳에서 때로는 구체적으로, 때로는 상징적으로 그려지고 있다. 일상적으로 나타나는 찬양에는 여러 가지 유형이 있는데, 대체로 '죄인 자책형', '절대 복종형', '흠모 찬양형', '은총 보답형'이라 할 수 있는 유형의 인물들을 통해 이루어진다. 그리고 이러한 유형이 종합되어 김정일을 종교적 차원의 숭배 대상으로 끌어올린다.

첫째 유형은 '죄인 자책형'이다. 자신의 역할이나 책임을 다하지 못했다 하여 스스로 죄책감에 시달리는 유형이다. 드라마 '열망'에서는 설계실장이었던 한석민이 이 유형에 해당된다. 한석민은 수년 전에 당비서의 강요에 의해 수행한 종합채탄기 설계에 실패한 후, 이것으로 인하여 수령님께 근심을 끼쳤다며 설계실을 떠나 노동자가 된다. 그리고 반성을 하며 헌신적으로 일하면서 언젠가는 몇몇 선진 자본주의 국가들에서만 만들 수 있는 선압기236)를 만들겠다

235) 김귀옥, "남북한 텔레비전 프로그램 교류와 통합 방안 모색", 『남북한 화해·협력시대의 방송의 역할 -2000 KBS 통일방송 국제 심포지엄』, 3~27쪽.

236) 금속을 가공하는 기계의 하나로 소재를 나사모양으로 운동시키면서 필요한 형이 되도록 압착하여 가공한다.(『조선말대사전』(평양: 사회과학출판사, 1992)).

며 일과노동 후에 혼자서 설계에 열중한다. 그러면서 그는 "선압기가 완성되어 경애하는 장군님께 보고를 드리기 전에는 발 편한 잠을 잘 수도 없다"며 삶의 최종적인 목표를 김정일에 대한 충성으로 표현한다.

둘째 유형은 '절대 복종형'이다. 북한 체제에서 보여 주는 절대적 가치는 수령의 영도에 대한 무조건적 복종이다. 드라마 '열망'에서 가장 중요한 부분은 선압기를 자력으로 만들어 내는 부분이다. 타 공장에서 실패한 선압기 제작을 김정일로부터 지시받고, 당 책임비서와 지배인은 이를 적극적으로 추진한다. 드라마에서는 지배인이 이미 선압기 제작을 염두에 두고 있었던 것으로 그렸지만, 선압기가 어떻게 생긴 기계인지조차 모르던 책임비서는 무조건적으로 선압기 제작을 추동하고 나선다.

일을 추진할 때 늘상 앞뒤를 생각하며 논의를 하던 지배인도 유독 김정일의 지시에 대해서는 무조건적인 태도를 보인다. 무조건적으로 제작에 나서는 부분에서 전달하려고 하는 메시지는 김정일의 지시에 대한 무조건적인 복종이라고 할 수 있다.

셋째 유형은 '흠모 찬양형'이다. 드라마 "나의 소원"에서 병사들의 목표는 김정일에 대해 충성을 다하고 김정일의 현지지도를 받는 부대가 되는 것이다. 작품 전반에는 김정일의 은총을 받기를 갈망하는 분위기와 기대감이 깔려 있다. 드라마에서 전반적으로 흐르는 구호를 보면 이 군대는 인민의 군대가 아니라 김정일의 군대라고 할 수 있다. "언제나 (김정일에게) 기쁨만 드리고 싶다"는 대사가 반복적으로 사용된다.

드라마의 맨 마지막 장면에서 김정일이 '순결한 충성심'을 가진

해안포병 부대를 방문한다는 소식이 전해지자, 여성 해안포병들은 감격에 휩싸인다. 하지만 중대장 명순은 아직 '장군님 모시기에 부족한 부대'라며 고개를 떨군다. 그리고 '친자식의 깨끗한 양심으로 장군님을 섬길 것'을 요구하는 마지막 멘트가 흐른다.

하지만 김정일에 대한 찬양은 '사회주의 북한을 지켜낸 분'이라는 찬양을 제외하고는 대체적으로 구체성이 없고 막연한 구호가 대부분이다. "백두광명성으로 탄생하신 분", "안광에서 내뿜는 천재적인 예지와 장군다운 배짱은 이 세상 누구도 따를 수 없는 분", "자애롭고 신비스러운 분"[237] "차 안에서 자는 쪽잠이 가장 달다시며, 천령의 험한 길을 운전대를 잡고 넘으신 분"[238] 등이다. 김정일에 대한 찬양이 업적에 대한 찬양으로 이어지지 못하고 '인품'이나 '운전과 같은 고생스러움'을 마다하지 않으시는 분이라는 식으로 묘사할 수밖에 없는 상황은 최근 김정일의 통치에서 인민들이 피부로 느낄 수 있는 구체적인 성과가 부족함을 보여 준다.

넷째 유형은 '은총 보답형'이다. 김정일은 성과에 대해 응분의 혜택을 주며, 특히 희생에 대해서 적극적인 보상을 제공하는 이미지를 준다. 드라마 "열망"에서는 선압기 제작에 성공한 후, 여기에 기여한 노동자들에게 당원의 자격이 주어진다. 특히 전기로를 살리기 위하여 목숨을 바친 전기직장장의 아이들에게는 혁명학원에서 공부할 수 있는 기회가 주어진다.[239] 드라마의 최종 메시지는 충성에 대한 보상을 상징적으로 또는 구체적으로 보여 주는 장면이 매

---

237) "수평선"(2. 12~21).
238) "붉은 소금"(11. 20~26).
239) "열망"(1. 8~20).

우 많다.

이것은 충성을 다해 돌격하는 "모든 사람들이 사업하면서 자신의 명예를 생각"[240]한다는 것이 북한의 일반적 현상인 점과 관계가 깊다. 즉 북한사회 안에 실제로는 '죄인 자책형', '절대 복종형', '흠모 찬양형'은 소수에 불과할 것으로 보인다. 특히 '죄인 자책형'이나 '절대 복종형' 인간은 '흠모 찬양형'과는 다른 수동적 모델로서 '은총 보답형'에 가깝다고 할 수 있다. 따라서 적극적으로 보상이 따르지 않는 상황에서는 절대적인 존재로서의 김정일의 이미지 형성은 어렵다고 할 수 있다.

이런 이유로 김정일은 물질적 보상보다는 실적에 대한 다양한 포상을 통하여 충성 경쟁을 시키고 있다. 결론적으로 정리하면 김정일은 '평등'을 추구하는 체제를 건설하려는 것이 아니라 '충성 경쟁'에 대한 김정일의 보상이라는 사적 종속관계를 구축하려 하고 있다. 그리고 김정일은 김정일 정권의 체제유지를 위하여 인민들의 복종을 노골적으로 요구하는 데 TV 드라마를 사용하고 있다.

2) '자력갱생'의 해석 확대

조선중앙TV 드라마에 나타나는 최대의 논리적 갈등은 자력갱생의 문제이다. 북한 사회가 처한 경제적 어려움이 이미 노골화된 지 오래이고, 이를 극복하기 위하여 내세운 논리인 자력갱생의 구호 역시 일상화, 만성화된 지 이미 오래이다. 따라서 자력갱생의 구호

---

240) "인생의 절정"(11. 9~16)/자신의 명예는 실질적인 이익을 포함하는 의미이다.

는 이미 그 약효를 상실하였고, 처방으로서의 한계에 부딪친 것이 드라마의 전반에 나타난다.

이제는 자력갱생의 의미가 절대적인 가치가 아니며 자력갱생의 논리 안에서 합리성을 찾도록 해석의 폭이 넓어졌다. 그렇다고 해서 북한정권이 자신들의 경제적 실패의 원인을 내부에 있다고 인정하고 있는 것은 아니다. 북한정권은 "사회주의 시장이 붕괴되고 제국주의자들의 경제적 압력이 강화되면서 어려운 처지에 빠졌다"고 주장하고 있으며, "자립적 민족경제의 위력한 토대를 만들어 놓고도 훌륭한 용마를 타는 방법을 몰라 경제적 난국을 조성하고 있다"는 김정일의 교시를 강조한다.[241]

하지만 이제까지의 단순화된 자력갱생의 논리는 드라마 속에서 무너진다. 연합기업소[242]의 당 책임비서는 공장에서 생산이 지체되자, 기사장의 주장에 따라 부족한 자재인 전극의 자체 생산을 성급하게 결정한다. 이 과정에서 기사장의 의욕에만 치우친 주장에 책임비서가 성급하게 동조하게 되자 지배인과 다른 사람들은 이견을 내놓기를 주저하게 된다.[243]

이처럼 자체 생산문제에 대해 기업소 내에서는 많은 이견이 있었지만 자력갱생의 명분 앞에서 토론은 제대로 진행되지 않았다.

---

241) "열망"(1. 8~20).

242) 연합기업소는 1974년에 조직되어 1970년대 후반에 확산된 북한의 사회주의기업관리 조직이다. 이후 1985년에 공업관리체계가 연합기업소체계로 전면 개편되면서 연합기업소체계는 현행 북한 공업관리체계의 기본 유형으로 정착되었다. 연합기업소는 일정한 생산물 생산에서 주도적 기업을 정점으로 생산과 경영상의 긴밀한 관계를 맺고 있는 기업소들을 하나의 경영단위로 집단화시킨 기업경영의 단위이다. 연합기업소의 가장 큰 특징은 생산과 경영에 있어 일정부분 자율권을 행사할 수 있다는 점이다.
이상과 같이 북한의 연합기업소는 생산과 긴밀한 관계를 맺고 있는 기업소들을 하나의 단위로 집단화시켰기 때문에 비교적 구성원이 다양하다는 측면을 보여 주는 장점이 있다.

243) "열망"(1..8~20)

그 결과 자력갱생의 명분 앞에서 모두들 실패가 올 때까지 두고 보
자는 식의 현상이 나타났다. 즉 자력갱생의 명분으로 추진되는 사
업에 대한 반대는 당의 원칙에 대한 도전으로 인식되기 때문에 잘
못된 결정이라 하여도 누구도 반대하지 않는 일이 벌어진 것이다.
결과적으로 자력갱생의 논리가 북한체제의 효율성에 또 하나의 심
각한 문제를 만들고 있는 실정이다.

이에 따라 드라마에서는 공장 단위의 자력갱생이 아니라 국가
단위의 자력갱생이라는 새로운 해석을 제시한다.[244] 즉 개별 공장
에서 자체해결을 위하여 생산하는 자재가 경우에 따라서는 국가에
손실이 된다는 것이다. 그 예로 표현된 전극생산은 생산된 제품의
질이 좋지 않아 결국에는 생산의 효율성을 해치고 국가전체로는
부실한 자재를 각자 생산하는 데서 오는 낭비의 예를 보여 준다.
그리고 그 해결책으로 전극을 전문화된 공장에서 생산하여 수요를
책임지거나 다른 물자를 수출하고 대신 전극을 수입하여 생산에
사용하는 것이 더 효율적이라는 대안을 제시한다.

이상과 같은 주장은 단순한 드라마 작가의 해석이 아니다. 『로동
신문』[245]은 '개별 부문에서 실적을 앞세우려고 경제성이 없는 자체
생산기지를 조성하는 것', '일시적 이익을 고려해 연관 부문이나
국가 경영활동에 도움이 안 되는 생산공정을 마련하는 것', '무분
별하게 생산기지를 조성하고 전기와 국가자재, 인력을 낭비하는
것' 등을 철저히 피할 것을 요구했다. 이상의 비판과 요구는 드라
마 "열망"에 나타나는 논리와 매우 유사하다. 즉 드라마 속의 해석

244) "열망"(1. 8~20).
245) 『로동신문』 2001년 2월 28일.

은 조선로동당의 해석인 것이다.

나라 살림은 상관없이 자기 사업만 살피는 모습은 여러 드라마에서 나타난다. 수산사업소의 부지배인은 씨조개까지 내다 팔아서 당장의 기름문제만을 해결하려고 하고[246] 소금밭 간척사업의 추진을 지지한 한 일꾼은 실제로는 자기부문의 사업에 지장을 초래할까 우려하여 김정일의 비준을 받고 시행되는 간척사업을 뒤에서 방해한다.[247] 이처럼 어려운 경제실정과 계획에 대한 실적을 강요하는 상부의 압력 앞에서 북한의 기업소들은 국가의 이익을 고려하지 아니하고, 자신들의 책임만을 벗어나려는 모습을 보이는 실정에 있는 것이다.

드라마 "열망"은 자력갱생의 새로운 해석에 의한 성공의 사례를 보여 준다. 지배인이 전극을 해외에서 수입해서 해결하자고 하는데 대하여 부총국장은 지배인이 사상적으로 문제가 있다고 비난하며, 이는 당정책에 대한 비판이라고 위협한다. 하지만 여기에서는 지배인이 자력갱생의 의미를 국가 단위에서 보고 실익이 있게 해결해야 한다는 주장으로 자력갱생의 의미를 확대한다.

그러나 드라마의 주된 이데올로기는 여전히 자력갱생이다. 가장 중요한 김정일의 관심사업인 선압기 제작은 수입부품의 사용 없이 자력으로 해결하고자 추진된다. 이 과정에서 부정적인 인물로 등장하는 기사장은 선압기를 만들 방법으로 합영합작을 제시한다. 그러나 책임비서는 자력갱생의 정신을 강조하며, 기사장의 말문을 막고 논박하고 기사장이 변절자, 타락분자로 떨어질 수 있다고 비판한다.

---

246) "배들은 바다로 나간다"(11. 6~8).

247) "붉은 소금"(11. 20~26).

결국 드라마 전반에 걸쳐 끊임없이 자력갱생의 강박이 주어진다.

그리고 드라마 후반에서 "나는 창조만을 인정합니다. 창조는 발견이고 성공이며, 모방은 반복이고 실패입니다"라는 김정일의 교시가 해설된다.[248] 이러한 자력갱생의 논리는 김정일 정권이 북한체제가 가진 모순을 해결하기 위하여 적극적인 대책에 나서기보다는 결국 인민들에게 책임을 돌리는 선택을 하고 있음을 보여 준다.

이상과 같이 TV 드라마는 자력갱생의 논리에 대한 조선로동당의 변화된 해석을 전달하고 있으며, 구체적으로 생산 현장에서 나타나고 있는 문제를 반영하고 있다. 그러나 또다시 기존의 자력갱생의 논리를 반복할 수밖에 없는 모습을 보이는 것은 실질적인 문제들을 중앙 권력이 해결할 수 없는 시점에 있음을 보여 주는 것이며, 하부 생산단위에 책임을 전가하려는 선전 목적을 가지고 있음을 보여 준다.

3) 경제난에 대한 설득

(1) 기업소 실정

북한의 경제실정에 대해서는 이미 충분히 알려져 있다. 북한의 경제는 심각하게 손상되어 있고, 이러한 사실이 남한의 북한 방문자들에 의해서도 명백하게 확인되고 있다. 이러한 북한경제의 실정은 드라마에서도 거의 사실 그대로 표출되고 있다. 드라마 전반에 걸쳐 어려운 실정을 말해주는 표현이 반복적으로 나타난다.

---

248) "열망"(1. 8~20).

등장하는 인물들은 기업소의 경제적인 상황에 대해 "위에서 보장되는 것이 별로 없다", "생산을 못하는 것이 어디 우리뿐인가", "걸린 게 한두 가지가 아니다. 주광품이 나오려면 28가지의 원료, 부원료가 필요하지만 하나도 제대로 보장되지 않는다"[249]고 토로한다. 이러한 경제 상황의 어려움은 "석탄도 부족하고", "기름 한 방울이 귀한 때",[250] "동발이 다 썩어 언제 무너질지 모르는 갱", "물에 침수되어 광산 설비들이 모두 녹슬고 망가진",[251] "전기가 오면 전차 부속품이 부족하고"[252] 등 거의 모든 드라마에서 일상적으로 나타난다.

늘상 "공장마다 노(爐)를 수리해야 한다"는 말이 모든 드라마에서 나오는 것은 북한의 모든 공장의 주요 설비가 노후화되어 있다는 표현으로 읽을 수 있다. 그리고 자재의 부족("나의 소원"에서는 시멘트)이 늘상 문제로 제기된다. 그리고 문제의 해결은 공적인 방법이라기보다는 사적인 관계를 통하여 이루어진다.

예를 들면 숱한 곳에서 시멘트공장 기사장에게 문제를 해결하러 오고, 각 기관이 서로 필요한 것을 얻기 위하여 위협하고 결탁하는 장면들이 나타난다. 그러나 국가계획에 잡혀 있지 않은 시멘트를 전방의 군부대에 제공하기 위하여 국가계획에 잡혀 있는 공장들에 보낼 시멘트를 후순위로 돌리는데, 이때에는 모든 공장들이 군부대 문제를 먼저 해결하는 데 동의한다.[253]

---

249) "열망"(1. 8~20).
250) "가정의 재부"(11. 17~18).
251) "새로 온 지배인"(2. 3~8).
252) "우리 이웃들"(2. 10~11).
253) "나의 소원"(1. 4~7).

여기에서도 사회주의 국가에 만연했던 계획경제의 문제점과 모든 것이 부족한 북한경제 문제[254]의 일단을 읽을 수 있다. 비생산 기관인 군부대에 물자를 우선 배치하는 것은 결국 생산의 효율성을 해치고 국가경제 전반에 부담을 지우는 것이지만, 군대가 우선하는 자원 배분의 구조는 북한에 일반화되어 있다.

하지만 이 드라마에서 충성스러운 중대장 명순은 시멘트공장의 배려를 뒤로 돌린다. 중대장 명순은 이런 식으로 일을 해결하면 김정일에게 떳떳하지 못한 일이라며 시멘트를 다시 돌려주고 자신들이 공장에서 일을 해주고 시멘트를 받아갈 것을 주장한다. 이것이 부대 상급자와 갈등을 빚는데도 불구하고 이러한 결단을 보여 주며, 명순의 결단이 가장 도덕적이고 충성심 깊은 행위이며 옳은 행동으로 선전된다.

그러나 "나의 소원"의 중대장 명순과는 달리 대부분의 공장 책임자들은 계획된 생산량을 맞추어 내야 하는 어려움에 처해 있으며, 부족한 자재의 해결을 위하여 여기저기에서 둘러맞추는 데 치중하게 된다. 드라마 "열망"에서는 이러한 문제의 해결을 위하여 수출을 방법으로 제시한다. 이미 해방 후와 1970년대에도 경제난의 타개를 위하여 수출을 주목하였다는 점에서 무역에 대한 강조가 크게 새로운 것은 없다. 그러나 기업소 내부의 문제 해결책으로 국가 단위 내에서의 해결이 아니라 국제무역을 통한 해결을 제시하고 있는 것은 북한이 생각하는 경제회생 대책이 어디에 무게가 주어져 있는가를 보여 준다.

---

254) 사회주의국가에서는 자재가 부족하여 매번 생산에 애로를 겪고, 기계나 자재의 해결을 위하여 임기응변적인 방법이 이용되며, 사적 관계를 통해서 문제를 해결하는 것이 일상적인 모습이었다.

결국 드라마에서는 각 기업소별로 자체적으로 문제를 해결하는 모습을 보여주는데, 이 기업소는 수출을 통해 외화를 획득하고 이 외화로 식량과 자재를 수입하여 해결하는 모습을 보여 준다.[255]

(2) 식생활

북한의 어려운 식량사정도 잘 알려져 있다. 일부에서는 북한의 식량사정이 최근 몇 년간의 자연재해에 원인이 있는 것으로 이야기하지만, 북한의 협동농장제도와 기타 산업의 낙후, 몰락에 근본적인 원인이 있다. 북한은 본래 농지가 부족하여 풍년이 들어야 식량을 겨우 자급할 수 있는 실정이었지만, 경제의 어려움이 계속되면서 1980년대에는 만성적인 식량부족에 처하였다.

1990년대 중반에는 '수십만'의 아사자가 나타나고, 인민들이 탈북하는 사태까지 벌어졌으며, 계속되는 외부의 식량지원으로 버티고 있다. 하지만 식량문제를 자체로 해결할 수 있는 형편은 아니다. 드라마에서도 북한의 식량난은 곳곳에서 여실히 드러난다.

식량사정이 대단히 어려운 모습을 보여 주는 드라마는 "가정의 재부", "붉은 소금", "열망", "새로 온 지배인"을 들 수 있다.[256] 드라마에서는 강냉이 국수가 주식이고[257] 돌격대원이 하루 한 끼를 먹지 못하거나 통강냉이 30~50알을 세어 하루를 견디고 풀뿌리를 뜯어먹는 모습도 보인다.[258] 일반 노동자의 집에서는 밥에 반찬 하나, 또는 국수를 놓고 먹는 화면이 주가 되는데, 일상적으로 식량이

---

255) "열망"(1. 8~20), "새로 온 지배인"(2. 3~8).
256) 식량난을 보여 주는 드라마의 분량은 전체의 약 25% 정도이다.
257) "가정의 재부"(1. 17~18).
258) "붉은 소금"(11. 20~26).

부족한 상황이 전개된다. 작업장에 나온 노동자들의 도시락은 옥수수나 풀죽이기도 하고, 간부인 당 책임비서도 손님을 접대하려 하는데 쌀이 없어서 국수를 준비하기도 한다.[259]

노동자들이 풀죽을 먹고, 어린아이가 풀을 뜯으러 산으로 가며, 종업원들의 가정마다 식량이 자꾸 떨어지는 어려움이 여러 화면에서 계속된다. 공장에서는 개별적으로 생산과 수익을 통해서 식량을 해결해야 하지만, 생산이 제대로 진행되지 못함에 따라 일반 근로자의 생활을 돌볼 여력이 없거나 돌보지 않는다. 하지만 일부 직장장 등 간부들은 몇 가지 반찬을 잘 갖추고 먹는 모습도 보여 준다. 즉 일부 간부들은 자기 집 포전을 가꾸는 데 열심이고 식량부족에도 시달리지 않는 모습을 보여 준다.[260]

이상의 실정은 각자의 경제생활에도 차이가 있음을 보여 준다. 드라마의 장면들은 일단 간부들이 상대적으로 나은 생활형편임을 보여 주며, 특히 중앙의 상급간부들 중에서 대외무역에 관여하거나 무역에 관여하는 사람들과 교류가 이루어지는 사람들이 매우 좋은 형편에 있는 모습을 보여 준다. 또한 대외사업을 하는 사람들의 처지가 매우 좋은 모습을 보여 주면서, 동시에 이들을 부정적으로 그린다는 점을 주목할 수 있다.[261]

군인도 비교적 나은 형편임을 보여 준다. 군대 내에서의 식사는 상당히 양호하지만, 방식상학[262]을 보장하기 위해 부대에서 군인들

에게 먹일 식량을 진열하고 아끼는 일이 흔히 있음을 보여 준다. 군대의 식량사정이 양호한 것은 군대의 실상을 반영하는 것일 수도 있으며, 군대에 대한 일반인들의 선호를 불러일으키기 위한 화면으로 읽을 수도 있다. 군인 가족의 식사도 비교적 여유 있어 보이며 넉넉하다.[263] 여하튼 다른 사회보다 군대의 식량사정이 상대적으로 양호해 보인다.

대체로 군대는 분과 같은 화장품의 분배도 이루어지는 등 일상적인 소비품의 공급이 비교적 양호한 모습을 보여 준다. 이 부분은 드라마뿐만 아니라 조선중앙TV의 여러 화면에서도 노동자보다는 군인들이 영양 상태가 좋아 보인다는 점과 일맥상통하며, 김정일 정권이 내세우는 '선군정치'라는 것이 유지되는 경제적 배분의 메커니즘을 보여 준다.

TV 드라마는 경제 실상이 처한 어려움을 반영하고 있지만, 국가 전체 단위의 어려움보다는 개별 기업소의 어려움을 강조하여 묘사하고 있다. 이것은 국가단위의 구조적 문제를 개별 기업소 단위의 책임 문제로 호도하는 역할을 수행한다. 드라마에서 표현되는 모습을 통해 이미 현재의 식량난이 숨길 수 있는 단계를 넘었음을 보여주며, 식량난을 받아들이고 수용할 것을 인민들에게 설득하는 단계에 있음을 보여 준다. 이러한 목적을 위하여 TV 드라마는 개별 기업소의 책임을 강조하고, 인민들에게 식량난을 참고 견디는 것을 모범으로 제시하는 기능을 수행하고 있다.

---

263) '나의 소원'(1.4~7)

4) 공적 생활의 모범제시

조선중앙TV 드라마는 특히 젊은이들에게 어떤 직장을 선택해야 하는가에 대한 강한 메시지를 담고 있다. 간단히 정리하면, 가장 힘든 일에 떨쳐나서라는 것으로 정리할 수 있다. 어려운 일을 하는 모범적인 인간형이 너무나 필요한 것이 현재의 실정이고 특히 사상적 교양의 의미를 강조하는 북한의 드라마가 이렇게 강조하는 것은 너무도 당연하다고 할 수 있다.

드라마에서의 모범적 인간형은 언제나 어려움을 자력으로 해결해 나가는 사람이다. 조개양식을 추진하는 노동자,[264] 암도 치료할 수 있는 약을 만들기 위해 밤을 새는 과학자,[265] 발전소의 전기 생산을 위하여 헌신하는 기사,[266] 소금밭을 만들기 위하여 헌신하는 돌격대원,[267] 가진 재산을 모두 국가에 내놓는 자본가,[268] 해안포병에 지원하는 처녀,[269] 기업소의 생산을 높이기 위하여 불철주야로 일하고 설비를 지키기 위해 목숨을 바치는 노동자,[270] 침수된 탄광을 복구하기 위하여 아픈 몸을 이끌고 온몸으로 뛰어다니는 지배인,[271] 이들이 드라마 속의 모범이다.

하나같이 자신의 삶보다는 국가와 기업소를 위하여 헌신하는 인

---

264) '배들은 바다로 나간다'(11.6∼8)

265) "인생의 절정"(11. 9∼16).

266) "가정의 재부"(11. 17∼18).

267) "붉은 소금"(11. 20∼26).

268) "오늘도 서 있는 집"(12. 21∼29).

269) "나의 소원"(1. 4∼7).

270) "열망"(1. 8∼20).

271) "새로 온 지배인"(2. 3∼8).

간상이 바로 조선로동당이 드라마를 통해 인민들에게 요구하는 모범이다.

드라마의 모범은 모든 사람들에게 보다 어려운 일을 찾도록 강요한다. 아픈 몸을 이끌고 건강한 사람보다 더 헌신적으로 일하며,[272] 여성이 해안포병에 지원하고, 처녀가 남자도 하기 힘든 가열공으로 일하는 것을 모범으로 제시한다.[273] 이처럼 아픈 몸을 견뎌내고, 남자도 하기 힘든 일을 여성이 하는 것이 모범이 되는 것은 그만큼 북한의 현실이 어렵기 때문이다. 하지만 병든 자가 더 열심히 일하는 것을 모범으로 제시하는 것은 인간의 기본적 권리에 대한 근본적인 억압이라고 할 수 있다.

드라마는 각 개인의 자기희생을 대단히 강조하는데, 북한의 현재 상황이 대단히 어렵다는 점을 감안하여도 조선중앙TV가 그려내는 '희생의 모범'은 매우 우려할 수준에 달해 있다.

김정일이 선압기 제작을 기대한다는 말은 들은 설계실장은 치료를 위해 왔던 요양소를 즉시 떠나 공장으로 돌아오며, '연평해전'을 의미하는 듯한 전투과정에서 아들이 전사했다는 통지를 받은 지배인은 아무 내색도 하지 않고 공장 일을 우선하여 아들의 무덤에 가는 것도 뒤로 미룬다. 그리고 전기로 직장장 김형우는 어린아이들을 남기고 전기로를 구하기 위하여 목숨을 바친다.[274]

"당겨진 시간"에서는 소송로가 고장 나자, 지배인은 생산량을 달성하기 위하여 목숨이 위험할 정도도 가열된 소송로에 딸의 반대

---

272) "인생의 절정"(11. 9〜16), "붉은 소금"(11. 20〜26), "눈석이 전에"(11. 27〜30), "심장으로 보는 처녀"(12. 1〜3), "열망"(1. 8〜20), "새로 온 지배인"(2. 3〜8).

273) "나의 소원"(1. 4〜7), "열망"(1. 8〜20).

274) "열망"(1. 8〜20).

를 뿌리치고 들어간다. 그리고 이러한 ‘위험한 돌진’에 감동받은 다른 노동자들도 수리를 위하여 함께 들어간다. 그들은 이 과정에서 옷에 불이 붙는 어려움을 이겨내고 화상을 입으면서도 수리를 마치고 나온다.

“붉은 소금”에서는 제방의 붕괴를 막기 위하여 ‘인간 제방’을 쌓아 마지막 공사를 마친다. 돌격대 작업 중의 부상에도 불구하고 또다시 돌격대에 자원했던 여단장의 딸은 이 과정에서 목숨을 잃는다. “눈석이 전에”는 두려움이 들 정도의 돌격전을 제시한다. 눈이 녹으면 공사가 어렵다는 이유로 돌격대원들은 백두산의 눈보라 속에서 2미터의 눈이 쌓인 80리 길을 헤치고 가서 공사를 해낸다. 그리고 여기에 참여한 돌격대원들은 어느 누구도 자신의 아픈 몸을 말하지 않고 무모해 보이는 공사를 진행한다.

“나의 소원”에서는 훈련 강도가 높아짐에 따라 부대 내에서 불만의 소리가 나타난다. 심지어는 이웃 남자부대에서조차도 여성 해안포병부대의 하루 훈련 목표를 듣고 혀를 내두른다. 그러나 중대장은 남자들을 기준으로 해서는 안 된다며 항일여투사를 모범으로 제시하면서 훈련을 강행한다.

어려움을 극복하기 위해 전 인민을 동원하고 있는 북한 정권은 드라마를 통해 개개인 희생을 요구하고 있는데, 조선중앙TV는 조선로동당의 정책을 대변하며, 더 정확히는 김정일의 생각을 대변한다. 그리고 조선중앙TV에서 주는 선전 메시지가 실제로 효력을 갖기 위해서는 메시지가 시청자의 반응을 일으킬 수 있는 사회구조를 가지고 있어야 한다. 이러한 김정일의 메시지가 작용할 수 있는 북한사회의 구조를, 드라마에 등장하는 인물들은 여러 가지 모습으로 보여 준다.

"공민증보다 훈장을 먼저 받았다네"를 외치며 소금밭 건설에 나선 어린 돌격대원들은 돌격대에 참여해서 얻을 수 있는 보상을 의식하고 있다. 또 돌격대 참여에 대한 보상으로 보다 나은 자리를 얻으려는 생각을 가지고 돌격대에 참여하는 경우도 있다. 그리고 돌격대 여단장의 딸은 다른 편한 곳에서 일하면 아버지가 욕을 먹을 수도 있다며 자원하기도 한다.[275]

가열공 옥련의 경우에는 모범적으로 생산에 기여하려는 의지와 더불어 어려운 작업에 대한 공로를 인정받아 당원이 되려는 생각을 하고 있다. 그리고 당 책임비서의 아들은 가열공으로서 힘든 일을 조금 한 후에 간부가 되어 출세할 수 있는 시 청년동맹사업으로 일터를 옮기려 한다.[276] 이들 드라마의 등장인물들은 개인의 선호와 사회조직의 공적 요구 사이에서 갈등을 겪는다.

반면에 간부인 사람들이 보이는 모범적인 모습도 많이 보여 준다. 기업소의 지배인들은 대부분 모범적인 모습을 보여 주고 있으며, 특히 돌격대의 책임자는 자신과 자신의 가족에게까지도 희생적인 삶을 요구한다.[277] 돌격대 단장은 자신의 딸을 대학에 보내지 않고 간석지로 보내고, 기업소와 탄광의 지배인은 아들을 대학이 아닌 공장의 가열공으로 만들고, 딸을 광산에 데리고 와서 함께 일하고 광산의 노동자와 결혼을 시킨다.[278]

전체적으로 TV 드라마에서는 간부의 모습을 긍정적으로 그리고

---

275) "붉은 소금"(11. 20~26).
276) "열망"(1. 8~20).
277) "붉은 소금"(11. 20~26), "눈석이 전에"(11. 27~30).
278) "열망"(1. 8~20), "새로 온 지배인"(2. 3~8).

있다. 이처럼 간부를 긍정적으로 그리는 것은 간부가 해야 하는 모범의 예를 보이는 의미가 있으며, 간부들에게 모범적 역할을 수행할 것을 요구하는 의미를 담고 있다. 또한 간부들을 충성심이 가득한 모범적 상으로 그림으로써 체제를 안정적인 모습으로 보여 주는 효과를 거두려 하고 있다.

북한 드라마에서처럼 각 개인은 사적 이익과 공적 요구 사이에서 갈등한다. 하지만 드라마는 사적으로 선호하는 목적이 공적 모범을 선택함으로써 보상받을 수 있음을 강조한다. 즉 사적인 이익의 존재를 인정하면서 사적 이익의 선택을 위하여 공적 모범을 선택하는 것이 현명한 방법임을 강조한다고 할 수 있다. 현재 북한 체제가 유지되는 이유는 아직도 공적 모범을 택해야만 사적 선호를 얻을 수 있게끔 중요한 정치적·경제적 가치 배분의 방법을 당이 장악하고 있기 때문이다. 그리고 드라마를 통해 김정일은 이러한 시스템이 작동되고 있음을 인민들에게 보여 주고, 공적 모범을 선택하도록 유도하고 있다.

5) 자본주의에 대한 비판

드라마에서는 많은 인간 군상들의 다양한 모습을 보여 준다. "구월산에 와보라"와 "우리 이웃들"처럼 긍정적 인물들로만 구성된 드라마가 있기도 하지만 대부분은 부정적 인물과 갈등하며, 여러 가지 일을 벌여 나간다. 그리고 기존의 논리에 대한 새로운 해석이 부분적으로 나타난다.

어려워진 경제 형편에 따라 북한사회의 인심도 많이 변했음을 보여 주기도 한다. 직장에서 제대로 배급을 해주지 못함에 따라 직장을 다니지 않고 시장으로 싸다니는 경우도 있으며,[279] 어려운 경제현실에 대한 인내를 요구하는 데 대하여 "왜놈 때 도토리죽을 먹을 때와 같은 줄 아느냐?"고 불만을 터뜨리기도 한다.[280] 요즘은 사업(뇌물)을 하지 않으면 통하지 않는다고 비난하고[281] 고난의 행군시기에는 하면 하고 말면 마는 식으로 하다가 포기하는 식으로 사업을 전개했다는 대사도 있다.[282]

또한 북한의 어려운 경제적 현실은 미국의 경제적 봉쇄 때문이라고 규정하고 있다.[283] 경제적 어려움을 해결하기 위하여 임금표를 활용하는 방식을 돈을 많이 줘서 일을 시키는 것이라고 비난하고, 물질적 자극으로 열성을 높여야 어획고가 올라간다는 발언은 '종파분자'의 생각이라고 비판을 받는다.[284] 반면에 무역에 종사하면서 돈을 벌게 된 것을 외화를 벌어 국가에 기여했다며, "떡 장사가 떡을 먹는 것은 당연하다"는 인물이 등장하고, 수십 년간 당의 사상으로 무장된 사람이 몇 푼의 돈으로 변질되기도 하는 실정에 있으며 이들에 대해 제재를 가하고 있음도 보여 준다.[285]

드라마 전반에 깔려 있는 사상은 자본주의에 대한 비판에서 완강하다. 특히 무역을 통해 외화를 만지는 사람들의 생활이 북한 내

---

279) "가정의 재부"(11. 17~18), "새로 온 지배인"(2. 3~8).
280) "가정의 재부"(11. 17~18).
281) "가정의 재부"(11. 17~18).
282) "붉은 소금"(11. 20~26).
283) "가정의 재부"(11. 17~18).
284) "분수령"(12. 4~9).
285) "새로 온 지배인"(2. 3~8).

에서 문제가 되고 있음이 드라마에서도 뚜렷하게 보이며, 이들로 인하여 등장하는 문제들에 대해 북한 정권이 처리에 고심하고 있음도 알 수 있다.

적대적인 계급에 대한 의식도 드라마에서 찾아볼 수 있다.

탄광 노동자가 되어 '혁명화' 교양을 받게 된 과학자에 대해 탄광 노동자들은 '복잡한 군중'이라며 적대적인 모습을 보이는 것[286]도 볼 수 있다. 특히 1월의 첫 번째 드라마인 "구월산에 와보라"에서 전근대 사회의 지배계급을 풍자하는 가운데 "육시랄 년, 거지년, 쌍년아……"를 찾으며 지배 계급에 대한 노골적인 욕설을 일상적인 언어로 자리매김하는 것도 눈여겨볼 만하다.

하지만 더 주목할 만한 것은 드라마 전반에 화해와 용서가 깔려 있다는 점이다. 이 부분은 북한 체제가 상하를 막론하고 모두 과오에 대한 용서를 필요로 한다는 것을 보여 주며, 체제의 유지를 위해 사회 내부의 갈등과 불만을 통합해야 할 필요성을 김정일이 절감하고 있음을 보여 준다. 특히 "오늘도 서 있는 집", "대하는 흐른다"에서는 자본가 계급에 대한 포용의 모습을 보인다. 자본가 계급에 대한 포용은 해방 후 북한의 건국 과정에서 제시된 기본적인 노선이었지만, 실제로는 자본가들에게 억압이 가해졌었다. 따라서 드라마에 그려진 자본가의 자발적 헌납과 자본가계급에 대한 포용은 북한 정권이 현재 자본가 계급에 대해 가지고 있는 생각을 보여 주며, 현재 북한 정권이 북한 외부의 자본가계급과 접촉하는 일에 대해 인민들에게 해명을 하는 것으로 해석할 수 있다.

---

286) "인생의 절정"(11. 9~16).

6) 시대물[287] 드라마를 통한 체제 정당화

4개월간 방영된 시대물은 공업과 철도, 농업 등 경제문제에 초점이 맞추어져 있으며, 시기적으로는 해방 직후("기관사", "오늘도 서 있는 집", "대하는 흐른다")와 한국전쟁 직후("석개울의 새봄"), 1960년대 초("분수령", "수평선")를 배경으로 하고 있다.

해방 직후를 배경으로 하는 드라마의 가장 중요한 주제는 건국과 개혁에 초점이 맞추어져 있다. "기관사"는 노동자, "오늘도 서 있는 집"은 자본가, "대하는 흐른다"는 농민을 주인공으로 등장시켰고, 주제는 한결같이 건국이라고 할 수 있다. 세 드라마는 각각 8부, 8부, 12부로 비교적 긴 분량으로 방영되었다.

이 드라마들에는 이 당시의 역사를 통해서 김일성을 찬양하는 측면이 있으며, 동시에 현재의 실정에 대한 교훈을 찾으려는 의미가 있다. 전체적으로 볼 때 김일성에 대한 찬양은 이들 드라마에서 그렇게 노골적인 것은 아니라고 볼 수 있다. 항일투쟁을 했던 김일성은 해방 공간에서 외부세력의 지원을 받았다 하더라도 결국은 최고지도자로 부각되었으며, 최고지도자로서의 위상을 확보하였다. 이런 점에서 김일성에 대한 찬양은 부분적으로는 자연스러운 면이 있다. 비록 김일성에 의하여 조선이 해방되었다는 역사왜곡이 있지만[288] 찬양 자체가 노골적이거나 드라마의 전개와 무관하게 진행되었다고 하기는 곤란하다.

---

287) "분수령", "기관사", "오늘도 서 있는 집", "대하는 흐른다", "수평선", "석개울의 새봄"을 시대물로 분류하였음.

288) 북한정권은 해방 초기와 1950년대까지는 소련군에 의한 해방이라는 점을 『로동신문』과 『근로자』 등의 잡지를 통하여 무수히 강조하였다.

이 드라마들에서 현재의 북한 실정과 관련하여 몇 가지 의미를 읽을 수 있다.

"기관사"는 일제의 전쟁총동원과 패전 후 파괴로 인한 북한의 철도 사정을 보여 주고 있으며, 김회일이라는 북한의 철도노동자영웅의 모습을 그리고 있다. 이 드라마는 주제 안에서 '친일적' 기사에 대한 포용을 다루고 있다. 극중에서 이 기사는 일본에서 교육을 받았고, 일본인 아내를 가진 친일파로 몰리지만, 실제 친일파라고 하기에는 곤란한 사람이었다. 드라마에서 노동자들은 이 사람을 친일파로 몰며 배척하였지만 주인공 김회일은 그를 적극적으로 건국운동에 동참시킨다. 이 드라마는 어려운 철도운행을 재건하려는 기관사 김회일의 모습을 모범적으로 그리면서, 현재의 철도 수송문제를 해결하기 위한 노력을 촉구하고 있다.

"오늘도 서 있는 집"에서는 자본가의 모범적인 모습을 그리고 있다. "오늘도 서 있는 집"의 주인공인 자본가는 김정일의 어머니인 김정숙에 대한 찬양과 연결되어 있으며, 건국운동에 헌신적인 애국적인 자본가의 모습으로 그려지고 있다. 이 드라마의 방영 시점[289]으로 볼 때 이 드라마의 주제는 자본가의 애국적인 행위와 김정일의 생모인 김정숙으로부터의 감화를 연결하고 있다.

"대하는 흐른다"는 토지개혁을 다룬 드라마로 북한 권력이 가장 자랑스러워하는 역사적 사실을 담고 있다. 이 드라마는 시기적으로 연결되는 "석개울의 새봄"과 함께 살펴볼 필요가 있다. "석개울의 새봄"은 한국전쟁 후의 농업협동화 과정을 그리고 있는데 내용 전개에서 "대하는 흐른다"의 연장선상에 있다고 할 수 있다.[290] 이

---

289) 이 드라마는 김정숙의 생일이 있는 주간(2000년 12월 21~29일)에 방영되었다.

290) 이 두 편 드라마의 원작자는 조선로동당 중앙위원회 위원과 최고인민회의 상설회의 의원을 역임한

두 편의 드라마는 역사의 전개상에 나타났던 현실을 상당히 사실적으로 그렸다고 볼 수 있는데, 현재의 농업 실패에도 불구하고 농업정책에 대한 반성은 보이지 않는다고 할 수 있다.

북한 농업이 처한 가장 근본적인 문제로 농업협동화를 지적하는 견해들이 있는 데 비해 북한 정권은 농업협동화에서 농업의 문제를 찾지 않고 있음을 이 드라마는 보여 주고 있다. 이 드라마는 과거의 모습을 보여 주고 있지만 실제로는 현재 농업정책의 방향을 보여 준다. 즉 현재를 다룬 드라마 "우리 료리사"가 감자를 주식으로 하는 농업 정책을 보여주고 있듯이, "석개울의 새봄"은 농업협동화 정책을 훼손하지 않겠다는 의지를 보여 준다고 해석할 수 있는 것이다. 이것은 북한의 드라마가 오락기능보다는 당의 정책을 시청자들에게 학습시키는 기능이 더 크다는 점을 생각하면 쉽게 이해될 수 있다.

농업문제에 대한 북한정권의 정책은 체제를 손상시키지 않고 경제적 성과를 얻으려는 정책과 밀접한 관련이 있다. 농민과 노동자의 의식에 변화를 초래할 수 있는 사회 전반의 개혁을 회피하고, IT산업과 같은 특정 부문에서 발전의 전기를 찾고자 하는 것이다.

같은 맥락에서 "분수령"은 공업관리정책에서의 불변을 예고한다고 할 수 있다. "분수령"은 북한의 공업관리체계인 대안의 사업체계가 왜 나오게 되었는가를 보여 주는데, 북한 정권이 대안의 사업체계 자체를 먼저 시정해야 할 필요성은 사실 크지 않다. 계획경제와 국유화라는 큰 틀에 근본적인 문제가 있는 것이며, 지배인과 기사장과 공장 당위원회가 서로 돕고, 의견을 받아들이자는 대안의 사업체계에 근본적인 문제가 있는 것은 아니기 때문이다. 따라서

천세봉이다.

북한의 공업관리체계로서의 대안의 사업체계는 선행적으로 고쳐야 할 이유가 없거니와 선대 수령의 절대적 업적으로 칭송되어 왔다는 점에서도 아직은 손댈 수 없는 부분이다. 북한의 농업과 공업에 대한 정책을 보여 주는 이상의 두 편의 시대물을 통해서도 드라마가 당 정책 선전과 밀접한 관련이 있음을 알 수 있다.

이상과 같이 과거로부터 교훈을 얻고자 하는 것에 시대물의 초점이 맞추어져 있다면, "수평선"은 우상화에 치중하여 있다고 평가할 수 있다.

림재성의 장편소설을 극화한 "수평선"은 드라마의 방영 시기부터가 김정일의 생일이 끼여 있는 주간에 편성되었다. 북한 최대의 명절인 김정일의 생일이 대규모 행사로 치러진다는 것은 익히 알려진 사실이다. 이러한 큰 명절에 북한의 가장 큰 선전기구가 해야 할 일의 핵심은 김정일에 대한 찬양일 수밖에 없다.

김일성에 대한 충성을 보여준 항일유격대 출신 수산상을 주인공으로 한 이 드라마는 시대배경을 1962년으로 하고 있는데 김정일에 대한 찬양을 노골적으로 보여 주고 있다. 이 드라마는 김일성과 김정숙, 김정일을 하나로 묶어서 찬양하면서, 김정숙에 대한 숭모의 정을 거듭하여 표현한다. 그러면서 20세의 김정일을 '백두광명성'이라고 호칭하면서 "열광하는 인민의 손을 잡아주고, 해안전투는 입체전이라며 바다로 기어드는 적을 철저히 소멸할 데 대하여 말씀하시고, 지휘관의 지휘능력 고양, 부대배치와 화력조직에 관한 문제, 병사들의 문화사업과 후방사업을 가르쳐 주었다"고 찬양한다. 항일유격대 출신의 민족보위성 부상은 20세의 김정일에게서 백두의 슬기와 담력을 보았고 칭송한다. 이 드라마는 1회 50분의 드라마에서 약 8분간의 대화를 김정숙과 김정일에 대한 찬양을 위해 사용한다.

그런데 이 드라마에서도 김일성과 김정숙, 김정일로 이어지는 충성의 결합이 강조된다는 점에서 김정일에 대한 이미지가 인민들에게 독립적으로 완성되어 있지 않다는 추정이 가능하다. 즉 김일성에게서 파생되거나, 김일성과 연결되어 충성을 요구하는 이미지라는 측면이 크다.

독립적으로 김정일을 찬양하는 경우에도 김정일은 끊임없이 김일성의 이미지와 혼재된다. 예를 들면 김일성의 대명사였던 장군님이란 호칭을 김정일에게도 사용하면서 장군님이란 호칭을 통해서 김일성과 김정일을 하나의 인물로 등치시키는 것이다.

시대물은 이상과 같이 북한정권의 역사적 정당성 강조, 현재의 어려움을 타개하기 위한 모범의 제시, 현재 정책의 타당성 설득을 제작 목적으로 하고 있다. 그리고 여기에 김정일에 대한 찬양을 일상적으로 부가하고 있으며, 김정일에 대한 찬양과 충성의 모범이 어떠해야 하는가를 시청자들에게 제시해 보이고 있다.

인민대중들은 이 드라마들을 통해서 조선로동당의 정책을 이해하고, 자신들의 행동에서 나타날 수 있는 부정적인 측면을 자발적으로 제어해야 하며, 드라마 속의 모범을 따라 충성의 표현을 흉내내야 한다. 이런 면에서 북한 정권은 드라마를 통해 인민대중에게 '충성 따라하기', '충성의 표정 따라하기', 특히 모범을 보이는 배우의 '충성된 행동과 표정'을 따라하도록 요구하고 있는 것이다.*

---

* 이 절은 "김정일 정권의 TV 드라마를 통한 체제선전에 관한 연구", 북한대학원 석사논문(2001)을 수정한 것이다.

제4절 방송 영향력 유지를 위한 변화의 모색

1. 드라마(영화)의 제작축소와 외화 방영의 확대

조선중앙TV는 '텔레비전(연속) 소설'이나 '텔레비전 연속극'으로 이름 붙인 TV 드라마를 방영하고 있다.[291] 조선중앙TV의 드라마 편성시간을 살펴보면 대부분이 8시 뉴스가 끝난 후인 8시 30~40분에 시작되어 대략 50분간 방영된다. 드라마는 중심 뉴스 시간인 저녁 "8시 보도"에 이어 가족들이 편안히 쉬는 시간에 방영된다는 점에서 시청하기 좋은 시간대에 편성되어 있다고 볼 수 있다.

2000년 11월부터 2001년 2월까지 방영된 드라마는 단막극에서부터 길게는 10회가 넘어가는 경우도 있다. 하지만 대체로 1~2회 방영된 경우(6편)를 제외한 연속드라마의 경우(3회 이상) 평균 6.7회분 정도로 방영되었다.[292] 대부분의 경우 하루 1회분이 방영되지

---

291) '텔레비전(연속) 소설'은 소설을 드라마로 각색한 것이다.

292) 구체적으로는 3회분이 4편, 4회분이 1편, 6회분이 2편, 7회분이 1편, 8회분이 3편, 10회분 이상이 4편 방영되었다.

만, 2회분이 연속으로 편성되는 경우도 가끔 있고, 몇 개월 후 또는
몇 년 동안 재방송되는 경우도 많이 있다.[293]

조선중앙TV는 남한방송과 비교할 때 상대적으로 오락적 기능이
약한데, 그 원인은 방송을 체제선전에 활용하는 것이 기본 목적이기
때문이다. 하지만 이러한 조선중앙TV에서도 오락적 요소는 매우 중
요하기 때문에 그 역할을 드라마와 영화가 맡고 있다. 탈북자 설문
조사에서 북한에 거주할 때 좋아했던 프로그램이 예술영화(29.5%),
텔레비전 연속물(13.9%), 체육경기(11.5%), 노래자랑(10.7%), 상식
및 해외물(8.6%), 보도(7.0%), 아동방송(6.6%), 과학영화(4.9%), 시
사해설(3.7%), 기록영화(1.2%) 순서[294]였다고 할 만큼 드라마는 북
한 주민들에게 인기 있는 프로그램이다.[295]

조선중앙TV는 드라마와 영화 제작·방송과정에서도 조선로동당
중앙위 선전선동부로부터 결정적인 영향을 받는다. 특히 보도와 드
라마(영화)는 김정일의 관심이 크기 때문에 우리가 생각하는 것보
다 매우 세부적이고 조직적인 영향을 받고 있다. 이러한 결과는 김
정일이 조선로동당 문화예술부와 선전선동부를 거치며 성장하는
과정에서 직접 문학과 예술에 대한 지도를 한 경력과 연관된 것으
로, 김정일의 『영화예술론』은 아직도 영화 제작의 구체적 이론서
이자 실무적인 지침서로 활용되고 있다.[296]

---

293) 대표적인 예로 "석개울의 새봄"을 보면, 이 드라마는 2001년, 2004년, 2005년, 2009년, 2010년
3월 등 거의 매년 반복적으로 방영되었다.

294) 김귀옥, "남북한 텔레비전 프로그램 교류와 통합방안 모색", 『남북한 화해협력시대의 방송의 역할』
(서울: 한국방송공사, 2000), 3–27쪽.

295) 싫어했던 프로그램은 김일성 부자 선전방송(36.9%), 기록영화(24.9%), 시사해설(12.4%), 보도
(9.5%) 순이었음. 김귀옥 위의 글, 3–27쪽.

296) 김정일은 북한 영화예술의 지침이 되는 『영화예술론』을 출간하였다. 이 책에 대하여 북한에서는 "주
체철학의 새로운 경지를 개척한 불후의 역사적 문헌"이라고 평가하고 있다.

김정일은 광범한 대중을 교양하며 문학예술 전반을 발전시키는 데 영화예술이 중요하다며 지침을 주었는데, 북한영화 제작의 기본 방향은 다음 여섯 가지로 집약된다. 첫째, 호소성이 높고 현실보다 앞서 나가는 영화의 제작, 둘째, '숨은 공로자'와 '숨은 영웅'을 소재로 한 작품 제작, 셋째, 사회주의애국주의정신 교양을 위한 영화 제작, 넷째, 혁명교양, 계급교양에 이바지할 영화 제작·보급, 다섯째, 기록영화 제작, 여섯째, 영화에서 음악의 비중을 높이는 것이다.

이 중에서 조선중앙TV 드라마 제작에 가장 중요한 영향을 끼친 것은 "호소성이 높고 현실보다 앞서나가는 제작"인데, 이것은 최고 권력자에 대한 주민들의 충성심을 극대화시키는 데 목적이 있다.[297] 이런 목적을 위하여 영화문학은 '사상이론가, 정치가, 통일단결의 중심으로서의 수령의 위대성과 수령이 지닌 인간적 풍모의 위대성'을 수령·당·대중의 3위일체의 원칙에서 형상화하도록 했고, 김정일의 형상도 수령형상 창조의 원칙대로 구현하고 있다.

그러나 이런 목표를 주목적으로 제작된 조선중앙TV 드라마에서 북한의 공식 선전매체들에서 볼 수 없는 특별한 부분이 있는데, 바로 북한의 사회문제가 드라마를 통해 노출된다는 것이다.[298] 드라마는 북한의 가장 긴박한 문제인 식량 문제가 그대로 드러내기도 하고, 사회 각 계층의 부정적인 행태도 노골적으로 보여 주는 등 북한 체제의 문제를 볼 수 있는 특별한 창이다.[299]

---

297) 이들 드라마는 궁극적으로는 수령에 대한 충실성을 구현하고, 김정일 체제의 구축과 공고화를 목적으로 하는 '주체의 문예관'에 기초하도록 했다.

298) 이런 이유로 북한의 사회문제를 바라보는 연구들이 북한의 소설과 드라마를 주목하고 있다.

299) "열망"과 같은 드라마에서는 식량 부족을 보여 주는 장면이 도시락이 없거나, 밥을 할 식량이 없는 모습 등으로 구체적으로 보여 준다.

1) 2001년과 2004년 드라마의 내용

조선중앙TV에서 많은 시간과 시청자를 확보하는 대표적 장르인 드라마는 주중 방송시간 가운데 평균적으로 15~20%를 차지하는 매우 중요한 부분이다. 특히 조선중앙TV가 오락적 요소가 약하기 때문에 드라마는 시청률 측면에서는 20% 이상의 의미를 가진다고 할 수 있다.

조선중앙TV의 편성을 보면 평일 약 5시간 30분(330분) 중에서 보도가 약 20%, 드라마가 20%, 사상교양과 관련된 각종 프로그램이 30%, 기타 영화나 예술, 오락프로그램, 어린이프로그램, 과학상식 등이 나머지 30% 정도를 차지한다. 따라서 조선중앙TV에서 '재미있게 볼 수 있는 시간'은 길어야 2시간을 넘지 못한다고 할 수 있고, 거의 매일 방영되는 드라마(영화)가 갖는 오락적 가치와 시청률은 상대적으로 높을 수밖에 없다.

하지만 북한의 드라마는 사상교양의 측면이 반드시 반영되어야 하기 때문에 오락성이 가장 중요한 남한의 드라마와는 차이가 있다. 남한의 드라마에서 남녀 간의 사랑이 가장 주요한 내용인 반면, 북한 드라마에서는 남녀 간의 사랑은 드라마가 전달하고자 하는 '충성과 증산' 메시지를 돕는 소재에 불과한 경우가 많다. 또 북한 체제가 고수하는 '전통사회의 윤리관' 등으로 인하여 북한의 드라마는 기본적으로 남한의 드라마에 비해 자극적인 재미가 거의 없다.

또 조선중앙TV에서 방영하는 영화나 드라마는 재방영되는 경우가 상당히 많은데, 2001년의 경우 53편 중에서 6편의 드라마가 연

중 재방영되었고, 2004년에는 42편 중에서 5편이 재방영되었다. 또 2004년에 방영된 드라마 42편 중에서 10편이 이미 2001년에도 방영되었던 드라마이고, 2003년에 방영된 드라마 중에서도 10편이 재방영되었다.

<표 49> 2004년 방영 드라마 중에서 2001년과 2003년에 방영된 드라마

2001년	2003년
건설장의 처녀들	계응상박사
먼 길	고향산천
민족의 태양	국경관문
붉은 소금	민족의 태양
붉은 흙	붉은 봉선화
석개울의 새봄	빛나는 아침
열망	열망
우리이웃들	조선의 별
조선의 별	첫연유국장
철의 신념	하늘처럼 믿고 삽니다

<표 49>에서 보듯이 여러 해에 걸쳐서 재방영되는 프로그램들은 '민족의 태양', '조선의 별', '열망'과 같은 대표적 프로그램들이다. '민족의 태양'과 '조선의 별'은 김일성의 항일투쟁을 다룬 드라마로서 거의 매해 여러 차례 반복적으로 방송되고 있다. 이러한 프로그램의 지속적인 재방영은 조선중앙TV가 가지고 있는 역할을 뚜렷하게 보여 주며, 조선중앙TV가 처해 있는 경제적 어려움도 미루어 추측할 수 있다. 반복되는 재방영으로 인해 조선중앙TV의 드라마 시청률은 상당히 손상되어 있는 실정이며, 2004년은 이러한 문제점을 해결하기 위한 변화가 중국 드라마의 방영을 통해 이루어

졌다고 할 수 있다.

〈표 50〉 2001년 방영 드라마

제목	방영일자	횟수	소재	주제
구월산에 와보라	1. 1～2	2	구월산, 청년 남녀 노동자	증산
나의소원	1. 4～7	4	여군 부대	충성
열망	1. 8～20	13	연합기업소 책임비서	증산
대하는 흐른다	1. 21～2. 1	12	해방 후 농촌의 토지개혁	충성
새로 온 지배인	2. 3～8	6	탄광 지배인	증산
우리 이웃들	2. 9～10	2	도시 전차 운전수	증산
수평선	2. 11～21	10	수산업, 수산상	충성
석개울의 새봄	2. 22～3. 10	23	농업협동화과정의 농촌	증산
소녀 유술강자	3. 11～13	4	여자 유도선수	문화
건설장의 처녀들	3. 14～16	3	건설현장의 여성노동자	
노병의 유산	3. 17～3. 25	9	영예군인을 돌보는 군인가족이야기	충성
붉은 소금	3. 26～31	7	염전건설 돌격대	증산
민족의 태양	4. 1～8	8	김일성의 항일투쟁	충성
먼 길	4. 15～21	7	청년과학자의 연구생활	증산
축산반장의 교훈	4. 22	1	농촌 축산반장	증산
당부	4. 23～25	3	동료 위해 희생한 모범 군인	충성
백금산	4. 26～5. 10	16	광산 노동자	증산
불을 다루는 사람들	5. 11～24	17	제철소 노동자	증산
한 녀당원의 추억	5. 25～29	5	공장의 여당원 세포위원장	증산
그들이 택한 길	5. 30～6. 5	8	공장 노동자	증산
한 보위일군의 수기	6. 6～13	9	간첩 잡는 보위일군	충성
사랑을 싣고	6. 16～17	2	트럭운전사의 사랑	증산
빛나는 강산	6. 18～27	10	해안제방 건설	증산
구월산에 와보라	6. 28～30	3	구월산, 청년 남녀 노동자	증산
조선의 별	7. 1～10	10	1920～30년대 김일성의 항일투쟁	충성
좌우명	7. 11～20	10	공장 책임비서	증산
수평선	7. 21～29	10	수산업, 수산상	충성
어머니의 꿈	7. 30～8. 2	4	농촌협동농장 여성 노동영웅	증산

먼 길	8. 3~10	7	청년과학자의 연구 생활	증산
어서 오세요	8. 11~12	2		
갈매기	8. 13~14	2	수중발레 선수	문화
휘날리는 댕기	8. 17~20	4	여자체조 선수	문화
첫 기슭에서	8. 21~9. 2	17	해방 후 민주청년동맹 활동	충성
붉은 흙	9. 6~10	6	전쟁 시 유격대와 인민위원장	충성
가정	9. 11~18	9	30대 부부의 이혼문제	증산
압록강 이천 리	9. 24~28	7	노동자가 되었던 음악예술인	충성
보위자들	10. 2~10. 8	8	해방 후 내무성 일꾼들의 활동	충성
삶의 밑천	10. 1~3	3	직물공장 여지배인	증산
별은 멀리 있어도	10. 11~18	10	일제하 조선청년의 저항	충성
푸른 숲	10. 19~22	5	임산작업소	증산
환희	10. 23~29	9	연합기업소 지배인	증산
열망	10. 30~11. 11	13	연합기업소 책임비서	증산
붉은 흙	11. 12~11. 17	6	전쟁 시 유격대와 인민위원장	충성
백양나무 숲	11. 18~25	7		
탄부	11. 26~12. 2	7	탄광 노동자 가정	충성
젊은 시절	12. 3~9	8	종합기계공장 기사장과 연구원의 헌신적 노력과 사랑	증산
탄부총각	12. 10	1	탄광 노동자와 결혼문제	증산
철의 신념	12. 11~16	7	1950년대 제강소 노동자	증산
한 녀당원의 추억	12. 17~22	5	공장의 여당원 세포위원장	증산
교정의 륜리	12. 25~31	7	대학 교원	증산
	합계	368		

<표 51> 2004년 방영 드라마

제목	방영일자	횟수	소재	주제
축복합니다	1. 1~2	2	청춘 남녀의 맞선	
항로	1. 3~12	10	표류선박 선원들의 충성심	충성
먼길	1. 13~19	7	청년과학자의 연구생활	증산
우리이웃들	1. 20~21	2	도시 전차 운전수	증산
따뜻한 우리 집	1. 22~23	2	평양산원 의사들의 헌신과 사랑	증산
우리7현관사람들	1. 24~25	2	중소형발전소 건설공장 사람들	증산
건설장의 처녀들	1. 26~28	3	건설현장의 여성노동자	증산
열망	1. 29~2. 10	13	연합기업소 책임비서	증산
귀중히 여기시라	2. 11~14	4	기술인재를 중시하는 공장 지배인	증산
생의 노래	2. 16~24	9	군에서 부상당한 영예군인의 충성스러운 삶	충성
석개울의 새봄	2. 25~3. 19	23	농업협동화과정의 농촌	증산
국경관문	3. 20~27	8	국경도시 세관원	증산
하늘처럼 믿고 삽니다	3. 30~4.1	3	4월의 봄 친선예술축전참가 외국 예술인	충성
빛나는 아침	4. 2~3	2	해방공간의 인민민주주의혁명단계 국가 건설 당일군	충성
조선의 별	4. 6~17	10	1920~1930년대 김일성의 항일투쟁	충성
붉은 봉선화	4. 21~30	9	6·25전쟁 시기 충성을 바쳤던 여보위전사와 비전향장기수	충성
철의 신념	5. 1~4	4	증산을 위해 노력하는 제강소 노동자	증산
홍루몽	5. 6~26	28	중국제작 청나라시대	중국드라마
강철은 어떻게 단련되었는가	5. 31~6. 9	20	중국제작 소련 사회주의건설기 공산당원	중국드라마
붉은 소금	6. 11~18	7	염전건설 돌격대	증산
새로 온 처녀 인수원	6. 20~21	2	탄광 여성 인수원의 모범적 지원활동	증산
붉은 흙	6. 24~30	6	전쟁 시 유격대와 인민위원장	충성
민족의 태양	7. 1~7	8	김일성의 항일투쟁	충성
시련 속에서	7. 12~24	13	전후 황해제철소 노동자의 헌신적 노동과 계급적 갈등	증산
첫 연유국장	7. 25~8. 3	10	전쟁 중 '반당분자' 활동과 인민군 연유국장의 지원활동	충성
계응상 박사	8. 4~11	9	북한의 대표적 농업학자 계응상 박사	증산
귀중히 여기시라	8. 17~20	4	기술인재를 중시하는 공장 지배인	증산

생의 노래	8. 21~29	9	군에서 부상당한 영예군인의 충성스러운 삶	충성
양지말 사람들	9. 4~5	2	해방 후 토지개혁 과정의 농촌사회	충성
날아다니는 처녀들	9. 7~9	5	훈련에 열중하는 교예단 처녀들	
수호전	9. 10~10. 4	43	중국 제작 수호전	중국드라마
대홍단 책임비서	10. 5~9	4	대홍단군의 책임비서와 노동자들	증산
서리꽃	10. 10~18	9	발전소 물길굴 공사에 헌신하는 정치지도원	증산
항로	10. 19~27	10	표류선박 선원들의 충성심	충성
시련 속에서	10. 28~11. 8	13	전후 황해제철소 노동자의 헌신적 노동과 계급적 갈등	증산
첨단선	11. 9~14	7	금속기계공장에서 첨단초정밀기계를 제작하고자하는 노력	증산
꼬마전사 장갈	11. 15~30	20	항일투쟁시기 팔로군을 도와 일본군과 싸우는 꼬마전사 장갈의 활약	중국드라마
시대가 부르는 사람	12. 1~7	7		
꺼지지 않는 불	12. 8~8	2		
강철은 어떻게 단련되었는가	12. 9~19	20	중국제작 소련 사회주의건설기 공산당원	중국드라마
왕재산	12. 20~31	16		
	합계	387		

〈표 52〉 드라마의 주제

	2001년		2004년	
	편수	방영횟수	편수	방영횟수
증산	30	224	19	136
충성	13	109	13	128

드라마 주제 면에서는 북한 드라마의 대표적인 주제인 충성과 증산 가운데 대체적으로 증산이 충성보다 높은 비율을 차지하는 것으로 볼 수 있다(<표 52>). 그러나 증산을 중심에 놓은 드라마의 경우도 그 구성에서 최고권력자에 대한 충성을 강력하게 선전

하고 있다는 점에서 충성의 비율이 꼭 증산보다 적다고만 할 수는 없다.

2001~2003년과 달리 2004년의 경우 중국 드라마("홍루몽", "강철은 어떻게 단련되었는가", "수호전", "꼬마전사 장갈")가 5개월가량 방영되었기 때문에 드라마 편성편수와 방영횟수에서 2001년과 상당한 차이가 있다. 하지만 드라마 편수를 비율로 환산할 경우 2001년과 대체로 비슷한 흐름에 있다고 볼 수 있으며, 드라마 주제의 측면에서는 큰 변화가 없다고 할 수 있다.

2001년에 방영된 드라마 중에서는 "구월산에 와보라"와 "우리 이웃들", "사랑을 싣고" 같은 밝은 내용의 2부작 단편 드라마와 "소녀 유술강자"(유도), "갈매기"(수중발레), "휘날리는 댕기"(여자 체조)와 같은 체육 관련 드라마가 부각되었다. 또 "나의 소원"(여군의 충성), "붉은 소금"(염전건설 돌격대 여성), "압록강 이천 리"(복권된 예술인)는 기존의 주제를 반복한 것에 가깝다면, "교정의 륜리"(대학교수)는 북한 사회에 나타나고 있는 대학사회의 문제를 보여 주는 새로운 드라마였다.

2004년에 방영된 드라마 중에서는 새해 첫날에 방영된 밝은 드라마인 "축복합니다"에 이어 방영된 "항로"가 최고권력자에 대한 충성을 보여 주는 전통적인 주제를 다루었다.[300] 또한 평양산원의 청년의사를 다룬 "따뜻한 우리 집", 기술인재 중시정책을 강조하는 "귀중히 여기시라", 국경도시의 세관원의 책임을 강조하는 "국경관문"과 같은 드라마가 북한 체제의 변화 분위기를 기대하게 하는 부분이 있었다.

---

300) "항로"는 표류과정에서 생사의 기로에 서게 된 선원들이 최고권력자에 대해 충성을 다짐하는 내용이다.

2004년의 경우 가장 큰 변화는 주제로 보기보다 드라마의 제작 주체를 중심으로 보는 것이 의미가 있다. 2002년에 일부 소련 드라마와 영화(“어린 복수자들”, “강철은 어떻게 단련되었는가”, “위흐리 소좌”, “베를린 함락”, “천번 중 한 번의 기회”, “불타는 날개”, “검과 방패”)가 방영된 적은 있지만, ‘주체의 나라’라는 북한에서 2004년과 같이 대대적으로 외국 방송이 방영된 것은 예사로운 변화로 보기 어렵다. 이것은 2004년 봄에 김정일이 중국을 방문한 것과 관련이 있으며, 2004년에 중국과 북한이 상당히 긴밀한 관계에 있음을 대내외에 과시하는 것 이상의 의미로 볼 수 있다.

오히려 북중관계보다 더 중요한 것을 북한 체제 내적인 측면에서 본다면, 북한 주민들이 조선중앙TV에 대해 지루함을 느끼고 있다는 점이다. 그리고 경제적 어려움과 여유가 없는 생활에 처한 북한 주민들의 현실에 대한 불만을 북한 정권이 다른 곳으로 돌릴 요소를 필요로 하고 있음을 보여 주는 것이다. 이것이 2004년 조선중앙TV에 부여할 수 있는 최대의 의미라고 여겨진다. 즉 조선중앙TV의 중국 드라마 방영은 오락적 요소에 눈을 뜨기 시작한 북한 주민들에게 북한 정권이 새로운 볼거리, 드라마를 제공해야 하는 큰 부담을 느낀 것으로 볼 수 있다.

2) 2010년 드라마(영화)

(1) 드라마

조선중앙TV가 2010년에 방영한 드라마 횟수와 영화 편수는 모두 446회 분에 달한다(<표 53>). 이 숫자는 하루에 1.22편의 드라마나 영화가 방영된 것을 말하는데, 일요일의 경우 여러 편의 영화가 방영되기도 했고 드라마가 하루에 2회분이 방영되기도 했다. 이처럼 많은 드라마나 영화가 방영된 것은 조선중앙TV가 북한 시청자들의 관심을 끌기 위한 노력을 벌이고 있음을 보여 준다.

<표 53> 2010년 방영 영화 수

월	1	2	3	4	5	6	7	8	9	10	11	12	계
영화 편수	20	19	14	14	29	17	22	23	26	18	17	16	235
드라마편수/ 방영횟수	3/ 19	1/ 6	1/ 23	2/ 13			2/ 16	1/ 17	1/ 7	1/ 30	2/ 34	2/ 46	16/ 211

하지만 조선중앙TV가 2010년에 방영한 드라마 편수는 15편에 불과하고 그중에서 2010년에 새로 방영된 것은 "봉산탈춤"과 "금골의 61년생" 정도이다. 이 드라마들은 방영횟수가 각각 3회, 8회분에 불과한데, 이처럼 새로 제작된 드라마가 적은 이유는 조선중앙TV의 재정적 문제가 가장 큰 것으로 추정된다. 이런 원인 때문에 조선중앙TV는 예년과 마찬가지로 여러 편의 드라마를 재방영하였고, 2001년과 2004년에도 방영된 드라마를 2010년에도 재방영하였다. 특히 이들 드라마 중에서 "석개울의 새봄", "조선의 별", "붉은 흙", "철의 신념"은 2001년과 2004년에 모두 방영된 작품들이다.

편수는 적지만 "금골의 61년생"은 몇 가지 측면에서 변화의 특징을 가지고 있다. 그동안 제작되었던 북한 드라마에 비해 조명이 크게 개선되었고, 배우들의 분장에 신경을 써서 화면 자체가 밝게 보이는 효과를 노리는 측면도 있다. 심지어 여자주인공의 경우 건설노동 현장이나 착암기를 만지는 탄광노동에서조차 깨끗하게 화장한 얼굴을 유지한다는 점에서 이전의 드라마와는 차이가 크다. 이러한 변화는 드라마 제작 장비의 개선과 더불어 '사회주의적 리얼리즘'이 남한이나 중국 드라마의 영향을 받은 것으로 추측할 수도 있다. 하지만 극의 전개과정에서 활용되는 김정일에 대한 충성과 찬양을 유지하는 형식과 내용에는 큰 변화가 없다.

<2010-3-18>

<2010-4-10>

<2010-11-19>

〈표 54〉 2010년에 드라마 중에서 2001년과 2004년 방영 드라마

2001년	2004년
석개울의 새봄	석개울의 새봄
불을 다루는 사람들	조선의 별
조선의 별	철의 신념
붉은 흙	붉은 흙
철의 신념	첫 연유국장
	첨단선

위의 <표 54>에서 보듯이 재방영이 높은 드라마가 시사해 주는 바는 현재의 북한 체제에 대한 정당화("석개울의 새봄", "조선의 별", "붉은 흙")와 증산을 위한 선전("철의 신념")에 조선중앙TV가 높은 관심을 가지고 있다는 점이다. 하지만 중국 드라마를 제외한

북한 드라마 12편 중에서 8편은 증산에 우선적인 선전목적을 두고 있다는 점에서 북한 정권이 경제회복 문제에 더 많은 선전을 집중하고 있는 것으로 이해할 수 있다.

다음의 <표 55>에서 보듯이 드라마 편성에서 "조선의 별"은 매년 4월 김일성 생일을 기념하여 매년 고정적으로 편성하고 있고, 2010년 6·25전쟁 60주년을 연계하여 시사성 있는 드라마로 "붉은 흙", "첫 연유국장"과 중국 드라마 "모안영"을 방영한 것으로 볼 수 있다. 특히 중국 드라마 "모안영"은 6·25전쟁에 참전했다가 미군의 폭격으로 사망한 모택동 장남의 생애를 다룬 것으로, 북한과 중국의 혈맹관계를 대내외에 선전하는 데 크게 기여한 것으로 보인다.

<2010-10월>

〈표 55〉 2010년 드라마

제목	방영일자	횟수	소재	중점주제	비고
사랑의 샘	1. 3~5	3	강서약수 생산을 개선하는 공장 책임기사와 연구사	증산	
철의 신념	1. 6~14	8	증산을 위해 노력하는 제강소 노동자	증산	
사랑의 권리	1. 15~23	8	탄광 돌격대원의 증산과 조직생활	증산	
대홍단 책임비서	2. 1~6	6	군당 책임비서의 발전소 건설	증산	
석개울의 새봄	3. 3~31	23	농업협동화과정의 농촌	증산	
조선의 별	4. 3~18	10	1920~1930년대 김일성의 항일투쟁	충성	
봉산탈춤	4. 4~5	3	일제의 민족문화 말살에 저항하는 근로인민의 활동		
붉은 흙	7. 13~19	6	전쟁 시 유격대와 인민위원장	충성	
첫 연유국장	7. 20~26	10	전쟁 중 '반당분자' 활동과 인민군 연유국장의 지원활동	충성	
불을 다루는 사람들	8. 5~16	17	제철소 노동자	증산	
첨단선	9. 14~22	7	금속기계공장에서 첨단초정밀기계를 제작하고자 하는 노력	증산	
잠복	10. 13~29	30	중국국공내전기에 국민당에 잠입한 공산당 첩자의 활동		중국 드라마
금골의 61년생들	11. 15~24	8	검덕광산에서 희생적인 노동을 하는 61년생 작업반 이야기	증산	
모안영	11. 25~12. 12	36	6·25전쟁 때 참전하여 전사한 마오저뚱의 맏아들의 일대기		중국 드라마
모안영	12. 13~30	36	6·25전쟁 때 참전하여 전사한 마오저뚱의 맏아들의 일대기		중국 드라마
	합계	211			

이처럼 조선중앙TV는 2010년에 북한 제작 드라마 외에도 중국 드라마 "잠복"(30부작), "모안영"(36부작, 재방영 포함 시 72회 방영) 2편을 재방송까지 포함하여 102회분을 방영하였다. 이러한 조선중앙TV의 대규모 중국 드라마의 방영은 이미 2004년에 경험한

바 있는데, 이것은 북한과 중국 사이의 긴밀한 외교적 관계를 반영하는 것이다. 하지만 '주체'를 내세우는 북한의 조선중앙TV가 이처럼 대량으로 중국 드라마를 방영한 것은 북중관계의 강조와 더불어 북한 시청자들의 조선중앙TV에 대한 관심을 제고하는 것이 주된 원인이 되었을 것으로 추정된다.

이러한 해석이 가능한 것은 중국 드라마 '잠복' 때문이다. 우선 '잠복'은 드라마의 주제가 1940년대 항일투쟁에서 목숨을 건 중국 공산당원들의 활약을 보여준다는 점에서 조선중앙TV가 방영할 수 있는 조건을 갖추었다. 하지만 '잠복'의 방영이 조선중앙TV에서 더 큰 의미를 가질 수 있는 것은 '잠복'이 북한 드라마에서는 전혀 볼 수 없는 수준의 흥미진진한 드라마였기 때문이다. 긴장감이 넘치는 극의 전개가 매회 계속되었기 때문에 중국에서도 큰 인기를 불러 일으킨 작품이었고, 마찬가지로 북한 시청자들의 큰 관심을 끌 수 있었다.[301] 조선로동당과 조선중앙TV가 이런 수준의 외국 드라마를 방영한 것은 북한 주민들의 드라마를 대하는 눈이 이미 매우 높아져 있다는 것을 인정하지 않고는 불가능한 일이라고 할 수 있다.

동시에 드라마 한 편에도 섬세한 검열과 편집을 진행하는 조선로동당의 모습을 여전히 확인할 수 있는데, "잠복"의 조선중앙TV 방영에서 중국과는 다른 특징적인 부분을 지적할 수 있다. 이 드라마를 방영하면서 조선중앙TV는 드라마의 마지막 부분을 편집하였는데, 이것은 조선로동당이 '중국공산당이 헌신적으로 혁명에 참여한 여자당원을 속이는 결정'을 보여 주는 중국 드라마를 원본대로

---

301) "잠복"은 2009년 4월 1일 베이징위성TV 등 4개 방송사를 통해 첫 전파를 탄 후 큰 인기를 끌었다. 30회분이 끝나고 우한(武漢)TV 등 지방방송국에서도 재방송을 내보냈다. 2009년에 중국에서 히트를 친 10대 드라마의 한 편으로 선정되었다.

방영하기 어려웠기 때문인 것으로 이해할 수 있다.[302]

이번에 방영된 드라마 '잠복'을 통해서 조선중앙TV는 북한 주민들을 다시 TV 앞으로 모으는 성과를 가졌다. 하지만 높아지는 남한 영상물과 중국 영상물로 인해 높아진 북한 주민들의 욕구를 만족시키는 데 앞으로 더 큰 고민에 빠질 수밖에 없을 것이다. 현재의 북한 정권하에서 "잠복"에 상응할 수 있는 드라마를 만들기에는 북한의 드라마 제작능력이 충분하지 않기 때문이고, 중국 드라마를 가지고 시청자를 계속적으로 끌어들이기에는 조선중앙TV의 최고권력자에 대한 선전이라는 본질적 역할에 손상이 가기 때문이다.

여하튼 2010년의 조선중앙TV와 최고 권력자는 나름대로 변화의 필요성을 느끼고 있고, 변화 없이는 조선중앙TV의 '본질적 역할'도 수행할 수 없음을 알고 있다. 하지만 앞으로도 조선중앙TV는 드라마 제작을 통해 최고권력자에 대한 충성의 맹세를 하고, 최고권력자에 대한 선전에 주력할 수밖에 없다는 점에서 여러 가지 환경적 어려움에 처해 있음을 알 수 있다.[303]

(2) 영화

2000년대 후반에 조선중앙TV가 부족한 드라마 제작을 대신하여 보충한 것은 중국 드라마와 기존에 제작된 북한의 영화이다. 2010년

---

302) 극 중 주인공인 중국공산당의 첩자는 1949년 중화인민공화국 수립 이후 당의 명령에 따라 대만으로 다시 잠복하게 된다. 당의 지시 때문에 주인공은 1949년 이전 잠복사업 중에 자신의 아이를 낳은 중국공산당원인 부인과 재회하지 않고, 국공내전 중에 이웃으로 알고 지냈던 여인과 결혼해서 대만으로 잠복한다. 조선중앙TV는 주인공이 다시 결혼하는 부분을 삭제하고 방영하였다.

303) 드라마에서는 모든 주인공들은 김정일에 대한 그리움과 충성심으로 가득 차 있는 인물로 그려지고 있다. 또 여성주인공일수록 김정일에 대한 그리움과 숭모의 정을 뜨겁게 표현하고 있는 점도 특징적인데, 이것은 조선중앙TV 종사자들의 생존을 위한 노력으로 해석할 수 있다.

1〜3월에 방영된 북한 영화는 모두 52편인데 그 목록은 아래 <표 56>
과 같다.304)

〈표 56〉 2010년 1〜3월 방영 영화(제작연도/방영일자)

1월	2월	3월
– 내가 본 나라(1988/1일) – 한 여학생의 일기(2006/2일) – 언제나 한마음(3일) – 훈련의 하루(2009/8일) – 동지들! 이 총을 받아주! (1967/11일) – 발동소리 울린다(1983/11일) – 밀림의 청춘(1971/17일) – 갱장의 교훈(17일) – 생의 흔적(1989/21일) – 평양에 온 두 대표(1999/21일) – 언제나 한마음 2부(24일) – 도와줍시다(24일) – 산정의 수리개들(1975/24일) – 전초선(1985/26일) – 근위병의 아들들(1996/27 – 28일) – 세대의 임무(2002/29일) – 진심(30일) – 언제나 한마음 3부(1985/31일) – 다음 달에 보자요(1983/31일) – 잊지 못할 전우(31일)	– 편지(1) – 그는 사령관 동지의 명령을 어떤 역경 속에서도 어김없이 집행하였다 (1) – 땅과 말하는 처녀(1988/1일) – 한마음으로(8일) – 도라지꽃(1987/11일) – 려단정치위원(11〜12일, 전후편) – 내가 본 나라(2009/14〜15일, 2 〜3부) – 백옥(2009/15〜16일, 1〜2부) – 백두의 봇나무(2009/17일) – 생명선(2009/17, 23일) – 높은 교단(2006/20일) – 처녀관리위원장(1976/21일) – 기차가 온 날(21일) – 어느 한 여성직장에서 (1970/21일) – 시인 조기천(1988/22일) – 불타는 마음(1983/27일) – 저하늘의 연(28일) – 설풍경(28일)	– 민족과 운명: 61〜62부, 농 민편(2003/1일) – 한 생명을 위해 천리(1일) – 숲은 설레인다(1982/2일) – 나의 행복(1988/7일) – 강호영(2007/11일) – 장산리 여성들(1985/11일) – 평화는 깃들지 않았다(1987/ 11일) – 한 해병의 이야기(14일) – 그때처럼 살자(14일) – 농산기수(21일) – 증산주머니(1996/21일) – 푸른소나무(1984/전편 22일, 후편 23일) – 구름봉의 비밀(28일) – 우리가 사는 집(28일)

2010년 1〜3월 3개월 동안 조선중앙TV에서 방영된 북한 영화
중에서 필자가 제작연도를 확인한 것은 35편인데(67.3%), 이들 영
화는 1960년대(1편), 1970년대(4편), 1980년대(17편), 1990년대(3편),
2000년대(10편)까지 제작연도가 분포되어 있다.305) 2010년에 방영
된 영화에는 30분 이내의 교양을 목적으로 하는 흑백 영화도 다수

---

304) 소련 영화 "기회를 놓치지 말자"(2월 9일 방영)를 뺀 숫자이다.

305) 조선중앙연감 등 북한의 연감을 자료로 확인하였기 때문에 제작연도가 확인된 영화는 확인되지 않은
영화보다 상대적으로 잘 알려진 영화로 평가할 수 있다.

포함되어 있으며,[306] 1980년대에 제작된 영화가 다수를 차지하고 있다. 지나간 역사 속에서 북한 정권이 1980년대를 나름대로는 정치경제적·문화적 성과가 있었던 시기로 평가하고 있는 것이 흘러간 영화의 재방영에도 영향을 주고 있는 것으로 보인다.

과거에 제작된 영화의 재방영과 함께 주목될 것의 하나는 조선중앙TV가 2010년 8월 1일에 방영한 중국영화 "격술가 엽문"이다. 이 영화는 2009년 4월 제28회 홍콩 금상장 영화제에서 작품상을 받은 중국 영화로 중일전쟁이 발발한 1930년대 중국이 배경이다. 이소룡의 스승이자 중국의 무술영웅인 엽문이 민족의 자존심을 되찾기 위해 무술로 일본에 저항한다는 내용을 담고 있는데, 이 영화가 가진 반일적 주제도 중요하지만, 북한 시청자의 영화에 대한 눈이 높아지고, 더 높은 오락성을 주민과 북한의 상층엘리트가 모두 필요로 한다는 반증으로 이해할 수 있다.

그동안 조선중앙TV는 중국 영화나 드라마를 방영하는 경우가 종종 있었는데, 주로 항일투쟁이나 전근대사회를 다룬 "홍루몽", "수호전"을 방영한 것에서 한 단계 더 시청자의 관심으로 접근한 것으로 볼 수 있다. 이러한 조선중앙TV의 변화는 최신의 외부 영화를 경험한 북한 시청자들이 '명작'으로 칭송받았던 작품이라 해도 과거의 영화에 대한 관심이 매우 낮은 것과 관련을 지을 수 있다. 결국 북한 시청자의 눈을 조선중앙TV로 끌어들이기 위해서는 새로운 영화가 필요한데, 높아진 북한 시청자의 눈을 만족시킬 경

---

306) 5월 2일에 방영된 "웃을 일이 아니다"는 엉터리로 제작된 구두 뒷굽으로 인한 에피소드를 통해 생산 작업에서의 성실성을 교양하고 있다. 10월 19일에 방영된 "살림군 오복녀"는 벼가마니에서 낱알 터는 일을 하는 성실한 오복녀가 결혼 후에는 개인살림을 위해 뜨개질에 정신이 팔리고, 벼가마니에서 낱알 터는 직장일에 소홀해진 것을 비판하는 내용으로, 잘못을 깨우친 오복녀가 내 집 살림하듯 나라 살림을 하겠다며 반성하는 것을 끝나는 교양물이다.

쟁력 있는 영화를 북한 내부에서 제작하기 어렵다는 점이 조선로
동당과 조선중앙TV의 고민이 될 수밖에 없다.

어려운 북한 경제 속에서도 1992년부터 활발하게 제작되던 북한
TV드라마는 2004년까지 전성기를 누리며 제작 방영된 것으로 보
인다.[307] 하지만 2005년 이후 드라마 제작이 크게 감소하면서 조선
중앙TV는 드라마 재방영과 중국 드라마, 그리고 이미 제작된 영화
를 방영함으로써 드라마에 대한 시청자들의 욕구를 대체하여 만족
시켜야 했다.[308] 이처럼 드라마 제작이 감소한 것은 '대작도 좋지
만 아담한 영화를 많이 만들라'는 당의 요구에 영향을 받은 것이
고,[309] 더 직접적인 원인은 재정적 환경이다.

이러한 드라마 제작의 감소는 예술영화 제작 감소와도 맥을 같
이하는데, 북한에서 영화촬영소와 영화보급기관들이 독립채산제를
실시한 것과 관계가 있다.[310] 이러한 제작환경의 변화는 선군영화
에 대한 강조와 연결되면서 '조선예술영화 촬영소'보다 '조선인민

---

307) 조선중앙TV는 1992년에 "건설장의 처녀들"(3부작), "금골에 온 처녀"(5부작), "너를 기다린다"(5부
작), "눈석이 전에"(3부작), "석개울의 새봄"(23부작)을 제작하여 드라마 제작을 확대하였다. 1993년
("한 녀당원의 추억" 5부작), 1994년("백금산" 16부작, "좌우명" 10부작, "푸른숲" 5부작 등), 1995
년("로병의 유산" 9부작, "빛나는 강산" 10부작, "젊은 시절" 8부작 등), 1997년("오늘도 서 있는
집" 8부작, "조국은 병사를 잊지 않으리" 3부작 등), 1998년("배들은 바다로 나간다" 4부작, "소녀유
술강자" 4부작 등), 1999년("대하는 흐른다" 12부작, "열망" 13부작, "한 보위군의 수기" 9부작
등)까지 다양한 드라마를 제작하였다. 조선중앙TV는 2000년("붉은 소금" 7부작, "구월산에 와보라"
3부작, "나의 소원" 4부작, "백양나무숲" 7부작, "인생의 절정" 8부작 등 약 20편), 2001년("가정"
9부작, "교정의 륜리" 7부작, "붉은 흙" 6부작, "새로온 지배인" 6부작, "수평선" 10부작 등 10여
편), 2002년("계응상 박사" 11부작, "시대가 부르는 사람" 7부작, "엄마를 깨우지 마라" 3부작, "우
리 인민보안원" 8부작, "첨단선" 7부작, "하나의 메아리" 12부작 등 10여 편), 2003년("국경관문"
8부작, "래일의 개척자들" 12부작, "붉은 봉선화" 9부작, "첫연유국장" 10부작, "항로" 10부작 등
10여 편), 2004년("날아다니는 처녀들" 5부작, "생의 노래" 9부작, "시련 속에서" 13부작, "왕재산"
16부작 등 8편), 2006년("수업은 계속된다" 8부작 등)까지 다양한 드라마를 제작 방영하였다.

308) 2005년 KBS는 북한 조선중앙방송위원회와 드라마 "사육신" 제작을 논의하였는데, 북한은 이 시점
에 드라마 제작이 재정문제로 어려움을 토로하였다.

309) 『조선예술』, 8월호(2007); 이명자, "북한영화개관", 2008에서 재인용.

310) 2004년과 2005년에 각 10편, 2006년 4편, 2007년 2편, 2008년 3편의 영화가 제작되었다.

군 4·25예술영화촬영소'의 작품 제작이 활발해지고, 충성을 주제로 하는 영화가 제작되는 주요인이 되었다.[311] 그리고 이러한 영화제작의 결과는 조선중앙TV의 영화 편성에서 변화를 시도하는 데 큰 제약이 될 수밖에

<2012-1-18>

없다. 결국 비용과 편성의 편리성, 시청률 제고효과 면에서 가장 충실한 것은 중국 드라마의 방영이 될 수밖에 없었던 것이 2010년의 조선중앙TV 상황이라고 정리할 수 있다. 그리고 조선중앙TV의 본질적 선전 목적과 중국 드라마 방영으로 인한 상충 문제를 해결하는 것이 조선중앙TV의 현안이 되어 있다고 볼 수 있다.

2. 스포츠 프로그램의 증가

1) 국제스포츠 경기의 방영 확대

조선중앙TV 프로그램 중에는 체육 관련 편성이 있고, 태권도, 축

---

311) 이명자, "북한영화 개관", 2008. 이러한 분위기를 반영하는 대표적인 영화가 2009년 제작된 "백옥"인데, 이 영화는 1995년에 사망한 오진우를 '원형'으로 만들었다. 오진우는 김일성의 항일투쟁에 참여하여 북한군 총정치국장, 노동당 정치위원회 위원, 인민무력부장, 북한군 원수, 국방위원회 제1부위원장 등을 지냈다. 김정일 위원장의 생일인 2월 16일에 방영되어 북한 정권이 요구하는 충성의 모델을 보여 준다. 북한은 "생의 마지막 순간까지 당과 수령에게 무한히 충실하였던 항일혁명투사 오진우를 원형으로 하여 혁명의 영도자를 백옥같이 순결한 마음으로 받들어 모신 전사의 투철하고 진실한 사상정신 세계를 감명 깊게 보여 주고 있다"고 이 영화를 설명하였다.

구, 탁구 등의 스포츠프로그램 녹화방송이 있다. 지난 2002년 6월에는 한국과 일본에서 공동 개최되었던 월드컵 경기를 녹화편집 방송하여 화제가 되기도 하였다. 이때 월드컵 경기는 조선중앙TV에서 위성으로 송출하지 않았지만, 북한 내부에서 상당한 시간을 방영하였다. 북한의 월드컵 방영은 전부 경기 며칠 후에 녹화방송으로 진행되었고, 월드컵이 끝날 때까지 약간의 해설을 곁들여 대체로 1시간 정도로 편집 방영하였다. 대체적으로 한 시간 이내로 편성되었으며, 여러 게임의 경우도 한 시간 이내로 방영하였다.

2002년 월드컵은 서울에서 진행된 경기이므로 독일에서 진행된 2006년 월드컵을 2010년 월드컵과 비교하면 조선중앙TV의 변화를 이해하는 데 도움이 된다.[312]

2002년에 이어 2006년에도 북한은 월드컵 축구를 대대적으로 편집 방영하였다. 대체로 16강전 이전 경기는 매일 60분 정도로 여러 경기를 편집 방영하였고, 16강 경기부터는 전 경기를 70~80분으로 편집 방영하였다(<표 57>). 하지만 경기가 진행된 후 평균적으로 7~9일 지나서야 방송을 할 만큼 시청자들에게 적극적인 정보 제공의 태도를 보이지는 않았다.

---

312) 2006년과 2010년은 북한팀의 참가 여부라는 큰 차이가 있지만, 북한 주민들의 축구에 대한 깊은 관심이라는 점을 더 큰 요인으로 볼 수 있다.

〈표 57〉 조선중앙TV의 월드컵 방영일지(2006년 6~7월)

6월	7월
- 12일(약 70분 편집방송)	- 1일 아르헨티나-멕시코(약 80분 편집방송)
- 13일(약 60분 편집방송)	- 2일 영국-에콰도르(약 70분 편집방송)
- 14일(약 70분 편집방송)	- 3일 포르투갈-네덜란드(약 70분 편집방송)
- 15일(약 60분 편집방송)	- 4일 이탈리아-호주(약 80분 편집방송)
- 16일(약 60분 편집방송)	- 5일 스위스-우크라이나(약 70분 편집방송)
- 17일(약 60분 편집방송)	- 6일 브라질-가나(약 80분 편집방송)
- 18일(약 60분 편집방송)	- 7일 스페인-프랑스(약 80분 편집방송)
- 19일(약 60분 편집방송)	- 9일 이탈리아-우크라이나(약 70분 편집방송/
- 20일(약 60분 편집방송)	8강전)
- 21일(약 60분 편집방송)	- 10일 브라질-프랑스(약 80분 편집방송)
- 22일(약 60분 편집방송)	- 11일 독일-아르헨티나(약 70분 편집방송)
- 23일(약 60분 편집방송)	- 12일 영국-포르투갈(약 60분 편집방송)
- 24일(약 60분 편집방송)	- 13일 독일-이탈리아(약 80분 편집방송/준결승)
- 25일(약 60분 편집방송)	- 14일 프랑스-포르투갈(약 60분 편집방송)
- 26일(약 60분 편집방송)	- 15일 독일-포르투갈(약 60분 편집방송/3-4위)
- 27일(약 60분 편집방송)	- 16일 이탈리아-프랑스(약 65분 편집방송-결승)
- 28일(약 60분 편집방송)	
- 29일(약 60분 편집방송)	
- 30일 독일-스웨덴(약 80분 편집방송/16강전)	

    2010년 조선중앙TV의 체육 관련 방송에서 중요한 변화는 일요일 보도시간에 포함된 '국제체육 소식'이다(<표 58>).

    국제체육 소식은 남한의 뉴스 뒷부분에 스포츠 뉴스가 연결되는 것과 같은 형식으로 5월 2일의 경우 남녀 아나운서의 설명으로 약 7분간 주요 종목의 국제경기와 축구경기를 주요한 장면을 중심으로 방송했다.[313] 축구경기의 경우 주로 골을 넣은 장면을 중심으로 편집하여 결정적인 장면을 재미있게 볼 수 있게 했다. 전체적으로 볼 때 국제체육 소식은 축구경기가 보도의 중심이 되는 특징이 있다.

---

313) 여자방송원(아나운서)의 서양적 생김새가 특징적이다. 아나운서의 외모와 복장이 모두 당의 정책적 결정을 반영한다는 점을 고려하면, 이러한 아나운서 선택은 조선중앙TV의 변화의 일면을 보여 준다.

〈표 58〉 2010년 국제체육 소식(일요일)

5월 2일 세계컵산간지대 자전거경기대회 련맹컵정구경기대회 에스빠냐 1부류 축구련맹전(레알마드리드:싸라고싸) 브라질 1부류 축구련맹전(싼또스:싼또 안드레) 아르헨띠나 1부류 축구련맹전(인데펜디엔테:반피엘드)	**5월 23일** 세계정구명수급 경기대회–남자단식 결승 세계크리케트 경기대회–남자크리케트 결승 그랜드상모터찌클(모터싸이클) 산간지대도로 경기대회 도이췰란드컵 축구경기대회 프랑스 1부류 축구련맹전 에스빠냐 1부류 축구련맹전 아르헨띠나 1부류 축구련맹전
5월 30일 2010년 아시아컵 여자축구경기대회 준결승(조선:중국) 브라질 1부류축구련맹전 경기(싼또스:그레미오/빨메이라스:그레미오) 와르샤와(바르샤바) 공개정구경기대회 여자단식 준준결승(중국: 이딸리아) 그랜드상 모래터배구경기(비치발리볼)대회(도이췰란드 승리로 결승진출, 여성경기) 세계컵 럭비경기대회(오스트랄리아:남아프리카) 세계자동차 륜환도로 속도경기대회(레이싱대회) 그랜드상 모터찌클(싸이클)원주로경기대회[뽈쓰까(폴란드) 선수 우승] 세계컵 산간지대 자전거경기대회	**6월 6일** 제50차 세계탁구 국제선수권대회(싱가포르:도이췰란드, 중국:일본) 유럽 남자송구(핸드볼)선수권보유자련맹전 국제친선축구경기 대회(빠라과이:꼬뜨디봐르/에스빠냐:사우디아라비아) 세계컵자동차여러날경기대회(랠리) 경기방법 및 평가방법 소개, 경기 장면
6월 13일 2010년 월드컵 경기대회가 개막되었음. 월드컵 개막식 영상 모습. 월드컵 경기 개요 및 북한 경기 일정 소개 프랑스 공개 정구대회(여자 단식 결승) 국제친선축구경기대회(슬로베니아:뉴질랜드/빠라과이:그리스) 세계속도비행경기대회	**6월 20일** 2010년 월드컵 경기 대회 소식 – 남아프리카:메히꼬(멕시코), 아르헨띠나:나이제리아, 알제리:슬로베니아, 쓰르비아(세르비아):가나, 도이췰란드:오스트랄리아, 네데를란드(네덜란드):단마르크(덴마크), 이딸리아:빠라과이, 조선:브라질, 온두라스:칠레, 에스빠냐:스위스 – 각국 대표팀 특징과 경기 내용. 경기 결과 소개 – 북한 경기 모습 중계, 브라질전 경기 내용과 각 팀의 특징 설명. 북한 득점상황 자세히 소개

조선중앙TV의 체육 소식은 일요일에 "8시 보도"에 이어지는 "국제체육 소식"과 더불어 북한 국내 운동경기 소식과 국제 경기

중계가 있다. 북한 국내 경기로는 '대학체육단 여자송구 경기 김일성종합대학:평양의학대학(3월 11일), 백두산상체육 경기대회 남자농구 압록강:소백수(3월 14일), 백두산상 체육경기대회 남자농구 4·25:기관차(3월 28일), 제8차 전국농업근로자 민족경기대회(9월 5일), 제8차 대황소상 전국민족씨름경기(9월 14~22일) 등 여러 종류의 체육경기 중계가 있다.

다음 <표 59>는 조선중앙TV의 국제경기 중계를 중계가 비교적 활발했던 6개월분만 정리한 것이다. 경기의 대부분이 축구경기가 중심을 이루고 있음을 볼 수 있는데, 이것은 김정일의 축구에 대한 관심과 북한 축구팀이 월드컵에 진출한 분위기와 맞물려 있다.314) 이러한 사정을 반영하여, 조선중앙TV의 국제체육 경기 편성이 증가한 것으로 볼 수 있다. 또한 이러한 국제 축구경기의 방영은 조선중앙TV가 스포츠를 통해 북한 주민들의 시청률을 제고하고자 하는 정책적 결정을 내린 것으로 이해할 수 있다. 특히 이러한 국제 스포츠에 대한 적극적인 프로그램 편성은 조선중앙TV 편성에 대한 정권 차원의 정책적 변화가 바탕에 깔린 것으로 이해하는 것이 타당해 보인다.

---

314) 김정일은 체육에서는 축구가 기본이라는 생각을 가지고 있다.[『김정일선집』 제9권(평양: 조선로동당 출판사, 1997), 333쪽]

<표 59> 조선중앙TV 2010년 국제체육 경기 중계

1월	2월
- 2009년 국제축구연맹구락부 세계컵경기대회 오클랜드FC:아뜰란떼 FC(21일), 아뜰란떼 FC: 바르쎌로나 FC(24일), 마젬베: 오클랜드FC(31일) ※ 축구경기를 40분 정도로 편집 방송	- 2009년 국제축구연맹구락부 세계컵경기대회 에스뚜디안떼스:바로쎌로나FC(1일) - 제5차 동아시아경기대회(7일, 다이빙 육상) - 제19차 백두산상 국제휘겨축전(17~18일, 1~2부)
3월	5월
- 2010년 아시아축구련맹도전자컵(AFC챌린지컵)경기대회 조선:뚜르크메니스딴(21일), 조선:인디아(22일), 조선:미얀마(24일), 결승 조선:뚜르크메니스딴(25일)	- 축구월드컵 경기대회: 1, 2(14, 16일) - 2010년 아시아컵 여자축구경기대회 조선:중국(28일)/오스트랄리아:일본(30일)
9월	10월
- 국제축구연맹 2010년 월드컵경기대회(5일) - 4·25 여자축구팀과 영국 미들즈브러시녀자축구팀(20일)	- 세계권투협회(WBA) 슈퍼반탐급 선수권쟁탈 경기 리렬리(조선):푼사왓트(타이)(19일) - 2010년 아시아 19살 미만 축구선수권대회 조선:남조선(한국)(23일)

* 중계가 비교적 활발했던 6개월분만 정리함.

2) 국제스포츠 경기 보도의 속보성 강화

앞에서 서술한 국제경기 외에도 2010년에는 북한에서도 높은 관심을 가졌던 남아공 월드컵이 있었다. 특히 2010년 남아공 월드컵은 북한도 참가한 매우 의미 있는 경기였다.[315] 2006년 월드컵은 2010년 월드컵과 달리 북한이 본선에 참가하지 못했다는 차이가 있지만, 조선중앙TV의 방영과정을 자세하게 살펴보면 몇 가지 면에서 변화를 확인할 수 있다.

---

315) 2010년 남아공 월드컵 경기 중계를 위해 조선중앙TV는 중계권을 갖고 있던 SBS와 논의를 진행하였다. 하지만 3월 말에 발생한 천안함 사건으로 인해 중계권 논의는 진행되지 못했고, 북한은 남한의 협력 없이 월드컵을 중계하였다.

<표 60> 2010년 6~7월 월드컵 중계

6월	7월
- 12일 남아공:멕시코(약 70분 편집방송)	- 1일 가나-미국(약 60분 편집방송)
- 13일 우루과이:프랑스(약 60분 편집방송)	- 2일 브라질-칠레(약 60분 편집방송)
- 13일 아르헨티나:나이지리아(약 70분 편집방송)	- 3일 독일-영국(약 70분 편집방송)
- 14일 그리스:남한(약 60분 편집방송, 0:2)	- 4일 파라과이-일본(약 60분 편집방송)
- 15일 독일:호주(약 75분 편집방송)	- 5일 우루과이-가나(8강)(약 70분 편집방송)
- 16일/20일 북한:브라질(전후반 90분 녹화방송, 1:2)	- 6일 네덜란드-브라질(8강)(약 70분 편집방송)
- 17일 알제리:슬로베니아(약 60분 편집방송)	- 8일 파라과이-스페인(8강)(약 70분 편집방송)
- 18일 세르비아:가나(약 60분 편집방송)	- 10일 우루과이-네덜란드(4강)(약 70분 편집방송)
- 19일 코트디부아르:포르투갈(약 60분 편집방송)	- 11일 독일-스페인(4강)(약 70분 편집방송)
- 20일 스페인:스위스(약 75분 편집방송)	- 11일 독일-우루과이(3·4위전)(90분 녹화방송)
- 21일 네덜란드:덴마크(약 60분 편집방송)	- 12일 네덜란드-스페인(결승)(90분 녹화방송)
- 21일 북한:포르투갈(120분 실황중계(생방송), 0:7)	- 16일 뉴질랜드-슬로베니아
- 22일 브라질:코트디부아르(약 75분 편집방송)	- 18일 네덜란드-스페인
- 23일 이탈리아:파라과이(약 60분 편집방송)	- 21일 아르헨티나-남한
- 24일 우루과이:멕시코(약 40분 편집방송)	- 23일 온두라스-칠레
- 24일 프랑스:남아공(약 40분 편집방송)	- 25일 프랑스-멕시코
- 25일 그리스:아르헨티나(약 35분 편집방송)	
- 25일 남한:나이지리아(약 35분 편집방송, 2:2)	
- 26일 북한:코트디부아르(약 80분 편집방송, 0:3)	
- 27일 영국:슬로베니아(약 60분 편집방송)	
- 27일 호주:세르비아(약 35분 편집방송)	
- 27일 가나:독일(약 35분 편집방송)	
- 28일 카메룬:네덜란드(약 65분 편집방송)	
- 29일 우루과이:남한(약 70분 편집방송, 2:1)	
- 30일 아르헨티나:멕시코(약 60분 편집방송)	

* 8강과 4강, 3·4위전, 결승 경기는 모두 방영함.
* 7월에 월드컵이 끝난 후, 남한이 크게 패했던 아르헨티나전을 방송함.
* 6월에 방송하지 않았던 미국과 일본의 경기를 7월에 한 경기씩 방송함.

2010년 6월과 7월에는 월드컵 축구경기 방송이 조선중앙TV 프로그램 편성에서 매우 중요한 부분을 차지했다(<표 60>). 우선 가장 큰 특징은 '북한:포르투갈' 경기 생중계를 들 수 있다. 조선중앙TV는 기본적으로 생중계를 거의 하지 않는 방송인데, 조선중앙TV가 생중계를 한 경우는 2002년 KBS 교향악단과 북한국립교향악단의 평양합동공연, 2008년 뉴욕 필하모니의 평양공연 정도를 예로 들 수 있다. 두 가지 경우 모두 북한의 자발적 선택이 아니라 공연 성사의 조건이었기 때문에 북한 당국의 불가피한 결정이 있었던 일이다.

그런데 조선중앙TV가 6월 16일 북한 대 브라질(전후반 90분 1:2)의 경기를 녹화방송한 후 6월 21일에 북한 대 포르투갈의 경기를 생방송으로 중계하였다. 이 경기에서 북한은 의외일 정도로 0:7로 참패를 당하는 상황이 벌어졌지만, 생중계는 중단되지 않았다. 그 다음부터 조선중앙TV가 기존의 관례대로 북한의 경기를 녹화편집 방송하였지만, 여하튼 북한의 월드컵 생중계는 방송사상 이변에 가까운 일이었다. 이처럼 기존의 검열중심 편집에서 벗어나 조선중앙TV에 새로운 시도를 하는 '풋내기 변화세력'이 내부결정권자로 등장한 것으로 볼 수 있다.

중요한 변화는 방송편성시간이 2006년 월드컵에 비해 크게 앞당겨진 점을 들 수 있다. <표 61>을 통해 2006년 월드컵 8강전의 경우를 보면 6월 24일 경기가 6~7일 지나 6월 30일~7월 1일에 방영된 반면, 2010년 월드컵 경기는 3~4일 만에 방영이 되었다. 결승전의 경우 2006년 월드컵이 7일 만에 방영된 반면 2010년에는 당일 저녁에 방영되었다. 이처럼 북한 주민들이 관심을 가진 국제 축구경기에 대해 예년보다 빠르게 녹화방송을 방영한 것은 조선중앙TV가 시청자에 대해 적극적으로 대응해 나가는 자세를 나타낸 것으로 볼 수 있다.

〈표 61〉 2006년과 2010년 월드컵 녹화방송 일자와 경기일자의 차이

2006년			2010년		
경기일	방송일	날수차이	경기일	방송일	날수차이
16강 6월 24일	6월 30일 7월 1일	6~7	16강 6월 26일	6월 29일	3
6월 25일	7월 2일 7월 3일	7~8	6월 27일	6월 30일 7월 1일 7월 3일	3~4
6월 26일	7월 4일 7월 5일	8~9	6월 29일	7월 2일 7월 4일	3~5
6월 27일	7월 6일 7월 7일	9~10			
8강 6월 30일	7월 9일 7월 11일	9~11	8강 7월 2~3일	7월 5~6일	3
7월 1일	7월 10일 7월 12일	9~11	7월 4일	7월 8일	4
준결승 7월 4일 7월 5일	7월 13일 7월 14일	9 9	7월 7~8일	7월 10~11일	3
결승 7월 9일	7월 16일	7	7월 12일	7월 12일	0

북한의 경기를 제외하고는 하루 평균 한 경기 이상을 평균 70분 이상 방송했다는 점도 중계시간의 확대라는 점에서 매우 중요한 의미가 있다(하루에 두 경기 방송할 때는 35분 정도로 편집).[316] 이와 같은 조선중앙TV의 월드컵 방송 확대, 생방송의 활용, 방송일자의 빠른 편성은 기본적으로 정책결정자의 변화를 추측할 수 있을 정도이다.

실제로 남북 체육교류사업을 오랫동안 진행한 한 체육계 인사는 축구교류와 관련된 사업을 김정은(조선로동당 중앙군사위 부위원

---

316) 북한이 패배한 3경기 모두 거의 편집 없이 방송. 남한 경기(그리스, 나이지리아, 우루과이)를 많이 방송하였으나, 아르헨티나전은 방송하지 않았다. 조별 리그 48게임 중에서 절반 정도인 23경기를 방송하고, 6월 17일부터 20일 사이에 진행된 경기는 방송하지 않았다. 유럽국가가 참가한 게임을 많이 방송하였다(23경기 중에서 참가국의 약 절반). 미국과 일본의 경기는 방송하지 않았다.

장)으로부터 결정을 받았다는 주장을 한 바 있는데,[317] 이것을 월드
컵과 월드컵 중계에 충분히 연관 지어 해석할 수 있다. 또 1960년대
에 선전선동부 부부장, 1980년대에 선전선동부 부장, 1990년대에
당중앙위 비서국 선전 담당 비서를 역임한 김기남이 김정일과 김정
은이 참석한 현지지도 행사에 지속적으로 모습을 나타내는 것도 김
정은의 선전선동부에 대한 관여의 통로로 해석할 수 있다.[318]

더불어 이러한 변화가 나타나게 된 중요한 배경으로 북한 주민
들의 월드컵에 대한 관심이 매우 컸고, 북한 당국이 주민들에게 오
락프로그램을 제공해야 할 필요성이 커져 있는 상황을 주목할 필
요가 있다. 즉 북한 주민들이 지루한 조선중앙TV에 흥미를 잃고
있고 정치경제적으로 피로하며 적절한 휴식과 오락거리를 가지지
못하고 있는 상황에 대한 북한 정권의 대응이 월드컵과 같은 국제
스포츠에 대한 정보제공의 확대로 나타났다고 볼 수 있다. 이것은
월드컵뿐만이 아니라 북한 당국이 국제스포츠 소개를 확대한 것에
서도 시청률 제고를 위해 조선중앙TV 편성에 중요한 변화가 결정
된 것으로 이해할 수 있다.

3. 공연프로그램의 활용

조선중앙TV는 남한의 TV방송에 비해 오락의 비중이 매우 작은

편이다. 영화(드라마)와 스포츠를 제외하면, 오락의 비중은 상대적으로 더 적다고 할 수 있다. 중요한 오락 프로그램은 주요 악단의 음악회, 교예공연, 재담이나 단막극이 있다. 하지만 단막극의 경우 그 내용이 김정일 선전과 사상교양적인 측면이 강하다는 점과 더불어 주요 등장인물이 군인이라는 점이 오락적 성격을 약하게 한다.[319] 선군정치를 내세우는 북한 체제에서 조선중앙TV는 많은 화면을 군인들로 채우고 있는데, 재담이나 단막극은 주로 군을 소재로 하는 사상 교양성이 강해서 흥미를 유발하는 데는 한계가 있어 보인다.

북한 주민들의 시청률을 높일 수 있는 공연프로그램은 주로 외국 공연단의 공연이다. 그중에서 4월에 개최되는 다양한 공연들은 볼거리가 있고, 러시아와 중국의 공연예술도 북한 주민들의 관심을 끄는 것으로 알려지고 있다.

그 외에 "은하수관현악단의 신년경축음악회"와 같은 중요한 북한 내부의 음악 공연은 한 달에 5~6차례 이상 재방송할 만큼 반복성이 높다(<표 62>). 2010년 음악공연과 더불어 규모가 큰 공연으로 경희극(연극) "산울림"과 같은 프로그램이 있고,[320] 음악과 경희극 외에 음악무용 대공연 "선군승리천만리" 같은 작품도 방영에서 큰 비중을 차지하고, 북한 주민들의 관심을 받았다.[321]

---

319) 화술소품무대 재담 "우리 군대 우리 인민"(2010년 1월 2일, 31일)/화술소품무대 "단막극 백두초병의 영광"(2010년 2월 1일)/화술소품무대 재담 "먼저 보자"(2010년 2월 17일, 3월 1일, 약 15분 방영).

320) 김일성상 계관작품 경희극 "산울림"(2010년 7월 30일 방영): 노동당의 농업정책을 받들어 알곡생산을 늘리고 사회주의 농촌을 혁신하려는 한 산간지대 농업근로자들의 헌신적인 노력을 그림. 춤과 노래가 포함된 밝은 분위기의 연극이다. 1960년대에 창작된 작품을 국립연극단이 재창작해서 공연 중이며, 2010년 김정일이 관람하고 김일성상을 수여하였다. 농촌혁신을 위한 근로자들의 협력과 청년들의 사랑을 엮어 보여주고, 중년층의 보수적 계획과 청년층의 혁신적 계획을 대비시켜 보여 주며, 청년층의 선도적 활동을 보여 준다. 1시간 40분 진행되는 공연내용을 통해 북한 사회의 특성과 현재의 지향점을 볼 수 있다.

321) 2010년 9월 1일 방영.

<표 62> 조선중앙TV 2010년 주요 공연프로그램(1 ~ 10월)

월	내용
1월	– 은하수 관현악단의 신년경축 음악회(1일, 2일, 17일, 19일, 25일, 28일) – 평양모란봉교예단에서 새로 창작한 요술(1일) – 즐거운 랑만 웃음 넘치는 교예무대(2일)
2월	– 2·16경축 수중발레 모범출연(16일) – 제19차 백두산상 국제휘겨축전(17일~18일, 1~2부) – 은하수 관현악단 설명절 음악회(15일, 16일, 21일, 26일, 28일) – 2·16경축 성, 중앙기관 예술소조 종합공연 중에서(18일, 19일) – 인민보안성 협주단의 2.16경축 공연 중에서(23일, 25일) – 2·16경축 재일조선인예술단 음악무용 종합공연(24일)
3월	– 제12차 전국근로자들의 노래경연(노동자부류) 중에서(2부) (1일) – 조선인민군협주단 종합공연(19일, 21일)
4월	– 조선인민군협주단 종합공연(9일) – 제2차 4월의 봄 "인민예술축전" 개막공연(12일) – 제2차 4월의 봄 "인민예술축전" 중에서(13~20일, 23일, 24일) – 만수대예술단 공연(14일) – 태양절 기념 축포 야회(16일) – 은하수 태양절 음악회(16일, 17일, 18일, 20일, 21일, 22일, 23일) – 제2차 4월의 봄 "인민예술축전" 폐막공연(24일) – 제2차 4월의 봄 "인민예술축전" 군중예술부문 종합공연(26일) – 공훈국가합창단 건군절 기념공연(27일, 28일, 29일)
5월	– 공훈국가합창단 건군절 경축음악회(1일) – 평양교예단 요술(1, 11일) – 3·8국제부녀절 10돌 경축 로씨야와 은하수 명배우들의 합동음악회(1일) – 조선인민군 창건 78돌 경축 조선인민군협주단 공연(2일) – 로씨야 21세기 관현악단 공연(2일) – 은하수관현악단과 로씨야 21세기 관현악단의 5·1절 합동음악회(3, 5일) – 국립교향악단 공연(23일)
6월	– 러시아 이고리 모이쎄예브명칭 국립아까데미야 민속무용단공연(30일)
7월	경희극 "산울림"(30일)
8월	– 공훈국가합창단 전승경축음악회(1일) – 조국해방 65돐에 즈음한 만수대예술단 삼지역악단과 로씨야 명배우단의 합동음악회(15일)
9월	– 음악무용대공연 "선군승리천만리"(1일) – 9월 음악회(13일) – 평양교예단의 종합교예공연(22일)
10월	– 우리나라를 방문한 중국 예술인들의 공연 중에서(13일) – 중국 예술인들의 공연 중에서 1(14, 24일) – 중국 예술인들의 공연 중에서 2(18일) – 조선로동당 창건 65돌 경축 대집단체조와 예술공연 "아리랑" 중에서(25일) – 조선로동당 창건 65돌 경축에 즈음하여 진행된 은하수 "10월 음악회"(31일) – 김일성상 계관작품 경희극 "산울림"(31일)

<2010-3-9>

그 외에도 북한이 세계적인 수준이라고 자랑하는 교예공연도 인기가 높은 것으로 알려지고 있다.

2010년이 되면서 과거보다 시청자의 눈을 끌기 위한 노력 중에는 '성적 관심'을 높이는 부분도 있다. '대중율동체조'와 같은 프로그램은 체조하는 젊은 여성출연자들이 몸매가 드러나는 딱 맞는 옷을 입고 체조하는 모습도 있다.[322] 또 혼성 5중창 공연 프로그램에서 여자가수는 가슴이 깊게 파인 실끈 드레스를 입고 출연하고, 여자 기타리스트의 육감적인 가슴을 카메라가 스치듯이 지나가면서 시청자의 눈을 끌기도 한다.[323] 이처럼 조선중앙TV는 시청자의 시선을 끌기 위한 방법을 찾고 있는 것으로 보인다.

---

322) 2010년 5월 2일 "대중율동체조".

323) 2010년 3월 9일 10시 방영된 프로그램 사이 노래 "혼성5중창 번영하여라 로동당시대".

북한 주민의 의식 변화

제1절 북한의 경제 상황

북한에서는 오랫동안 누적된 경제문제가 1990년대 후반 자연재해와 식량난으로 연결되면서 북한 정권의 정책적 관심과 인민들의 생활상은 유리되어 갔다. 북한 인민들은 1990년대부터 식량을 비롯한 생필품이 부족한 상황이 지속되고, 장마당이 일반화되면서 장마당에 참여하지 않고는 생존이 어렵게 되었다.[324] 또 북한의 경제위기가 지속됨에 따라 장마당에 참여하는 것이 생존에 절대적인 기여를 하게 되는 상황이 벌어지면서, 다수의 북한 주민들은 차츰 장사를 해서 생존을 유지하게 되었다.

1990년대 전반부터 국가의 배급중단은 평양에까지 영향을 주었다. 1990년대 후반 북한 주민의 삶은 국가권력이 공칭하듯 '고난의 행군'이었고, 국가의 통제체제는 이완되었다. 북한 주민들은 국가로부터 배급을 받지 못하는 처지가 되면서 각자 스스로 생계를 해결해야 했는데, 생존을 위해 북한 주민들은 생산기업소의 설비와 재고

---

324) 장마당이 확산되는 초기과정에 참여한 사람들은 당이나 정부, 기업소 등에서 주요한 위치에 있는 사람보다 계층적으로 하위에 포함되는 사람들이 중심을 이루었다.

를 절취하기도 했다. 이 시기에 군인과 보안원들은 그들의 특권을 이용해 강탈 및 수탈을 일상화하기도 했고, 당과 권력자들은 인민들을 외면하고 개인축재를 통한 생존에 열중했다.[325]

이 과정에서 북한 주민들은 스스로 살기 위해 장마당으로 달려갔고, 짐을 나르는 사람, 가구를 짜는 사람, 빗자루를 만드는 사람, 담배를 마는 사람, 밭을 부치는 사람 등 닥치는 대로 자기 노동을 팔고 능력껏 상품을 만들어 내기 시작했다. 지금껏 굳게 닫혀 있던 국경의 문을 합법 또는 비합법적 무역업자(밀수꾼)들이 열어갔고, 그들을 통해 들어온 중국 물자들이 전국의 장마당에 유입되었다.[326]

이후 장마당은 약탈과 위법적 행위(예를 들면 대기숙박, 매춘, 한국 드라마 영상물 매매, 마약, 고리대금 등)까지 진행되었고, 기업소의 생산자재 구입은 자연히 장마당에 의존하게 되는 등 이제 와서는 장마당의 흐름을 돌려 세울 수가 없게 되었다. 또 장사꾼들은 전국적인 자동차 교통망을 설립시켰고, 생산과 판매가 분업적으로 형성돼 전국적인 망을 완성하였다. 지금까지 국가와 장사꾼 사이에 밀고 당기는 과정이 지속되긴 했으나, 수차례에 걸친 국가의 배급제 회복시도는 매번 실패했고, 현재에는 배급제 기관 측이 장마당에 발목을 잠그고 있는 것이 현실이 되었다.[327]

하지만 1990년대 후반 이래 계속되는 경제위기에도 불구하고 변하지 않은 북한정권의 경제정책과 통제체제는 인민 다수의 생활을 악화시키고, 하급 간부들의 경우도 정권의 배려 밖으로 밀려나고 있다. 특히 2009년 연말에 실시된 화폐교화 조치는 그동안 상업을

---

325) 북한 중앙기업소간부 인터뷰, "우리나라의 경제형편(상)", 『림진강』, 2007년 11월 창간호. 53쪽.
326) 같은 글. 55쪽.
327) 같은 글. 55–56쪽.

통해 생존의 기반을 닦아낸 신흥계층을 몰락으로 몰아갔고, 남한과의 관계 악화로 인한 지원마저 감소하면서 인플레와 식량부족이 반복되는 상황이 계속되고 있다.

다음 <표 63>(<그림 9>)은 최근 20년간 북한의 경제상황을 간략하게 보여 준다. 이 통계에 대해서는 북한의 1인당 GNI가 과도하게 평가되었다는 비판이[328] 설득력을 얻고 있기 때문에 GNI의 액면 자체를 신뢰하는 것은 곤란하다. 하지만 대체로 북한이 지난 20년간 GNI가 성장하지 못한 추세를 이해할 수 있고, 인플레이션을 감안하면 실질적으로 후퇴했음을 알 수 있다. 또 2000년 1인당 GNI가 1990년의 61.8%에 불과한 상황에서 2000년 이후 점차 증가추세를 나타내고, 2008년에 다시 감소하는 상황이 되었음을 알 수 있다.

이런 상황에서 북한에서는 높은 인플레이션이 지속적으로 진행되었고, 2009년 말에 있었던 화폐개혁으로 인해 더욱 심각한 인플레이션 현상이 나타난 상황이다. 이런 경제여건 속에서도 북한은 높은 군사비를 재정에서 부담하고 있으며, 인민생활 개선은 구호수준에 그치고 있다. 특히 2008년 이후 남북관계가 악화되고, 국제사회의 경제제재가 진행되는 상황이 진행되면서 북한 경제는 중국과의 경제협력을 통해 위기를 버티고 있다.

<표 63> 북한의 GNI 추정결과(GNI단위 억 달러, 1인당 GNI단위 달러)

구분	1990	1995	2000	2001	2002	2003	2004	2005	2006	2007	2008
GNI	231	223	168	157	170	184	208	242	256	267	248
1인당 GNI	1142	1034	757	706	762	818	914	1056	1108	1152	1065

* 출처: 한국은행 추정결과(1990~1995년은 GNP 개념임)

---

328) 이종석, "북한 국민소득 재평가", 『정세와 정책 2008-3』(서울: 세종연구소, 2008).

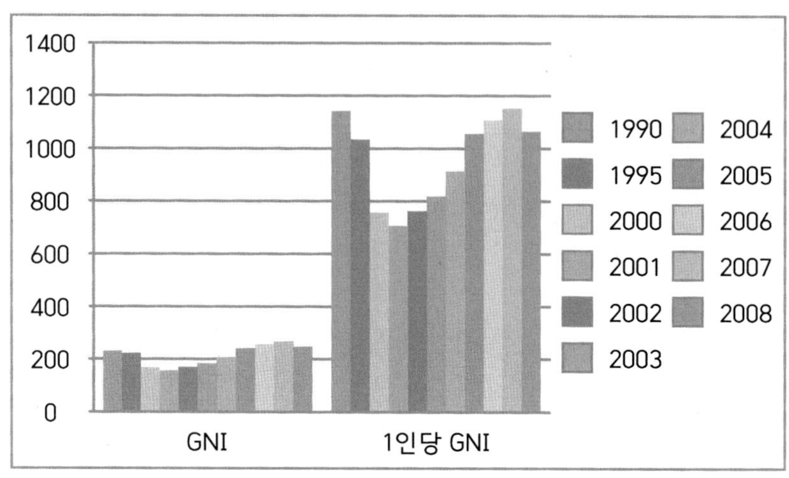

〈그림 9〉 북한의 **GNI** 추정결과(**GNI**단위 억 달러, 1인당 **GNI**단위 달러)

하지만 북한 경제가 위기국면에서 시장활동이 크게 확산되었음에도 불구하고, 대외무역과 군수산업을 중심으로 하는 북한의 공식 경제가 최고지배집단의 이익을 위해 봉사하는 토대가 유지되고 있다는[329] 점은 현재 정치체제의 유지를 전망하게 하는 조건이 된다. 구체적으로 보면 2000년대에 전력, 석탄 등 에너지 부문을 중심으로 광업, 시멘트, 금속 부문 등의 회복이 이루어졌고, 이러한 생산 회복과 더불어 재정자금 등을 통한 투자의 회복으로 2000년대 후반에는 화학, 경공업 등 국가적인 투자의 영역이 확장되고 있다.[330]

---

329) 이석기·김석진·김계환·양문수, 『2000년대 북한의 산업과 기업—회복실태와 작동방식』(서울: 산업연구원, 2010), 15쪽.
330) 위의 책, 23–24쪽.

제2절 남북 교류 등 외부 교류의 확대

1. 남북 교류

1980년대 말 소련과 동구 사회주의권이 붕괴되고, 북한은 개혁개방을 진행한 중국과의 관계에서도 어려움을 겪는 상황이 전개되었다. 이 과정에서 북한은 대미관계를 개선하고 체제보장을 얻고자 하였지만, 1990년대 중반에 제기되었던 북핵문제와 기아수준의 경제위기는 북한정권의 체제유지를 위협하는 수준이었다. 결국 북한은 1990년대 후반 식량난 해결을 위해 국제사회와 남한의 지원을 수용할 수밖에 없었고, 외국의 일부 지원단체에는 부분적이기는 하지만 북한 주민들에 대한 분배까지 허용하기도 했다.

〈표 64〉 2000년대 남북한 교류

	2000~2008년
인도적 대북지원	2조 7476억 원
남북 인적 왕래	609,480명
이산가족 상봉	19,960명
남북 교역액	89억 1200만 달러
개성공단 근로자 증가	38,931명
남북회담	249회
탈북자의 남한 입국	13,963명

자료: 통일부 홈페이지 "통계로 보는 남북관계"에서 정리(검색: 2011. 4. 30)

북한 주민들이 기아선상을 헤매는 시기에도 북한 정권은 나름대로 외부정보 유입에 대한 통제를 위해 노력했고, 국경지역을 제외한 지역의 북한 주민들이 외부와 접촉하거나 외부 정보를 얻는 것은 어려운 일이었다. 이런 상황에서 2000년 남북정상회담이 진행되었고, 북한 주민들은 거의 처음으로 남한에 대한 공개된 정보에 부딪치게 되었다. 1995년에 쌀 15만 톤을 보내면서 시작된 남한의 대북지원은 북한의 언론방송에서 공개되지 않았고, 민간의 대북지원도 통제된 상황에서만 이루어졌다.[331] 2007년까지 북한은 남한으로부터 경제적 지원과 인도적 지원의 실리를 지속적으로 받아들였는데, 남한의 식량지원과 비료지원이 북측의 식량문제 해결에 크게 기여하였다<표 64>.

하지만 북한 정권의 통제에도 불구하고 남한의 지원물품을 통해 북한 주민들이 점차로 남한의 지원 사실을 인식하게 되었고, 북한

---

[331] 남한정부는 1995년 쌀 15만 톤과 1999년 이후 거의 매년 수십만 톤의 식량과 비료를 북한에 지원하였고, 2005년과 2007년에 각각 50만 톤과 40만 톤의 대북 쌀 차관도 제공하였다. 남한의 민간에서도 1995년부터 2006년까지 밀가루, 옥수수, 식용유, 비료, 한우, 젖소, 비닐, 분유, 설탕 등 54,366만 달러(6,246억 원) 분량을 지원하였다. 통일부, 홈페이지 자료.

정권도 제한적으로 남북한 주민의 접촉을 허용하기도 했다. 2000년 남북정상회담 이후 이루어진 남북경협과 인도적 지원도 북한 사회에 상당한 영향을 주었다. 남한 대통령의 북한 언론방송에의 데뷔에 이어진 남북이산가족 상봉(2000. 8), 대북 식량차관제공(2000. 9), 8·15남북공동행사 평양 개최(2001. 8), 개성공업지구 지정(2002. 11) 등 남북교류협력의 진전은 북한 사회의 대남인식에 큰 영향을 주고 있다.

이 과정에서 1989년 이래 2007년 9월 말까지 사회문화 분야 관련 방북인원만 39,456명에 달하게 되었고, 1989년 이후부터 2007년 9월 말까지의 북한의 방남 인원은 6,843명에 달했다.[332] 6·15통일대축전, 8·15민족대축전 등 공동행사, 지방자치단체의 대북교류가 확대되기 시작했고, 체육교류, 종교교류, 문화예술교류, 학술교류, 출판교류, 언론교류 등 남북교류가 다양하게 진행되었다.

비록 일부의 동원된 북한 주민들만이 남한주민과의 직접적 접촉을 하게 되었지만, 북한체제의 통제 이완과 북한 주민의 유동 확대로 인해 북한 주민들의 대남인식이 긍정적으로 변화되는 성과도 이루어졌다. 특히 2000 시드니 하계올림픽, 2002 부산 아시안게임, 2003 대구 유니버시아드대회, 2004 아테네 올림픽대회 등 국제종합대회에서 남북한이 공동입장을 하고, 2002 부산 아시아경기대회, 2003 대구 하계유니버시아드대회 등 국내에서 열린 각종 국제대회에 북한선수단 및 응원단이 직접 참가한 것도 북한 주민의 남한에 대한 인식과 관심을 높이는 데 크게 기여했을 것으로 보인다.

그 구체적인 성과가 북한 주민들에게 자세히 전달되지는 않지만,

---

332) 같은 곳.

2000년에서 2007년까지 남북장관급회담 등 정치분야회담 47회, 경제협력추진위원회 등 경제분야 회담 91회, 적십자회담 등 인도·사회분야 회담이 44회 진행된 것도 의미가 있다. 여기에 조선중앙TV가 직접 남한 대통령의 방북을 중계 보도한 2000년과 2007년 남북정상회담은 북한 주민들이 남한을 접촉할 수 있는 큰 계기가 되었다.

현재 이루어지고 있는 남북경협도 북한 주민이 남한에 대한 정보를 얻게 되는 또 하나의 통로가 되고 있다. 남북교역은 2005년에 10억 달러를 돌파하는 등 지속적으로 증가하여 2007년에는 17억 9천만 달러에 달했고, 평화자동차 등 남한 기업의 북한 진출, 개성공단에서 일하는 북한 근로자가 2011년 6월 말에 4만 7,640명으로 증가한 것도 북한 주민의 남한정보 접촉 확대라는 점에서 중요한 의미가 있다. 또 중국이 개혁개방이후 경제가 크게 발전하고, 세계적으로 가격 경쟁력이 있는 중국물건이 북한에 쏟아져 들어와 현재는 중국산 경공업 상품이 북한 소비시장의 70~80% 이상을 장악한 상황이 되어 있다.

이상과 같은 남북교류의 확대와 더불어 2010년에 2만을 돌파한 남한 거주 탈북자의 북한 가족 접촉 시도, 연길 등 조선족 동포의 북한 방문과 북한 주민의 중국 방문도 큰 영향을 줄 것이다. 최근 10년간 중국을 왕래한 북한 주민이 50만 명에 달하고,[333] 중국산 경공업품이 북한시장의 70~80% 이상을 장악하는 현실, 중국거주 10만여 탈북자의 북한 가족 접촉도 북한 주민의 대외 정보 접촉에 매우 큰 의미가 있다. 반대로 외부 정보 유입 감소 요인으로는 2004년

---

333) 안드레이 란코프 교수 발언, "북 정권을 전복시키는 5단계 방법", 『연합뉴스』, 2007년 2월 22일.

6월 대북 확성기 방송의 중지를 들 수 있다.[334]

위 <표 9>에서 보듯이 여러 국면의 변화에도 불구하고 2007년까지 남북관계는 상당한 협력구조가 구축되었음과 북한이 남한의 협력을 절실하게 요구하고 있음을 알 수 있다. 이처럼 2000년 이후 지속되었던 남북장관급회담, 각종 경제실무회담, 개별 인도적 지원 단체의 반복적인 대북지원 등은 북한 사회에 상당한 변화를 초래하고 있다. 2008년 이명박 정부 출범 이후 남북관계가 경색되고 대북 경제적 지원이 거의 중단된 상황이 3년여 동안 지속되고 있지만, 북한 내부 주민들의 의식은 위기의 북한경제로 인해 변화가 계속되고 있는 것으로 보인다.

2. 남북방송교류

2000년 남북정상회담 이후 방송교류에서도 북한 현지취재, 남북 공동제작 및 공동방송 등 이전에는 기대할 수 없었던 성과가 나타났다. 2002년에는 남북교향악단 합동연주회도 평양에서 개최되었는데,[335] 이 프로그램은 공동제작과 남북한 동시 생방송이라는 남

---

334) 대북 확성기방송인 "자유의 소리"는 1962년에 시작되어 7·4남북공동성명이후 잠시 중단되었다. 1982년 재개되어 2004년 6월까지 계속되었는데, 북한과의 합의에 따라 2004년 6월 국군의 대북 전광판, 확성기 방송이 철거되었다. "자유의 소리"는 음악, 문화, 시사, 드라마, 뉴스, 스포츠중계 프로그램을 방송했다. 북한이 출전한 탁구경기, 올림픽 레슬링경기, 권투, 구기 종목을 생방송으로 들려주기도 했고, 2002년 월드컵 한국 4강 출전경기를 모두 생중계로 방송하기도 했다. 북한 민경대원들은 음악·스포츠·민속 관련 대북방송을 즐겨 들었는데, 북한군은 남한의 경제소식을 '중립적 보도'라고 생각하기도 하며 군인들의 의식구조가 '이중구조'로 바뀌었다고 한다.("인터뷰-자유의 소리 청취자 김원주 전 북한군 상위", 『월간조선』, 2004년 8월호).

335) 남북교향악단 합동연주회는 평양에서 공동제작, 공동생방송이 실시되었다. 이어서 MBC가 "2002 MBC 평양특별공연"을 남북한 공동연출로 조선중앙TV와 동시 생방송을 실시하였다.

북방송교류의 새 장을 연 것으로 평가되고 있으며, 북한방송인들의 남한 방송에 대한 이해를 넓히고, 큰 자극을 받게 한 것으로 보인다. 즉 북한 방송인들이 남한 방송제작자들과 함께 방송을 제작하면서, 남한 방송과 사회에 대한 긍정적 관심을 갖게 된 것은 매우 중요한 기여라고 할 수 있다.

2003년에 KBS는 "평양노래자랑"을 통해 남북한 방송교류를 지속적으로 추진해 나갔으며, SBS는 10월에 중계차 2대 등 방송장비와 제작진 등 250여 명이 판문점을 통해 방북하여 "류경 정주영체육관 개관 기념 통일농구"를 생중계하였다. 2002년과 2003년의 남북방송교류사업은 남북한 공동제작물이 TV를 통해 북한 시청자들에게 전달되었다는 점에서, 의미 있는 영향을 예상할 수 있다.[336]

북한 정권이 남한 대통령과 정상회담을 하고 남한정부의 존재를 공식적으로 인정한 후, 이러한 인식의 변화를 방송을 통해 북한 인민들에게 공식화하였다는 점은 매우 중요한 의미가 있다. 북한 정권이 방송을 통해 남한 인민과 예술을 전달했다는 것은 북한 주민들로 하여금 남한에 대한 적대감을 약화시킬 것을 허용한다는 의미가 있기 때문이다. 특히 정보의 자유로운 유통이 제한되어 있고, 특히 외부 정보에 대한 접촉이 엄격하게 제한된 수천 명의 평양 주민들이 남한의 문화예술공연을 직접 관람했다는 사실은 경제협력이나 인도적 지원 못지않은 큰 영향을 주었다고 할 수 있다.

남북방송교류는 북한 주민들이 남쪽에 대한 화해의식을 갖는 것

---

336) 특히 남북한에 방송된 KBS 남북교향악단 합동공연과 MBC 평양특별공연, 평양노래자랑, SBS "류경 정주영체육관 개관 기념 통일농구"는 상당한 영향을 북한 주민들에게 준 것으로 보인다. 남북교향악단 합동공연과 단독공연은 각각 평양주민 2천여 명이 방청하였고, 3천여 명의 평양주민이 관객으로 참여한 평양노래자랑은 조선중앙TV를 통해 북한전역에 방송돼 남측 가수들의 노래와 남측 가요의 정서를 북한 주민들에게 전달하였다.

을 정권이 허용함을 공식화시키는 중요한 의미가 있다. 또한 이 과정을 통해 변화한 주민들의 의식은 조선중앙TV에 다시 영향을 주어 북한 방송의 대남 적대적 요소를 감소시키는 효과가 나타날 것이다.

또 2000년을 전후에 유입되기 시작한 남한 드라마와 영화, 음악 등의 다양한 영상물의 유입이 또 하나의 비공식적 방송교류로서 북한 주민들에게 준 영향도 매우 큰 것으로 확인되고 있다.

제3절 외부 TV방송과 영상물의 시청

1990년대의 위기를 겪으면서 북한 정권의 능력과 위신은 땅에 떨어졌고, 결국 인민들은 정권이 그들을 살리는 것이 아니라 자신들이 스스로의 힘으로 살아야 하는 삶의 '주체'임을 깨달아가고 있다. 국가가 제공하던 식량이 제대로 배급되지 않은 지 오랜 시간이 흘렀고, 주민들은 스스로 삶을 해결하기 위해 시장으로 모여들었다. 결국 인민들은 각자 생산하고 중개하고 판매하면서 꾸려가는 생활이 정착되고 이곳 시장을 중심으로 정보의 유통이 확산되고 있다.

북한 주민들은 이제 먹는 것을 국가에만 의존하지도 않고, 국가가 주는 정보에만 매달리지 않는다. 북한 주민들은 먹고살고, 더 많은 이익을 내기 위해서는 남들보다 많은 정보를 알아야 한다는 사실을 인식하고 있고, 통제된 북한에서도 외부의 정보를 아는 것은 더 유리한 상황이 되었다. 이제 북한 주민들은 당이 자신들에게 주는 제한된 정보에 만족하지 못하고 있으며, 새로운 정보와 자신들의 미래에 대한 비전을 외부의 정보에서 찾고 있다.

1. 외부 TV 방송 시청

　북한 정권의 주민들에 대한 외부 정보의 통제는 대단히 체계적이고 뿌리가 깊다. 북한 정권은 소련 등 여느 사회주의 국가와 마찬가지로 군사력과 경찰력을 바탕으로 한 '강제력'과 언론기관 등을 이용한 '설득체계' 위에서 권력을 유지하였다. 모든 정보는 조선로동당의 결정에 따라 공개되고 통제되었으며, 대중들은 외부 정보에 대해서는 더 많은 통제를 받았다.

　북한의 모든 신문, 잡지, 방송이나 통신은 조선로동당이나 최고권력자의 이익을 대변하는 목적으로 운영되었고, 이런 관점에서 통치의 효율적 수단으로 기능하였다. 특히 남북이 대치하는 상황에서 북한 정권은 언론방송을 독재정권 유지와 '남조선혁명'의 수단으로 활용하였고, 남한과 관련된 정보를 적극적으로 차단하고 왜곡하였다. 1990년대 전반까지 북한 주민들의 외부 접촉은 거의 불가능하였고, 언론방송을 통한 외부 정보의 접촉도 조선로동당이 허용하는 선에서 극히 제한적이고 수동적으로 이루어졌던 것으로 평가할 수 있다.

　조선중앙TV는 지금도 최고권력자에 대한 선전과 증산을 목적으로 하는 선전에 치중하고 있다. 여기에 어려운 경제사정이 계속되면서 새로운 프로그램이 제대로 공급되지 않으면서 TV는 '오락과 휴식'으로서의 기능을 제대로 하지 못하고 있다. TV 방송시간의 많은 부분이 체제선전에 소모되고 있기 때문에 북한 주민들은 이러한 조선중앙TV에 지루함을 느끼고 있다. 북한 주민들은 자신들이 좋아하는 드라마나 스포츠, 오락프로그램을 볼 수 있게 되기를 희망하지만, 조선중앙TV가 이러한 욕구를 만족시켜 줄 수 없기 때문에 북한 주민들은 새로운 볼 것을 외부에서 찾을 수밖에 없다.

북한의 경제위기와 열악한 전기사정 때문에 TV 시청이 어려운 경우가 많은데도 불구하고, 북한 주민들이 TV 구입에 열을 올리는 것을 의미 있게 살펴볼 필요가 있다. 즉 일부 북한 주민들이 남한 방송 시청이 가능한 일본제나 중국제 TV를 가지고 남한 방송을 시청하기도 하고, 평양의 일부 지역 고층아파트에 남한 TV방송이 나오는 지역이 있다고[337] 하는 증언에 의미 있는 사실이 숨어 있다.[338]

북한 주민들의 남한 TV방송 시청과 관련된 탈북자들의 증언이나 통일연구원의 발표에 따르면, 평양·함흥 이남 지역에서 남한 TV방송을 시청하는 북한 주민이 증가하고 있다고 한다.[339] 서울 지역을 대상으로 송출되는 전파가 천안이나 당진까지 도달한다는 점을 감안하면,[340] 휴전선 근방에 있는 무인중계소나 송신소에서 보내는 전파가 평양까지 도달할 가능성이 있다. 따라서 북한 주민들의 TV

---

337) 탈북자 장해성 증언. "남북이 함께 부르는 노래: 사랑의 미로", 자유아시아방송 홈페이지, 2006년 5월 17일.

338) 북한 당국의 감시가 삼엄하지만 일부 주민들이 일본이나 중국에서 수입된 PAL, NTSC 겸용 TV로 남한 방송을 시청하는 경우가 있다고 한다. "평양주민들 KBS 9시뉴스 몰래 본다", 『세계닷컴』, 2006년 8월 21일. 이런 이유로 일제 중고 TV가 매우 높은 인기를 누린다고 한다.

339) "남한 TV 시청하는 북 주민 늘어", 『연합뉴스』, 2004년 8월 18일.

340) "평양 주민들 KBS 9시 뉴스 몰래 본다", 『세계닷컴』, 2006년 8월 21일.

구입은 단순히 조선중앙TV 시청만을 목적으로 하는 것이 아니라고
할 수 있다.

물론 북한 정권은 이에 대응하여 TV에도 통제를 가하고 있다.
TV방송의 경우 남한과 북한의 송출방식이 다르기 때문에 라디오와
같이 납땜을 할 필요가 없었으나, 북중 국경지역에서는 같은 PAL
송출방식인 중국 TV방송을 차단하기 위해 보안서에서 TV 채널을
조선중앙TV에 납땜도 하고 있다. 다른 사례로는 2007년 평안북도
와 함경북도 국경지역 북한 주민들이 지상파로 중국 TV방송을 시
청하는 것을 막기 위해 북한 당국이 리모컨을 회수하고 채널을 조
선중앙TV에 맞춰 봉인한 경우가 있다. 채널 봉인을 당국에서 검열
하고 봉인이 훼손된 경우는 TV를 압류하는데, 이로 인해 국경지역
에서는 비교적 은닉이 쉬운 소형 TV가 인기를 끈다고 한다.[341]

중국 인민일보 자매지『환구시보(環球時報)』보도에 따르면 북부
국경지대와 함경북도 동북지방에서는 자유롭게 외국 TV방송을 보
는데, 주민 10가구당 6가구가 한국 드라마를 보고 있다고 한다.[342]
이러한 경향을 보여 주는 또 다른 근거로는 위성TV 수신기의 수입
을 들 수도 있다. 2004·2005·2006년에 중국으로부터 위성TV 수
신기가 66,851달러, 3,915달러, 16,530달러 수입된 것도 주목할 만
하다.[343] 특히 2005년에는 2004년 대비 94%가 감소한 점으로 볼
때 북한 당국의 제한이 있었음을 예상할 수 있다

TV의 경우 휴전선 인접 지역에서는 남한 TV방송 전파가, 북중

---

341) "북중 국경 주민들은 소형 TV만 좋아해", The Daily NK 홈페이지, 2007년 11월 12일.
342) "중 매체, 북 한류 열풍 배용준, 장동건 가장 인기", The Daily NK 홈페이지, 2007년 1월 3일.
343) 한국무역협회 통계자료.

국경지역에서는 중국 TV방송 전파가 잘 잡힌다. 하지만 북한 주민들이 가지고 있는 TV는 대부분 PAL 방식이기 때문에 남한 TV방송을 정상적으로 시청할 수 없는 반면, 북중 국경지역을 중심으로 중국 TV방송의 시청은 가능하다. 하지만 중국 TV방송의 전파도 함경북도 청진까지는 미치지 못하나, 남양·회령 지역은 시청이 가능하다고 한다. 또 중국 단동과 인접해 있는 신의주의 화교들은 중국 TV방송을 불편 없이 시청한다.

이처럼 북한의 북부 국경지대와 함경북도 등지에서는 북한 당국의 통제에도 불구하고 중국 TV방송을 보는 북한 주민들이 증가하고 있고, 이 과정에서 한국 드라마도 유입되고 있다. 하지만 북한 내륙지방은 아직 외부와 단절된 상태이다.[344]

2. 외부 영상자료의 유입

북한 외부의 라디오방송과 TV방송은 국경을 넘을 수는 있지만, 방해전파 또는 기계적 문제, 지형적 요인 등으로 인해 북한 주민들이 쉽게 접촉하기는 어렵다. 이렇게 공식적인 매체들은 북한 정권의 통제와 방해 등으로 인해 심각하게 영향을 받지만, 북한 주민들은 또 다른 비공식적인 길을 찾아 외부와의 접촉을 찾는다. 그 방법의 하나가 비디오나 카세트테이프, DVD, USB 등과 같은 개별적

---

344) 북한 주민들이 합법적으로 외부 프로그램을 볼 수 있는 것은 북한의 만수대텔레비전방송을 통해서다. 만수대텔레비전방송은 소련·중국·동유럽 등 구사회주의권 외국 영화를 많이 방영하였다. 소련 영화 "익측 없는 전선", "우리가 다 맡자", 중국 영화 "공산당원", "대도화", "붉은 수수밭" 등을 방영하였다.(장명화, "여가는 즐거워: TV시청", 자유아시아방송 홈페이지, 2007년 2월 12일).

매체를 통한 접촉이다.

2003년 이후 북한에 중국의 중고 비디오플레이어가 대량 유입되었고, 2004년 이후에는 DVD가 많이 팔렸다. 최근에는 중국으로부터 중고컴퓨터와 저가의 DVD플레이어가 북한으로 유입되고 있고, 북한 당국이 DVD의 확산을 막기 위한 조치를 취하고 있는 상황이다. 비디오플레이어와 DVD플레이어의 보급은 당연히 테이프와 DVD 타이틀의 유통을 매개로 한다. 2007년 초 북한에는 300여 개의 종합시장이 있는데,[345] 평양, 평성, 청진, 함흥, 원산, 신의주 같은 대도시의 시장에는 암거래상이 수백 장에서 수천 장의 VCD(비디오 콤팩트디스크)를 가진 경우도 있다고 한다.[346]

이처럼 불법적인 비디오와 DVD의 유통은 북한 당국의 단속으로 이어졌는데, 2004년에도 북한 당국은 시장에서 거래되는 불법적인 라디오, 소형 녹음기, 불법 CD와 테이프, 중국방송을 시청하는 TV를 압수하는 단속을 실시하였다. 북한 각도의 27국(전파감시국)은 TV채널 고정, 컴퓨터 검열, 녹음기, 라디오, DVD 등을 전문적으로 단속하였고,[347] 남한 드라마나 CD를 가진 대학생을 적발하기 위해 대학에는 규찰대가 조직되어 무작위로 가방을 뒤지기도 하고, 보위부나 보안서에서 갑자기 가택수색을 하기도 했다.[348]

현재 북한 당국은 남한 드라마 시청을 엄격히 단속, 처벌하고 있는데, 이를 위해 보안원 1명, 보위부 간부 1명, 체신부문 단속원 2

---

345) "생존의 현장 북 종합시장 둘러보니", The Daily NK 홈페이지, 2007년 1월 24일.
346) 탈북자 최영범 인터뷰, "북 유통 외국영화 CD 1백만 장 넘어", The Daily NK 홈페이지, 2007년 11월 1일.
347) 탈북자 임철중, "탈북자가 전하는 북한의 한류 실상", 『뉴스메이커』 744호(2007).
348) 탈북자 강유은 인터뷰, "김희선 머리끈 직접 만들어 착용", 『뉴스메이커』 744호(2007).

명으로 단속반을 구성하여 각 지역에 파견하기도 한다. 2004년 4월에 개정된 북한형법에는 남한 영상물을 복제·유포하거나 시청한 사람은 최소 2년 이하의 노동단련형을 명시하고 있고, 죄가 무거운 경우 4~5년의 노동교화형에 처하게 된다. 설령 반국가 목적이 없이 북한을 반대하는 방송을 듣거나 유인물 등을 수집, 보관, 유포하는 행위에 대해서도 사회주의 문화를 침해하는 범죄로 규정하고 있다.[349]

하지만 북한 당국의 통제에도 불구하고 북한 주민들이 기기와 영상물을 숨기고 있고, 단속에 걸린 경우에는 뇌물을 사용하여 해결하고 있다. 이로 인해 단속이 큰 효과를 거두지 못하고 있는데, 남한 드라마를 시청하다 단속에 걸린 경우 북한 돈 5만 원 정도의 뇌물을 주고 풀려난 경우도 있다고 한다.[350] 여하튼 북한 당국은 이러한 남한 영상물의 유통을 통제하기 위해 많은 노력을 기울이고 있는데, 2005년 4월 조선로동당출판사가 발간한 "이색적 생활풍조를 류포시키는 적들의 책동을 철저히 짓부실 데 대하여"라는 제목의 학습제강에서 "이색적 음악이 흐르는 기호품을 사용하는 행위"에 대한 대중적 투쟁을 강조하여 휴대 라디오, CD 재생기, 소형 TV의 사용 등에 대한 통제를 지시하고 있음을 확인할 수 있다.[351]

그러나 아직도 DVD나 CD는 비교적 안정적인 생활이 가능한 일부 북한 주민들이 주로 이용하는 데 불과하다. DVD와 테이프는

---

349) 법무부, "제6장. 사회주의 문화를 침해한 범죄", 『개정 북한형사법제 해설』(서울: 법무부, 2005).

350) "북 주민, 남한 드라마 맨발의 청춘 본다", The Daily NK 홈페이지, 2005년 11월 1일.

351) 『학습제강―이색적 생활풍조를 류포시키는 적들의 책동을 철저히 짓부실 데 대하여』(평양: 조선로동당출판사, 2005. 4).

상업적으로 팔고 사는 것이 아니라 잘 아는 사람끼리 나누어 보는 정도라는 증언도 있으며, 청진 등 일부 지역에서는 숨어서 거래하는 경우도 있다. 청진에서 비디오플레이어나 VCD플레이어를 파는 상인들이 CD를 거래하기도 하지만, 당국의 통제가 심해지면서 잘 아는 사람에게만 거래를 한다고 한다.[352]

북한 당국의 통제도 계속되고 있다. 북한 주민들이나 기관이 컴퓨터를 구입하는 경우 영수증을 지참하고, 국가보위부 16국 '전파감독국'에서 '반전파검사'를 받아야 하고, 해당 시, 도 인민보안성 분소에서 설비등록을 해야 한다. 또 등록증을 받은 후에는 출판총국 출판검열국에서 하드디스크 검사를 받아 '반사회주의적' 자료가 없다는 검사를 받아야 한다.[353] 2007년 7월경 인민보안성은 "사회와 제도를 고수하는 데 위험을 주는 자들을 엄격히 처벌함에 대하여"라는 포고령을 내리고, 노래방, 영화방, 녹화물시청방, 컴퓨터방, 전자오락과 가라오케방을 없애라는 지시를 내리고 불법 녹화물에 대한 고강도 단속을 진행 중이다.[354]

군대에서도 "적들의 사상문화적 침투책동을 철저히 짓부시고 우리식 사회주의를 견결히 옹호 고수하자"는 강연자료를 통해 "적들의 텔레비죤을 보거나 방송을 듣는 행위…… 이색적인 록음, 록화물을 보거나 듣는 현상"에 투쟁을 요구하고 있다.[355] 또 평안남도 개천교화소에는 남한 영화나 드라마를 보다가 수감된 주민이 1,200

---

352) "생존의 현장 북 종합시장 둘러보니", The Daily NK 홈페이지, 2007년 1월 24일.

353) 탈북자 김상명 인터뷰, "북한에도 포털 사이트 있다", 아이뉴스24, 2006년 3월 6일.

354) "북중 국경 주민들은 소형 TV만 좋아해", The Daily NK 홈페이지, 2007년 11월 12일.

355) "적들의 사상문화적 침투책동을 철저히 짓부시고 우리식 사회주의를 견결히 옹호고수하자", 『북녘마을』, 통권9호(2011), 56쪽.

명이 넘는 것으로 확인되었다는 주장도 있을 정도로 북한 내부에서 외부 영상물에 대한 관심이 크게 높아져 있음을 알 수 있다.[356]

2011년 MBC 뉴스에서 보도된 북한의 '공개재판' 모습은 북한 주민들이 외부 영상물을 보유하는 사례가 북한 사회에 상당히 퍼져 있음을 적나라하게 보여 준다.[357] 일부의 탈북자들은 북한 당국의 처벌이 북한 주민들의 외부 동영상의 시청을 막을 수 없다는 주장을 하는 경우가 많이 있다. 북한 주민들의 외부 동영상에 대한 시청 욕구가 대단히 강력하고, 단속능력은 그에 비해 높지 못하다는 것이다. 물론 북한 당국이 통제능력이 없다고 할 수는 없지만, 이미 북한 주민들의 강한 욕구를 완전하게 통제하는 것이 어려운 상태임을 의미한다. 그리고 이러한 북한 주민들의 외부 영상물에 대한 관심은 계속 확산될 가능성이 있다.

---

356) 김흥광, "권두언", 『북녘마을』, 통권9호(2011), 3쪽.
357) MBC "9시 뉴스", 2011년 5월 18일.

제4절 북한 주민들의 외부 라디오방송 청취 증가

1. 라디오 수신기의 보유

북한 주민들의 1996년 라디오 보유대수는 9.2명당 1대 정도인 250만 대 설부터 350만 대 설까지 다양하다. 그리고 2003년 WRTH의 자료에 따르면 라디오 보급대수는 470만 대에 달한다(5.1명당 1대).

1980년대에 들어서면서 중국이나 일본으로부터 라디오가 달린 녹음기들이 들어오기 시작했고, 1990년대 후반은 북한 사회가 경제적으로 매우 어려운 시기였지만, 오히려 주민들의 유동이 많아지면서 중국에서 불법으로 많은 물자와 라디오, 녹음기들이 밀수되었다. 또 매우 소수이지만 1990년대 중반에 식량을 구하기 위해 함경북도와 양강도에서 중국에 건너온 북한 주민들 중에서 남한 선교사들을 통해 라디오를 얻어가는 경우도 있었고, 남한에서 북한으로 날려 보낸 라디오를 주민들이 보유한 경우도 있었다.[358]

---

358) 박세경, "유물론 녹이는 유신론, 한국 극동방송의 대공투쟁 30년", NEABI 동북아방송연구회(다음카페). 극동방송과 선교사들은 건전지가 부족한 북한 실정에 대응하여 라디오 안에 소형 발전기를 단

다양한 입수 과정을 통해 2006년경 국경 연선 지역은 10집에 5
~6집, 청진은 10집에 3~4집, 함경남도 지역은 10집에 1~2집 정
도 라디오를 가지고 있다고 설명하였다.[359] 하지만 2007년 9월의
상황을 보면 중국에서 TV 수입은 가능한 반면, 라디오는 제한이
많아서 수입이 어려운 상태였다.[360] 이처럼 라디오는 북한 당국이
TV보다 더 조심스러워하는 매체라고 할 수 있다.

북한 당국이 라디오 수입을 경계하는 이유는 남한 방송이나 외부
의 방송을 청취하는 것을 우려하기 때문인데, RFA나 VOA 등의 단
파방송을 들을 수 있는 단파라디오는 중국제품과 일본제품이 있
다.[361] 세계적으로 생산되는 라디오의 60% 이상이 단파 청취가 가
능하다고 한다.[362] 하지만 북한의 일반 주민들의 경우 단파 라디오
소지가 금지되어 일부 상류층을 중심으로 일부만이 외부의 단파방
송을 청취하는 것이 가능하다.[363]

현재 북한에서 청취가 가능한 대표적인 한국어 대북방송은 중파
방송인 한민족방송(舊 사회교육방송), 단파방송인 자유아시아방송
이나 미국의 소리 방송 그리고 자유북한방송 등을 들 수 있다.[364]

'태양열 라디오'를 북한 주민들에게 제공했다.

359) 청진 출신 북한민의 증언, "북 주민 외국 라디오 청취 엄청 늘었다", The Daily NK 홈페이지, 2006
년 1월 20일.

360) 중국 연변대 조선족 고경수 교수 인터뷰, 2007년 9월 11일; 단동 북한시장 상점주인 증언, 2007년
9월 15일; 고영환 인터뷰, "RFA 어떤 방송인가", 『신문과 방송』 333호.

361) 남한에서 북한으로 날려 보낸 라디오를 주민들이 보유한 경우도 있다. 자유북한방송 김성민 국장 등
탈북자 증언.

362) "미국의 라디오전쟁사령부 RFA 정체", 『신동아』, 10월호(2003). 남한은 군사정부 시절 외부 방송
청취를 막기 위해 행정적 규제로 단파 라디오 생산을 규제함에 따라 단파 라디오를 생산하지 않았다
(현재는 규제가 없다).

363) 고영환 인터뷰, "RFA 어떤 방송인가", 『신문과 방송』 333호(서울: 한국언론진흥재단, 1998).

364) 자유아시아방송과 미국의 소리방송은 최근 들어 일부 중파방송도 실시한다.

단파방송은 북한 주민들의 단파 수신기 보유실태 등으로 봤을 때
청취에 상당한 어려움이 있는 것으로 이해할 수 있으며, 북한 정권
의 통제에도 불구하고 접근이 가장 용이한 매체는 한민족방송이라
고 할 수 있다.

2. 외부 라디오방송의 수신상태

북한 주민들의 외부 방송 청취실태를 정확하게 조사하는 일은
매우 어렵다. 최근에는 주로 탈북자들의 증언과 북중 국경지역의
북한 주민 접촉을 통해 북한 주민들의 외부 방송 청취실태를 확인
하는 정도에 그치고 있다. 하지만 북한 당국의 주파수 고정 등의
'통제'를 보면, 북한 주민들이 외부 방송의 수신하고 있음을 추정
해볼 수 있다. 북한 정권은 북한 주민들이 사용하는 라디오에 외부
방송을 청취하지 못하도록 주파수를 조선중앙방송에 고정시켜 납
땜 봉인을 해놓았고, 외국여행 후 휴대한 라디오는 공항이나 항만
에서 라디오를 신고한 후 다이얼을 땜질한 후 돌려주고, 이후에도
매 분기마다 정기적 또는 부정기적으로 다이얼 고정 상태를 점검
하고 있다.

이상과 같은 북한 정권의 대응은 북한 주민들이 외부 방송에 많
은 관심을 가지고 있음을 보여 주며, 실제로 일부 주민들이 납땜을
뜯고 외부 방송을 듣는 경우도 많다고 한다.[365] 또 전파상태로 보

---

[365] 라디오 봉인을 전문적으로 풀어주고 돈을 버는 사람도 있다고 한다. 납땜을 풀고 남한 방송이나 외부
방송을 듣다가 걸리면 라디오를 회수당하고 1~3개월 정도의 강제노동에 처해진다. "북한의 이색 직

면 KBS 한민족방송은 북한 내부에서도 청취가 비교적 양호한 것으로 판단된다.[366] 자유북한방송과 같은 단파방송은 북한당국의 방해전파로 인해 북한 내부에서 청취에 어려움이 있을 것으로 판단되지만,[367] 해안지역이나 국경지역 등 북한의 외곽 지역에서는 상대적으로 청취가 용이할 것으로 보인다.

2007년에 북중 국경지역을 중심으로 라디오방송 수신 가능성을 조사한 결과에 따르면 KBS 한민족방송은 북중 국경 전 지역에서 시간대와 관계없이 청취 상태가 양호하였으며, 북한 내부에서도 청취가 비교적 양호한 것으로 판단되었다.[368] 서울 지역에서 청취하는 자유북한방송 같은 단파방송은 북한 당국의 방해전파가 있었고, 이로 인해 북한 내부에서 청취에 어려움이 있을 것으로 판단되지만, 북중 국경지역 등 북한의 외곽 지역에서는 상대적으로 청취가 가능한 곳도 확인할 수 있었다.[369]

2011년 KBS 한민족방송 수신실태 조사결과에 따르면 청취경험자의 응답은 '잘 들렸다'(34.5%), '들리긴 하지만 음질이 나빴

업: 라디오 봉인 풀기 전문가", 업코리아, 2006년 3월 3일.

366) 2006년 6월 북한을 이탈한 함북 출신 탈북자는 방해전파 때문에 외부 방송(KBS, 자유북한방송, VOA-미국의 소리, RFA-자유아시아방송)을 정확히 들을 수 없었지만, 소수의 북한 주민들이 외부 방송을 듣는다고 말했다.("북에서 자유북한방송을 간간이 들었습니다", 크리스천투데이 게시판, 2007년 2월 11일). 청진에서는 KBS와 극동방송 전파가 잘 잡혔다.("북 주민 외국 라디오 청취 엄청 늘었다", The Daily NK 홈페이지, 2006년 1월 20일).

367) "북에서 자유북한방송을 간간이 들었습니다", 크리스천투데이 게시판, 2007년 2월 11일.

368) 이주철, 『북한 주민의 외부 방송 수신』(서울: 한국방송, 2007), 41쪽.

369) 단파 라디오 보유는 단파 라디오 기능이 부착된 중국산 라디오의 유입과 남한에서 풍선을 통해 북한으로 보내 단파 라디오가 대부분이다. 김성민 자유북한방송 국장은 남한에서 풍선을 통해 북한에 보낸 단파라디오를 북한 주민들이 상당히 많이 보유하고 있다고 설명했다. 하지만 이 숫자가 대규모이지 못하다는 점에서 실제로 북한 지역에 거주하는 북한 주민들의 단파방송 청취비율은 단파 방송국을 운영하는 측에서 주장하듯이 1% 이하이거나 많게는 3.6% 이하가 될 것이다.

다'(31.0%), '시간대에 따라 소리 듣기가 달랐다'(19.8%), '거의 안 들렸다'(14.7%) 순서였다.[370] '잘 들렸다/들리긴 하지만 음질이 나빴다'는 답변은 평양/평안남북도 82.4%, 황해남북도 62.5%, 함경남북도 64.2%, 자강도/양강도 64.7%였다.[371] 특히 '잘 들렸다/들리긴 하지만 음질이 나빴다'는 답변은 2009~2010년 탈북자의 72.1%였는데, 이것은 최근 상황을 잘 반영하는 것으로 보인다.[372] 2011년의 조사결과로 볼 때 음질 등의 문제가 있지만, 적극적인 청취자의 경우 외부 라디오방송에 접근하는 것이 가능한 것으로 판단된다.

북한 지역에서 외부 방송을 청취할 수 있었다는 증언은 여러 곳에서 있었는데, 청진에서는 단파 라디오가 있는 경우 RFA가 잘 들렸다.[373] 북한 내에서 RFA는 양호하게 들리는 편이며, VOA의 경우 절반은 청취가 가능하고 절반은 전파방해의 영향을 받고 있다는 증언도 있었다.[374] 하지만 장마당에서는 라디오 판매가 금지되어 있으며, 중국을 왕래하는 사람도 조심해서 구입하는 상황이기 때문에[375] 단파 라디오 방송수신 비율은 낮은 것으로 판단된다.[376]

---

370) KBS 남북협력기획단, 『한민족방송 청취실태 조사보고서』(서울: KBS, 2011. 5).

371) '잘 들렸다'와 '들리긴 하지만 음질이 나빴다'는 비율은 거의 같았다.

372) '잘 들렸다'는 41.2%이다.

373) "북 주민 외국 라디오 청취 엄청 늘었다", The Daily NK 홈페이지, 2006년 1월 20일.

374) 2005년 10월 미 하원 국제관계위원회의 한 청문회에서 VOA 관계자 증언.("미 국무부, 북 주민에 외부 정보 주입책 찾은 것", 『연합뉴스』, 2005년 11월 14일).

375) "북에서 자유북한방송을 간간이 들었습니다", 크리스천투데이 게시판, 2007년 2월 11일.

376) 탈북자들의 증언에 따르면 외부 방송을 듣는 북한 주민들이 증가하고 있다. 하지만 많은 국가들이 이미 '황금'주파수와 주요시간대를 차지하고 있고, 북한의 방해전파로 인해 남한의 대북 단파방송은 "매일 밤 허공에 송출비용을 날리는 처지"에 있다.(박세경 동북아방송연구회 이사장 발언, 『연합뉴스』, 2007년 5월 8일).

3. 북한 주민들의 외부 라디오방송 청취실태

1) 2003 · 2004년 조사 결과

KBS 사회교육방송(현재의 한민족방송)이 탈북자들을 대상으로 2003년 2월에 조사한 결과에 따르면[377] 103명의 탈북자 중에서 69%가 북한에서 사회교육방송을 '청취한 적이 있다'고 답했다.[378] 이들 청취경험이 있는 사람의 52%가 방송이 '잘 들렸다'고 대답했는데, 이상의 결과를 통해 볼 때, KBS 사회교육방송은 북한지역에서 청취가 가능함을 알 수 있다.

2003년 KBS의 조사결과에 따르면 탈북자들은 사회교육방송의 남한 정보(42.6%)를 가장 선호하였고, 북한 정보(21.3%), 세계 정보, 음악 등의 오락물 순서로 선호가 이어졌다. 특히 선호하는 남한 관련 정보는 남한 경제에 관한 내용이 40.4%로 가장 높았다. 이것은 북한 경제가 어려움에 빠지고 남한 사회에 대한 정보가 북한에 침투하면서 북한 주민들이 남한 경제에 대해 깊은 관심을 가지게 되었음을 의미한다. 북한 정보를 선호한 주민들은 김정일 체제에 대한 비판(46.9%), 북한 경제 및 사회에 대한 소식(37.5%) 순서로 관심을 나타냈다.

사회교육방송에 대한 신뢰도를 묻는 질문에서 응답자들은 53.6%

---

377) 1. 조사대상: 남한에 거주하고 있는 탈북자 유효표본 103명(95명이 2000년 이전 탈북), 2. 조사방법: 방송문화연구소 전화조사 시스템을 통한 전화조사, 3. 표본추출방법: 임의할당추출법(Purposive Quota Sampling), 4. 조사기간과 기관: 2003년 2월 19일(수)~20일(목), KBS 방송문화연구소. 103명의 탈북자 중 90%가 1990년대에 탈북한 사람들이다.

378) 이주철, "북한주민의 남한방송 수용실태와 의식변화", 『통일문제연구』 하반기호(2003) 참조.

가 전반적으로 믿을 수 있었다고 답하였고, 37.7%가 믿을 수 있는 것도 있고 아닌 것도 있었다고 답변하였다. 믿기 어려운 내용이 많았거나 전혀 믿을 수 없었다는 답을 한 사람은 8.7%에 불과하였다. 사회교육방송의 신뢰도는 거의 매일 들은 사람이 방송내용에 대해 가장 높은 신뢰를 보여 주었고, 1년에 몇 번 정도 청취한 응답자가 낮은 신뢰를 나타냈다.

2003년 KBS의 조사 외에도 2004년 11월 한국언론재단 주관 탈북자 조사에 따르면 최근 2년 이내에 한국에 들어온 탈북자 304명 중 13명(4.27%)이 외국 단파 라디오를, 34명(11.2%)은 외국 중파 라디오를 청취했다고 한다.[379] 그리고 열린북한방송에 따르면 탈북자 100여 명을 직접 면접조사한 결과 북한 주민들의 1%가 단파방송을, 7~8%가 라디오를 통해 한국 중파방송을 듣고 있음을 확인했다고 한다.[380] 또 다른 조사인 2005년 한국방송산업진흥원의 탈북자 154명에 대한 조사에 따르면 북한에서 라디오를 소유했던 탈북자(47.8%)의 45.7%가 북한에서 대북방송을 청취한 경험이 있었다.[381]

2) 2008년 조사 결과

2008년에 KBS 한민족방송 청취 조사에 따르면 북한 거주 시 한민족방송을 청취한 경험이 '있다'는 29.4%, '없다'는 48.1%였다.[382] 북한 거주 시 한민족방송 청취경험을 가진 사람의 비율이

---

379) 북한인권정보센터, 『새터민 언론접촉 현황 조사보고서』(서울: 북한인권정보센터, 2005).
380) 열린북한방송 홈페이지.
381) "탈북자 TV 통해 남한 이해", 『연합뉴스』, 2005년 11월 8일.

2003년 조사(67.0%)에 비해 매우 낮지만, 표본이 증가하였다는 점에서 북한 주민 전체를 이해할 수 있는 신뢰도는 더 높은 것으로 이해할 수 있다.[383]

청취 계기를 조사한 결과에 따르면 '가까운 사람'을 통해서 알게 되었다는 대답이 40.4%로 2003년 조사(15.9%)에 비해 크게 증가한 점이 특징적이다. 반면에 '라디오 채널을 돌리다가 우연히 알게 되었다'는 응답은 2003년 60.9%에서 35.1%로 감소하였다. 이 같은 결과는 한민족방송을 청취하는 북한 주민들이 증가한 현상을 반영한 것으로 이해할 수 있다.

3) 2011년 조사 결과

2010년 11월에서 2011년 4월까지 실시된 한민족방송 청취실태 조사에 따르면 한민족방송을 청취한 경험에 관한 설문에 대해 답변자 평균 445명 중에서 평균 65.2%가 경험이 없다고 답했고, 한민족방송 청취경험자는 평균 34.8%였다.[384] 남성의 한민족방송 청취경험은 여성의 청취경험에 비해 비율이 높았는데, 남성은 55.9%, 여성은 20.7%가 한민족방송을 청취한 경험이 있었다. 본 조사에서

---

382) 자세한 내용은 『한민족방송 청취행태 조사보고서』(2008년 12월 동서리서치) 참조. 이 조사는 남한 거주 탈북자 320명에 대한 일대일 면접조사 방식(표본추출은 임의할당추출법)으로, 1999년 이전 탈북자 30.0%, 2000~2004년 탈북자 34.7%, 2005~2008년 탈북자 34.1%를 대상으로 설문조사 하였다.

383) 청취비율이 높은 대상은 남성, 고학력자, 당·정 간부나 사무직·전문직·군인, 평양시와 함경도 거주자, 노동당원이다.

384) KBS 이주철, 『한민족방송 청취실태 조사보고서』, 2011년 5월. 조사기간: 2010년 11월~2011년 4월 탈북자 조사 진행, 표본 수: 전체 표본 481(시스템 결측값 15), 유효표본 466명(남자 166명/여자 300명), 2009~2010년 탈북자 비중 약 43.0%, 20~40대 88.4%, 함경도 출신 70.0%, 노동자 50.7%, 2009~2010년 탈북자 43.0%.

는 남성의 청취율이 여성보다 배 이상 높은데도 불구하고 남성표본이 34.9%였다.[385] 따라서 남녀 비율을 50:50으로 가정하여 추정할 경우 한민족방송 청취경험자 비율은 더 올라갈 수 있다. 반대로 이번 설문조사 대상이 탈북자라는 특성을 감안하면, 북한 거주 주민들의 실질적인 한민족방송 청취비율은 더 낮아질 수도 있다.[386]

청취경험자의 응답만 골라보면 이들 중에서 53.2%만이 한민족방송을 주당 한두 번 이상 정기적으로 청취한 것으로 볼 수 있다. 하지만 전체 설문응답 중에서 보면 15.2%만이 한민족방송을 주당 한두 번 이상 규칙적으로 들었으므로 의미 있는 청취자의 비율은 한민족방송 청취경험자(34.8%)의 약 절반 정도로 이해할 수 있다.

한민족방송 청취경험자 중에서 한민족방송이 '매우 유익했다'(36.3%), '조금 유익했다'(46.0%)는 응답을 해서 탈북자라는 특성이 있다는 점을 감안해도 북한 주민들이 외부 방송을 긍정적으로 수용하고 있는 것으로 이해할 수 있다.

북한 주민들이 한민족방송을 얼마나 알고 있는가 하는 질문에 대해 전체 유효답변자 429명 중에서 '매우/대체로 알고 있다'는 25.0%가 선택하였다.[387] 대체적으로 탈북시기가 2010년에 가까운 탈북자일수록 한민족방송에 대한 북한 주민들의 인지도를 높이 답했다는 점에서 한민족방송에 대한 인지도가 점차 높아지고 있는 것으로 이해할 수 있다.

---

385) 탈북자 조사의 어려움 때문에 남녀 비율을 일치시키지 못했다.

386) 2008년 한민족방송 청취경험 조사(320명)에서 29.4%가 청취경험이 있다는 통계를 비교하면 한민족방송 청취경험자는 30% 내외로 추정할 수 있다(2008년 조사에서 남녀 성비는 31.3%:68.8%로 여성이 압도적으로 많았다).

387) 답변자들의 한민족방송 청취경험 비율과 북한 주민들의 한민족방송 인지도 비율(25%)이 대체로 비슷한 것으로 평가된다.

한민족방송을 들었을 때 방송내용을 어느 정도 믿을 수 있었는가에 대해 '전반적으로/대체로 믿을 수 있었다'는 답변은 남성(67.4%), 40대 연령층(68.7%), 노동자직업군(61.3%), 2009~2010년 탈북자(61.6%)에서 높게 나왔다. 이상과 같은 한민족방송에 대한 긍정적 평가는 북한 주민들의 의식이 체제에 대한 신뢰가 손상된 데서 비롯된 것으로 이해할 수 있다.

한민족방송의 내용 중 북한 주민들이 즐겨 듣는 내용에 대한 질문에 대해 청취경험자의 답변만 골라 보면 '남한에 관한 보도'(32.6%), '음악, 연속극 등 오락물'(30.5%), '북한에 관한 보도'(24.7%), '세계 여러 나라에 대한 보도'(11.1%) 순서였다. 청취경험자의 응답으로 볼 때 탈북자들은 '남한에 대한 보도'를 가장 선호했고, 그다음으로 '오락물'을 즐겨 들었고, 이어서 '북한에 관한 보도'와 '세계 여러 나라에 대한 보도'를 선호했다.

2011년의 조사결과만을 가지고 봐도 대체로 외부 방송에 대한 북한 주민들의 접근이 확대되고 있음을 알 수 있다. 또 2011년 결과에서 탈북자들의 15.2%가 한민족방송을 주 1~2회 정도 규칙적으로 청취했다는 것은 주목할 만한 사실이다. 특히 탈북시기가 2010년에 가까운 탈북자일수록 한민족방송에 대한 북한 주민들의 인지도가 높다고 답한 점은 한민족방송과 같은 외부 방송에 대한 북한 주민들의 접근이 확대되고 있음을 시사한다. 그리고 이러한 추세가 일반적인 것이라면, 북한 주민의 의식변화에 상당한 영향이 예상된다.

4) 남한 방송 청취 탈북자의 의식 변화388)

북한 거주 시 남한 방송을 청취한 것을 필자가 확인한 10명389)의 증언을 통해 북한체제에 대한 의식을 살펴보았다. 이들의 의식 변화에 남한 방송의 영향이 절대적이었음을 설명할 수는 없는 측면이 있지만 남한 방송을 청취한 탈북자들이 북한 체제에 대해 어떤 의식을 가졌는가, 그리고 남한 방송이나 외부의 정보를 접하게 될 때 북한 주민들이 어떤 의식 변화를 일으킬 수 있는지에 대한 추론의 한 근거로 제시될 수는 있을 것이다.

1990년대 후반 경제 위기 속에서 간부직과 돈 중에서 선호하였던 것을 묻는 질문에서 탈북자들은 돈(C1, S9, H9), 간부직(C8-1, S13, S15, H6)으로 나뉘어졌다. 그런데 간부직을 선호한 사람도 간부직을 가지면 돈이 생기기 때문이라는 대답을 여러 사람이 했는데(C8-1) 이것은 최근 들어 북한 인민들의 돈에 대한 선호가 강해진 것을 보여 준다. 특히 경제 위기를 겪으면서 성분이 나쁜 사람들의 경우는 입당을 포기해 버리고, 장사를 해서 금전적 이익을 얻는 방향을 선택하고 있다.

김일성과 김정일에 대한 신뢰 우위를 묻는 질문에 대해 탈북자

---

388) 본 절에 활용된 인터뷰 자료는 2003년에 극동문제연구소에서 학술진흥재단의 지원으로 진행된 "북한의 도시변화 연구"를 위해 수행된 것이다. 인터뷰 대상이었던 탈북자 47명은 신의주, 혜산, 청진에 거주한 경험이 있는 사람들이며 연령으로는 1930년대 생에서 1970년대 생까지 포함하고 있다. 직업은 노동자, 사무원, 벌목공, 의사, 설계원, 인민반장, 외화벌인 일군, 장사, 주부, 교원 등 다양하며, 성별로는 남자가 조금 더 많은 편이다. 당원도 상당 수 포함되어 있으며, 스스로 월남자 가족, 지주가족, 북송교포 출신으로 성분이 나쁘다고 대답한 응답자도 상당수 포함되어 있다.

389) (C1, C5-1(a), C7, C8-1, S9, S10, S13, S15, H6, H9) 청취빈도는 자주(C8-1, C7, H9), 가끔(C1) 등 사람 별로 차이가 있었다. 그리고 주변에 남한 방송을 듣는 사람이 있었다는 대답도 다수 있었다.(C1, C5-1(a), C7, C8-1, S9, S10, S13, S15, H6)

들의 대답은 거의 일관되게 김일성을 선택하였다.[390] 그리고 이들은 김정일의 정치적·경제적 지도 능력을 인정하지 않았다.[391] 북한 경제의 위기에 대한 김정일의 책임 문제에 대해 김정일의 책임을 지적한 경우가 많았는데[392] 미국 등 외부의 책임으로 돌리는 경우도 있었다.(H6) 전체적으로 볼 때 적어도 탈북자들은 김정일에 대해 상당한 불만을 가지고 있었음을 알 수 있다.

탈북자들은 지방의 하급 간부들의 경우도 최근의 북한 경제 위기로 인하여 정권에 대한 충성심이 크게 약화되었다는 생각에서 대체적으로 일치를 보였다.[393] 멀리서 바라보는 중앙의 고급 간부가 아니라 주변에서 겪어 본 하급 간부들에 대한 인식은 정확성이 상대적으로 높을 수 있기 때문에 답변의 의미가 충분하다.

김정일에 대해 군대가 충성을 하는가 하는 질문에 대해 충성한다(S13, H6), 충성하지 않는다(C8-1, S15, H9), 속심은 알 수 없다(S9) 등 답변이 있었다. 잘 알지 못한다고 답변한 여러 명의 탈북자들을 빼면 충성 여부는 반반 정도로 나누어지는 것으로 보인다. 하지만 북한의 언론 매체들이 군대가 오직 김정일에게만 확고히 충성하는 것으로 선전하고 있는 것에 비하여 탈북자들의 생각은 선전 매체들과는 차이가 있음을 알 수 있다. 이러한 차이는 자연스러운 것이라고 할 수도 있지만, 인민들이 군대에 대한 인식에서 정권의 선전과 상당한 인식의 차이를 가지고 있음을 알 수 있다.

---

390) (C1, C8-1, S9, S13, S15, H6, H9)

391) (C1, C8-1, S9, S13, S15, H6, H9). 하지만 몇몇 탈북자는 김정일의 정치적·군사적 능력에 대해서는 인정하기도 했다(S9, H6).

392) (C1, C8-1, S9, S10, S13, S15, H9).

393) (C8-1, S13, S15, H9).

　이 인터뷰에 참여한 사람들의 대부분이 1990년대 후반기 '고난의 행군기'에 북한을 떠난 사람들이었다는 점에서 지난 2000년대의 북한 주민들의 의식 변화는 더욱 진전되었을 것임을 미루어 추정할 수 있다.

 # 제5절 북한주민의 조선중앙TV 인식

1. 북한주민의 조선중앙TV 보도 수용 태도

북한은 한반도에 형성되었던 일제하의 자본주의 체제를 단절하고 성립된 공산주의체제인 만큼 체제 유지 수단으로서 선전선동의 중요성이 대단히 크다. 이처럼 공산주의 체제가 선전선동에 자본주의 체제보다 더 큰 힘을 쏟아야 하는 것은 자유시장 경제와 같은 방임적 구조가 아니라, 사적 소유를 제한하고 계획경제를 실시하는 체제 변혁적 과정을 가지고 있기 때문이다. 더군다나 경제 개발이 나름대로 진척되던 1950∼1970년대와는 달리 1990년에는 체제 붕괴를 우려하는 수준의 경제위기를 겪어야 했기 때문에, 북한 정권은 선전선동을 통해 끊임없이 인민들을 교양하여 체제의 안정성을 모색해야 했다. 특히 북한체제의 현실과 이상의 괴리를 조선중앙TV가 설명하여야 했으며, 조선중앙TV는 미래에 대한 희망을 제시하고 현실을 극복하게끔 북한인민들을 견인해야 했다.

이를 위해 북한 정권은 조선중앙TV를 통해 인민들에 대한 체제 선전에 집중했고, 방송이 가진 선전 효과를 주목한 김정일은 방송에 직접적이고 구체적으로 개입하기도 했다. 김정일의 개입으로 인하여 조선중앙TV의 목적은 특히 김일성, 김정일에 대한 우상화에 맞추어 졌고, 모든 프로그램을 우상화 목적으로 활용하고 있다. 하지만 조선중앙TV와 북한체제의 실상을 이해하기 위해서는 이러한 우상화 선전의 효과를 구체적으로 검증할 필요가 있다.

이러한 목적으로 2000년대 이전에 탈북한 주민들에 대한 인터뷰를 실시하였다. 인터뷰를 위한 설문은 조선중앙TV의 다양한 장르의 프로그램 중에서 사실 전달을 기본 기능으로 하는 '보도'를 중심으로 북한 주민의 수용태도를 검토해 보았다. 조선중앙TV에서 제공하는 보도 내용의 사실 여부는 객관적으로 또는 부분적으로 확인이 가능하므로, 이러한 보도에 대한 북한 주민들의 수용태도를 확인하는 것은 의미가 있는 작업이다.

그러나 이들이 북한체제를 이탈한 탈북자들이라는 특별한 범주의 사람들이고, 조사를 위해 실시한 인터뷰가 극히 소수라는 점에서 객관성의 확보에는 충분치 못한 부분이 있다.

1) 설문조사, 구체적 내용

조선중앙TV에 대한 북한 주민들의 수용 태도와 북한 주민의 체제에 대한 인식을 이해하기 위해서는 북한 주민들을 직접 조사하는 것이 가장 바람직하다. 하지만 북한 주민에 대한 직접적인 조사는 불가능하고, 특히 북한 측이 만들어낸 자료들은 체제 선전을 목적으로 하는 것들이어서 주민들의 실제 의식과는 상당한 차이가 있다. 이런 이유로 북한 주민들의 의식을 이해하는 방법으로 탈북자들에 대한 조사가 이루어져 왔다.

탈북자들의 숫자가 이미 수십만 명을 넘나들었고, 2001년까지 남한에 들어온 사람들이 1천 명이 넘었고, 2010년에는 그 수가 비약적으로 증가하여 2만 명을 돌파하였다. 2000년 이전 탈북자들에 대해 인터뷰를 실시하면서도 탈북자들을 통한 북한체제 이해가 상당히 가능한 단계가 되었었는데, 2010년의 상황은 통계적으로도 북한에 대한 다양한 조사가 가능한 단계가 되었다.

물론 탈북자들은 북한 체제에 대해 현재 북한에 거주하는 주민보다 부정적인 태도를 선택하였고, 외부 체제에 대한 경험으로 북한체제에 대한 부정적인 판단이 강한 경우도 있다. 하지만 인터뷰 대상에 북한 거주 당시 체제 순응적 성향의 사람들을 포함함으로써 조사 대상이 가질 수 있는 문제점을 보완하도록 하였다. 또 인터뷰 대상이 소수인 점을 극복하기 위해 탈북자 개인의 생각과 더불어 탈북자가 속한 가정이나 집단의 생각을 답변에 주로 반영하였다. 따라서 본 조사는 2000년 이전 탈북자 12명의 인터뷰이지만, 동시에 각 개인이 속한 집단의 주된 생각을 반영하도록 했다.

조선중앙TV에 대한 탈북자 인식 조사는 기존의 연구들과는 질문 내용에서 달리하였다. 기존의 연구들이 직접적으로 본인의 가치관이나 판단을 묻고 있는 반면, 본 조사는 조선중앙TV의 개별 보도에 대한 생각을 질문하였다. 대부분의 설문이 직설적으로 자신의 생각을 밝히는 것이라면, 본 인터뷰는 자신이나 자신이 인지하고 있는 그룹이 구체적인 보도나 사건에 대해 보인 반응을 설명함으로써 보다 경험적인 답변을 요구하였다는 점에서 특징이 있다.

조선중앙TV의 대표적 특징 중의 하나는 반복이라고 할 수 있다. 바로 이러한 반복적인 특징을 갖는 보도나 방송 내용에 대한 질문을 함으로써 답변자들의 오랜 경험에 바탕을 둔 답변을 구체적 끌어내는 것이 가능하였다. 실제로 탈북자들은 질문자가 특정 사건보도를 제시하면, 매우 쉽게 그러한 보도에 대한 반응을 답변하였다. 이것은 탈북자들이 오랫동안 조선중앙TV를 시청한 경험이 있기에 가능한 일이었다.

2) 탈북자의 조선중앙TV 수용태도 조사 인터뷰 대상 구성

2000년 이전 탈북자에 대한 조사에서는 인터뷰 대상자 선정에서 성별의 균형, 평양과 지역의 균형, 연령대의 균형, 직업의 다양성, 최근 탈북자(2000년 시점) 등을 원칙으로 하였다. 특히 주안점을 둔 것은 12명의 탈북자 중에서 북한 거주 시에 북한 체제에 대해 순응적 성향을 가졌던 사람 50%를 포함한 것이다. 이것은 탈북자들이 가질 수 있는 북한체제에 대한 비판적 성향만을 담지 않도록 하기 위함이었다. 이러한 체제 순응적 성향의 탈북자와 체제 비판적 성향 탈북자를 포함한 답변자 분포는 북한 체제에 존재하는 구성원들의 생각을 이해하는 데 균형을 줄 것이다.

답변자들의 성별은 여자 5명(42%), 남자 7명(58%), 연령은 30세 이하 4명, 40세 이하 4명, 50세 이하 3명, 50세 이상이 1명이었다.

학력은 고졸 4명, 대재 이상 8명으로 구성되어 대체로 교육을 받은 층을 중심이 되게 하였다. 거주지는 평양 5명, 지방 7명으로 구성하였다. 인터뷰 대상 선정과정에서의 어려움으로 인하여 직업 비율에서는 노동자와 농민의 비율을 적절하게 포함시키지는 못했다.

〈표 65〉 탈북자들의 인적 사항

	체제 성향	성별	출생연도	직업	학력	거주지	탈북연도
A	순응	여	1964	예술인	대졸	양강도	1997
B	순응	남	1970	군인/노동자	대퇴	평양/함북	1997
C	순응	여	1950	교원	대졸	평남	1997
D	순응	여	1940	기사	대졸	평양	1997
E	순응	여	1977	학생	대퇴	평남	2000
F	순응	여	1960	말단 행정	고졸	평양/함북	1996
G	비판	남	1974	군인	고졸	양강/황해도	1999
H	비판	남	1957	교원	대학원졸	평양	1997
I	비판	남	1950	의료인	대졸	평북	1993
J	비판	남	1967	군인	고졸	평북	1998
K	비판	남	1970	사무원	고졸	함북	1993
L	비판	남	1944	방송인	대졸	평양	1996

* 답변자의 출생연도는 00~03=)00, 04~06=)04, 07~09 ⇒ 07 세 개로 단순화하였다.
* 체제 순응 성향은 A에서 F 순서로 강했으며(A)B)C)D)E)F), 체제 비판 성향은 L에서 G 순서로 강했다(L)K)J)I)H)G).

조선중앙TV 보도에 대한 질문은 북한의 2001년의 주된 보도를 중심으로 그에 대한 생각을 묻는 것으로 구성하였다.[394] 이때 제시된 보도나 질문들은 이미 여러 해 동안 매우 반복적으로 방송되었던 내용들이 선택되었으며, 탈북자들이 어렵지 않게 답변할 수 있는 내용을 중심으로 구성하였다.[395]

---

394) 본 조사를 위해서 북한의 정치, 경제, 사회, 남북관계, 대외관계를 중심으로 질문을 작성하였다. 질문을 구성할 때는 보도를 중심으로 하였지만, 일부의 질문은 북한의 TV드라마를 이용하기도 하였다.
395) 12명의 탈북자들이 평균 3시간가량에 걸쳐 필자와 인터뷰를 진행하였다. 먼저 신상에 대한 질문을

3) 2000년 이전 탈북자의 수용태도 조사 결과[396]

(1) 조선중앙TV 방송에 대한 인식

북한을 대표하는 방송 매체인 조선중앙TV에 대한 주민들의 인식은 북한 방송에 대한 인식을 대변할 수 있는 측면이 있다.

탈북자들이 북한 거주 시 텔레비전을 시청한 것은 주로 7시나 8시 이후가 주를 이루었으며, 주로 많이 보았던 프로그램은 드라마와 보도의 순서였다. 탈북자들이 북한 방송이란 말을 들었을 때 가장 먼저 떠오른 말은 '김일성'이 가장 많았으며, 그 다음은 '정치선전의 반복(지루함)'의 순서였다.

탈북자들 중에서 50%는 체제에 대해 긍지를 느꼈던 프로그램으로 김일성의 역사적 활동을 주제로 한 영화나 외국 방문 프로그램을 골랐다. 이들은 영화 등에서 보여 준 '김일성의 영웅적 활동과 인간미', 외국에서의 환영받는 모습 등에서 체제에 대한 긍지를 느꼈던 것으로 나타났다. 체제 순응적 성향의 사람 중에서 일부는 일상적으로 체제에 대해 긍지를 가지고 있었다고 답변하였으며, 체제 비판적 성향을 가졌던 사람도 김일성의 활동에 관한 프로그램에서는 체제에 대한 긍지를 많이 느꼈던 것으로 나타났다.

이러한 현상이 나타난 것은 김일성의 우상화 선전이 상당히 성

하였고, 이어서 북한의 방송에 대한 생각과 각 부문 보도에 대해 질문하였고 답변의 요점을 필자가 기록하였다. 각 질문은 먼저 보도 내용을 설명하고 그에 대한 생각을 자유롭게 답하게 하였으며, 답변이 제대로 이루어지지 않는 경우에는 질문의 정확한 의미를 설명하였다. 인터뷰의 결과, 대부분의 경우 탈북자들은 필자의 보충적인 질문 의미 설명을 필요로 하지 않았는데, 이것은 북한 사회에서 반복적으로 듣거나, 경험한 일들이 질문되었기 때문이라고 생각된다.

396) 자세한 조사 내용은 이주철, "북한 주민의 체제인식과 방송보도에 대한 반응조사", KBS 남북교류협력 기획단 연구보고서, 2001. 참조.

공적으로 이루어졌음을 보여 준다. 김일성에 대한 이미지는 체제 비판적 성향의 사람들에게조차 상당히 긍정적인 모습으로 남아 있다는 점에서 현재의 북한 방송이나 정치 선전에서도 영향을 미치고 있다고 이해할 수 있다.

반면에 체제에 대해 불만을 느꼈던 프로그램으로는 50%가 현실과 다른 거짓 선전을 들었고, 33%는 우상화 프로그램의 반복을 들었다. 체제에 대한 성향과 관계없이 '현실과 다른 거짓 선전이나 우상화 프로그램'을 체제에 대한 불만을 느꼈던 프로그램으로 지적하였다는 것은 북한 정권의 방송을 통한 선전에 대한 인민대중의 일반적인 수용 태도를 이해할 수 있게 해준다. 즉 대부분의 인민대중들도 현실과 다른 거짓 선전이나 계속적으로 반복되는 우상화 프로그램에 대해 지루해하고 불만을 느낀다고 이해할 수 있다. 그리고 이러한 경향이 일반적이라는 것은 북한 사회에 대한 인간사회의 보편적인 상식에 기반한 예측이 가능할 수 있음을 보여 준다.

위에 서술한 세 가지 질문에 대한 답변을 보면 북한 주민들은 조선중앙TV를 우상화 선전도구로 인식되고 있지만, 김일성에 대한 우상화에는 성공적으로 기여한 것으로 판단할 수 있다. 하지만 주민들은 조선중앙TV에 대해 상당히 지루함을 느끼고 있으며, 특히 현실과 다른 거짓 선전에 대해서는 매우 큰 불만을 가졌음을 알 수 있다. 따라서 조선중앙TV 방송의 우상화 선전 효과는 실질적으로는 크지 않다고 볼 수 있으며, 주민들의 가치관을 제대로 반영하거나 선도하지 못하는 처지에 있다고 할 수 있다.

(2) 김정일 우상화 선전에 대한 인식

북한 방송의 가장 중요한 목적은 최고권력자에 대한 우상화 선전에 있다고 해도 과언이 아니다. 조선중앙TV의 경우 보도 내용 중에서 가장 많은 비중을 차지하는 것이 김일성과 김정일에 대한 찬양이며, 이들에 대한 찬양은 드라마에서도 계속적으로 반복된다.

이러한 김정일 찬양을 위해 선전에 동원된 사람에 대한 반응에서 탈북자들은 '긍정적인 일'(17%), '선전을 위해 만들어낸 일'(33%), '부정적인 일'(50%)로 답변하여, 대체로 김정일 선전에 이용되는 것을 부정적으로 보았다. 그러면서도 일면에서는 선전에 동원된 사람을 '운이 좋은 사람'이라고 생각하여, 김정일 선전에 나서게 된 사람에 대해서는 그가 누릴 혜택을 생각하여 부러워하는 모습을 나타냈다.[397]

김정일에 대한 선전은 빈번하게 자연현상을 이용하기도 하고, 김정일 일가의 글씨체를 칭송하기도 한다. 자연현상을 이용한 김정일 선전에 대해 탈북자들 중에서 일부 체제 순응적 성향인 사람들이 공감하거나 부분적으로 믿는 경우가 있었다. 그러나 다수(67%)는 믿지 않았고, 거짓말이라고 생각하였다. 자연현상을 통한 선전뿐만 아니라 김정일 일가의 서체 찬양에 대해서도 탈북자들은 부정적인 반응을 나타냈다. 심지어는 체제 순응적이었던 주민의 경우에도 아첨이나 과장으로 받아들이고 있었다.

하지만 체제 순응적 성향인 일부 사람들이 자연현상을 이용한 선

---

397) 일반인과는 다른 유명인사인 북한의 마라톤 영웅 정성옥이 김정일에 대한 충성 맹세 수기를 썼다는 보도에 대해서도 대체로 부정적인 반응을 보였다. 부정적 답변을 한 사람들은 주로 '충성 맹세는 시킨 대로 한 일'이라며, 김정일에 대한 충성의 맹세에 공감하지 않았다.

전에 대해 부분적이지만 공감을 표시했다는 것은 북한 정권의 우상화 선전이 아직도 일부에게 힘을 미치고 있음을 보여 준다. 그러나 이러한 선전은 비판적인 성향을 가진 사람들에게는 더욱 정권을 불신하게 하는 결과를 초래하고 있는 것으로 보인다. 그럼에도 불구하고 이러한 비과학적인 선전이 계속되고 있는 것은 조선중앙TV가 북한 주민들의 인식과는 아무런 소통이 없고, 독재권력에 대한 우상화를 위해 관성적으로 방송을 하는 것으로 이해할 수 있다.

이상과 같은 선전에 대해서도 부정적인 반응이 주를 이루었지만, 김정일 찬양을 위한 벽화 건설 등에 대해서 탈북자들은 보다 뚜렷한 거부감을 표현하였다. 각주 <표>398)에서 보듯이 A와 C처럼 체제 순응적 경향인 사람은 이러한 우상화 건축물로 인한 재원의 사용을 수용하고 있었지만, 대부분은 달가워하지 않았다는 소극적 반응에서부터 처참하다는 좌절감까지 표현하였다.

이상의 답변을 통해서 북한 주민들은 경제적 어려움에 대해 대단히 민감한 상태에 있으며, 특히 심각한 식량난에 처한 상황이 그들

---

398) 〈표〉 김일성, 김정일을 칭송하는 대형벽화 등을 제작하였다는 보도를 듣고 어떤 생각을 했습니까?

	- 대홍단군종합농장 신흥분장. 김일성·김정일의 현지지도 장면을 형상화한 대형 모자이크벽화(길이 34.5m, 높이 8.1m) 제막식 진행(10. 28. 06:10, 조선중앙TV).
	- 김정일의 최고사령관 추대 9돌 기념 글발 '위대한 선군정치 만세, 주체 89년 12월 24일'(※글자 한 자의 높이 19m·너비 14m, 한 획의 너비 2m·깊이 1m) 제막식, 12. 21. 금강산에서 진행(12.22 06:00, 조선중앙TV).

A	응당 해야 할 일이다.
B	표현 안 하지만, 그걸 할 필요가 있겠는가, 아깝다고 생각한다.
C	경제사정 어려워도 그런 데 돈 쓰는 것에 불만 못 가졌다. 소수가 불만 있다.
D	저런 걸 할 거면 쓸데없는 데 돈 쓰지 말고, 배급이나 주지.
E	달가워하지 않았다.
F	김일성 사망 전에는 충성심으로 감동했지만, 이제는 식량난으로 주민 불만 있다.
G	돈을 엉뚱한 데 많이 쓰는 것이 싫었다.
H	비경제적인 일인데 하고 걱정한다.
I	일반 백성들은 아무 필요 없는 일이라고 생각한다. 굶는데 짜증난다.
J	굶어 죽는데 그런데 재화를 쓰는지 어이없다.
K	차라리 쌀이나 주지. 관리하느라고 고생하겠다.
L	처참하다. 주민들은 노력과 자원을 왜 이런 데 쓰는가 생각한다.

에게 정권에 대한 비판적인 생각을 강요하고 있음을 알 수 있다. 그럼에도 불구하고 김정일과 김일성의 생일은 북한에서 가장 중요한 명절로서 화려한 행사들이 치러진다. 이 날들을 대하는 북한 주민들의 태도는 북한 사회의 공식적인 면과 비공식적인 면을 가장 현실감 있게 보여 준다고 할 수 있다.

김정일의 생일이 되면 북한에서는 여러 가지 행사가 많이 치러진다. 김정일의 출생지라는 백두산 밀영을 방문하는 충성의 맹세모임이 있으며, 김정일화 전시회, 생일날 밤의 경축야회 같은 것을 예로 들 수 있다. 김정일 출생지라는 '백두산 밀영 방문 충성의 맹세모임'에는 내각의 책임일꾼과 도 인민위원회 위원장과 같은 고위층의 사람들도 참여한다는 점에서 특별한 행사라고 할 수 있다. 이 행사에 대한 보도에 대해 북한 주민들은 '당연히 해야 할 일이다'에서부터 '하라니까 할 뿐이다', '별수 없이 가는 것이다'라는 다양한 반응을 나타냈다. 탈북자의 50%는 이 행사에 대해 부정적인 반응을 보였으며, 일부는 무관심하거나 구경으로 기회로 삼아 참가를 희망하기도 하였다.

김정일화 전시회에 대해서는 부정적인 답변이 훨씬 뚜렷하였다. 백두산 밀영답사가 일부에게는 구경의 기회가 되고, 대부분의 일반 주민들에게는 상관이 없는 일이었던 데 비하여 김정일화전시회는 큰 불편과 어려움을 주민들에게 강요하였기 때문이다. 김정일화 전시회 보도에 대해 답변자의 75%는 김정일화 전시회 같은 행사로 인하여 어려움을 겪었음을 밝히고 있으며, '배고픈데 누가 그런 전시회가 달갑겠는가'라고 답변하였다. 이러한 답변은 김정일생일 행사가 인민들의 생활에 불편을 끼칠 때 나타난 반응으로 너무나 당연한 것이라고 할 수 있다. 주민들의 불만스러운 반응은 북한 정권이 주민들의 이익을 해칠 때에는 언제든지 나타나게 될 반응이며, 이러한 반응은 조선중앙TV에 대한 불신과 밀접한 관계가 있다.

북한 주민들의 김정일 생일에 대한 기본적인 생각은 휴식의 의미라고 할 수 있으며(33%), 허례허식적 행사에 대한 피로감(33%)이 주를 이루었다. 당연히 해야 할 일이라는 답변도 1명 있었지만, 축하하는 마음을 가진 사람은 거의 없었던 것으로 보인다. 따라서 김정일의 생일 행사에 인민을 동원하고, 동원이 된 현장을 생일축하의 장면으로 보도하는 것은 인민들로부터 긍정적인 반응을 끌어내지 못하고 있는 것이 확실하다.

이처럼 인민 대중의 불만이 상당히 광범위함에도 불구하고 조선중앙TV가 이러한 선전을 반복하는 이유는 '유일사상 10대 원칙'을 통해서 이해하는 것이 합리적인 것으로 보인다. '유일사상 10대 원칙'은 김일성의 혁명사상으로 온 사회를 일색화하고, 충성으로 높이 우러러 모셔야 하고, 권위를 절대화하고, 교시집행에서 무조건성의 원칙을 지키는 등등의 내용으로 구성되어 있다.

이러한 유일사상 10대 원칙은 현재는 김일성이 김정일로 대상만 바뀌어 있을 뿐 지난 시절의 절대 우상화의 선전 방침이 아직도 관행적으로 그리고 부분적으로는 더욱 철저하게 진행되고 있다고 볼 수 있다. 이러한 북한 체제의 운영원리가 민심과는 상관없이 현재와 같은 정책과 선전을 진행시키는 이유라고 할 수 있다. 동시에 인민들의 불만 표출을 허용하는 것이 가져올 위험을 잘 인식하고 있기 때문에 김정일 정권은 앞으로도 체제에 대한 일체의 불만이 나올 수 있는 소지를 근원적으로 차단하고자 공세적으로 선전을 하는 것으로 분석된다.

(3) 사상교양 선전에 대한 인식

1990년대 이후 심각한 경제위기 상황에서 북한 주민들을 견인할 수 있는 물질적인 재원을 가지지 못하고 있는 김정일 정권은 반복적인 선전을 통해 인민들을 끌고 갈 수밖에 없는 처지이다. 이러한 실정을 주목하면, 북한 주민들의 정치선전에 대한 반응은 체제의 안정성이란 측면에서 매우 중요한 의미가 있다. 그런데 주체사상과 관련된 질문에 대해 답변자들은 각각 50%씩 나뉘어 주체사상에 대한 긍정적 생각과 부정적 생각을 나타냈다.

그런데 이들 답변은 거의 정확하게 체제에 대한 순응적 성향과 비판적 성향을 반영하였다고 할 수 있다. 즉 체제 순응적 성향을 가진 사람들은 주체사상을 훌륭한 사상이라고 생각한 반면 비판적인 성향의 사람들은 주체사상에 대해 관심이 없거나, 주체사상을 훌륭하게 생각하지 않은 것이다. 이것은 북한 체제가 사상 고양을 통해 체제의 일체감을 유지했었다는 점을 이해하게 하는 반면, 김일성이 사망하고 체제가 위기에 처한 현 상황에서는 인민대중의 주체사상에 대한 회의가 대단히 커졌을 것임을 예상할 수 있게 한다.

그리고 주체사상에 대한 태도와 체제 순응정도의 차이가 상당한 관계가 있다는 점에서 북한에서 주체사상에 대한 선전과 학습은 앞으로도 계속될 가능성이 높다고 할 수 있다. 하지만 주체사상의 강조와 같은 사상학습의 효과는 현재의 북한 실정에서는 충분히 기대하기 어렵다. 신년공동사설 관철 궐기대회에 대한 주민들의 인식에서 75%의 답변자가 효과가 없다고 답변하였던 것처럼, 선전과 교양의 효과는 이제 매우 약해진 것이 실정이라고 할 수 있다. 도덕교양의 효과에 대한 답변에서도 58%가 부정적인 답변을 하였으며, 8%만이 도덕교양의 강화를 필요한 일로 받아들였다.

북한사회 내의 도덕이 심각하게 해이해져 있는 실정에서 도덕교양의 필요성을 대부분의 답변자들이 인정하고 있지만, 이들은 관영매체에서 벌어지는 각종 선전과 교양에 대해서는 이미 지루함과 거부감을 나타냈다. 따라서 도덕교양과 같이 필요성을 인정하는 부분에 대한 선전도 실질적인 효과를 기대하기 어려운 실정에서 최고권력자에 대한 우상화 교양이 효과를 거두기는 어렵다고 볼 수 있다. 특히 체제에 순응적인 성향을 가진 사람도 이러한 교양의 반복에 대해서는 큰 거부감을 가지고 있다는 점을 주목할 수 있다.

체제 순응 성향여부와 관계없이 북한 주민들은 시시비비를 가리는 사리 판단이 분명하다. 종교의 자유에 대하여 100%의 답변자들이 종교의 자유가 없다고 답했으며, 이러한 선전은 대외용이라는 판단을 하고 있다. 여기에서 다시 한번 확인되는 사실은 북한 주민들이 체제 내부의 문제나 현실적으로 본인들이 부딪치고 있는 문제들에 대해서는 정권의 선전이나 교양과는 상관없이 객관적인 판단을 가지고 있다는 사실이다. 즉 종교의 자유뿐만이 아니라, 북한 주민들은 현실에서 부딪치는 상식적인 문제에 대해 매우 명확한 사리판단을 가지고 있다. 다만 자유로운 언론이 보장되는 않는 사회에서 안전을 위한 침묵이나 습관적인 선전 구호에 대한 형식적 반응을 보이고 있는 것이다.

언론의 자유가 보장되지 않고, 국가 안팎의 정보가 차단되어 있지만. 북한 주민들도 해외 정보에 대한 욕구를 가지고 있는 것은 당연한 일이다. 하지만 조선중앙TV과 뉴스 보도에는 해외소식이 거의 없으며, 뉴스 시간에서 보여 주는 해외소식은 보도 말미에 전하는 해외의 자연 재해가 약간 있을 뿐이다. 이러한 자연 재해 소식에 대하여 탈북자의 58%는 '어느 나라나 마찬가지다' 또는 '자연재해는 어쩔 수 없다'는 생각을 가졌다고 답변하였다.

이러한 답변 결과는 북한 정권이 선전 의도가 북한 주민들에게 수용되고 있음을 보여 주며, 해외의 자연재해 보도는 북한 정권의 실정을 덮는 선전으로 일정한 효과가 있음을 알 수 있다. 그러나 자연재해가 아닌 교통사고의 보도에서는 탈북자들은 조금 다른 반응이 나타났다. 탈북자들의 42%가 교통사고의 보도에서 외국의 많은 차량에 관심을 갖고, 교통의 발전을 주목하면서 해외에 대한 정보를 읽어 내기 위한 노력을 했음을 알 수 있다. 특히 체제에 비판적인 성향을 가진 사람들이 이러한 보도를 주목하여 바깥 사회를 이해하려 하였다는 것을 통해 북한 주민들이 해외 소식을 배제하고 정보를 차단하는 조선중앙TV에 대해 불만을 가졌던 것으로 이해할 수 있다.

특히 1990년대 이후 악화된 경제난과 식량난으로 인해 북한 주민들은 새로운 변화를 갈망하고, 북한내부 정세에 대해서도 민감해졌다고 한다. 그렇지만 이러한 정세변화를 알 수 있는 수단을 북한 주민들은 가지고 있지 못했기 때문에, 항간에 떠도는 유언비어에 귀를 기울이고 전파시켰는데 이들 '유언비어'는 남한방송에서 비롯된 것들이 많았다.[399]

---

399) 장해성, "북한의 언론 및 방송의 개혁개방 방안", 『북한조사연구』(99. 3), 통일정책연구소, 72쪽.

2. 북한주민의 조선중앙TV 드라마 수용태도

1) 조사 방법

드라마에 대한 북한 시청자의 수용태도 조사를 위하여 지난 2000년 11월부터 2001년 2월까지의 드라마에서 나타난 반복적인 내용을 중심으로 설문을 작성하였다. 질문 항목은 인터뷰 대상의 신상에 대한 질문과 드라마와 관련된 내용인데, 김일성·김정일 관련, 북한 정치, 북한 경제, 북한 사회 관련으로 구분하였다.

조사는 2001년 6월에 진행되었다. 조사 대상자는 북한을 이탈한 주민들 중에서 6명을 직접 인터뷰했는데 1994년 김일성의 사망 이후 북한을 이탈한 주민을 대상으로 하였으며, 연령적으로는 30대 2명, 40대 1명, 50대 2명, 60대 1명씩 하였다. 그리고 성별로는 여성을 3명, 남성을 3명으로 하였으며, 거주 지역은 평양과 그 외 지역을 각각 3:3으로 정하였다. 질문은 기본적으로 북한에서의 경험을 답변하도록 요청하였으며, 본인의 생각보다는 자기 직장이나 가족 등 주변 사람들의 인식을 답변하도록 함으로써 보다 일반적인 답변을 얻고자 하였다. 따라서 이 설문에 대한 답변자는 소수이지만, 전체적인 답변은 이들 답변자와 같은 생각을 가진 집단이 있는 것으로 해석할 수 있다.

그리고 이들의 학력을 가능하면 대학교육을 받아본 수준에 맞춤으로써 북한 주민 중에서 비교적 교육을 받은 주민들로 선정하였다. 학력 면에서 대학교육을 받아본 사람들을 중심으로 선정한 이유는 이들의 활동의 폭이 상대적으로 넓을 것으로 판단하였기 때문이며, 앞으로 북한 체제의 변화가 이들 대학교육 수혜층의 의식에서 먼저 비롯될 가능성이 있다는 연구자의 판단에 따른 것이다.

이번 조사가 갖는 가장 큰 문제는 이들이 북한을 이탈한 사람들이라는 특성을 가지고 있다는 점과 조사 대상의 수가 너무나 적다는 점이다. 하지만 6명의 대상자 중에 북한 거주 시에 체제에 상당히 잘 순응하였던 사람들을 50% 포함하여 인터뷰 대상이 북한정권에 대해 적대적인 경우가 중심이 되지 않도록 조정하였다. 특히 답변자들이 - 의식적으로 반체제적인 행동을 했던 사람들이 아니었지만 - 북한 정권에 대해 긍정적인 입장에 있었을 때의 생각을 확인하고자 노력하였다.

2) 조사 결과

(1) 김정일·김일성 관련

김정일과 김일성의 우상화와 관련된 질문에서 답변자들은 대부분 조선중앙TV 드라마가 현실과 다르다는 지적을 하였다. 즉 김정일을 찬양하는 장면에 대해 공감하는 경우는 적었고, 현실에 맞지 않는다는 답변을 하였다. 또 김정일에 대해 절절한 충성심을 보이는 내용에 대해서도 '특이한 사람들' 또는 특별한 목적을 노리고 하는 일이라는 반응을 보였다. 따라서 대체적으로 김정일에 대한 진정한 충성심의 존재에 대해서는 부정적인 태도를 보였다고 정리할 수 있다.

이상과 같은 답변에 체제 순응적인 답변자의 경우에도 선택적으로 공감했다는 점에서 김정일에 대한 찬양이 TV 수용자들에게는 거부감을 주고 있다는 것이 일반적인 현상이라고 판단할 수 있다. 이 부분은 김일성과 김정일의 선전에 대해 김일성의 경우가 상대적으로 더 호감을 느낀다고 일관된 답변이 나온 것과 연관 지어서도 확인할 수 있다.

또 김정일을 찬양하는 장면이 몇 분간 드라마에서 계속되는 경우 대체적으로 정상적인 시청 자세에서 이탈하는 모습을 보였다는 점에서 북한 드라마에 나타나는 김정일 우상화는 오히려 역효과를 내고 있는 측면이 있다고 할 수 있다. 체제 순응적인 답변자의 경우에도 거부감을 나타냈다는 점에서 체제 순응과 우상화의 반복에 대한 수용은 전혀 다른 문제라고도 할 수 있다.

드라마에서 흔한 장면의 하나인 수령에 대한 불충을 자책하는 장면에 대해서는 "그런 사람은 없다"는 일관된 반응을 보였다. 이 부분은 북한 인민들이 현재의 북한 실정에 대해 자신들의 잘못보다는 정권의 잘못으로 인식하고 불만을 가지고 있다는 해석이 가능하다.

이상의 결과만을 가지고 본다면, 조선중앙TV 드라마의 우상화 선전은 북한주민들로부터 외면을 받고 있으며, 선전에서 실패하고 있다고 추정할 수 있다. 따라서 이러한 과도한 우상화는 주민에 대한 설득에 목적이 있다기보다는 최고권력자의 권력 기반 과시와 대외선전에 의미가 주어져 있다고 할 수 있다.

그리고 이러한 방송이 계속되는 것은 북한 주민들의 반응이 최고권력자에게 전달되지 않거나 최고권력이 주민들의 여론을 전혀 의식하지 않는 체제의 특성을 보여 주며, 인민대중으로부터의 지지 기반이 취약함을 보여 준다고 할 수 있다. 동시에 북한 정권은 조선중앙TV 방송을 외부 세계에 대하여 체제의 공고성을 위장 선전하는 데 주로 이용하고 있다는 추정도 가능하다.

이상의 질문과 답변에서 답변자들의 생각이 경제난, 특히 식량난 이후 많은 변화가 이루어졌음을 볼 수 있었다. 이것은 지배자에 대한 우상화선전은 그에 합당한 배급이나 분배가 기능해야만 가능하다는 점을 보여 주며, 계속되는 경제적 난국이 인민들에게 정치권력에 대한 생각을 수정하게 하는 계기를 만들어 주었다고 정리할 수 있다.

(2) 북한 정치

김정일의 지시에 대한 반응을 살펴보는 질문에 대해 답변자들은 지시대로 하기는 하지만 적극적으로 호응하는 것은 아니라는 반응을 보였다. 답변자들은 대체로 김정일의 지시에 대해서 부정적인 반응을 보였으며, 단지 수동적으로 움직이는 것이라는 반응을 보여서 대체로 북한 주민들이 권력 앞에 수동화되어 있음을 확인할 수 있었다. 따라서 드라마는 북한 주민들에게 김정일의 지시에 대해서는 무조건적인 복종을 하는 것이 정답임을 학습시키고 있으며, 드라마의 선전 의도는 이 부분에서는 상당한 효과를 누리고 있다고 할 수 있다.

중앙이나 직장의 간부들에 대한 불만을 알아보는 질문에서는 답변이 엇갈렸다. 답변자들은 간부들이 상대적으로 여유 있게 사는 모습에 대해 불만도 있지만 당연하게 여기는 면도 있는 것으로 나

타났다. 이 답변을 당 책임비서에 대한 답변으로 연결하면 결과는
뚜렷해졌다. 답변자들은 당 책임비서들이 모범적으로 행동하는가
에 대한 질문에 대해서 전반적으로 부정적인 답변을 내놓았다. 대
체적인 경향을 정리한다면, 주민들은 당 간부에 대해서는 부정적인
인식을 가지고 있다고 할 수 있다.

이상의 두 가지 질문에 초점을 맞추어 정리하면 북한 주민들은
북한의 중간 간부들에 대하여 대체적으로 부정적인 인식을 가지고
있으며, 이러한 인상은 드라마에서 묘사되고 있는 현실과 괴리감이
있다고 할 수 있다.

따라서 북한의 방송 선전 매체는 최고 권력에 대해서는 일체의
부정적인 묘사를 나타내고 있지 않은 반면에 중간 간부들에 대해서
는 부정적인 측면을 노출하여 현 체제의 문제를 중간 간부들의 책
임으로 돌리는 측면이 있으며, 동시에 충성스럽고 모범적인 간부상
을 그려 냄으로써 체제의 안정성을 선전하는 효과를 의도하고 있다
고 볼 수 있다.

(3) 북한 경제

자재와 전력문제 등 북한의 기업소들이 처한 문제들에 대한 책
임을 묻는 질문에서 답변자들은 해당기업소의 간부의 책임과 국가
의 고위 간부의 책임으로 엇갈린 답변을 하였다. 답변자들의 특징
으로는 대체적으로 사회 경험의 폭이 넓은 사람들이 국가의 고위
간부의 책임을 주목하였다. 이것은 경험의 폭이 가진 차이라고 할
수도 있는데, 드라마에서 제시되고 있는 모습은 기업소 책임자가
보다 큰 책임을 지고 있다는 점에서 드라마의 현실 반영성은 크게

잘못되지 않았다고 할 수 있다. 하지만 드라마에 나타나는 국가의 고위 간부 역시 실제로는 실무 담당자로 표현된다는 점에서 북한 드라마는 경제적 실정의 문제를 철저하게 해당 기업소나 국가의 중하위 간부의 책임으로 돌리고 있고, 이러한 선전은 실질적으로 효과를 보고 있다고 할 수 있다.

군대가 자재를 먼저 차지하는 장면에 대한 질문에 대해서는 "당연하다"가 주류를 이루었다. 답변자들은 이로 인해 기업소에서의 생산에 차질이 온다는 점을 인정하면서도 군부대의 우선적인 자재 획득을 인정하는 경향이라는 점에서 드라마 속의 표현과 일치된다고 할 수 있다. 따라서 북한 주민들은 어려운 경제 상황에서도 불구하고 군을 중요하게 여기는 정권의 선전에는 수용적인 태도를 보이고 있다고 할 수 있다. 이 부분을 정권과 국가의 층위로 구분하여 설명한다면, 북한 주민들은 김정일 정권보다는 북한이라는 국가의 수호에 대해서는 상대적으로 적극적임을 알 수 있다. 또한 이러한 주민들의 생각을 김정일 정권이 군을 앞세운 통치를 계속할 수 있는 기반으로 이용하고 있는 것으로 해석할 수 있다.

경제건설에 나선 돌격대의 활동에 대해서는 대체적으로 "고생했다"는 반응과 돌격대들이 많은 부정적인 요소를 가지고 있다는 반응을 보였다. 이러한 반응은 돌격대에 나가도록 선전선동하고 강요하는 당의 정책에 대해 인민대중들이 고통스럽게 생각한다는 해석이 가능하며, 이로 인한 부정적 폐해를 실감하고 있다는 점을 엿볼 수 있다. 따라서 현실과 부분적으로 괴리된 드라마 속의 돌격대의 모습은 인민 대중의 불만을 사고 있다고 해석할 수 있으며, 이것은 과도한 동원이나 노동에 대한 인민 대중의 너무나 당연한 현실적인 반응이라고 할 수 있다.

따라서 조선중앙TV 드라마의 돌격대에 대한 긍정적인 묘사는 북한 정권이 과도한 동원이나 노동에 대해 염증을 느끼는 주민들에 대한 선동에 목적을 두고 있음을 알 수 있으며, 이러한 내용에 대해 주민들은 상당한 거부감을 보이고 있음도 확인할 수 있다.

(4) 북한 사회

드라마에서는 군인들의 군대 생활을 매우 밝고 활기찬 것으로 그리고 있는 데 대하여 답변자들은 대체로 군인들의 현실에 대해 "전혀 그렇지 않다"는 부정적 반응을 나타냈다. 긍정적인 답변을 한 경우에도 유보적 입장이었다는 점에서 부정적인 답변을 한 사람들의 반응이 현실적이라고 판단할 수 있다.

군과 관련된 부분에 대해서 북한 정권은 군인들의 생활을 밝고 긍정적으로 그리고자 한 데 비하여, 실제 이 드라마를 시청하는 주민들은 그와는 반대로 인식하고 있음을 알 수 있다. 따라서 군대에 대한 북한 주민들의 생각이 긍정적이지 못하며, 실제로 군대가 가진 집단적 일체감에도 상당한 균열이 있다고 할 수 있고 북한 드라마의 선전이 잘 먹히지 않는 부분이라고 정리할 수 있다.

사회전체의 통합력을 알아보기 위한 질문에 대해서도 부정적인 답변이 주를 이루었다. 드라마에서 돌격대의 간부 자식들이 모범적 행동을 보인 데 대하여 답변자들은 대체로 "현실과 다르다"는 반응을 보였다. 이 부분에서 체제에 순응적이었던 답변자들도 대부분 부정적 답변을 하였는데, 이것은 북한 주민들이 조선중앙TV 드라마에서 보여 주는 사회 지도층의 모범을 통한 사회통합의 노력에 대해 심한 이질감을 느끼고 있음을 보여 준다. 북한 사회 내부에서 상층 간부들과 하층민들 사이에 상당한 갈등과 불신이 형성되어 있음을 알 수 있으며, 김정일 정권이 이런 문제를 선전을 통해서는 해결할 수 없음을 보여 준다.

어려운 현실을 참고 견디어 낼 것인가를 알아보기 위하여 배가 고픈데도 성실히 일하는 노동자와 아픈 몸을 이끌고 헌신적으로 일하는 노동자에 대한 드라마의 내용을 전달하고 이에 대한 생각을 질문하였다. 이에 대해 답변자들은 대부분이 부정적으로 답변하였다.

이상의 답변은 조선중앙TV가 전달하고자 하는 노동의욕의 고취, 헌신성에 대한 발동이 전혀 인민들에게 수용되고 있지 않으며, 심지어는 선전에 대한 비아냥까지 초래하고 있음을 확인할 수 있었다.

북한 사회 내에는 상층 간부와 일반 노동자 간에는 상당한 갈등과 불신이 내재해 있으며 경제난과 더불어 초래된 이러한 일체감의 손상이 조선중앙TV의 선전 효과를 무력화시켰다고 할 수 있다. 또한 구체적인 현실문제에 대한 타개책이 없으면, 선전을 통하여 주민들의 생각을 바꿀 수는 없는 것이 북한의 현실이라고 보여진다. 생존의 문제에 부딪친 인민들의 체제에 대한 근본적인 회의감을 김정일 정권이 경제 회생이 없이 극복해 내기는 매우 어려워 보인다.

3) 최고권력의 지지기반 위장과 수용자의 갈등

김정일 정권이 북한 드라마를 통해 보여 주는 북한현실은 최고
권력자에 대한 충성을 과장해서 묘사하는 부분을 제외하고는 대체
로 사실적이다. 최고권력자에 대한 선전은 김정일에게 중심을 두고
있지만, 아직도 김일성에 대한 선전이 절반에 가깝게 계속되고 있
으며 김정일에 대한 상징조작이 김일성의 후광에 의존하는 측면이
크다. 이것은 김정일 정권이 북한 주민들로부터 확고한 지지기반을
확보하지 못하였음을 보여 준다고 할 수 있다.

이처럼 북한 드라마가 김정일에 대한 충성을 과장해서 묘사하는
부분이 매우 심하다는 점에서 어떤 '제작 원칙'보다도 '최고지도자
에 대한 우상화의 원칙'이 중요한 제작원칙임을 알 수 있다. 하지
만 북한 이탈주민들의 반응에 따르면 최고권력자 김정일에 대한
과도한 선전은 오히려 역효과를 내는 측면도 있다.

방송에서의 지나친 우상화의 반복은 시청자들로 하여금 지루함
과 거부감을 만들어 내고 있으며, 우상화된 권력자가 만들어낸 불
만스러운 현실은 결국 시청자들에게 현실과 선전의 괴리를 절감하
게 하는 측면이 있다. 결국 최고권력자에 대한 지지기반은 그의 통
치 성과에 따르는 것이지, 선전으로 대신할 수 없는 요소라는 점에
서 북한 이탈주민들의 부정적 반응은 - 정도의 차이는 있을 수 있
지만 - 일반화시킬 수 있는 측면이 있다.

김정일 정권은 TV드라마를 통하여 자력갱생의 논리를 확장하여
현실적 문제를 해결하려고 시도하고, 어려운 경제난에 대한 인민들

의 인내를 설득하고 있다. 하지만 북한 이탈주민들은 자신들이 본 경제적 현실을 개선되기 힘든 구조라는 생각을 가지고 있었으며, 계속된 식량난을 겪으면서 인내가 한계에 달하였음을 보여 주고 있다. 최고권력이 자신을 신과 같은 존재로 선전하면서, 인민들이 굶는 모습을 동일한 매체를 통하여 내보내고 있는 북한의 현실은 그 자체로 선전이라는 것이 성공하기 대단히 어려운 구조임을 보여 준다.

북한 주민들은 북한 정권이 모범으로 내세우는 인간에 대해서조차 조롱하고 있으며, 군과 돌격대와 같이 어려운 일을 해나가는 집단들에 대한 우호감조차 상실하고 있다. 북한 이탈주민들을 통한 조선중앙TV 드라마에 대한 반응 조사의 결과는 대체적으로 북한 주민들이 현재의 최고권력과 간부들에 대해 상당한 거부감을 가지고 있다는 점을 보여 준다. 이것은 북한체제의 사회 통합능력이 크게 손상되었음을 보여 주며, 정치권력과 인민대중이 상호 순응하는 체제라고 볼 수 없다는 설명을 준다.

이상의 결과들을 통해 볼 때 조선중앙TV는 대내적인 선전 매체로서의 기능이 크게 손상되었다는 추정이 가능하다. 따라서 이 매체의 현재적 기능은 대내적 선전보다는 대외에 체제가 공고한 것으로 과대 선전하거나, 최고권력 수하에 아직 많은 사람들이 계속 복종하고 있음을 인민대중에게 과시하고 인민대중의 저항을 예방하는 것이라고 할 수 있다.

3. 북한주민의 조선중앙TV 인식

조선중앙TV에 대한 북한주민의 인식은 앞에서 서술한 여러 가지 측면에서 종합적으로 검토가 필요하다. 조선중앙TV 프로그램의 진실성, 정치경제적 현실에 대한 북한주민의 인식, 외부 영상 자료 등 외부 정보의 영향력, 북한 주민의 의식 변화 등이 북한주민의 조선중앙TV에 대한 인식을 형성한다.

이 중에서 가장 큰 영향을 미치는 내적인 요인은 조선중앙TV 프로그램의 진실성과 경제 실상이다. 북한 주민의 정치적 의식 수준을 높게 평가할 수는 없지만, 세상에는 민심이 있고 사리분별이 있다. 북한 주민들은 대부분이 11년간 교육을 받고 글을 깨우쳤으며, 평등을 강조하는 사회주의 교육을 통해 상당한 비판의식을 가지고 있다. 적어도 그들이 받은 자본주의 비판 교육은 평등에 대한 뿌리 깊은 의식을 그들 속에 심어 놓았고, 이러한 평등 의식은 그들 내부의 권력세계에 대한 비판 의식으로의 전환도 가능하다.

북한 주민들은 오랜 세월 동안 그들의 지도자인 김일성과 김정일의 통치에 순응해왔다. 그리고 지난 1980년대까지 그들의 세상은 여러 가지 어려움도 있었지만, 나름대로의 이념을 통해 단결하는 것이 가능한 세상을 유지해왔다. 하지만 1990년대를 전후하여 그들의 이념과 선전이 한계에 부딪치는 것이 노출되어 왔고, 1990년대 후반에는 체제의 정상적인 운영이 불가능한 상황이 전개되었다.

이런 상황에도 북한의 권력은 최고권력자에 대한 신격화를 지속해왔고, 그 과정은 역설적으로 현실과 선전의 괴리를 확대하는 결과를 가져왔다. 식량난이 계속되는 상황에서도 독재자는 '인민의 자애로운 어버이'로 수식되었고, 절대적인 능력을 가진 지도자 포장되었다. 이러한 세월이 김일성 사망 이후부터만 계산해도 15년 이상이 지났고, 김일성에 대한 구체적 기억을 가지지 않은 세대가 이미 청년이 되었다. 김일성 생존 시에 대학을 다녔던 사람은 40대에 접어들었고, 40대의 장년층은 60대에 진입하였다. 이제 김일성은 더 이상 현실이 아니다.

지난 1990년대 이후 계속된 경제난과 가혹한 식량부족은 이제 북한 주민들로 하여금 현실을 냉정하게 볼 수 있게 하는 충분한 시간이 된 것으로 보인다. 1990년대의 심각한 경제 위기에 대해 일시적인 위기로 받아들였던 많은 사람들이 이제는 만성적인 경제위기와 권력의 무능을 함께 인식하고 있다. 생존을 위협하는 경제 위기의 지속으로 인해 북한 주민은 자기 체제에 대한 신뢰감을 상실하였다.

이런 북한 주민들의 의식 변화에도 불구하고, 초지일관 계속된 조선중앙TV의 최고권력자 김정일에 대한 우상화 선전은 북한주민과 조선중앙TV 사이의 갈등과 불신을 확대한 것으로 보인다. 지난 2011년 12월의 김정일 죽음에 대한 북한 주민의 '슬픈 표정'은 김일성 사망 때에 비하여 상당히 약한 것을 조선중앙TV를 통해서도 볼 수 있었는데, 이것은 바로 선전과 현실의 차이에서 비롯된 북한 주민들의 반응으로 이해할 수 있다.

바로 이러한 북한 주민들의 태도 변화는 북한의 누적된 경제 위기에서 원인을 찾을 수 있다. 조선중앙TV가 지속적으로 끊임없이 경제적 성과를 선전하고 '위대한 지도자'를 찬양했지만, 이러한 선전이 북한의 경제 현실과 너무 큰 차이가 있었기 때문이다. 특히 매년 반복되는 식량난으로 인한 고통, 어린아이들에게조차도 식량이 제대로 제공되지 않고 군대에서도 영양실조에 걸리는 상황이 사회전반의 정권에 대한 신뢰도를 크게 저하시킨 것이 당연한 일이다.

여기에 불어온 외부 정보의 증가는 북한 주민들로 하여금 자신들의 처지를 외부와 비교하게 하는 결과를 가져왔다. 2000년 이전에는 외부로부터 받은 식량 지원을 지원한 대상을 숨기고 배급하는 데 치중했지만, 2000년 이후에는 이러한 통제도 점차 주민들에게 알려지게 되었다. 또 북한 정권은 남한 주민들의 북한 방문을 제한적으로 수용하는 등 남북협력을 통해 북한 내부 경제를 개선하고자 하는 정책적 전환을 선택했고, 이 과정에서 남한 주민의 북한 방문과 남북한 주민의 접촉은 다양한 수준에서 확대될 수밖에 없었다.

남한 주민의 북한 방문, 20~30만 탈북자의 북한 가족 접촉, 북한 주민의 중국방문,[400] 개성공단 근로자의 남한 주민 접촉 등과 같은 북한 주민의 외부 접촉 증가는 북한 주민 상층에서부터 남한에 대한 정보를 확산시키는 효과를 가져왔다. 북한 주민 상층일수록 남한 사정에 더 밝은 결과가 나타났고, 이들 상층 주민들은 다양한 수단을 통해 외부 정보에 접근하였다. 남한 라디오 방송을 듣는 북한 주민들이 증가했고, 일부 주민들은 남한의 텔레비전 방송을 시청하기까지 했다. 그리고 중국을 통해 들어온 다양한 남한의 대중가요나

---

400) 2011년 1월부터 9월까지 11만 명의 북한 주민이 중국을 방문했고, 2010년 한 해 동안 11만 6천 400명이 중국을 방문했다(자유아시아방송의 중국의 관광정책 담당 기관인 국가여유국 자료 보도).

영화, 드라마까지 접촉하는 북한 주민들이 2000년대에 크게 증가하였다.

남한에 대한 정보가 강력하게 차단되던 2000년 이전 상황에서는 남한에 대한 올바른 정보조차도 북한 주민들에게 긍정적으로 수용되지 않는 경우가 많았었다. 하지만 북한의 경제 위기가 지속되면서 정권에 대한 북한 주민들의 신뢰가 감소하고, 그 반대로 외부 정보에 대한 북한 주민들의 수용성은 강화되었다. 이런 구조적 상황을 바탕으로 남북 교류가 확대되고, 북한정권의 남한 정보에 대한 통제가 상대적으로 유연해진 상황이 되면서, 남한에 대한 정보가 다양한 경로를 통해 북한 주민들에게 확대 전달된 것이 2000년대의 상황이다.

이처럼 북한 주민들이 외부 정보를 긍정적으로 수용하게 된 것은 2000년대에 불어닥친 북한 사회의 변화를 바탕으로 한다. 북한 주민들은 시장을 통해서 중국 상품과 남한 상품의 유통을 보았고, 이를 통해 중국과 남한 사회가 발전했다는 사실을 실물적으로 확인하게 되었다. 특히 시장 상황의 변화와 더불어 남한 사회에서 만들어진 영상물들이 다양한 매개체를 통해 북한 주민들을 접촉하게 된 것은 북한 주민들의 의식에 중요한 영향을 준 것으로 확인되고 있다.

결과적으로 이러한 사회변화에 따라, 북한 주민들의 조선중앙TV에 대한 인식은 두 가지 측면에서 큰 변화가 나타난 것으로 보인다. 하나는 조선중앙TV에 대한 신뢰의 하락, 즉 언론 매체로서의 영향력 약화이다. 또 하나는 오락적 매체로서의 관심 하락이다. 조선중앙TV가 지금까지 보여준 영화나 드라마, 각종 공연 등은 일부의 프로그램을 빼고는 중국이나 남한의 영상물들과 오락성이라는 측면에서 전혀 경쟁력을 가지고 있지 않다. 결국 북한 주민들은 일방적인 체제 선전에 대한 부정적 인식을 가지고 조선중앙TV를 대할 수밖에 없는 상황이며, 외부의 다양한 영상 매체에 대한 경험으로 인해 조선중앙TV에서 흥미를 느끼기 어려운 상황에 처해 있다. 이에 대해 조선중앙TV가 부분적인 대응에 나서고 있으나, 정치적 목적을 절대적으로 우선시하는 상황에서 북한 주민들의 관심과 호응을 끌어내기는 어려운 상황인 것으로 보인다.

제6절 북한 주민들의 의식변화

　조선로동당은 전체 당원들에 대한 당 생활지도와 각종 대중단체에 대한 지도·장악을 통해 주민들을 통제, 감시하고 있다. 그중에서도 '유일사상 10대 원칙'의 일상화를 통해 북한 주민들의 생각의 자유를 통제하고, 각종 생활지도와 검열 등을 통해 주민들의 생활을 통제·장악하고 있다.

　김정일은 당내 보고선과 보위부, 안전부 등의 공안기관을 통해 이중 삼중의 감시망을 운영하고 있고, 인민반장을 통한 감시와 보고체계, 숙박검열제도, 각종 배급제도, 거주승인 제도, 여행증명서 제도 등의 통제를 통해 자유화의 싹이 자라지 못하도록 하고 있다. 또 반체제적인 표현에 대해서 '유일사상 10대 원칙'에 준하여 살벌한 사상투쟁과 출당 또는 철직, 지방추방, 각종 배급대상 제외, 재산몰수, 통제구역 수용 등 가혹한 수단으로 억압하고 있다. 특히 1990년대 이후에는 사회주의 몰락의 부정적 결과들을 가지고 공포감과 위기의식을 조장하고, '자유화'에 대한 부정적 인식을 세뇌시키고 있다.[401] 외부에서 유입되는 각종 도서와 음반, 게임, 외래어가 쓰여진 옷까지도 통제대상이었고, 외부 방송에 대한 차단과 장벽을 만들어 왔다.

하지만 1990년대 후반의 경제위기와 식량난은 외부 사조의 유입과 함께 북한 내부의 사상적 결속을 무너뜨리고 있다. 북한 주민들은 꽉 짜여진 일상적인 총화와 학습 등 조직생활에 대해 부담감을 느끼게 되었고, 형식주의와 요령주의가 사회적 추세가 되었다.[402] 또 경제위기로 인해 일자리를 잃거나 배급을 받지 못하는 사람들이 장사에 나서는 등 지하경제가 활성화되고, 외부 세계의 음반과 테이프 등이 광범하게 유포, 확산되었다. 이런 과정을 거치면서 기존의 집단주의적인 가치관이 약화되고, 최고권력자에 대한 충성심도 손상되었다.[403]

이처럼 경제위기의 진행으로 북한 주민들의 체제에 대한 의식이 변화하였고, 북한 당국의 통제와 감시·장악력도 이완되었다. 점차 주민들의 불평에 대해 가혹하게 처벌했던 보위부나 안전부의 요원들은 웬만한 불평을 못 본 체하는 현상이 나타났고, 주민들의 불만에 공감하는 모습까지 나타났다. 그리고 1990년대 후반에 이미 북한의 경제위기가 간부나 엘리트층에까지 확산되면서 권력을 이용한 부정부패와 사회적 기강의 해이, 비사회주의 현상이 군대를 비롯한 사회 전반에까지 확산되고 있다.

---

401) 현성일, "북한사회의 자유화 실태와 전망", 『북한조사연구』 2,2(1999), 8쪽.
402) 위의 글, 12쪽.
403) 위의 글, 14-15쪽.

1. 의식변화 사례

북한 주민들의 의식변화는 이미 1990년대의 연구에서도 부분적으로 확인되고 있다. 1980년대 이후 경제침체, 대외경제관계의 활성화, 외부 정보의 유입으로 인해 북한 주민들의 물질적 이익을 추구하는 경향이 분명하게 확인되었다. 북한 주민들은 돈이 생기는 분야인 외교관, 무역회사, 외화벌이 사업, 상업, 운전수 등의 직업을 원했고, 노동자, 농민, 탄광, 교원, 군관과 같은 직업은 인기가 없었다. 1990년대에 이미 북한 주민들은 김정일의 능력을 김일성에 비해 못한 것으로 평가하고, 당과 체제에 대한 신뢰를 잃었으며 조직생활을 형식적으로 참여하는 현상이 증가하였다. 대신 북한 주민들은 돈벌이를 추구하고, 뇌물을 통해 문제를 해결하고, 요령 · 태만과 같은 개인적 차원의 생존을 모색하고 있었다. 즉 1990년대에 북한 주민들은 집단주의 · 희생정신 · 동지애적 의리와 같은 규범보다 개인주의 · 이기주의 · 물질주의 등의 가치에 빠져들고 있었다.[404] 이러한 북한 주민들의 의식변화는 1990년 후반의 극한적인 경제위기를 겪으면서 더욱 커졌다.

---

404) 이종석, 『북한주민 의식구조 및 가치관 조사』(서울: 통일연수원, 1996), 6-11쪽.

〈표 66〉 북한에서 유통된 남한 영상물[405]

○ **북한에서 많이 알려진 남한 노래**
- 최진희 "사랑의 미로", 한명숙 "노란셔츠 입은 사나이", 김범룡 "바람 바람 바람", 정광태 "독도는 우리 땅", 심수봉 "그때 그 사람", 윤도현 "너를 보내고", 김종환 "존재의 이유", 이문세 "광화문연가", 윤수일 "아파트", 김원중 "바위섬", 양희은 "아침이슬", 현철 "내 마음 별과 같이", 주현미 "신사동 그 사람", 송대관 "네 박자", 김수희 "남행열차" 등.

○ **북한에서 많이 유통된 남한 드라마**
- 가을동화(2002), 겨울연가(2002), 유리구두(2002), 천국의 계단(2003), 올인(2003), 대장금(2003), 풀하우스(2004), 불멸의 이순신(2004), 맨발의 청춘(2005), 눈꽃(2006), 대조영(2006~2007), 바람의 나라(2008), 선덕여왕(2009), 추노(2010) 등.

○ **북한에 많이 알려진 남한 영화와 스타**
- 장군의 아들(1990), 투캅스(1993), 인정사정 볼 것 없다(1999), 공동경비구역 JSA(2000), 조폭마누라(2001), 살인의 추억(2003) 등.
- 배용준, 장동건, 권상우, 김희선, 고현정, 최수종, 장혁 등.

2000년대 후반 탈북한 사람들의 증언에 따르면 현재 북한 주민들은 누구나 남한과 미국의 영화나 드라마 한두 편 이상을 보았다고 한다.[406] 북한의 젊은 층에서는 <표 65>에 있는 남한 노래를 부르고 영상물을 보기도 하지만, 영상물에 대한 북한 당국의 단속은 매우 심하다. 그럼에도 불구하고 이미 남한의 영상물들이 북한에서 유통되고 있고, 북한 당국의 통제에도 불구하고 지속되는 양상이다. 이러한 남한 영상물의 유통이 갖는 북한 주민들의 의식변화에 미치는 의미는 주목할 만하다.

또 남한과 미국의 대북 방송은 매일매일 한반도와 주변국 정세 전망, 한국과 국제사회의 경제, 문화, 스포츠 소식을 전달하는 프로그램들을 방송한다. 또 일부 단파방송은 북한 정권에 대한 강력한 비판을 전개하기도 하고, 미국의 대북 방송은 뉴스와 해설에 영어

---

405) 다수 탈북자들의 증언과 뉴스를 정리한 것이며, 강동원·박정란의 책에서 2008~2010년 자료를 추가하였다. 강동원·박정란, 『한류 북한을 흔들다』(서울: 늘품플러스, 2011), 32-33쪽에서 30여 명의 탈북자 인터뷰를 통해 정리한 남한 영화와 드라마, 배우와 가수를 참고할 수 있다.

406) 현인애, "악화되는 식량상황, 북한의 해체 촉진해", 『북녘마을』 통권9호(2011), 10쪽.

어학프로그램, 음악프로그램을 제공하기도 한다.[407] 이러한 방송을 북한 주민들이 적극적으로 청취하는 것이 확인되고 있다는 점에서 북한 주민들의 외부 정보에 대한 태도와 외부 사회에 대한 인식이 크게 변하고 있는 것으로 이해할 수 있다.

북한 주민들의 의식변화를 설명할 수 있는 사례는 북한 내부의 소식을 전하는 보도를 통해 접할 수 있다. <표 66>에 정리된 북한 주민들의 의식변화를 보여 주는 사례들인데, 대체로 크게 외부 정보의 유입 증가, 탈북자 동정과 탈북자 가족들과 기관원들의 뇌물 수수, 북한 주민들의 외화 수입 선호, 마약과 매춘 등 사회적 일탈 행위의 성행, 남한 상품과 영상물의 유행, 북한 주민들의 내부 매체에 대한 신뢰상실 등으로 정리할 수 있다. 이러한 사례들은 북한 체제의 집단주의적 사회윤리가 붕괴되고 일탈행위가 증가하고 있음을 보여 주며, 동시에 북한의 관영 언론매체에 대한 북한 주민들의 불신을 설명해준다.

---

407) 한민족방송은 한반도와 주변국 정세 전망, 한국의 경제, 문화, 스포츠 소식과 국제뉴스를 종합적으로 전달하는 프로그램을 방송한다. 또 한 주간 주요 핵심 시사문제 분석 및 해설, 남북한 주요 이슈와 남한의 문화, 음악 등을 소개한다. 한민족방송의 프로그램은 남한 사회의 정치, 경제, 사회, 문화 전반을 이해하는 데 큰 도움이 될 수 있다. 해외 한민족 동포들이 남한 사회를 이해하고 접근하는 데 필요한 거의 모든 정보를 전달한다. 자유북한방송은 중국 내 탈북자와 북한 주민들을 대상으로 "노동당 간부들에게", "역사의 진실", "탈북자들의 증언" 등의 프로그램을 방송하고 있다. "황장엽 코너"에서는 황장엽이 남한에서 보는 북한의 진실, 남한에서 보는 민주주의 이해를 강연했다. 열린북한방송은 외부 정보에 대한 북한 주민들의 갈증을 해소하고 북한 내부에서 자체 변화를 이끌어낸다는 취지하에 교육, 문화 등의 프로그램을 송출하고 있다. 2007년에는 동국대, 성신여대, 숭실대, 중앙대, 총신대, 한양대 등 14개 대학 방송국과 연결하여 팝송, 문학, 영화, 음악 등에 관련된 대북방송을 진행 중이다. VOA 한국어방송은 뉴스와 음악 등 다양한 프로그램을 제공한다. "미국 속의 한국인", "북쪽을 바라보며"(남한 내 탈북자들이 본 북한과 외부세계의 차이 설명), "북한 탈출기"(탈북자의 북한과 중국, 남한에서의 생활상 집중 조명) 등이 주요 프로그램이다. "한국의 창", "오늘의 세계", "US 헤드라인"(미국 주요 신문의 한국 관련 뉴스 소개), "오늘의 영어", "주간 경제뉴스", "세계의 음악" 등을 방송한다. RFA 한국어방송은 대부분의 방송시간을 뉴스, 심층취재, 칼럼 등 시사보도 중심의 정보전달에 치중하고 있다. "김부자 실체", "알기 쉬운 남북 경제생활", "주간 중국 뉴스", "이산가족 이야기", "첨단 한반도"(한반도 정보), 탈북자 문제, "뉴스 확대경", "주간 논평", "지구촌 소식", "주간 초점" 등의 프로그램이 방송된다.

<표 67> 북한 주민들의 의식변화 사례[408]

○ **북한의 사회문화 변화**
- 북한 보건성 연간 내부조사 자료에 따르면 2008년 12월 말 기준으로 필로폰을 1회 이상 사용했거나 현재 사용하고 있는 사람들이 전국적으로 20만 명 정도라고 함("북한 보건성 내부자료, 필로폰 사용 북한 주민 20만 명", 2009년 3월 30일).
- 헤로인, 코카인 등 고순도 마약류는 흥남제약공장과 평양 상원지구에서 국가안전보위부 감독하에 생산되어 외화벌이에 사용. 북한 중하류층에서 통용되는 마약은 대체로 민간에서 생산된 것이 많음("북한 마약, 누가 만들고 어떻게 유통되나", 2009년 9월 28일).
- 북한 기업소 간부 매춘("벌거벗은 일꾼", 2009년 1월 16일).

○ **통제 강화와 의식변화**
- 국가안전보위부에서 국경지역의 휴대폰 사용 단속("선거 앞두고 휴대폰 전파탐지 인원 2.5배로 증원", 2009년 3월 2일).
- 국경 무역지대들에서 펜티엄 4급 한국산, 대만산, 중국산 중고 컴퓨터 밀반입("컴퓨터는 펜티엄4인데 프린터는 사용하지 말라 하고", 2009년 3월 2일).
- 핸드폰 사용한 신의주 지역 20여 가구 평북 산악지역으로 강제추방("핸드폰 사용자 일가족 모두 산악지역으로 추방", 2009년 5월 25일).
- 량강도 혜산과 함북 온성에서 국가안전보위부 위원들이 탈북자 가족으로부터 뇌물 받고 지켜주었음("보위부원들 탈북자 가족의 가병되나?", 2009년 5월 25일).
- 북한 대학생들은 당 및 사법, 검찰, 안전, 보위기관들보다 개인적인 외화벌이가 가능한 무역기관에 취직하기를 가장 선호("북 대학생들이 가장 선호하는 직장은 무역기관", 2009년 9얼 7일).
- 평북 곽산에서 김정일과 군당 비서를 비난하는 전단지가 발견돼, 조사가 진행("평북 곽산에서 김정일 비난하는 전단지 발견", 2009년 10월 14일).
- 중국에 상주하는 한 북한 외교일꾼이 탈북자를 배신자로 여기기보다 동정적 시선을 보냈음("북 일부 외교관, 탈북자들에게 동정적 시선", 2009년 11월 23일).

○ **남한 상품과 외부 문화의 유입**
- 개성공단에서 나온 커피믹스, 초코파이, 빵 등이 북한 전역에서 유통("개성공단 커피믹스, 알밤, 초코파이 북한 전역에 유통", 2009년 2월 23일).
- 북한 세관총국과 보위부에서 한국제품의 북한 내 반입 통제 및 처벌지시("북한 세관총국, 한국물품 세관반입 금지 지시", 2009년 2월 23일).
- 신의주 채하시장 등에서 한국산 가전제품과 DVD, MP3 메모리, 게임테이프 등 거래를 감시하기 위해 감시카메라 설치("북 당국, 한국산 가전제품 막으려 감시카메라 설치", 2009년 4월 3일).
- 평양 고위급 간부 부인들이 남한의 샴푸, 린스 사용("샴푸, 린스도 한국제품이 인기 최고", 2009년 4월 27일).
- 함북, 평북 농촌마을에서도 남한 영화와 드라마 시청("남자의 향기", "친구", "앞집여자", "올인"–북 농촌에도 불어닥친 한류", 2009년 10월 20일).
- 북한 군인들도 남한의 재미있고 선정적인 영상물 보유 시청("북한 군대 내까지 스며든 한류", 2009년 11월 19일).
- 2004년 형법과 행정처벌법에 외부 미디어 처벌조항 신설("북한에서 포르노물 보면 5년 이하의 로동교화형", 2009년 10월 20일).
- 제3방송의 시설점검이 제대로 이루어지지 않고 있고, 주민들도 과도하게 정치선전 위주로 구성된 제3방송에 흥미 상실("북 주민세뇌 핵심 '제3방송' 인기 폭락", 2009년 9월 30일).
- 북한 주민들은 언론 신뢰하지 않고, 당 기관에 종사하는 지인이나 해당 관계자들의 입소문으로 나온 소식을 더 신뢰("북 주민들에게 가장 영향력 있는 미디어 매체는?", 2009년 8월 26일).

　북한 체제 내에서 이러한 변화가 가능하게 된 것은 1990년 후반 '고난의 행군' 이후 당과 정권에 대한 신뢰가 손상되고, 일반주민이 김정일을 제외하고는 간부를 욕해도 상관없을 정도로 사회 분위기가 변한 데도 중요한 원인이 있다.[409] 즉 1990년대 중반의 식량위기를 거치면서 인민들과 말단의 행정집행층을 보살피지 못한 북한 정권이 그만큼 통제력을 상실한 것이라고 할 수 있다. 또 2000년 이후 남북 교류와 대외적 접촉이 확대되면서, 북한 주민들의 체제에 대한 의식이 변화되고 있는 것에도 중요한 원인이 있다.

　북한 당국으로서도 국가의 통제력이 약화된 상황에서 자생적으로 벌어진 광범위한 사회문화 현상에 대해 제대로 대응할 시점을 놓친 것으로 볼 수 있다. 그 원인 중에는 북한에 유입된 남한의 노래와 드라마가 대부분 남녀 사이의 사랑을 주제로 한 것이었기 때문에 북한 당국의 통제가 상대적으로 무디었고, 주민들은 정치적 부담을 작게 느꼈던 점을 들 수 있다. 이러한 원인이 남한의 노래와 드라마 유통을 상대적으로 원활하게 했던 것으로 평가할 수 있으며, 심각한 경제위기로 사회통제가 무력화되는 상황에서 이러한 문화적 욕구에 젖어드는 북한 주민들에 대한 가혹한 처벌이 쉽지 않았던 것으로 보인다. 또 2000년대 초부터 남한의 경제적 지원을 끌어들이기 위해 남한에 대한 유화적 정책을 쓰는 과정에서 북한 주민들과 당과 행정일꾼들의 남한에 대한 경계심이 약화된 것도 중요한 원인이 된다.

---

408) 2009년 열린북한방송 자료를 중심으로 정리했지만, RFA와 대북 NGO 매체들의 보도 경향을 참고하였다. 데일리NK, 자유북한방송, 좋은벗들, NK지식인연대 등이 정기적으로 북한 내부 소식통을 인용한 자료를 발표하고 있다.

409) "북 현대 TV 군부대 보급, 당 간부들 남한 물건 애용", 『동아일보』, 2001년 8월 3일.

또한 중국의 자본주의화한 영상문화의 유입도 중요한 의미가 있다. 2004년에 접어들면서 중국에서 제작된 음란물 영화들이 비밀리에 퍼지기 시작했으며,[410] 중국 영화 "군견왕", "무술왕" 등도 북한 주민들이 많이 보았다. 북한 당국은 이미 북한 시청자들의 관심과 체제선전을 목적으로 2007년에는 중국 드라마 "팔로군"(중국공산당의 항일투쟁을 그린 드라마)을 한 달가량 방영하였고, 2004년에는 중국 드라마 "홍루몽", "강철은 어떻게 단련되었는가", "수호전", "꼬마전사 장갈"을 약 4개월간 방영한 바 있다. 이처럼 북한의 조선중앙TV에서 중국 드라마를 방영하는 상황에서 정치적 성격만 문제되지 않는다면 중국 영상물에 대한 통제에도 어려움이 있을 수밖에 없다. 실제로 북한에 알려진 남한의 노래나 TV드라마, 영화 등은 북한 권력층에서도 접촉한 사실이 확인되고 있다.[411]

이처럼 북한의 상하층을 막론하고 외부의 영상에 대한 관심이 매우 높아져 있다. 북한 당국의 엄격한 처벌에도 불구하고 "주민들이 볼거리가 없어 아직도 누구 거짓말을 섞은 옛말이라도 하면 만사를 제치고 듣는 수준……. 남한 영상물은 더 호기심을 유발…… CD 같은 녹화물이 없어서 못 봅니다. …… 2~3년 징역살이가 두려워 눈앞에 있는 볼거리를 외면할 주민이 이제는 아니다"라는 증언은 북한 주민들의 외부 정보에 대한 깊은 관심을 설명한다.[412] 앞으로도 북한 주민들 사이에서 비정치적인 주제의 영상물을 중심

---

410) 탈북자 임철중, "탈북자가 전하는 북한의 한류 실상", 『뉴스메이커』 744호(2007).

411) 북한의 최고권력자 주변에서도 남한 드라마를 시청하고 있는데, 김정일의 차남 김정철은 2011년 2월 14일 싱가포르에서 귀걸이를 하고 영국 팝가수 에릭 클랩턴의 공연을 보았다.

412) "이 겨울, 압록강유역의 북한 주민들-신천룡이 말해주는 북중 국경 이야기", 『북녘마을』 통권9호(2011), 24-25쪽.

으로 유통이 계속될 가능성이 높으며, 통제가 어려운 만큼 주민들의 외부 영상물에 대한 욕구는 커져 갈 것이다.

2011년 초에는 평양의 여성이 미국의 유명 드라마 "위기의 주부들" DVD에 관심을 나타내고,[413] 강호동과 유재석이 출연하는 "1박 2일", "무한도전" 같은 프로그램과 "지붕 뚫고 하이킥", "거침없이 하이킥" 같은 프로그램이 평양이나 신의주, 양강도에서 큰 인기를 끌고 있다는 보도가 북한 내부 소식통을 인용하여 나오고 있다.[414] 이러한 상황에서 북한 당국은 외부 영상물 전반에 대해서도 더 강력한 통제를 계속하겠지만, 실질적인 방향은 정치적 성격의 영상물에 우선적인 초점을 맞추게 될 것으로 보인다. 그리고 이러한 비공식적인 외부 동영상의 유통에 대응하여 법적 처벌과 더불어 북한 주민들의 관심을 조선중앙TV로 끌어들이기 위한 노력을 높이지 않을 수 없을 것이다.

2. 이동(탈북자와 이동전화) 문화의 발생

북한 정권이 주민에게 강요하는 생활문화는 기본적으로 고착형 또는 이동억제형 문화라고 할 수 있다. 북한 정권이 사회주의적 통제체제를 바탕으로 권력을 유지해 왔고, 여기에 남한 등 외부 자본주의 세력과의 대립을 이유로 체제 내부의 이동을 폐쇄적으로 운

---

413) "평양여성, 위기의 주부들 DVD 구해줘", 이데일리, 2011년 3월 28일.

414) "국민 MC 강호동, 유재석 북한서도 대세" 조선닷컴, 2011년 3월 24일; "북 청소년들, 드라마 하이킥에 열광", 노컷뉴스, 2011년 5월 11일.

영해 왔다. 1992년 최고인민회의에서 채택된 북한의 사회주의헌법
까지는 북한 주민들의 거주이전의 자유가 규정되어 있지 않았고,
1998년에 개정된 사회주의헌법에 이르러서야 "제75조 공민은 거
주·여행의 자유를 가진다"는 조항이 삽입되었다.

또 정치경제적으로도 북한 정권은 체제 내부의 계급이동을 적극
적으로 권장하기보다 지배권력의 안정성 계승과 마찬가지로, 인민
들의 직업도 '상속'을 장려하는 방향으로 선전해 왔다. 특히 광산
이라든가 육체노동 등 열악한 산업현장일수록 더더욱 '대를 이은
노동'을 명예로운 선택으로 선전해 왔는데, 이러한 선전이 일부 청
년들을 선동하는 이상의 효과를 거두기는 어려웠다. 이러한 모습을
현실감 있게 보여 주는 것이 조선중앙TV 드라마나 소설인데, 드라
마에서는 실제 현장에서 나타나는 북한 주민들의 '사적 욕망'과 체
제선전 사이에 나타나는 갈등을 잘 볼 수 있다.[415]

결국 1998년에 북한 정권이 헌법을 개정하면서 '거주이전의 자
유'를 형식적으로라도 규정할 수밖에 없었던 것은 국내외의 시선이
정권을 불편하게 만들었기 때문이다. 따라서 1990년대 후반의 기
아 수준에 달하는 경제위기로 인해 다수의 탈북자가 발생하는 상
황에서 이루어진 헌법 개정은 정권이 선택한 일종의 정치적 타협
이었다고 설명할 수도 있다.

1990년대 후반 수십만 명에 달하던 탈북자는 대부분이 중국에서
식량문제를 해결하고자 하는 것이 가장 근본적인 욕구였고, 2000
년 남북 정상회담에서 김정일이 탈북자를 거론할 만큼 큰 정치적

---

415) 이와 관련된 연구는 서재진, 『또 하나의 북한사회』(서울: 나남, 1995); 최완규·노귀남, "북한주민
의 사적 욕망", 『현대북한연구』 11권 2호(2008) 등이 있다.

문제로 인식하지 않았던 것으로 보인다.[416] 이 시점에 남한에 입국
한 탈북자 수가 공식적으로 1993년부터 2000년까지 688명에 불과
했고, 남한 정부가 탈북자 입국에 적극적이지 않았던 점 등으로 인
해 북한 정권도 크게 의식하지 않았던 것으로 보인다.[417]

하지만 2002년에 남한에 입국한 탈북자 수가 1,139명으로 천 명
선을 넘어서고, 2006년에는 2,000명 선을 넘어서는 상황이 되면서
탈북자 문제는 북한 정권에 새로운 정치적 변수로 자리 잡게 되었
다. 남한 거주 탈북자가 2010년에 2만 명을 넘어서는 상황은 이제
북한 정권이 탈북자 문제를 중대한 정치적 환경으로 인식하지 않
을 수 없게 되었다.

중국에 있던 탈북자들이 적극적으로 남한으로 입국하고 있고, 남
한에 입국한 탈북자들은 북한 거주 가족들에게 생활비를 송금하는
상황까지 전개되었다. 이러한 남한 입국 탈북자 상황은[탈북자 2만
명을 1만 세대로 계산하고 북한 인구 2400만 명, 즉 약 600만 세대
(4인 가족) 중에서 친가나 외가, 처가 세대 수를 각각 2세대로 계
산] 북한 주민 100세대당 1세대가 남한에 탈북자를 친척으로 두고
있는 상황이라고 설명할 수 있다. 또 중국에 나가 있는 탈북자 또
는 탈북경험이 있는 북한 주민을 30만 명으로 계산하면, 북한 인구
100명당 1.25명, 친인척 관계(6세대 24명)로는 20명에 1명이 탈북
자 또는 탈북경험자와 혈연적 관계에 있다.

또 남한이나 중국 거주 탈북자들이 북한에 송금하는 정도에 그

---

416) 구체적인 탈북자 수에 대한 논의는 폭의 차이가 매우 크다. 하지만 2000년대 초반에 대체적으로 논
　　의가 절충되는 선은 30만 명 전후로 보인다.

417) 통일부 자료. 2000년 입국자를 제외하면 376명에 불과하다.

치는 것이 아니라 휴대전화 문화와 연결되면서 북한 내부의 실정을 외부로 끌어내는 역할을 하고 있다. 이로 인해 그동안 남한이나 정치적 과오와 연결이 없는 탈북자 가족에 대해 비교적 '관대한' 모습을 보였던 북한 정권의 탈북자 가족에 대한 정책에도 변화가 나타나고 있다.

북한 정권은 중국 정부와의 관계를 강화하면서 중국 거주 탈북자에 대한 북한 송환을 확대하고 있고,[418] 2009년 6월부터 북한 전역에서 주민등록대장 갱신을 위한 주민재조사사업을 실시하였다.[419] 특히 주민재조사사업은 탈북자, 실종자, 사망자 등의 주민변동사항을 중점 확인하고 있는데, 이것은 북한 내부 탈북자 가족에 대한 조사와 수용소 배치 등의 강경정책으로 연결되고 있다.

하지만 이미 탈북자가 급격히 확대됨으로 인해 북한 주민들 대부분이 주변의 친인척이나 직장동료, 친구 등의 관계로 탈북자를 경험하였다. 따라서 이미 북한 내부에는 '월남자가족 문제', '재일동포송환자 문제'에 이어 '탈북자 문제'라는 사회적 현상이 뿌리를 내렸다고 추정할 수 있다. 이러한 이동문화의 발생은 정권의 허용에 따라 평양을 중심으로 확산되고 있는 휴대전화 문화와 함께 북한 내부의 정보유통의 속도를 높이고, 사경제와 '자유주의'를 확산시키게 될 것이다.

2010년 11월 오라스콤의 발표에 따르면, 가입자 수가 30만 명을 넘었고, 평양과 12개 소도시, 22개의 고속도로 및 철도구간으로 서

---

418) 2009년 5월 7일 열린북한방송은 중국 청도에서 탈북자 37명이 중국공안에 체포되어 북한으로 송환될 것이라고 보도하였다. 이런 사례의 보도는 중국과 북한의 관계가 긴밀해지면 증가하고 있다.(5월 18일, 6월 1일 보도 등).

419) "북한 전역에서 주민 재조사 사업 시작", 열린북한방송, 2009년 7월 17일.

비스 지역이 확대되었다.[420] 또 2012년 2월까지 북한의 휴대전화 가입자 수는 100만 명을 넘었는데, 북한의 6가구당 1가구가 휴대전화를 가진 셈이다.[421] 빠른 휴대전화 보급의 증가는 2004년 용천역 폭발사건 이후 억압되었던 수요가 폭발된 것으로 볼 수 있다. 또 상당히 고가의 단말기와 사용료에도 불구하고 보급이 이렇게 증가하고 있는 것은 북한의 사경제가 그만큼 빠르게 확대되고 있음을 반증한다.

또 하나의 중요한 의미는 북한 정권의 권력상층 스스로가 휴대전화의 편리성에 젖어들고 있다는 점이다. 휴대전화의 도입과정은 유선전화 인프라 투자비용을 뛰어넘어 무선전화 인프라로 통신망을 구축하고자 하는 '도약경제'의 성공사례로 인식되었기 때문에 가능하였다. 하지만 휴대전화의 보급과정은 사회주의적 완고한 폐쇄문화에서 권력상층이 편리함과 편안함을 추구하는 것을 억제할 수 없는 상황이 된 것과 관련이 있다. 이것은 사회 저변에서는 사경제의 발달을 촉진시키고, 정보의 유통과 자유로운 사고의 속도를 높이는 결과를 가져올 것이다. 휴대전화의 사용은 북한 사회의 체제문화 자체가 상층과 하층 모두에서 빠르게 변질되고 있음을 보여 주는 중요한 의미가 있다.

---

420) "오라스콤, 북한 내 휴대전화 가입자 급증", 『연합뉴스』, 2010년 11월 9일.
421) 2012년 2월 3일 연합뉴스 보도.

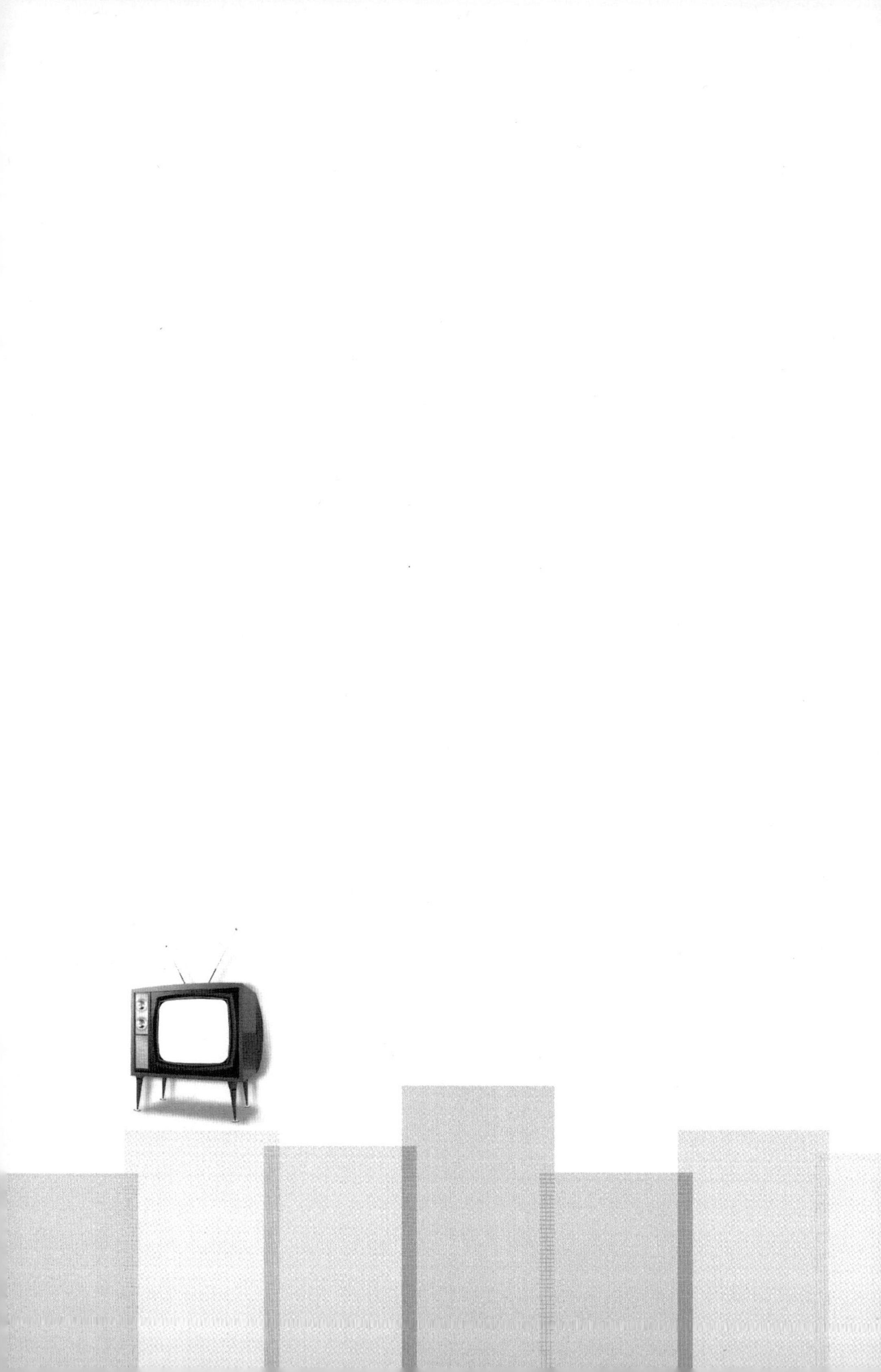

04

조선중앙TV의 변화 전망

제1절 조선중앙TV와 북한체제 변화의 관계

1. 조선중앙TV 편성의 변화와 제작환경의 관계

조선중앙TV의 편성목적은 '유일사상체계'를 세우는 데 있다는 김정일의 지시가 있지만, 그 핵심은 김정일 우상화와 당 정책 관철을 위한 선전이다. 이를 위해 조선중앙TV의 프로그램 편성은 '유일사상 10대 원칙'의 규정에 따라 구체적인 영향을 받고 있고, 김정일의 위대성을 선전하고 충성을 선동하는 것을 주된 목표로 한다. 이러한 목표를 가진 조선중앙TV의 프로그램 순서는 2000년대 10년간 큰 변화가 없었는데, 그 주된 원인은 김정일 권력이 지속된 정치적 환경에 있고, 더불어 지난 10년간 북한 경제가 조선중앙TV의 프로그램 제작환경을 개선할 만한 재정적 변화를 갖지 못했기 때문이다.

2000년대 10년간 방영된 조선중앙TV 프로그램 편성을 프로그램의 목적과 장르 측면에서 비교를 하면 새로운 부분이 별로 없다. 김정일 선전(김일성 선전 포함) 프로그램이 기록영화, 소개편집물,

방문기, 수기, 수필 등의 다양한 형식과 노래를 통해 진행되는 형태
는 2001년이나 2010년이나 큰 변화가 없는 반면, 2001년에 비해
2010년에는 김정일 선전빈도가 김일성 선전에 비해 크게 증가한
것이 특징적이다.

전체 프로그램을 시간으로 비교해보면 2001년에 비해 2010년에
김정일 선전(김일성 선전 포함)이 약 1.5배 정도로 증가하였고, 경
제 소식의 빈도와 시간비중 모두 증가한 것이 중요한 변화이다. 반
면에 북한 드라마의 방영 감소와 중국 드라마의 증가가 특징적인
부분의 하나인데, 이것은 드라마가 수행했던 간접적인 김정일 선전
방식이 감소하고, 보도 형식의 직접적인 김정일 선전의 확대로 대
치된 것으로 이해할 수 있다.

지난 10년간 김정일 선전이 증가한 것은 경제위기에도 불구하고,
김정일 권력이 변함없이 공고하게 유지된 정치적 환경에 바탕을
둔 것이다. 동시에 '국제체육소식'과 같은 새로운 프로그램의 편성
도 후계자의 등장이라는 정치적 환경과 밀접한 관련이 있는 것으
로 보인다. 그리고 경제 소식이 증가한 것은 열악한 경제환경을 타
개하기 위한 노력으로 설명할 수 있고, 그만큼 사회적 갈등이 높아
진 사회문화적 환경에서도 원인을 찾을 수 있다.

즉 김정일의 정치권력은 공고하지만 사회적 지지기반이 약화되어
있고, 경제 위기가 지속되는 정치경제·사회문화적 환경이 김정일
선전의 강화와 경제 소식의 확대, 중국 드라마와 '국제체육소식'의
도입이라는 프로그램 편성과 관련이 있다고 정리할 수 있다.

2. 체제선전 프로그램의 강화와 제작환경의 관계

체제선전 프로그램의 핵심은 김정일 동정 보도, 보도프로그램, 김정일 관련 기록영화, 김정일 선전 노래, 남한 관련 정보 통제 등이다.

김정일 동정 보도는 5시와 마감보도시간뿐만 아니라 조선중앙TV의 가장 중요한 보도시간인 "8시 보도"를 대체할 만큼 강조되고 있다. 김정일의 현지지도가 한 차례 있었을 경우 며칠 동안 하루에 수차례 반복 방송되는데, 2001년에 비해 2004년에는 반복방영 횟수가 6회에서 7.5회로 증가하였다. 특히 군대 방문 동정의 경우에는 반복방영 비율이 더 높았다.

2010년 1월의 사례를 보면 김정일 현지지도를 매일 평균 3회 이상 반복하였는데, 이것은 방송시간의 10%에 달할 정도이다. 여기에 "8시 보도"에서 사용된 시간과 기록영화 시간을 추가하면 하루에 약 1시간(약 20%)의 비중이 된다. 이러한 경향은 김정일의 현지지도 횟수와 연동되어 증감하는 측면이 있지만, 대체로 기본적인 흐름이 되어 있다. 조선중앙TV가 김정일의 중국 방문 이후에는 김정일의 '위대성' 선전에 초점을 맞춰 선전을 강화하고, 당대표자회 다음에는 김정은에 대한 선전을 개시하면서 최고권력자에 대한 충성 메시지를 전달하는 데 치중하는 것이 특징적이다.[422]

---

422) 탈북자들의 50%는 체제에 긍지를 느꼈던 프로그램으로 김일성의 역사적 활동을 주제로 한 영화나 외국 방문 프로그램을 골랐다. 이들은 영화 등에서 보여준 '김일성의 영웅적 활동과 인간미', 외국에서의 환영받는 모습 등에서 체제에 대한 긍지를 느꼈던 것으로 나타났다. 체제순응적 성향의 사람 중에서 일부는 일상적으로 체제에 대해 긍지를 가지고 있었다고 답변하였으며, 체제비판적 성향을 가졌던 사람도 김일성의 활동에 관한 프로그램에서는 체제에 대한 긍지를 많이 느꼈던 것으로 나타났다. 이러한 현상이 나타난 것은 김일성의 우상화 선전이 상당히 성공적으로 이루어졌음을 보여 준다. 김

보도프로그램의 경우 2000년 이후 조선중앙TV가 앵커의 배경화면을 바꾸는 등 겉모습을 중심으로 조금씩 변화했지만, 2001년과 2010년에 근본적으로 크게 다른 점은 없다. 김정일 선전 중심의 보도가 여전히 계속되고 있고, 남한 사회에 관한 뉴스를 반미나 반정부 소식으로 제한하고, 세계 각국의 홍수와 같은 자연재해를 반복적으로 보도하는 것도 여전하다. 하지만 부문별로 변화도 나타났는데, 전체적으로 감소한 뉴스는 김일성 관련 선전과 아프리카 일부 국가를 끌어들인 김정일(김일성) 관련 선전용 소식이다. 반면에 북한 경제와 관련된 소식, 외국의 신기술 관련 소식, 국제소식 단신과 국제스포츠 소식이 증가한 점 정도가 두드러지는 특징이다.[423] 또 뉴스 형식에서 "8시 보도" 시간이 2010년 9월부터 평균 25분 내외로 감소한 것도 변화의 하나이다.

기록영화는 김일성 관련 기록영화의 감소와 김정일 관련 기록영화의 증가가 대표적인 특징이다. 이러한 현상은 2001년에 비해 2004년에 더욱 뚜렷해지고 있었는데, 이미 김일성은 조선중앙TV에서도 김정일의 후면으로 밀려났다. 2010년에 김정일 관련 기록영화는 11개월 동안만 해도 116회로, 평균 3일마다 방영되었다. 반면

일성에 대한 이미지는 체제비판적 성향의 사람들에게조차 상당히 긍정적인 모습으로 남아 있다는 점에서 현재의 북한방송이나 정치선전에서도 영향을 미치고 있다고 이해할 수 있다. 이주철, "북한 주민의 정권인식과 체제선전에 대한 반응", 『통일문제연구』 14권 1호(2007). 이 조사는 2001년에 실시되었다. 2000년 이전 탈북자 조사에서는 인터뷰 대상자 선정에서 성별 균형, 평양과 지역 균형, 연령대 균형, 직업의 다양성, 최근 탈북자(2000년 시점) 등을 원칙으로 하였다. 특히 주안점을 둔 것은 12명의 탈북자 중에서 북한 거주 시 북한 체제에 순응적 성향을 가졌던 사람 50%를 포함한 일이다. 이것은 탈북자들이 가질 수 있는 북한 체제에 대한 비판적 성향만을 담지 않도록 하기 위함이었다. 답변자 성별은 여자 5명(42%), 남자 7명(58%), 연령은 30세 이하 4명, 40세 이하 4명, 50세 이하 3명 50세 이상이 1명이었다. 학력은 고졸 4명, 대재 이상 8명으로 구성되어 대체로 교육받은 층을 중심이 되도록 하였다. 거주지는 평양 5명, 지방 7명으로 구성하였다. 인터뷰 대상 선정의 어려움으로 인해 직업비율에서는 노동자와 농민 비율을 적절하게 포함시키지는 못했다.

423) '외국의 신기술 관련 소식'에서는 신기술에 대한 간단한 설명이 있을 뿐, 새로운 기술이 개발된 나라에 대한 정보는 제공하지 않는다.

에 김일성 관련 기록영화는 약 69회 방영되었다. 새로 등장한 김정은이 등장하는 기록영화도 2010년 11월에만 7일간 방영하는 등 김정은에 대한 선전도 체계적으로 시작하고 있다.

선전용 음악프로그램은 프로그램과 프로그램 사이에 노래 1～2곡을 배치하는 것도 크게 다르지 않는 등 2001년이나 2010년이 유사한 형식을 유지하고 있다. 하지만 2004년에 이미 김일성에 대한 노래의 비중이 작아지고, 김정일에 대한 비중이 커져서 김정일이 선전의 중심이 되었다. 2010년에는 김정일에 대한 찬양이 2001년의 은유적 표현에서 더 직접적으로 바뀐 모습을 보여 주는 등의 변화가 있다.

남한 사회에 대한 정보의 차단은 2000년대 내내 계속되었는데, 조선중앙TV의 남한에 대한 보도 중에서 핵심적인 것은 남한 사회 내의 '반미'나 '반정부' 소식이었다. 그 외에는 남한의 사회문제와 관련된 소식조차 거의 보도하지 않음으로써 북한 주민들이 남한 사회를 이해할 수 있는 소식을 철저하게 차단하였다. 이명박 정부 등장 이후에는 남북관계 긴장으로 남한에 대한 비난이 증가하였지만, 2000년 이후에 남한 사회에 대한 비난이 감소했던 것은 중요한 변화였다.

조선중앙TV의 체제선전 프로그램, 특히 김정일 관련 선전 프로그램은 전체적으로 확대 강화된 것으로 볼 수 있다. 이러한 모습은 현재까지 김정일이 강력한 권력을 유지하고 있는 정치적 환경에 의해 유지되고 있다. 또 조선중앙TV의 최고책임자가 김정일의 한마디에 경질되는 상황에서는 변화가 매우 어려울 수밖에 없다.[424]

---

424) "北 차승수 중앙방송위원장, 5월 복직", 『연합뉴스』, 2010년 8월 7일. 미국 자유아시아방송(RFA)

차승수 위원장의 예처럼 자그마한 변화가 불러올 위험에 대한 인식이 매우 높은 상황에서 조선중앙TV가 최고권력의 매우 구체적인 지시 없이 변화를 시도하는 것은 불가능하다. 이런 관점에서 본다면, 조선중앙TV의 선전 중심이 김일성에서 김정일로 이동한 것, 김정일 관련 보도와 기록영화의 증가, 김정일 찬양노래의 증가, 김정은에 대한 선전 개시 등이 모두 김정일과 김정은의 결정에 의해 진행된 것으로 볼 수 있다. 즉 정치적 환경에 결정적으로 영향을 받은 것으로 설명할 수 있다.

하지만 "8시 보도"에서 앵커의 배경화면을 바꾸고 아프리카 일부 국가를 끌어들인 김정일(김일성) 관련 선전용 보도소식이 감소하는 등 실용적인 변화도 나타났다. 이러한 변화는 남한 등 외부 영상의 유입으로 인한 사회문화적 영향이 원인이 된 것으로 보이고, 경제위축으로 인한 아프리카 나라들과의 교류축소가 아프리카 국가들을 활용한 김정일(김일성) 선전 축소에 영향을 준 것으로 보인다.

북한 경제와 관련된 소식과 외국의 신기술 관련 소식이 증가한 것은 악화된 경제적 환경이 가장 커다란 원인이 된 것으로 보인다. 그리고 국제소식에서 단신과 국제체육소식이 증가한 것은 사회문화적 환경이 중요한 영향을 주었을 것으로 보인다. 특히 북한 주민들이 국제 사회에 대한 정보를 알기를 원하는 욕구가 커지는 상황에 대응하여, 북한 정권이 단신 형태의 국제 소식과 국제체육소식의 제공을 통해 일정하게 주민들의 욕구를 해소시키기 위한 정치

이 복수의 대북 소식통을 인용. "차승수는 철직(해임) 후 평양시 수도건설사업소에서 노동자로 '혁명화' 중이었다가 지난 5월 중순 김정일 위원장의 갑작스러운 지시로 중앙방송위원장직에 복직됐다"고 말했다. 차승수는 2009년 7월 북한 조선중앙TV가 내보낸 대동강맥주 등의 상품광고가 김정일 위원장으로부터 중국의 개혁·개방 초기를 연상케 한다는 지적을 받아 해임된 것으로 알려졌다.

적 결정을 내린 것으로 이해할 수 있다.

전체적으로 보면 체제안정을 위한 김정일 선전의 강화와 김정은
에 대한 선전의 개시, 남한 관련 정보의 차단은 정치적 환경이 가
장 중요한 영향을 주었고, 경제와 신기술 관련 소식은 경제적 환경,
국제 소식과 국제체육 소식의 확대는 사회문화적 환경변화의 영향
을 받은 것으로 정리할 수 있다.

3. 방송영향력 유지를 위한 변화와 제작환경의 관계

2000년대 조선중앙TV의 주목할 만한 변화는 드라마 제작 축소와 중국 드라마 방영의 확대, 스포츠 프로그램의 증가로 정리할 수 있다.

북한 주민들이 가장 관심을 나타내는 프로그램 장르인 드라마(영화) 시간 비중이 2000년대 초에는 약 20%에 달했는데, 많은 드라마들이 재방영되는 상황은 2010년까지도 지속되었다. 김일성의 항일무장투쟁을 다룬 "민족의 태양"과 "조선의 별"은 매년 김일성 생일인 4월과 광복절이 있는 8월을 중심으로 재방영되고 있고, "석개울의 새봄"과 "열망"과 같은 대표적인 농업과 공업 관련 드라마가 지속적으로 재방영되고 있다.

2001년과 2004년에는 약 50여 편과 40여 편의 드라마가 방영되었는데, 2004년에는 중국 드라마 4편이 약 5개월가량 방영되는 변화가 나타났다. 조선중앙TV의 의미 있는 변화는 2004년의 중국 드라마 대량 방송이 신호탄이라고 할 수 있다. 2010년에 방영된 북한 드라마는 12편에 불과하고, 중국 드라마 "잠복"과 "모안영"은 재방송까지 포함하여 102회 분량으로 방영되었다. 이처럼 2004년 이후 조선중앙TV가 많은 중국 드라마를 방영한 것은 정치적으로는 중국과의 우호적 관계로부터 영향을 받은 것으로 볼 수 있다. 하지만 더 본질적으로는 북한 사회 내부의 사회문화적 환경의 변화가 더 크다는 판단이다.

이미 북한 사회 내부에 남한의 동영상이 유통되고, 많은 북한 주

민들이 남한 드라마를 시청한 상황은 북한 정권이 조선중앙TV의 영
향력에 위협을 느끼게끔 만들고 있다. 즉 북한 주민들이 조선중앙TV
만 시청하는 상황에서도 충성과 증산 선전이라는 단순한 프로그램
으로 인해 흥미를 유발하는 데 어려움이 있었는데, 대부분의 프로그
램이 재방송을 반복하는 상황은 조선중앙TV에 대한 북한 주민의 관
심을 유지하는 것이 근본적으로 불가능할 수밖에 없다. 여기에 남한
등 외부 동영상의 도전은 조선중앙TV의 권력자로 하여금 시청률 유
지를 위한 방안을 모색하지 않을 수 없게 한 것으로 볼 수 있다.

2000년대 초 조선중앙TV에 대해 탈북자들은 체제에 대해 불만을
느꼈던 프로그램으로는 50%가 현실과 다른 거짓 선전을 들었고,
33%는 우상화 프로그램의 반복을 들었다.[425] 체제에 대한 성향과
관계없이 '현실과 다른 거짓 선전이나 우상화 프로그램'을 체제에
대한 불만을 느꼈던 프로그램으로 지적하였다는 것은 조선중앙TV
의 비현실적인 선전에 대한 북한 주민들의 일반적인 수용태도를 이
해할 수 있게 해준다. 그리고 이러한 인식은 인간의 보편적 본능과
일치한다는 점에서 사실성이 높을 수 있다.

북한 사회에서 남한의 동영상이 유행하기 이전인 2000년 이전에
도 북한 주민들이 조선중앙TV에 대해 지루함을 느끼고 있던 상황
은 2000년대 후반을 거쳐 더욱 악화되었을 가능성이 높다. 따라서
북한 정권이 대응을 모색하지 않을 수 없는 상황이 되었고, 결국
조선중앙TV는 김정일 선전이라는 절대 영역을 변화시킬 수 없기
때문에, 흥미로운 중국 드라마 수입 방영과 같은 방법을 선택한 것
으로 보인다. 이러한 선택을 할 수밖에 없었던 가장 중요한 환경은

---

425) 이주철, "북한 주민의 정권인식과 체제선전에 대한 반응", 『통일문제연구』 14권 1호(2003).

사회문화적 환경과 경제적 환경을 들 수 있다. 북한 주민들의 사회
문화적 환경과 의식의 변화가 조선중앙TV의 변화를 강요한 것이
며, 또한 경제난으로 인해 북한 드라마 제작을 통해 대응할 수 없
는 조선중앙TV의 경제적 환경도 큰 원인이 되었다.

이러한 드라마의 변화와 더불어 제공된 또 하나의 변화가 국제
스포츠 경기 중계의 확대와 중계속도가 신속해진 점이다. 2010년
에 조선중앙TV는 2006년에 비해 월드컵 경기를 3일 이상 빨리 녹
화방영하였고, 결승경기는 2006년에 비해 7일이나 빠른 당일에 녹
화방영을 하기도 했다. 이러한 변화는 정치적 결정에 의해서만 가
능한 것이 아니며, 북한 주민들의 외부 정보 수용이 빨라진 상황을
반영하는 것이다. 즉 북한 주민들이 다양한 외부 방송을 통해 외부
소식을 접수하는 상황에 대응하여 조선중앙TV가 신속성을 발휘하
게 된 것이다.

현재의 변화는 북한의 시청자가 방송에 영향을 주기 시작했음을
의미하며, 당분간 김정일 우상화와 북한 주민들의 관심을 의식하는
프로그램이 병존하는 현재의 편성방향이 일정하게 지속될 가능성
이 있다. 이러한 방송의 변화가 아래로부터의 변화요구가 북한 정
권에 의해 반영된 것이라는 점에서 일정한 의미가 있다.

4. 조선중앙TV 프로그램과 환경의 관계

2000년대 내내 조선중앙TV 편성에 결정적인 영향을 미친 요인

은 정치적 환경요인이었다. 1990년대 이래 경제적 환경이 극도로 열악하였지만, 그럴수록 조선중앙TV에 대한 정치적 환경은 압도적인 결정력으로 조선중앙TV를 장악하였다. 김정일은 강력한 통제력으로 조선중앙TV의 작은 변화도 관여하였고, 북한 사회 저변의 사회문화적 변화에 대해서도 통제를 강화하였다.

2000년대 전반을 거치면서 북한 사회 내부에 외부 정보의 유입이 확산되고 주민들의 의식에서도 일정한 변화가 나타났지만, 이러한 사회문화적 환경의 변화가 직접적으로 조선중앙TV에 영향을 주지는 못했다. 하지만 2000년대 중반을 거치면서 외부 영상물과 정보의 유입·유통속도가 빨라지고, 주민들의 의식도 빠르게 변화하였다. 이에 따라 조선중앙TV의 신뢰도와 시청률도 영향을 받지 않을 수 없는 상황이 전개되었다.

또 북한 정권이 조선중앙TV의 중요성에도 불구하고 폐쇄적이고 보수적인 방송정책을 유지하면서 조선중앙TV는 발전적인 계기를 확보하지 못했다. 이와 더불어 재정적 어려움까지 겪게 된 조선중앙TV는 북한 주민들을 끌어들일 수 있는 역량이 약화되었고, 결국에는 김정일에 대한 선전이라는 조선중앙TV의 역할을 수행하는 데도 문제점을 노출하게 되었다.

조선중앙TV는 김정일에 대한 선전을 빈도와 시간 면에서 확대했지만, 전력사정이나 주민들의 생계활동 증가, 조선중앙TV에 대한 신뢰와 관심의 감소, 드라마를 통한 선전의 감소 등으로 인해 과거와 같은 선전효과를 유지하기도 힘든 상황이 전개된 것으로 보인다. 북한의 중상층 주민들이 2009년 말에 겪은 화폐교환조치는 정권에 대한 불신을 더욱 확대했고, 외부 정보와 영상물 등의 유통이 확산되면서 조선중앙TV가 처한 사회문화적 환경도 더욱 불리해진 것으로 보인다.

결국 이와 같은 조선중앙TV가 처한 상황에 대한 대응책으로 국제체육소식의 소개와 흥미로운 중국 드라마의 방영 등 부분적인 변화가 나타난 것으로 보이는데, 이러한 변화 역시 최고권력자라는 정치적 환경에 의한 결정이라고 할 수 있다. 특히 이와 같은 변화가 후계로 등장한 김정은의 활동과 연계가 된 것으로 보인다는 점에서 조선중앙TV의 변화를 김정은과 연계지어 전망하는 것이 가능해 보인다.

2010년은 북한 주민들의 사회문화적 환경의 변화가 조선중앙TV와 최고권력자에게 영향을 주고, 이로부터 영향을 받은 최고권력자가 조선중앙TV의 부분적인 변화를 모색하는 초기단계로 보인다.

제2절 중국방송의 변화와 조선중앙TV 비교

1. 중국방송의 변화

1) 중국 언론의 변화

북한의 방송과 언론은 기본적으로 소련으로부터 배우고, 북한의 특성이 반영되어 구축되었다. 따라서 북한 방송을 이해하기 위해서는 소련과 동구사회주의국가의 방송을 비교하는 것이 유효할 수 있다. 하지만 1980년대 후반 동구와 소련은 급격한 체제전환을 겪음으로써 2004년 현재의 북한을 비교하기에는 오히려 적실성이 부족하고, 현존하는 사회주의국가인 중국, 베트남, 쿠바 중에서 북한과 비교 모델을 삼을 수 있는 나라는 중국과 베트남을 들 수 있다.

1970년대 후반에 개혁개방을 시작하여 20여 년에 걸쳐 공산당 집권체제를 유지하고 개혁개방을 성공적으로 진행함으로써 북한 정권 핵심권력자들로부터 관심 깊은 검토가 진행된 중국의 언론방송 변화를 살펴본다. 특히 문화와 전통에서 북한과 상당한 유사성을 가지고 있는 중국의 변화를 통해 북한방송의 변화를 전망해 보는 것은 유의미한 일이다.

중국의 경우도 대부분의 사회주의 국가와 마찬가지로 1978년 등소평의 개혁개방정책이 추진되기 전에는 방송이 '당과 국가의 목소리'를 전달하는 선전기관일 뿐이었다. 즉 방송은 혁명의 조직자로서 중국 인민들에게 사회주의 이념을 고취시키고 당과 국가의 정책을 선전하는 것이 존재 목적이었다. 따라서 공산주의 방송은 항상 당과 똑 같은 정치노선을 지키는 것을 원칙으로 했다.

그러나 1978년 중국공산당 11기 3중전회 이후, 등소평의 지도하에 개혁개방정책을 추진하면서 중국의 언론정책에도 변화가 일어나기 시작했다. 1980년에 내린 언론에 대한 지시에서는 4개의 현대화 개혁정책을 위한 헌신을 강조하고, 개인숭배 타파가 강조되었다. 이 과정에서 언론인들은 과거의 경직된 이데올로기의 속박에서 벗어나 차츰 자율성을 찾아가기 시작하였으나, 통제불능을 우려한 등소평의 담화로 인하여 주춤거리게 되었다.[426] 그러나 1985년 2월 호요방이 중국공산당 서기처회의에서 담화를 발표하면서, 중국언론은 개혁개방노선으로 다시 선회하였다.[427]

호요방의 발언이 중국언론에게 활력소를 부여하였고, 1987년 공산당 중앙 13차 전국인민대표대회에서 조자양이 언론의 인민성과

---

426) 주봉의, "개혁개방에 따른 중국언론의 변화에 관한 연구", 서울대 대학원 박사학위논문, 1994, 105-110쪽.

427) 이때 호요방은 언론이 당의 대변자로 존재하는 방식에서 벗어나는 것을 반대하고 중대 뉴스일수록 시간성은 정치임무에 복종해야 한다고 주장했다. 하지만 호요방은 신문의 80%는 밝은 면을 말하면서, 20%는 어두운 면을 비판해야 한다는 '8명2암론'을 주장하여 언론이 진실을 추구하는 '실사구시적이고 다소 자본주의적인 언론관'을 피력하였다.(이순임, "개혁개방 이후 중국방송의 정책변화", 서강대 공공정책대학원 석사학위논문, 2000, 15쪽).

당성을 공히 존중해야 한다는 원칙을 강조하였다. 이를 계기로 중국언론은 활발한 백화제방 현상을 조성하게 되었고, 이로 인해 통제불능의 위기감을 느낀 중국공산당은 1987년에 언론의 과속적인 발전과 탈선현상을 억제하는 명령을 내렸다.[428]

언론의 자유가 발전하면서, 1989년 천안문사태가 발생하였을 때 중국의 많은 언론기구들이 민주화 운동에 동조하는 입장을 표명하였다. 이에 대해 중국공산당은 사태 수습 후에 언론에 대한 통제를 강화하고, 대규모의 언론 정리작업을 전개하였으며, 언론의 비평기능은 제약을 받았다.[429] 그러나 이미 개혁개방 이후 10년 동안 변화된 중국사회의 사유화, 시장화, 외국 신문방송의 유입 등의 영향을 받은 중국 언론은 1992년 등소평이 '남순강화'를 통해 다시 개혁개방을 강조하면서 또다시 변화하기 시작했다.[430]

중국의 언론은 중국의 산업과 같이 신속하게 국영기구 특유의 무능률의 모습에서 벗어나 이윤을 추구하고, 시장과 언론 자체의 자율적인 힘까지 추구하기 시작했다.[431] 중국정부가 언론의 변화를 충분히 고려하지 못한 상태에서 언론은 시장경제하의 사업으로 변화해갔다. 이로 인해 충실한 선전 대변자로 남기를 원한 중국정부와 정부의 통제에서 벗어나 더 많은 자율을 얻기 원하는 언론 양자 사이의 유대가 약화되었다. 언론매체의 변화가 빨라지면서 중국정부는 속수무책이 되었고, 언론은 전부의 통제에서 어느 정도 벗어

---

428) 주봉의 앞의 글, 112-113쪽.

429) 주봉의 앞의 글, 115쪽. 이후 당은 천안문사태를 적극적으로 보도한 북경일보를 비롯한 언론인들에게 대량으로 출당, 파직, 추방 등의 조치를 취하고, 언론에 대한 통제력을 재장악하기 위한 조치를 취하였다.(이순임 앞의 글, 18쪽).

430) 이순임 앞의 글, 18쪽

431) 주봉의 앞의 글, 99쪽

나 '반자율집단'이 되었다. 결국 중국정부는 정부의 권력에 도전하
지 않는 한 언론매체의 모든 독자적인 표현을 용인하게 되었다.[432]

2) 중국 방송의 변화

중국의 라디오 방송과 텔레비전 방송은 1922년과 1958년에 각각
시작되었으며, 중국정부는 방송에 적극적으로 투자하여 왔다. 그러
나 비용과 선전효과를 고려하여 개혁개방 이전에는 주로 유선음성
방송이 중심이 되었고, 문화혁명 초기에는 북경텔레비전방송국을
제외하고는 방송이 중단되기도 하였다. 그러나 1978년에 개혁개방
이 시작되면서 중국방송은 발전 국면으로 들어갔다. 1982년에 통
과된 새 헌법에는 국가가 신문과 방송을 발전시켜야 한다고 규정
되었고, 중국의 제6차 5개년 국가계획에 따라 방송망 건설이 크게
이루어졌다.[433] 1982년 행정개혁의 일환으로 중앙광파사업국이 중
국광파전경전시부로 개칭되고 광파사업국도 광파전시청으로 승격
하면서 중국의 방송은 큰 변화가 이루어졌다. 1983년에는 중앙과
성을 중심으로 이루어지던 중국전체의 방송행정과 방송국의 운영
을 중앙, 성, 직할시 · 자치구 · 지구, 현 4단계로 정하여 현재 중국
방송의 지침이 되었다.[434] 이상의 '4급 방송체계'는 방송사업의 운
영에서 중앙통제를 개혁하고 방송사업의 운영권을 지방에 위임하

---

432) 주봉의 앞의 글, 100쪽.

433) 주봉의 앞의 글, 156쪽. 1983년 이전에는 중앙, 성, 시, 현 4급의 행정구가 라디오 방송을 할 수 있
　　었고, 중앙과 성 2개의 행정구만 TV방송을 할 수 있었다.

434) 1983년에 중앙텔레비전방송이 컬러방송을 정식으로 시작하였다(심재주, 『오늘의 중국방송』, 나남,
　　1998, 48쪽).

는 큰 변화였다.

이 방침에 따라 중앙과 성 이외에도 방송국을 신설할 수 있는 조건을 구비하면, 省轄市, 현도 모두 방송국을 설립할 수 있게 되었다. 새로운 방송사업 지침으로 인해 방송국 신설 붐이 일어나 1991년 라디오방송국은 1978년 대비 7.2배(666개), TV방송국은 16.3배(521개)로 증가하였다. 1994년에 각 성, 자치구, 직할시, 모든 중대형 도시와 15%의 현에 라디오 방송국과 TV 방송국이 있게 되었다.[435] 그 결과 현재 중국의 모든 방송기관은 中國廣波電影電視總局에서 관장하고 있다. 그리고 그 산하에 3개의 관영방송인 中央人民廣播電臺(China National Radio), 國際廣播電臺, 중앙방송(CC-TV)[436]이 있고 그 밑에 31개 省급 방송사와 그 아래 10여 개 정도의 縣급 방송국이 있다.[437]

방송국의 증설과 더불어 지방 라디오 방송국의 자체 프로그램 제작이 1991년에는 1980년의 3.2배로 증가하였고, TV방송은 16.7배로 증가하였다. 특히 1979년에 처음 시작된 TV 드라마("神聖的 使命") 제작은 시청자들의 열렬한 호응을 받아 TV 방송의 주력 프로그램이 되었다. 이에 대해 중국공산당은 TV 드라마를 장려하는 발전 경비를 지원하였고, 1980년에 100편, 1984년에 1천여 편, 1996년에 8,500편의 드라마가 제작되었다.[438] 이러한 변화는 전체 프로그램

---

435) 주봉의 앞의 글, 157-158쪽.

436) 중국 최대의 방송조직인 중앙TV(CC-TV)의 경우 광고수입 증가와 함께 기타 사업을 확대하고, 경영의 자립을 추진하여 독립경영이 가능하게 되었다.(심재주, 앞의 책, 27쪽). CC-TV는 영어위성채널까지 포함하여 9개 채널을 가지고 있는데, 1~4채널은 공중파에 의한 무료방송이고, 나머지는 유선과 위성에 의한 유료채널이다.

437) 방송송출 방식은 PAL 방식이다.

438) 심재주 앞의 책, 50쪽.

편성으로 연결되어 뉴스 프로그램의 비중이 감소하고 1985년에는
문예프로그램의 비중이 라디오와 TV 각각 54.5%, 56%가 되었
다.[439]

특히 드라마제작은 초기의 당 정책 선전에서 탐정, 애정, 역사,
아동 등으로 내용이 변화하였는데, 이러한 변화에도 불구하고 시장
의 수요를 만족시키지 못하였다. 이로 인해 1981년엔 일본 드라마
"姿三四郞" 26부가 방송되었고, 외국 드라마가 계속적으로 방영되
기 시작하였다.[440] 드라마를 비롯한 문예프로그램의 증가는 중국
방송이 오락 기능을 중심에 놓게 되었음을 보여 주는 것으로 언론
과 정치사회 등 모든 측면의 중요한 변화를 압축적으로 설명한다.
특히 연속 드라마의 시청률이 뉴스보도 프로그램(69.8%) 다음인
56.2%인 것은 드라마의 중요성을 한눈에 알게 해준다.[441]

드라마뿐만 아니라 뉴스에서도 상당한 변화가 이루어졌다. 뉴스
의 시의성이 강화되었고, 과거 금지되었던 비평성의 보도와 사회의
부조리한 현상에 대한 방송매체의 감독기능도 증가하였다. 점차 정
부와 관료주의의 부조리한 문제도 뉴스의 중요한 주제가 되었으며,
심층보도 프로그램도 증가하였다. 각종 경제, 법률, 정책의 변화나
교통과 관련된 정보를 제공하는 프로그램과 시청자 상담, 인민의
불만을 조사하는 등의 서비스성 프로그램도 증가하였다. 이제 중국

---

439) 주봉의 앞의 글, 167쪽. 드라마의 시청률은 매우 높아져 1999년 1월에 방영된 "옹정왕조"(청나라
옹정제의 일대기를 그린 사극)는 황하 이북 도시에서는 80%가 넘는 시청률을 기록했다.(이순임 앞의
글, 39쪽).

440) 1998년에는 '사랑이 뭐길래', '별은 내 가슴에', '파일럿' 등의 남한 드라마가 방영되기도 했으며, 다
른 외국의 드라마도 방송되었다. 외국프로그램과 더불어 1997년에 홍콩이 중국에 귀속되면서 해마
다 수백 편의 영화를 제작하고 할리우드를 넘나들던 홍콩의 영화감독들은 중국의 TV와 영화에 큰 충
격을 주었다.(심재주, 앞의 책, 19쪽).

441) 1995년 베이징 지역 프로그램 선호도.(심재주, 앞의 책, 74쪽).

의 방송은 더 이상 당과 정부의 이익만 대변하는 도구가 아니며, 사회 변화의 직접적인 영향을 받아 오락과 정보를 인민들에게 제공하는 언론으로 변화하였다.

중국방송의 변화에서 주목할 만한 또 다른 점은 일본과 홍콩의 위성방송이 미친 영향이다. 1990년대 초 일본과 홍콩이 방송위성을 발사한 후, 중국에서는 1990년대 초반에 약 1,100만 가구가 외국의 방송을 수신하였다. 외국 방송은 중국 프로그램보다 오락과 정보제공 측면에서 장점을 가지고 있기 때문에 중국 인민들이 이들 외국 방송을 시청하고, 중국정부는 정부권력에 정면으로 도전하지 않는 매체에 대해서는 관용적 입장을 취하지 않을 수 없었다.442) 이런 외부의 방송이 중국 방송의 변화를 더욱 자극하고, 중국방송이 이에 경쟁하면서 변화하게 되었을 것을 쉽게 이해할 수 있다.

중국의 방송을 더욱 크게 변화시키는 요인의 하나로는 방송을 유지하기 위한 재원의 구조를 들 수 있다. 중국정부는 개혁개방 이후 10년 동안 총국민생산의 2%에 달하는 금액을 방송경비로 지원하였지만, 방송사업 총수입 중 정부지원이 1981년 87%에서 1990년에는 70%로 감소하였다. 정부지원 외의 방송 경비는 광고수입과 기타 유관사업 경영에서 확보되었는데, 광고와 기타 사업의 수입이 해마다 증가하였다.443) 이로 인해 1990년대 초에 이미 대도시의 방송국의 경우 광고와 기타사업의 수입이 정부의 지원보다 많은 경우가 발생하였고, 정부의 발언권은 점차 약화되었다. 중국의 언론

---

442) 주봉의 앞의 글, 170-171쪽.
443) 주봉의 앞의 글, 179-181쪽.

매체는 한편으로는 정부 입장에서 선전과 교육의 임무를 수행하고, 또 다른 측면에서는 자본주의 원칙에 따라 영리활동에 종사하게 되었는데, 광고의 등장은 시청자의 위치를 방송의 사활을 결정할 수 있는 위치로 변화시켰다.444)

중국정부는 국무원 산하의 문화부, 廣播電影電視部,445) 신문출판서, 국가교육원, 신화통신사 등을 통해 전국의 언론 매체를 관장하고 있으며, 중국공산당은 중앙서기처 산하에 중앙선전부를 두고, 성·시·지·현의 당 선전부를 통해 선전업무를 관장한다.*

2. 조선중앙TV의 방송 환경

1) 조선중앙TV 변화 요인

2000년 이후 조선중앙TV는 보도 프로그램에서 앵커의 배경화면을 바꾸는 등 겉모습을 중심으로 조금씩 변화했다. 조선중앙TV의 의미 있는 변화는 2004년의 중국 드라마 대량 방송을 신호탄이라고 할 수 있다. 현재의 변화는 북한의 시청자가 방송의 한 주체로 등장하기 시작했음을 의미하며, 당분간 김정일 우상화와 시청자에 대한 오락적 요소가 병존하는 현재의 편성 방향이 일정하게 지속

---

444) 광고의 등장은 중앙의 지시와 규정에 의한 것이 아니라, 방송의 재정을 마련하기 위한 지방자체의 노력에 의해 생긴 것이다.(주봉의, 앞의 글, 183쪽).

445) 1983년에 장관급 부서인 중국광파전영전시부로 승격되었다가 1998년 중국광파전영전시총국으로 기능이 축소 약화되었다.

* 2절 중국방송의 변화는 "조선중앙TV 프로그램변화연구, KBS(2004)"를 수정한 것이다.

될 가능성이 있다. 이러한 방송의 변화가 아래로부터의 변화 요구
가 북한정권에 의해 반영된 것이라는 점에서 중요한 의미가 있다.

(1) 북한 주민의 의식 변화

① 경제 위기의 지속

오랫동안 누적된 경제문제가 1994년부터 몰아닥친 식량난으로
연결되면서, 북한 정권의 정책적 관심과 인민들의 생활상은 유리되
어 갔다. 결국 인민들은 자기 스스로 생존해 나가야 했고, 이 과정
에서 북한 사회와 인민들의 의식은 변화해갔다. 이러한 주민의식의
변화는 1990년대부터 생필품의 부족으로 장마당이 일반화되면서
북한 인민들이 장마당에 참여하지 않고는 살기 어렵게 된 것과 관
계가 있다.446) 북한 경제가 지속적으로 악화됨에 따라 장마당에 참
여하는 것이 생존에 절대적인 기여를 하게 되는 상황이 벌어지면
서, 북한 주민들의 의식 자체에도 상당한 변화가 나타나게 되었다.
북한 주민들은 차츰 돈에 대한 선호가 뚜렷해졌고, 특히 성분이 나
쁜 사람들은 입당에 대한 기대를 포기해 버리고, 장사를 해서 금전
적 이익을 얻는 방향을 선택하였다. 이 결과 북한 주민의 의식과
기존의 체제 이념 사이에는 상당한 괴리가 발생하게 되었다.

또 경제적인 어려움이 계속되면서, 인민들의 최고권력에 대한 의
식에도 변화가 나타나기 시작하였다. 1994년 김일성이 사망하면서,
절대적 권력자에 대한 우상화로 유지되던 정권에 대한 신뢰에도 상

---

446) 장마당이 확산되는 초기과정에 참여한 사람들은 당이나 정부, 기업소 등에서 주요한 위치에 있는 사
   람보다는 계층적으로 하위에 포함되는 사람들이 중심을 이루었다.

당한 손상이 나타났다. 김정일에 대한 인민들의 호감도는 더욱 약화
되었고, 수년 동안 계속되는 경제위기와 변하지 않는 통제체제는 인
민 다수의 불만을 사고 있다. 또 하급 간부들의 경우도 최근의 북한
경제 위기로 인하여 정권에 대한 충성심이 크게 약화되었다. 정권
중심의 간부와 주변의 간부, 정권으로부터 배제되어 있는 주민들 사
이에 상당한 갈등과 불만이 체제 내부의 균열을 확대시키고 있다.

정권의 통제에 대한 인민들의 생각에도 변화가 나타나고 있다.
체제에 순응적인 북한 인민들조차도 1970년대부터 크게 강화된 조
직생활에 대해 정권이 인민들을 너무 통제한다는 생각을 가지고 있
으며, 전체적으로 정권의 꽉 짜인 조직사업에 대해 상당한 불만을
가지고 있다. 이러한 상황에서 경제 위기가 계속되면서 당과 정의
위압적 통제도 부분적으로 이완되었고, 감시체계에도 누수현상이
나타나기 시작한 것으로 보인다.

물론 아직도 보위부와 연결된 감시 체계 등이 인민들에게 공포
감을 주고 있지만, 인민들은 점차 일상생활에 대한 부당한 억압에
대해 작은 저항을 경험하기 시작했다. 또 체제의 정당성에 대한 신
뢰가 약화되면서 감시의 책임을 가지고 있는 사람들의 감시자로서
의 역할 수행의지도 약화되는 모습도 나타나고 있다. 앞으로 이러
한 현상은 더욱 확대될 것이며, 외부 사회에 대한 정보가 확산될수
록 지금까지의 억압적 통제 시스템은 새로운 변화가 불가피해질
것으로 보인다.

이상과 같은 북한 인민들의 의식변화는 북한 정권에게도 상당한
압력이 되고 있는 것으로 볼 수 있다. 이에 대해 북한 정권은 일면
체제 저항으로 연결되지 못하도록 통제와 압력, 선전을 강화할 것이

며, 또 다른 일면으로는 불만을 해소시키거나, 불만의 방향을 다른 곳으로 돌리는 작업을 수행하지 않을 수 없을 것이다. 이런 측면에서 조선중앙TV는 이상의 두 가지 작업을 모두 수행하는 역할을 맡을 수밖에 없으며, 조선중앙TV의 변화는 아래로부터의 인민의식 변화의 영향을 받지 않을 수 없을 것으로 보인다.

② 외부 정보 유입과 남북교류 확대

1980년대 말 소련과 동구 사회주의권이 붕괴되면서, 북한으로서는 개혁개방을 진행한 중국과의 관계에서도 어려움을 겪는 상황이 전개되었다. 이 과정에서 북한은 대미관계를 개선하고, 전 세계와 안정적인 관계를 확보하고자 하였지만, 1990년대 중반에 제기되었던 북핵문제는 2000년대에도 또다시 장애물이 되어 있다.

하지만 국제사회는 1990년대 후반 북한의 식량난에 대응하여 인도적 차원의 식량을 지원하였고, 외국의 일부 지원단체는 부분적이기는 하지만 직접 북한 주민들에 대한 분배에까지 관여하고 있다. 이상과 같은 상황의 전개는 북한 정권이 원하는 바가 아니지만, 감당할 수 없는 식량위기 속에서 북한 정권이 허용하지 않을 수 없는 상황이 되어 버렸다. 또 중국이 개혁개방 이후 경제가 크게 발전하고, 중국물건이 북한에 쏟아져 들어오는 상황도 북한 주민들에게 큰 영향을 주고 있다.

2000년 남북정상회담 이후 이루어진 남북경협과 인도적 지원도 북한 주민의 의식에 상당한 영향을 주었다. 남한 대통령의 북한 언론 방송에의 데뷔에 이어진 남북이산가족 상봉(2000. 8), 남북올림픽 선수단의 시드니 올림픽 개회식 공동입장(2000. 9), 대북 식량차

관제공 발표(2000. 9), 8·15남북공동행사 평양 개최(2001. 8), 북한 선수단 부산아시안게임 참석(2002. 10), 개성공업지구 지정(2002. 11) 등 남북교류협력의 진전은 북한 주민의 대남인식에 큰 영향을 주고 있다.

2007년까지 북한은 남한으로부터 경제적 지원과 인도적 지원의 실리를 지속적으로 받아들였고, 남한의 식량지원과 비료지원이 북측의 식량문제 해결에 크게 기여하였다. 이것은 남북관계가 표면에 드러나는 모습과는 달리 상당한 협력구조가 구축되었음과 북한이 남한의 협력을 절실하게 요구하고 있음을 보여 줬다. 이처럼 2000년 이후 지속되었던 남북장관급회담, 각종 경제실무회담, 개별 인도적 지원단체의 반복적인 대북지원 등은 북한 주민들의 생각에 상당한 변화를 초래하고 있다. 2008년 이명박 정부 출범 이후 남북관계가 경색되고 대북 경제적 지원이 거의 중단된 상황이 3년여 동안 지속되고 있지만, 북한 내부 주민들의 의식은 위기의 북한경제로 인해 변화가 계속되고 있는 것으로 보인다.

③ 남북방송 등 영상물의 유입

2000년 남북정상회담 이후 방송교류에서도 북한 현지취재, 남북 공동제작 및 공동방송 등 이전에는 기대할 수 없었던 성과가 나타났다. 2002년에는 남북교향악단 합동연주회도 평양에서 개최되었는데[447] 이 프로그램은 남북방송교류의 새 장을 연 것으로 평가되고 있으며, 북한방송인들의 남한 방송에 대한 이해를 넓히고, 큰 자

---

447) 남북교향악단 합동연주회는 평양에서 공동제작, 공동생방송이 실시되었다. 이어서 MBC가 "2002 MBC 평양특별공연"을 남북한 공동연출로 동시 생방송을 실시하였다.

극을 받게 한 것으로 보인다. 즉 북한 방송인들이 남한 방송제작자들과 함께 방송을 제작하면서, 남한 방송에 대한 관심을 갖게 된 것은 매우 중요한 기여라고 할 수 있다.

2003년에도 KBS는 "평양노래자랑"을 통해 남북한 방송교류를 지속적으로 추진해 나갔으며, SBS는 10월에 중계차 2대 등 방송장비와 제작진 등 250여 명이 판문점을 통해 방북하여 "류경 정주영 체육관 개관 기념 통일농구"를 생중계하였다. 2002년과 2003년의 남북방송교류사업은 남북한 공동제작물이 TV를 통해 북한 시청자들에게 전달되었다는 점에서, 의미 있는 영향을 예상할 수 있다.[448]

북한 정권이 남한 대통령과 정상회담을 하고 남한정부의 존재를 공식적으로 인정한 후, 이러한 인식의 변화를 방송을 통해 북한 인민들에게 공식화하였다는 점은 매우 중요한 의미가 있다. 북한 정권이 방송을 통해 남한 인민과 예술을 전달했다는 것은 북한 주민들로 하여금 남한에 대한 적대감을 약화시킬 것을 허용한다는 의미가 있기 때문이다. 특히 정보의 자유로운 유통이 제한되어 있고, 특히 외부 정보에 대한 접촉이 엄격하게 제한된 수천 명의 평양 주민들이 남한의 문화예술공연을 직접 관람했다는 사실은 경제협력이나 인도적 지원 못지않은 큰 영향을 주었다고 할 수 있다.

남북방송교류는 북한 주민들이 남쪽에 대한 화해의식을 갖는 것을 정권이 허용함을 공식화시키는 중요한 의미가 있다. 또한 이 과정을 통해 변화한 주민들의 의식은 조선중앙TV에 다시 영향을 주어

---

448) 특히 남북한에 방송된 KBS 남북교향악단 합동공연과 MBC 평양특별공연, 평양노래자랑, SBS "류경 정주영체육관 개관 기념 통일농구"는 상당한 영향을 북한 주민들에게 준 것으로 보인다. 남북교향학단 합동공연과 단독공연은 각각 평양주민 2천여 명이 방청하였고, 3천여 명의 평양주민이 관객으로 참여한 평양노래자랑은 조선중앙TV를 통해 북한 전역에 방송돼 남측 가수들의 노래와 남측 가요의 정서를 북한 주민들에게 전달하였다.

북한 방송의 대남 적대적 요소를 감소시키는 효과나 나타날 것이다.

또 2000년을 전후에 유입되기 시작한 남한 드라마와 영화, 음악 등의 다양한 영상물의 유입이 북한 주민들에게 준 영향도 매우 큰 것으로 확인되고 있다.

(2) 조선중앙TV의 영향력 약화로 인한 개선 필요성

북한 정권은 조선중앙TV를 통해 김정일과 체제에 대한 선전에 총력을 기울이고 있다. 하지만 주민들의 의식이 변화하고, 조선중앙TV에 대한 신뢰와 관심이 적어지는 상황이 전개되고 있다. 따라서 북한 정권은 조선중앙TV가 가진 선전 능력을 재정비하고 나아가서 확대 강화하기 위한 다양한 방법을 모색하지 않을 수 없는 상황에 처해 있다.

즉 북한 정권과 조선중앙TV는 일단 북한 주민을 TV 앞으로 끌어들이기 위해 노력해야 하는 상황이 되었고, 보다 신뢰를 높이기 위한 노력을 하지 않으면 체제선전 방송으로서 존재 의미를 상실할 가능성이 있음을 우려하고 있는 것으로 보인다. 이에 대응하는 방법은 우선적으로는 오락적 요소의 강화로 시작되겠지만, 점차 정보의 공개 확대와 같은 방향을 받아들이지 않을 수 없게 될 것으로 보인다.

2) 조선중앙TV의 변화 억제 요인

(1) 체제 변동 억제 필요성과 정치적 통제 능력

북한 정권이 조선중앙TV에 요구하는 것은 체제 수호 역할이다. 이러한 역할을 맡고 있는 조선중앙TV가 해야 할 일은 외부 정보 유입과 북한 주민의 의식 변화에 대항하여 체제 유지를 위한 선전전을 강화하는 것이다. 이러한 방송 존립의 목적을 가지고 있는 조선중앙TV가 앞서서 변화를 실시하기는 불가능한 구조라고 할 수 있다.

현재 조선중앙TV의 내부 구성원과 시청자의 의식은 일정한 변화의 상태에 있는 것으로 확인되고 있지만, 북한 사회 전체를 강력하게 통제하고 있는 정치군사적 구조는 아직도 강력하게 유지되고 있다. 비록 군대의 식량이 부족할 정도로 경제가 어려운 상황이지만 군사력을 강화시키기 위한 예산이 확보되고 있고, 선군정치를 내세우는 강력한 독재자의 리더십과 권력이 유지되고 있다.

강력한 정치적 통제를 유지하는 기구인 인민무력부, 국가안전보위부, 인민보안부도 하부에서 기강 해이가 나타나고 있지만 전체적으로는 정상적으로 작동하고 있다. 이러한 강력한 통제기구가 당 조직의 감시를 받고, 이중삼중의 상호 간의 감시 시스템도 작동시키고 있다. 따라서 아무런 경제적·무력적 기반이 없는 조선중앙TV가 이러한 통제로부터 변화를 선택하는 것은 불가능한 구조에 있다.

또 북한경제가 위기 국면에서 시장활동이 크게 확산되었음에도 불구하고, 대외무역과 군수산업을 중심으로 하는 북한의 공식경제가 최고 지배집단의 이익을 위해 봉사하는 토대가 유지되고 있다[449]는 점도 현재 정치체제의 유지를 전망하게 하는 조건이 된다. 구체적으로 보면 2000년대에 전력, 석탄 등 에너지 부문을 중심으로 광업, 시멘트, 금속부문 등의 회복이 이루어졌고, 이러한 생산회복에 재정자금 등을 통한 투자의 회복으로 2000년대 후반에는 화학, 경공업 등 국가적인 투자의 영역이 확장되고 있다.[450]

(2) 관리 조직과 검열 구조

김정일과 조선로동당은 조선중앙TV에 대한 인사권과 재정적 권한 등 모든 권한을 실질적으로 장악하고 있다. 철저하게 북한 정권의 신임과 통제하에서만 조직이 가동되는 상황이기 때문에 상부 권력구조의 변화가 없는 현재 상황에서 변화를 기대하기는 어렵다.

이처럼 조선중앙TV의 변화를 논하기 위해 조선로동당에 의해 완결적으로 지배되는 조선중앙TV의 제작 시스템이나 검열구조를 검토할 필요조차 없는 것이 현실적이다. 하지만 조선중앙TV의 제작 시스템과 검열구조는 설령 김정일 정권에 변화가 온다 해도 상당기간 유지될 가능성이 높기 때문에, 조선중앙TV의 변화를 제약하는 요인이 될 수밖에 없다.

---

449) 이석기·김석진·김계환·양문수, 『2000년대 북한의 산업과 기업─회복실태와 작동방식』, 산업연구원, 2010, 15쪽.
450) 위의 글, 23-24쪽

제3절 조선중앙TV의 변화 전망

정치경제적 변화의 도정에 서 있는 북한 체제의 핵심 선전기관
인 조선중앙TV의 변화를 전망하는 데 비교사례로 사용할 수 있는
것이 중국 방송의 변화이다. 중국 방송의 변화를 이끌어 낸 중요한
요인은 개혁개방 이후 경제기반의 변화('사회주의시장경제'의 확
대), 외국 영상물과 외국 문물의 유입, 언론인의 의식변화 등 언론
의 자율성 증대, 수용자태도의 변화 등을 들 수 있다. 그리고 이러
한 변화가 가능했던 근본적 이유는 등소평을 중심으로 한 개혁세
력의 등장이 가장 중요한 부분이다.

여러 차례의 어려움이 있었던 중국의 개혁개방 추진에는 오랫동
안 정책적 변화를 추구했던 등소평과 같은 인물이 중심에 있었고,
또 문화혁명의 대시련을 겪었던 반성이 사회 전반에 깔려 있었
다.[451] 반면에 북한의 김정일은 1973년에 김일성의 후계자로 결정

---

451) 문화혁명으로 좌절을 겪었던 등소평은 1973년에 다시 베이징으로 돌아와 부총리가 되었으나, 1976
년 4월에 또다시 당내외의 모든 직책을 박탈당하였다. 그러나 1976년 9월 모택동이 사망하면서 등
소평은 모택동 후계자인 화국봉을 밀어내고 권좌의 중심에 자리를 잡았다. 1979년 등소평은 미국을
방문하고, 선전(深圳) 등에 경제특구를 설립하고 체제 전반의 개혁을 시작하였다. 등소평 자신은 경제

된 이래 탄탄대로의 권력승계와 보수적 정책을 통해 체제유지의 길을 걸어왔다. 즉 중국의 등소평이 권력의 핵심으로부터 수차례 박해를 받고 복권하여 체제개혁을 추진한 것과 지속적으로 권력의 핵심에서 체제를 상속하고 유지하고 있는 김정일은 체제개혁에 대한 입장이 근본적으로 차이가 있다.

중국 정부가 1979년 경제특구를 설립하여 개혁개방의 길을 걸은 반면, 북한 정권은 1990년대에 나진·선봉 개발에서 실패하고 2002년에 들어서야 개성과 신의주, 금강산을 대상으로 하는 제한적인 특구정책의 추진을 결정하였다. 두 나라가 특구정책을 시작한 것은 20년 이상의 시간차가 나지만, 북한의 특구정책은 아직도 1979년의 중국보다 폐쇄적인 경향을 보이고 있다. 따라서 현재 북한 정권이 처한 정치적 지지기반의 약화, 1990년대 이래 지속되고 있는 경제난, '북핵 문제' 등으로 인한 국제 사회에서의 고립을 감안한다면, 북한 정권의 정책적 선택이 개혁개방의 길에 완전히 진입하는 데는 앞으로도 특구정책의 효과 확산과 안정적 후계체제 구축을 위한 시간이 더 필요한 것으로 보인다.452)

따라서 사회 전반의 개혁정책과 개혁개방정책으로 인한 경제적 발전을 바탕으로 중국의 언론과 방송이 성장할 수 있었던 점을 감안한다면, 북한 언론과 방송의 변화를 기대하기에는 아직 이르다고 판단할 수 있다.453) 또 1980년대 후반 소련과 동구 사회주의 국가

개혁에 대한 구체적인 정책적 능력을 갖고 있지 못했고, 추진과정에서 여러 가지 어려움을 겪었다. 하지만 등소평은 실용주의적 관점에서 개혁개방을 지속적으로 추진해 나가도록 지원하였다. 비록 1989년에 비극적인 '천안문 사태'가 발생하였지만, 등소평의 개혁개방에 대한 의지는 지속되었다.

452) 북한 정권이 2011년 6월 황금평과 나선지역에 대한 개방에 나섰지만, 그 성과가 북한 경제에 큰 영향을 주는 데는 시간이 필요한 것으로 보인다.

453) 중국의 특구정책이 성공적으로 진행될 수 있었던 것은 정치개혁과 함께 진행되었기 때문이다. 중국

의 붕괴와 2011년 아프리카 독재정권의 붕괴 도미노, 국제사회에
서 북한 정권의 고립과 경제위기 등을 감안한다면, 북한 정권의 언
론방송에 대한 개혁은 기대하기 상당히 어려운 측면이 있다. 특히
중국이 개혁개방과정에서 외국 자본과 영상의 도입, 물적·인적 교
류를 허용했던 것과 달리 체제위기를 우려하는 북한 정권은 아직
도 이러한 변화에 소극적으로 대응하고 있다는 점은 상당한 차이
라고 할 수 있다.[454] 더군다나 2011년의 중국 정부조차 정치적 문
제에 대해서는 언론방송에 대한 강력한 통제를 계속하고 있다는
점은 조선중앙TV의 의미 있는 변화를 기대하는 것이 매우 어렵다
는 것을 보여 준다.

하지만 북한 정권이 남북한의 인적 교류를 제한적이나마 허용했
던 사실은 향후 북한 정권의 정책적 변화를 예상할 수 있게 하는
상당한 성과라고 할 수 있다.[455] 즉 북한 경제의 성장과 김정은체
제의 안정이 일정한 기간 동안 계속될 수 있다고 북한 정권이 판단

정부는 공산당 일당독재를 비판하는 민주화 요구는 탄압하였지만, 1980년 헌법개정에서는 "공민은 언론·통신·출판·집회·결사·행진·시위·파업의 자유를 가진다"고 개정하였다. 또 당과 국가의 관료주의, 과도한 권력집중, 간부직책의 종신제 현상과 각종 특권현상을 개혁해 나갔고, 1982년 헌법개정에서는 "공산당의 국가생활상의 영도와 활동은 헌법과 법률의 범위 내에서만 행해져야" 한다고 하여 법치주의적 개혁을 진행하였다. 또 국가형태를 규정함에 있어 '프롤레타리아 독재의 사회주의국가'가 아니라 '인민민주주의 독재의 사회주의국가'로 규정함으로써 개혁개방과정에서 부상하는 자영사업자들이 존립할 수 있는 헌법적 근거를 마련하였다. 더불어 1982년에 당 장정을 새로이 채택하여 개인숭배 금지와 집단지도 엄수를 규정하였다. 양순창, 『중국식 사회주의의 이론과 실제』(서울: 무한, 1999), 377-387쪽.

454) 조선중앙TV의 변화를 전망하기 위해서는 중국방송의 변화가 광고를 통한 재원조달로 정부의 통제로부터 자율성을 획득해간 점도 주목해볼 수 있다. 조선중앙TV의 변화도 이러한 경제구조와 정책의 변화를 바탕으로 해야 가능할 것이기 때문이다. 하지만 북한 정권이 가진 조선중앙TV에 대한 기본인식, 즉 체제유지를 위한 선전에 대한 집착과 정권의 이념지향적 성향은 중국의 방송 변화와 같은 길을 걷게 하지 않을 것이다.

455) 2000년 남북 정상회담 이후 북한 정권이 서방과의 교류를 확대하고, 남한 주민들의 방북을 대폭 허용했던 것은 상당한 의미가 있다. 비록 남한 주민들의 방북이 평양을 중심으로 제한된 지역에 그치고 주민들과 자유로운 접촉도 제한되어 있지만, 1990년 방북인원이 183명에서 1997년 1,015명, 2000년 7,280명을 거쳐 2003년에는 15,280명에 달한 것은 분명 중요한 변화라고 할 수 있다. 통일부, 『통일백서 2004』(서울: 통일부, 2004), 192쪽. 금강산 관광객을 제외한 숫자이다.

하게 된다면, 북한 정권은 남북교류를 일정하게나마 허용할 수밖에 없을 것이다. 그리고 이 과정에서 북한 주민들의 의식변화가 확대되고, 이것이 북한 정권의 점진적 변화를 추동하는 중요한 압력으로 작동될 가능성이 높다.

또 북한의 언론방송 종사자 역시 경제위기를 겪으면서 이미 체제에 대한 반성이 내면의 한곳에 자리를 잡았고, 외부로부터 오는 자극으로 인하여 의식변화가 진전될 수밖에 없다. 따라서 현재 북한의 언론방송은 제도적 수준의 변화 진행은 없지만, 언론방송 종사자들의 의식에는 이미 변화가 시작된 것으로 예상할 수 있다. 이러한 북한 주민들의 의식변화와 여론은 이미 부분적으로 북한 정권의 정책적 변화를 압박하는 하나의 힘이 되어 있다고 볼 수 있다.

하지만 정권 수호에 모든 힘을 쏟는 강력한 독재정권하에 있는 조선중앙TV가 단시일 내에 빠른 극적 변화를 갖게 될 것으로 예상하기는 어렵다. 그보다는 오히려 북한 정권의 경제적 성과 확인과 경제구조의 변화 확산이 이루어진 뒤에야 조선중앙TV의 변화가 점진적으로 이루어질 것으로 예상된다. 북한 정권은 개혁의 진행과정에서도 조선중앙TV에 변화보다는 체제안정을 수호하는 역할을 요구할 것이기 때문이다. 특히 김정은체제 구축이라는 중대한 전환점에 처한 북한 정권이 조선중앙TV의 선제적 변화를 선택하는 것은 매우 어려울 것이다.

하지만 김정은이 유년시절부터 서방의 영상문화를 체감한 경험이 있다는 점은 조선중앙TV의 편성에 새로운 변화를 도입하는 데 긍정적 요인이 될 가능성도 있다. 최근 북한 사회의 변화에서 알

수 있듯이, 북한의 최고권력과 시청자들은 이미 조선중앙TV 안에
서 갈등의 시대에 접어들었다.[456] 이러한 갈등이 조선중앙TV 변화
의 근본적 계기가 되고 압력이 될 것으로 보인다.

456) 조선중앙TV는 김정일을 가장 위대한 지도자라고 선전하지만, 20년 가까이 경제적 어려움에서 벗어
　　 나지 못하고 있는 북한 주민들은 이런 선전에 공감하지 않는다. 탈북자 증언 등에서 공통적으로 김일
　　 성에 비해 김정일에 대한 평가가 낮다는 응답을 볼 수 있다.

글을 마치며

권력은 선전 수단이 필요하다. 정당성이 취약한 권력일수록 선전 수단을 더욱 필요로 한다. 그러나 인민의 마음을 얻지 못하면, 선전은 겉돌 수밖에 없다. 선전은 선전일 뿐이다. 절대권력자 김정일 위원장이 갑자기 사망하였다. 사람과 권력은 유한하기 마련이다.

2012년 1월 8일 조선중앙TV에서 방영한 김정은에 대한 첫 번째 선전 기록영화는 김정은이 말을 타고 달리는 장면에서 시작한다. 잠깐이지만 호기롭게 멋지게 말을 달린다. 그 모습은 '전설의 영웅 김일성 장군'의 모습을 연상케 하려는 것일지 모른다. 그러나 세상은 결국 진심으로 통한다. 인민은 백마 탄 권력자가 아니라, 질퍽거리는 흙길을 함께 달려가는 인민의 동지를 원한다. 김정은은 할아버지가 백마 탄 장군이 아니라, 산길을 헤매던 유격대로서 삶을 개척했음을 알아야 한다.

조선중앙TV는 북한 권력자의 놀이터이다. 그와 인민이 함께 놀 았으면, 조선중앙TV는 인민의 놀이터이기도 한 것이고, 그렇지 않았다면 인민에게는 함정이 될 뿐이다. 필자가 시청한 지난 10년여 동안 조선중앙TV는 절대권력자를 찬양하는 데 모든 것을 다했다. 그러나 권력자는 그 칭송을 인민들과 함께 나누지는 못했다. 권력과 인민은 조선중앙TV를 놓고 각자의 길을 갔다. '주체와 자력갱생의 시대'는 가고, 인민들에게는 고단한 '고난의 행군'이 강요되었다. 권력은 여전히 '자기 만족'의 길을 소리쳤고, 조선중앙TV는 그 소리를 확성했다. 그러길 10여 년, 인민들은 차츰 바깥세상의 동정을 느끼기 시작했다.

이제 독재자는 역사의 뒤안길로 사라지고, 새로운 젊은 권력자가 등장하였다. 그는 아버지의 제도적 권력을 이어받았지만, 아버지와 같은 절대적 지배자가 될 수는 없다. 그를 둘러싼 여러 작은 권력자들은 그와 충성과 이익을 거래할 것이다. 복종을 통해 수혜를 누렸던 사람들이 이제 권력을 탐할 것이다. 그리고 어딘가에서 더 큰 권력을 꿈꾸는 '야심가와 민중의 발걸음'이 시작될 것이다.

조선중앙TV는 북한의 정치기구이다. 변화의 압력에 봉착해 있지만, 변화의 길을 나설 수 없는 북한의 하부 권력기관이다. 인민들은 이제 조선중앙TV를 믿지도 않고, 즐기지도 않는다. 인민들은 조선중앙TV 바깥에서 정보와 오락을 찾는다. 그들은 이미 눈길을 뗄 수 없는 영상과 세상소식을 조선중앙TV 밖에서 맛보고 있다. 인민과 권력의 갈등과 경쟁의 시대가 이미 시작되었다. 이것이 역사의 발전이다.

1. "우리 료리사"

"우리 료리사"는 부부 요리사에 관한 이야기이다. 남편은 감자를 주식으로 할 수 있도록 음식을 개발하는 데 노력하고, 아내는 쌀 음식을 연구하면서 이 과정을 통해 학사학위를 받으려 한다.

그러나 아내가 만든 음식들은 모양 등은 좋지만 쌀이 부족한 현실에서 낭비적이라고 품평회에서 비판을 받는다. 반면에 남편은 감자를 주식으로 하고자 하는 당의 정책을 잘 받들어 감자빵을 훌륭하게 만들어 낸다. 마침내 아내는 반성을 하고 남편과 같이 인민들의 식생활에 도움이 되는 음식을 만들어 내겠다고 나선다.

2. "당겨진 시간"

성진제강소에 내화벽돌을 조달하는 한 공장에서의 이야기이다. 지배인의 외손자인 성강이가 공장에 온 것을 성강(성진제강소)에서 내화벽돌을 인수하러 온 것으로 잘못 알면서 생산량을 맞추기 위해서 애를 쓰는 이야기이다.

지배인은 이 과정에서 위험을 무릅쓰고 소송로의 온도를 두 배로 올려 시간을 반으로 절약하고, 소송로에 고장이 나자 이를 해결하기 위하여 위험을 무릅쓴 채 안에 들어가 수리하고 마침내 목표량을 생산해 내는 성과를 거둔다.

3. "배들은 바다로 나간다"

수산사업소에서는 고기잡이 생산을 늘리려고 하지만 배와 기름이 부족하여 어려움을 겪는다. 이 과정에서 젊은 청년 선장들이 조개 양식을 하여 문제를 해결하고자 한다. 하지만 수산사업소의 부지배인은 조개양식을 반대하고 씨조개마저 수출하여 기름문제를 해결하려고 하는 등 눈앞의 문제를 해결하는 데 급급해한다.

부지배인의 반대에도 불구하고 사랑하는 연인 사이인 청년호 선장과 수산대학에서 바다양식을 전공한 정실이는 수산사업소 지배인과 함께 조개 양식을 추진한다.

4. "인생의 절정"

과학원 과학연구사인 세호는 전국청년 과학기술발표회에서 일등을 한 적이 있고, 동료들 중에서도 가장 뛰어나고 열심히 연구하는 인물이다. 그러나 그는 당과 인민을 위한다는 주장을 하면서 모험적으로 실험을 하다가 화재를 일으킨다. 이로 인하여 사상적으로 문제가 있다는 비판을 받고 탄광 노동자가 되어 '혁명화' 교양을 받게 된다. 이때 그를 사랑하던 의사인 선미도 탄광으로 자원해서 가게 되고, 이들은 그곳에서 노동자들로부터 과학자가 가져야 할 혁명적 양심을 배우게 된다.

탄광에서 막일을 하면서도 끊임없이 실험을 거듭하던 세호는 본직으로 돌아와서 여러 사람들이 불가능하다는 항암 다당체를 만들어 내기 위한 연구에 몰두한다. 그리고 마침내 암에도 탁월한 효과가 있으며, 그야말로 '만병통치'에 가까운 좋은 효과를 내는 '장명약'을 만들어 낸다. 한편 과학자가 되고 싶어 보일러공으로 연구원에 들어 왔던 근배는 마침내 각고의 노력 끝에 박사학위 논문을 완성하지만, 과제를 해명한 감격으로 쓰러져 죽는다.

세호는 국제 발명축전에서 금상을 받고 박사학위와 공훈과학자의 칭호를 받는다. 과학자의 혁명적 양심으로 과학의 성과를 만들고, 김정일의 과학중시 사상 덕택으로 인생의 절정에 오르게 되었다는 주장을 담고 있다.

5. "가정의 재부"

창식이는 형 창욱이가 외국에서 돌아오면서 큰 선물을 가지고
올 것으로 기대를 했다가 실망한다. 하지만 발전소 기사인 형 창욱
이는 발전소에서 전기 생산을 늘려 어려운 전기사정을 해결하는
것 외에는 아무런 생각이 없다.

발전소가 제대로 돌아가지 않자 창식이는 발전소를 떠나 장사를
하는 돈 많은 영주에게 붙어 돈을 벌려고 한다. 한편 발전소에서
연구사로 일했던 선희도 발전소 일에서 손을 떼고 돈 많은 영주와
결혼을 하려 한다. 그러나 선희는 영주가 타락한 인간인 사실을 알
게 되고 창욱이가 발전소에 노력을 쏟는 것을 보면서 발전소로 돌
아가 일하게 된다. 동생 창식이도 발전소로 돌아온다. 당을 받들고
사는 것이 가정의 재부라는 메시지를 전달하고 있다.

6. "탄부총각"

탄광에서 일하는 성실한 총각을 멀리하고, 넥타이를 매는 돈 많
은 총각에게 시집을 가려던 처녀가 잘못을 깨닫고 광산의 탄부 총
각에게 마음을 돌린다는 내용이다.

7. "붉은 소금"

이 드라마는 1999년 10월, 3년 만에 완성된 광명성 제염소[457]의 건설과정을 그린 드라마이다.

서해안에 해일 등이 일면서 소금생산이 부족하게 되자 동해안 주민들은 먹을 소금이 없는 것은 물론 물고기를 잡아도 저장하지 못하는 어려움을 겪게 된다. 이 문제를 해결하기 하기 위하여 도당 비서는 몇 년 전에도 시도하였다가 실패한 사업을 다시 추진하겠다며 김정일의 승인을 요청하고, 김정일은 사업 추진을 허락한다.

이 과정에서 많은 남녀 청년들이 돌격대에 자원하였다. 그러나 사업을 지원할 차량이 없고, 1차 축조한 제방이 다시 붕괴하고, 식량이 없어 강냉이 몇십 알로 하루를 버티는 어려움을 겪기도 했다. 이로 인하여 도망하는 사람도 나타났고 사업을 오히려 방해하는 간부도 있었지만, 김정일이 도내의 노농적위대에 1주일간 총동원 명령을 내리고 자동차와 중기계를 지원하면서 마침내 성공의 토대를 닦게 된다.

맨 마지막 작업을 완수하는 과정에서 제방이 쓸려 내려가는 것을 막기 위하여 돌격대원들이 인간 제방을 쌓아 위기를 넘긴다.

---

457) 광명성 제염소는 동해에 80여 리의 제방을 쌓아 만들어졌다. 밭 하나의 면적이 5 정보씩 되는 약 100개의 소금밭으로 3년에 걸친 작업 끝에 건설되었다. 원평지구의 2개의 산을 통째로 들어내고 20여 개의 산허리를 헐어 300여 만 입방미터의 흙과 돌을 채취하여 완성했다.

8. "눈석이 전에"

　'눈석이'라는 말은 겨울 동안 쌓였던 눈이 봄에 녹아 없어지는 것을 말한다. 돌격대 여단장은 김정일의 지시에 따라 천지 온천공사를 진행하는데, 이 사업은 온천이 바닥을 드러낸 눈석이 전에 해야 가능하다는 것을 깨닫는다. 그래서 이 일을 추진하게 되는데, 눈이 2m가 쌓인 80리의 산길을 뚫어가며 공사를 해낸다. 심지어는 초속 70m 바람에서도 대원들은 공사일정을 맞추기 위하여 강행군을 한다. 감기에 걸린 돌격대원도, 심장이 아픈 여단장도 모두 '백두산이 주는 힘'만 가지면 모든 일을 해낼 수 있다며 끝내 성공적으로 일을 마친다.

9. "심장으로 보는 처녀"

　가동 중단의 상태에 빠진 승리자동차공장에 꾀꼬리 윤애가 선전대로 파견된다. 그러나 장군님의 관심인 자동차 생산을 위해 몸을 바치고자 하는 윤애에게 불행이 찾아온다. 공장에 선전대로 온 지 얼마 되지 않아 윤애는 고칠 수 없는 병에 걸려 시력을 상실할 처지가 된다.

　그러나 윤애는 이 사실을 감춘 채, 사랑하던 남자와도 헤어지려 하면서, 쉬지 않고 선전대에 계속 나간다. 그러던 중 윤애는 거의 시력을 상실하지만, 계속해서 선전대에 나가 노래를 부르며 노동자

들을 격려한다. 마침내 윤애는 눈으로는 보지 못하지만, '일떠서는 강성대국을 심장으로 보게 된다.'

10. "분수령"

1960년대 초의 대안전기공장을 무대로 한 드라마이다. 이 공장의 지배인은 전후 복구과정에서 성과적으로 사업을 수행해 낸 사람으로, 전기가 최고로 문제가 되는 시기에 수령 김일성으로부터 전동기와 발전기 생산을 지시받는다. 그러나 계획된 생산량을 맞춰 내는 데 어렵게 되자 지배인은 임금표를 도입하여 생산을 자극하고, 생산에 있어서 독단을 저지르게 된다. 처음에는 이 방법으로 생산량을 맞추지만, 공장에서는 만들기 쉬운 부품은 많이 생산되고, 만들기 어려운 부품의 생산은 회피되는 등 여러 가지 문제가 나타나게 된다.

기사장과 노동자의 기술혁신을 묵살하고, 공장 당위원회와의 협의도 생략하려 하며, 김일성이 지시한 전동기 생산도 뒤로 미룬다. 이러한 지배인의 행동은 공장 내에서 이견을 만들어 내고 생산에 오히려 장애를 초래한다. 이런 시점에 현지지도를 나왔던 김일성이 대안전기공장의 생산 실태를 파악하고, 지배인은 검열을 받게 된다. 이로 인하여 지배인은 비판을 받게 되고, 대안전기공장에서 북한의 공장관리체제인 대안의 사업체계가 수립된다.

11. "기관사"

이 드라마는 북한의 철도영웅 김회일[458]에 관한 이야기이다. 해방 직후 남한으로 가자는 사람들의 유혹을 뿌리치고 김회일은 북한철도를 재건하기 위하여 노력한다. 일본에서 교육받고 일본인 처와 사는 황기사를 건국사업에 참여시키고, 황기사를 친일파라고 배척하는 동료들을 단합시키기도 한다. '반동'들의 책동을 이겨내고 김회일과 노동자들은 철도운행을 재건해 낸다.

12. "오늘도 서 있는 집"

일제하에서 일본인들에게 멸시받은 조선인 자본가 주복은 반발심에서 일본인 보다 더 좋은 집을 짓는다. 친일을 하지도 않았지만, 일제에 맞서 싸우지도 않았던 주복은 해방 후에는 일부 '종파분자'들로부터 소유 재산을 몰수당하는 등의 어려움을 겪게 된다.

하지만 도를 시찰하면서 주복의 집을 방문한 김정일의 어머니 김정숙은 주복의 과거를 이해하고 건국운동에 힘껏 나서도록 격려한다. 이에 주복은 과거로부터의 부담감에서 벗어나 김정숙이 머물렀던 집에 사는 기쁨을 안고, 건국사업에 적극 참여한다. 그리고 많은 헌금을 하고 인민위원회로부터 표창장도 받는다.

건국사업에 참여한 주복은 이어서 자신이 가진 양주공장을 생산

---

458) 김회일은 1945년 해방 당시에 정주기관구 기관사였으며, 1948년에는 철도성 철도관리국장, 1953년에 철도상이 된 인물이다.

합작사에 넣기로 결정하고 주변의 상인과 자본가들도 이에 참여하도록 설득한다. 주복의 권유에 잘 따르지 않던 사람들도 주복이 김일성을 만난 후부터는 모두 주복의 말대로 생산합작사에 참여하고 건국사업에 나선다.

13. "축산반장의 교훈"

축산반장은 군에 실제 토끼 수보다 많은 수를 기르고 있다고 거짓 보고한다. 그런데 도에서 검열을 나온다고 하자 부족한 토끼 수를 맞추기 위하여 각 가정에서 키우는 토끼를 모으고, 토끼를 보러 온 토끼 요리사를 검열원으로 잘못 알고 환대를 하며 소동을 벌이기도 한다. 토끼를 잘 길러 인민들에게 고기를 많이 먹이기 위해 심려하시는 '장군님'의 근심을 덜어 드리자는 이야기이다.

14. "구월산에 와보라"

2001년 새해 첫날 방영된 드라마 "구월산에 와보라"는 매우 밝은 이야기로 구성되어 있다. 이야기는 피복공장과 화력발전소 노동자들이 구월산을 관광하면서 시작된다. 이 두 직장의 직장장은 자기 기업소의 청년과 처녀를 선을 보이고자 한다. 그래서 화력발전소 직장장은 자기 기업소 청년에게 처녀의 사진을 보여 주고 그 처녀와 교제를 하도록 권한다.

그런데 구월산에서 절간을 관리하는 청년과 산성 사적지를 해설하는 처녀가 등장하면서 사건이 꼬이게 된다. 직장장이 선을 보이려고 준 사진이 피복공장 처녀 사진이 아니고 직장장의 조카인 산성 사적지 해설 처녀의 사진이었기 때문이다. 이로 인하여 화력발전소의 청년은 해설 처녀에 관심을 두고 쫓아다니게 되고, 피복 공장의 처녀는 절간 관리를 하는 청년에게 마음이 끌리게 된다.

이 드라마는 이 두 기업소의 청년들과 처녀들의 관광과 교제를 다루면서 구월산과 관련된 아름다운 전설들과 근래에 새로 건설된 도로를 보여 주면서 김정일을 찬양한다.

15. "나의 소원"

"나의 소원"은 북한의 여성군인들을 주인공으로 하고 있다. 군대의 아침 점호에서부터 일상생활은 대단히 밝고 명랑하게 진행된다. 꽃을 좋아하고, 수다떨기 좋아하는 보통 처녀들이 병사로서 뛰어다닌다. 4부작의 비교적 짧은 이 드라마는 해안 포병 여성중대장인 용순이 주인공이다. 용순은 아주 책임감이 강하고, 김정일을 위한 충성심이 넘치는 처녀 중대장이다. 용순은 많은 부대 일을 스스로 책임을 지고 앞서 나가고 있으며, 부대는 매우 잘 운영된다.

여기에 손풍금 연주에 특기가 있는 은하가 포병이 되기 위해 배치되어 온다. 할아버지가 해안포병이었던 은하는 포병이 되기를 원하지만, 포탄상자를 나르기에는 체력이 약하다. 이를 이기지 못한 은하를 돕기 위해서 용순이 애를 쓰지만, 은하는 포기하고 선전대로 옮겨간다.

그러나 용순은 '장군님'에 대한 신심이 부족한 은하가 진정으로 '장군님'에 대한 충성을 다할 수 없다는 생각을 하고, 은하를 다시 이끌어 마침내 자랑스러운 해안포병으로 만든다. 그리고 이곳에 김정일이 현지 시찰을 오게 되는 감격을 맞게 된다.

16. "열망"

"열망"은 북한의 중요한 생산을 담당하고 있는 연합기업소를 배경으로 한다.

생산에서 어려움에 빠진 연합기업소에 당 책임비서가 부임해 온다. 이 기업소는 지배인과 기사장이 중심이 되어 운영해 가고 있다. 하지만 지배인은 현실적이고, 직장장은 과시적인 인간형이다. 따라서 이 두 사람 사이에는 이미 갈등이 조성되어 있고, 여기에 새로 부임한 당 책임비서가 또다시 긴장을 조성한다.

당 책임비서는 여기에 부임하여 몇 가지 과실을 범하지만 솔직하게 이를 인정한다. 그는 이를 통하여 지배인과 협조하게 되고, 의기투합하여 공장 내의 여러 가지 문제를 해결해 간다. 여기에는 수많은 부정적 인간형과 모범적 근로자가 등장한다. 많은 사람들이 나태하고 자신감을 잃고 있지만, 몇몇 열성적인 모범근로자들을 통하여 기업소가 바뀌어 간다.

이 드라마에는 중앙으로부터의 간섭과 부정적인 행태도 등장한
다. 그러나 김정일의 지시인 선압기를 만들기 위하여 모든 노동자
들이 최선을 다하고 마침내 자체생산이 불가능하다는 선압기 생산
에 성공한다. 명신과 필운의 깨어진 사랑, 직장에 목숨을 바친 노동
자의 아이들, 당 책임비서의 친우관계가 함께 드라마를 이어 간다.

17. "대하는 흐른다"

이 드라마는 황해도 은율군 율리를 무대로 전개된 토지개혁의 과
정을 매우 사실적으로 보여 주고 있다. 일제하에서 소작인으로서 살
며 핍박받던 사람들이 해방이 되면서 일부는 용감하게, 일부는 소극
적으로 해방을 맞이한다. 이 드라마에서는 사상적으로는 훈련되어
있지 않지만, 용감하고 계급의식을 가진 용기라는 청년이 주인공으
로 등장한다.

용기는 지주 배덕수의 소작을 하며 살고 있는 배씨 일가들로 가
득한 마을에서 농민조합 건설에 나선다. 그러나 배덕수와 그 일가
들인 소작농 배씨들은 배덕수를 두려워하여 농민조합에 소극적이
기 때문에 농조건설에 어려움이 많았다. 그러나 배씨 일가 중에서
명망 있는 애국자인 배덕현이 배씨 일가들인 소작농들을 배덕수로
부터 떼어놓고, 북조선임시인민위원회의 결정대로 소작료 3·7제
를 실시하려 하면서 지주와 소작인 사이의 갈등이 고조된다.

이 과정에서 지주 배덕수와 '반동'들은 소작인들을 위협하고, 일부 소작인들을 회유하면서 소작료 3·7제를 방해하려 한다. 이즈음에 토지국유화를 주장하는 일부 좌경 '종파분자'들이 개입하면서 군내의 좌익세력 내에서도 분열이 일어난다. 그러나 김일성의 지침대로 북조선공산당은 좌경 '종파분자'들을 분쇄하고 소작료 3·7제를 실시한다.

그리고 여세를 몰아 북조선임시인민위원회는 토지개혁 법령을 발표한다. 이에 대응하여 지주 배덕수와 남한에서 토지개혁을 방해하기 위하여 파견된 간첩들이 책동을 벌이지만 용기와 자위대, 농민들은 힘을 모아 이를 분쇄하고 지주 배덕수의 토지를 몰수하고 토지문서를 소각한다. 그리고 농민들은 그토록 갈망하던 농지를 분배받아 소유하게 된다.

18. "새로 온 지배인"

광산이 침수되는 어려운 조건에 빠진 천연광산에 제대한 장성이 지배인으로 온다. 천연광산은 이미 광산 설비가 녹슬고 망가졌으며, 특히 전기가 부족하여 정상적인 생산이 곤란한 상황이었다. 이러한 조건에서 부기사장은 뒷산에서 나오는 티탄을 개발하여 무역기관에 팔아 문제를 해결하여 왔다. 그러나 이 과정에서 무역기관인 대광무역 일꾼과 부기사장 사이에 부정이 생기고, 일부 근로자들은 먹고살기 위하여 밖으로 벌이를 하러 나가는 현상들도 나타났다.

이런 중에 제대군인들이 중심이 되어 돌격대를 결성하고 같은 제대군인인 지배인과 힘을 모아 탄광을 회생시키기 위하여 전력을 다한다. 이들은 전기 부족으로 착암기를 이용하지 못하자 맨손에 정을 들고 굴을 뚫어 나간다. 지배인은 전기 확보를 위하여 이동식 중유 발전기를 구입하고, 배수갱도 건설을 위하여 돌격대와 함께 직접 노동에 나서지만 이 과정에서 붕괴사고가 일어나는 어려움을 겪는다.

그동안 뒷짐을 지고 있던 부기사장은 대광무역과의 거래에서 저지른 부정이 드러나자, 이를 계기로 자기 비판을 하고 죄를 씻겠다며 팔을 걷어붙인다. 그리고 배수갱 관통을 위하여 폭약을 설치하고 발파를 하는 과정에 지배인과 부기사장이 위험을 무릅쓰고 나선다.

19. "우리 이웃들"

이 드라마는 평양의 여자 전차운전사가 주인공이다. 주인공인 윤정은 자기 일에 매우 열심인 처녀인데, 전차 부속품이 부족하여 전차 운행이 자주 중단되는 문제를 해결하기 위하여 매일 매일 고심한다. 이 윤정 처녀가 사는 오빠 집은 고층 아파트인데 이들 이웃들이 서로 돕고, 부딪치며 사는 일상이 전개된다.

부속품 부족으로 자꾸만 전차 운행이 어렵게 되자, 윤정은 축전지 없이 가동되는 기계식 기동장치를 만들어 문제를 해결하고자 한다.

그런데 이 일을 이웃집 청년인 청수가 돕게 되고 두 사람은 우여곡절을 거치면서 한 가정을 이루게 된다. 이 드라마는 이웃과 살면서 겪게 되는 여러 가지 에피소드와 함께 서로 돕는 이웃들의 모습을 그리고 있다.

20. "수평선"

"수평선"은 림재성의 장편소설을 각색한 드라마인데 실존 인물이었던 항일유격대원 출신의 수산상을 모델로 극화한 것이다. 이 드라마에서 최진범으로 나오는 주인공은 김일성으로부터 군에서 제대하고 내각의 수산상이 되어 수산업 문제를 해결할 것을 지시받았다.

수산상이 된 최진범은 1년 동안 출어일 300일을 보장하라는 지시대로 150일에 불과한 출어일을 늘리고 문제를 해결하기 위하여 수산현장으로 간부들을 출장 보내는 한편, 자신도 수산성 직영인 선포수산사업소로 간다. 여기에서 난생처음 수산사업을 시작한 수산상은 일제하에서 수산전문학교를 나온 함경남도 수산관리국장의 반발과 방해를 받으며 사업을 추진한다.

수산상은 '큰 배로도 잡고, 작은 배로도 잡고, 나가면서도 잡고, 들어오면서도 잡아야 한다'는 김일성의 교시를 받들어 세소작업반을 조직하고, 만능선을 만들고, 오호츠크해에 원양어선단을 보내는 사업을 추진한다. 이 과정에서 부수상과 결탁하여 방해를 하는 도 수산관리국장, 수산사업을 파탄시키려는 '반동'과 간첩의 책동, 경험에만 의존하는 지배인의 경험주의를 물리치고 노동자들과 함께 사업을 진행한다. 그는 원양어선에 자신의 아들을 태워 보내는 등 헌신적인 노력으로 과업을 실행한다.

21. "석개울의 새봄"

천세봉의 동명 장편 소설을 각색하여 만든 이 드라마는 1953년 북한의 농업협동화를 소재로 하고 있다.

전쟁이 끝나고 고향으로 돌아온 창혁은 아내와 부모가 모두 미군기의 폭격으로 사망하고 딸아이 하나만 남아 있는 모습을 보게 된다. 전쟁 전 민청위원장이었던 창혁은 고향을 등지려 하지만, 고향 석개울을 농업협동화의 모범으로 만들려는 당의 방침을 따라 협동조합 준비위원장이 되어서 협동화에 앞장서게 된다.

이 과정에서 좋은 토지와 소 등을 가진 여유 있는 농민들과 빈농들 간에 갈등이 벌어지게 된다. 여유있 는 농민들은 빈농과 함께 조합에 가입함으로써 받게 될 손실을 우려한다. 여기에 간첩이 연결되어 방해를 하고, 일부 성실한 농민들은 다른 농민들의 불성실을 문제 삼아 조합에 가입하기를 꺼려한다. 여러 가지 여건이 어려움에도 불구하고 참여하는 농민들만으로 조합을 묶어 사업을 추진해 나가지만, 이 과정에서도 많은 어려움이 생긴다.

일부 성실한 농민들과 불성실한 농민 간의 갈등이 벌어지는가하면, 조합에 들여놓은 남의 소를 자신의 소가 아니라 하여 함부로 하는 사람, 조합원들에게 명령식으로 사업을 하는 간부 등 여러 가지 문제가 발생한다. 조합이 국가의 힘을 바탕으로 사업을 시행하는 과정에서 다수의 농민들은 못마땅한 면이 있지만 피동적으로 따라간다.

일부 조합원들은 조합에 적응하지 못하고 이탈하기도 하며, 조합원과 비조합원간의 갈등도 반복된다. 우여곡절 끝에 농사는 대풍이 든다. 이러한 성과를 바탕으로 창혁은 석개울의 성과를 발표하러 다니며, 당의 방침에 따라 냉상모의 도입 등을 추진하고 적극적으로 활동한다.

이러한 과정에서 '반동'들은 농업협동화를 파탄시키기 위하여 냉상모를 망가뜨리기도 하고, 주민들을 분열시키고, 트랙터를 파괴하기도 한다. 그러나 이러한 모든 음모는 마침내 폭로되고, '반동'들은 파멸에 빠지게 되며, 석개울 주민들은 농업협동화를 성공적으로 추진하게 된다.

 참고문헌

1. 북한서적

『김정일선집』 제1권(평양: 조선로동당출판사, 1992).
『김정일선집』 제2권(평양: 조선로동당출판사, 1993).
『김정일선집』 제9권(평양: 조선로동당출판사, 1997).
『김정일선집』 제10권(평양: 조선로동당출판사, 1997).
『조선중앙연감 1978』(평양: 조선중앙통신사, 1978).
『김일성전집』 제16권(평양: 조선로동당출판사, 1996).
『김일성전집』 제43권(평양: 조선로동당출판사, 2002).
"학습제강-이색적 생활풍조를 류포시키는 적들의 책동을 철저히 짓부
    실 데 대하여"(평양: 조선로동당출판사, 2005. 4).
강승춘, 『≪영화예술론≫에서 주체철학의 몇 가지 문제』, 사회과학출
    판사, 1992.
김정일, 『영화예술론』, 로동당출판사, 1973.
사회과학원 문학연구소, 『주체사상에 기초한 문예리론』, 사회과학출
    판사, 1975.
함덕일 편집, 『문학예술건설경험』, 사회과학출판사, 1984.

2. 연구서

1) 단행본

강동원·박정란, 『한류 북한을 흔들다』(서울: 늘품플러스, 2011).

강현두, 『북한의 언론』(서울: 을유문화사, 1989).

경남대학교 북한대학원 엮음, 『북한연구방법론』(서울: 한울, 2003).

극동문제연구소, 『북한전서-중권』(서울: 극동문제연구소, 1974).

김계동, 『북한의 외교정책』(서울: 백산서당, 2002).

박용수, 『중국의 언론과 사회변동』(서울: 나남, 2000).

박우용, 『북한방송총람』(서울: 커뮤니케이션북스, 2004).

법무부, 『개정 북한형사법제 해설』(서울: 법무부, 2005).

벤저민 양 지음, 권기대 옮김, 『덩샤오핑 평전』(서울: 황금가지, 2004).

북한인권정보센터, 『새터민 언론접촉현황 조사보고서』(서울: 북한인
　　　　권정보센터, 2005).

서울신문사, 『북한인명사전』(서울: 서울신문사, 1996).

서재진, 『또 하나의 북한사회』(서울: 나남, 1995).

심재주, 『오늘의 중국방송』(서울: 나남, 1998).

이금순 등, 『남북한 사회문화 교류와 방송』(서울: KBS, 2006).

이명자, 『북한 영화사』(서울: 커뮤니케이션북스, 2007).

＿＿＿, 『북한 영화와 근대성』(서울: 역락, 2005).

이석기·김석진·김계환·양문수, 『2000년대 북한의 산업과 기업-회
　　　　복실태와 작동방식』(서울: 산업연구원, 2010).

이창현 외, 『북한 텔레비전 뉴스프로그램 연구』(서울: KBS통일방송
　　　　연구, 2001. 4).

이우승 외, 『북한방송프로그램 분석』(서울: 한국방송개발원, 1998. 10).

이우영, 『전환기의 북한 사회통제체제』(서울: 통일연구원 보고서, 1999).

이종석, 『북한주민 의식구조 및 가치관 조사』(서울: 통일연수원, 1996).

이희옥, 『중국의 새로운 사회주의 탐색』(파주: 창비, 2004).

전영선, 『문화로 읽는 북한』(서울: 문예원, 2009).

______, 『북한 영화 속의 삶 이야기』(서울: 글누리, 2006).

______, 『북한의 사회와 문화』(서울: 역락, 2005).

정영철 등, 『1990년대 이후 북한사회변화』(서울: KBS, 2005).

최완규 엮음, 『북한 도시의 형성과 발전』(파주: 한울, 2004).

통일부, 『북한의 주요인물 2009』(서울: 통일부, 2009).

______, 『통일백서 2006』(서울: 통일부, 2006).

______, 『통일백서 2004』(서울: 통일부, 2004).

한국문화정책개발원, 『북한주민의 문화향수실태 연구』(서울: 한국문화정책개발원, 1996).

후지모토 겐지, 『북한의 후계자 왜 김정은인가』(서울: 맥스미디어, 2010).

2) 논문

강남준, "북한 위성방송에 대한 남한 시청자의 반응조사", 『남북한 화해협력시대의 방송의 역할』(서울: 한국방송공사, 2000).

김귀옥, "남북한 텔레비전프로그램 교류와 통합방안 모색", 『남북한 화해협력시대의 방송의 역할』(서울: 한국방송공사, 2000).

김승철, "북한의 제3방송의 기능과 역할", 2008년 12월 5일 세미나 발표.

김영옥, "개혁개방 이후 중국신문 변화에 관한 연구"(서울: 경희대 언론정보대학원 석사학위논문, 2001).

남화순, "텔레비전 드라마를 통해 본 사회변화 연구"(서울: 경남대 북한대학원 석사학위논문, 2004).

서재진, "북한사회의 계급 갈등 연구"(서울: 통일연구원, 1996).

______, "북한의 사회변동", 『통일연구논총』 3권 2호(1994).

오유석·이주철, "도시주민의 행위양식과 사회적 의식변화", 최완규 엮음, 『북한 '도시정치'의 발전과 체제변화』(파주: 한울아카데미, 2007).

유동희, "남북 방송교류의 전망과 통일방송의 기능"(서울: 서강대 공공정책대학원 석사학위논문, 1995).

이순임, "개혁개방 이후 중국방송의 정책변화"(서울: 서강대 공공정책

대학원 석사학위논문, 2000).

이정춘, "위성방송과 한민족 통합", 『방송연구』 겨울호(2001).

이주철, "북한 잡지의 남한 사회문제 보도", 『현대북한연구』 13권 2호(2010).

______, "북한주민의 외부정보 수용태도 변화", 『한국동북아논총』 13권 1호(2008).

______, "북한주민의 남한방송 수용실태와 의식변화", 『통일문제연구』, 2003 하반기호(2003).

______, "북한 주민의 정권인식과 체제선전에 대한 반응", 『통일문제연구』 14권 1호(2003).

______, "조선중앙TV 드라마 연구", 『국제고려학회 서울지회논문집』 제3호(2002).

이주철·오유석, "1990년 이후 북한주민의 경제위기 대응과 의식변화", 『지역사회학』 8권 2호(2007).

장세율, "북한일상에서 방송통신 활용실태", 남북방송통신포럼 발표, 2010년.

장해성, "북한 언론의 대표적인 나팔수 조선중앙방송", 남북방송통신포럼 발표, 2010년.

______, "북한의 언론 및 방송의 개혁개방 방안", 『북한조사연구』 2,2(1999).

주봉의, "개혁개방에 따른 중국언론의 변화에 관한 연구"(서울: 서울대 대학원 박사학위논문, 1994).

최완규·노귀남, "북한주민의 사적 욕망", 『현대북한연구』 11권 2호(2008).

한국문화정책개발원, "북한주민의 문화향수실태 연구"(서울: 한국문화정책개발원, 1996).

한기범, "북한 정책결정과정의 조직행태와 관료정치-경제개혁 확대 및 후퇴를 중심으로(2000-09)"(마산: 경남대 대학원 박사학위논문, 2009년 12월).

현성일, "북한사회의 자유화 실태와 전망", 『북한조사연구』 2,2(1999).

3. 잡지

『뉴스메이커』 744호(서울: 경향신문사 2007년 10월 9일).
『뉴스위크』(한국어판)(서울: 중앙일보 시사미디어, 2007년 12월 5일).
『레이디경향』 8월호(서울: 경향신문사, 2004).
『신동아』 10월호(서울: 신동아, 2003).
『신동아』 12월호(서울: 신동아, 2005).
『신문과 방송』 333호(서울: 한국언론진흥재단).
『월간조선』, 8월호(서울: 조선일보사, 2004).
『월간조선』, 2월호(서울: 조선일보사, 2006).
『림진강』, 창간호(서울: 임진강출판사, 2007년 11월).
『북녘마을』, 통권 9호(서울: NK지식인연대, 2011).
『동북아방송연구월보』, 1~2월호(서울: 동북아방송연구회, 2007).

4. 인터넷 홈페이지

KBS 한민족방송.
자유아시아방송.
연합뉴스.
열린북한방송.
The Daily NK.
통일부.
한국무역협회(KITA.net) 통계자료.
KOTRA 북한팀 김광일, "2003 북중교역 동향."
KOTRA 북한팀 김광일, "2004년 상반기 북중교역 동향."
KOTRA 손윤수, "중국이 보는 북한(1) : 소비시장", 2005년.
KOTRA, "2006년 북한의 대외무역 동향."
무역협회 무역진흥본부 남북교역팀, "2004 북한-중국 간 무역동향과
        시사점", 2005년 1월.

이주철

고려대학교 철학과 졸업, 동 대학원 석・박사(북한정치사)
경남대학교 북한대학원 석・박사(북한학)
고려대・건국대・경희대・서강대・외국어대・이화여대・중앙대학교 강사 역임
현) KBS 남북협력기획단 박사연구원, 북한대학원대학교 겸임교수

「조선의 왕위 계승 성패와 북한의 후계체제 비교」
「북한 잡지의 남한 사회문제 보도」
「1950년대 북한 농업협동화의 곡물 생산성과 연구」
「북한주민의 외부정보 수용 태도 변화」
「대북정책에 대한 여론 변화 추이」
「1950년대 조선로동당의 하부조직 재편」
「북한의 로동당사 서술현황 연구」
「북한주민의 역사인식과 의식변화」
「북한주민의 남한방송 수용실태와 의식변화」
「북한주민의 정권 인식과 체제 선전에 대한 반응」
「조선중앙TV 드라마 연구」
「북한국가의 역사적 변천」
「북한 최고인민회의 연구」
「입북 재일동포의 북한체제 적응에 관한 연구」
「북한의 국가건설과정에서의 당 간부와 당원 양성」
「북한의 국영기업관리와 노동정책」
「북한 토지개혁의 추진주체」
「토지개혁 이후 북한농촌사회의 변화」
외 다수

『조선로동당 당원조직 연구』
『남북한 사회문화협력 거버넌스 활성화 방안』(공저)
『북한 '도시정치'의 발전과 체제변화』(공저)
『분단의 두 얼굴-테마로 읽는 독일과 한반도 비교사』(공저)
『북한현대사 1』(공저)
『북한연구방법론』(공저)
『김정일 연구(2): 분야별 사상과 정책』(공저)
『김정일의 생각읽기』
외 다수

북한의
텔레비전
방송

텔레비전 정치와
인민의 갈등

초 판 인 쇄 | 2012년 4월 25일
초 판 발 행 | 2012년 4월 25일

지 은 이 | 이주철
펴 낸 이 | 채종준
펴 낸 곳 | 한국학술정보㈜
주   소 | 경기도 파주시 문발동 파주출판문화정보산업단지 513-5
전   화 | 031) 908-3181(대표)
팩   스 | 031) 908-3189
홈 페 이 지 | http://ebook.kstudy.com
E-mail | 출판사업부 publish@kstudy.com
등   록 | 제일산-115호(2000. 6. 19)

ISBN   978-89-268-3363-6 93340 (Paper Book)
          978-89-268-3364-3 98340 (e-Book)